한국의 동남아시아 연구:
역사, 현황 및 분석

서울대학교 아시아연구소총서 기초연구시리즈 15

한국의 동남아시아 연구:

역사, 현황 및 분석

초판 1쇄 인쇄 2019년 9월 20일
초판 1쇄 발행 2019년 9월 25일

엮은이 안청시 · 전제성
펴낸이 오세정
펴낸곳 서울대학교출판문화원

출판등록 제15-3호

주소 08826 서울 관악구 관악로 1
대표전화 02-880-5252 | 팩스 02-889-0785
도서 주문 02-889-4424, 02-880-7995
이메일 snubook@snu.ac.kr
홈페이지 www.snupress.com

ISBN 978-89-521-2869-0 94300
978-89-521-1475-4 (세트)

이 연구는 2016년도 서울대학교 아시아연구소 아시아기초연구사업의 지원을 받아 수행되었음.

서울대학교 아시아연구소총서
기초연구시리즈 15

한국의 동남아시아 연구:

역사, 현황 및 분석

안청시 · 전제성 엮음

서울대학교출판문화원

Southeast Asian Studies in Korea:

The History, Trends and Analysis

Chung-si Ahn & Je Seong Jeon eds.

Seoul National University Press

머리말

오늘날의 동남아 지역은 식민지 경험과 독립투쟁, 세계대전과 냉전 같은 어려운 난국들을 헤쳐 오는 동안에도 끊임없이 급속한 경제발전과 민주화의 기초를 다져 왔다. 동남아 지역의 국가들은 함께 협력하고 뭉쳐 가는 소위 '아시아적 길' 또는 '아세안 방식'(the ASEAN-Way)으로 명명되는 국제관계의 방식을 창안하여 아세안을 수립하고, 서서히 하나의 지역 단위 통합체를 형성하면서 새로운 다국적 협력과 통합의 국제체제를 모색하는 방향으로 진전해 왔다.

동남아 지역은 여러 면에서 특이하고 다양한 색깔과 복잡다단한 구성요소의 모자이크처럼 역사지도에 그려져 오면서 오랜 세월을 식민지대와 대전의 점령지역으로 전락했었다. 그러나 제2차 세계대전의 종료와 더불어 이 지역의 여러 민족과 국가들은 속속 해방과 재탄생을 맞이하며 다수의 민족국가들로 독립되어 새로운 동남아시아 지역시대를 열기 시작하였다. 2차 대전 종료 이후 70여 년의 도전을 거쳐 오는 동안에 — 그중에서도 특히 최근 30여 년 간의 한 세대에 — 동남아 국가들은 독립의 시대로부터 국가건설과 내적 통합을 도모하며 어렵사리 경제발전과 민주정치의 복원시대에 진입하였다. 그러나 곧이어 밀어닥친 세계화 시대의 생존경쟁과 문명 전환기적 파고에 더하여, 중국의 부상과 미국 대외정책의 보수화 경향, 미·중 경합과 갈등의 발현 등 동아시아 세력구조 이행기 조짐들에 따른 도전적 난제들이 동남아시아 지역 국가들의 정치와 지역민들 삶의 세상을 강타했다. 그럼에도 불구하고 동남아 지역의 나라들은 정치안보, 경제, 사회문화의 세 축을 기반으로 초국가적 아세안공동체(ASEAN Community) 형성의 역사로 흔들림 없는 진화의 길을 걷고 있다.

동남아 현지의 대학과 학자들은 동남아학을 발전시키기 위한 노력도 꾸준하게 투여하였다. 그 시원은 필리핀대학에서 아시아연구소를 창설했을 1955년으로 거슬러 올라간다. 1961년에 국립말라야대학에 동남아학부를 설립할 계획이 수립되었고 1976년에 실현된다. 1960년에는 싱가포르대학에서 동남아 전문 국제학술지가 창간되고 1963년에는 훗날 상당한 연구역량을 발휘하는 싱가포르의 동남아연구소도 창설된다. 베트남에서도 1973년에 사회과학한림원 산하에 동남아연구소가 설립되고 1996년에는 대규모의 동남아학회도 조직된다. 동남아학 교육과정의 창설은 싱가포르, 태국, 베트남 등지의 주요 대학으로 확산되고, 동남아연구소도 인도네시아와 브루나이 국립대학들에서 추가로 설립되었으며, 최근에는 아세안 정체성 증진에 기여하려는 목적으로 아세안연구소가 동남아 각지의 대학에 왕성하게 설립되는 와중에 있다.

동남아시아 지역에 대한 한국 학계의 연구도 1950년대부터 간헐적으로 이루어지다가 지난 30여 년 사이에 급속하게 성장하였다. 1992년에 설립된 한국동남아학회도 이제 장년의 성숙한 면모를 보이게 되었다. 유럽, 미국, 일본처럼 풍요한 연구 지원과 장구한 연구 역사를 다져 온 나라들에 비해 한국에서의 동남아시아 연구사는 일천한 것이 사실이다. 그러나 지난 30여 년을 거치며 한국의 동남아학은 여러 지역연구 분야들 중 핵심적 선도역량을 발휘할 수 있을 만큼 심화 발전되어 왔다. 연구영역과 연구방법의 개발은 물론, 국내외 학술계로부터 공히 주목받을 정도의 신뢰도 높은 연구 실적들을 축적해 오며 오늘에 이르렀다. 한국의 동남아학은 앞으로 더욱 정진하여 미래의 '지구화 사회'와 급변하는 범아시아 지역의 평화, 복지증진과 공존공영을 위해 삶의 '질

향상'과 '행복기반'을 튼튼하게 쌓는 데 적극 기여할 수 있도록 발전해 가야 하는 지적 과제와 도전들에 보다 창조적으로 대응해 나가야 하는 시대적 과제를 부여받고 있다.

이제 그동안 숨 가쁘게 달려온 동남아 지역학의 역사를 돌아보고 현주소를 파악하는 동시에 미래를 기획하는 기회를 가질 때가 되었다. 이 책은 한국의 학계에서 다루어진 동남아시아 주요 국가별 연구 동향을 포괄적으로 정리하여 한 권의 단행본으로 엮어 내고자 하는 노력의 일환으로서는 최초의 사례가 될 수 있을 것이다. 이 책의 구성은 한국 학계에서 일정수준의 연구 축적이 달성된 인도네시아, 베트남, 태국, 필리핀, 말레이시아, 미얀마, 캄보디아, 라오스, 싱가포르, 브루나이, 동티모르 등 동남아시아 11개국과 더불어 아세안(ASEAN)이란 지역단위의 국제기구에 관련된 내용들도 연구대상의 범위 안에 포함하였다. 연구대상과 관련하여 한국학계에서 발표된 연구실적들—학위논문, 학술지논문, 단행본 등—을 총망라하고 분석하는 작업에서부터 출발하였다. 이를 통해 우리 학계에서 동남아 지역연구의 현주소를 분명히 짚어 보고, 그 바탕 위에서 부족한 분야를 채워 나가면서 앞으로 동남아지역연구의 지속적인 발전을 모색해 가고자 함을 이 책의 목적으로 삼았다.

이 연구는 연구대상인 개별국가와 아세안 관련 10인의 전문가들이 공동으로 이룬 결실이다. 연구자들이 공동연구를 하는 학문적 자세는 개미나 꿀벌들이 함께 힘을 모아 수많은 모래알을 옮기며 집을 짓는 생태계의 현상을 떠올리게 한다. 공동체의 안위와 다음 세대로 이어지는 진화와 진보, 지속발전을 보증해 줄 생태계의 프레임을 구축하는 작업이 미래 발전의 터전을 찾아 나서는 학문의 세계와 유사하다는 생각에서다. 연구자들은 개별국가에 대한 연구에 중점을 두면서도 동남아시아 지역을 포괄하는 범지역적 연구의 공동작업이라는 작지만 처음인 지적 실험에 나섰다.

이 책은 동남아 주요 국가 및 아세안 기구에 관한 국내 연구실태를 학문분과와 출판유형을 초월하여 전수 조사하고 분석한 최초의 학술서이기도 하다. 나라나 기구에 대하여 기존의 좁은 학계 중심의 연구 역사나 현황을 분석한 논문들은 존재했으나 인문사회과학 중심의 학계를 넘어서 학문분과 전 분야에 걸쳐서 학위논문과 학술지 논문, 학술서적 출판 현황을 집약하고 분류하고 평가한 단행본 출판은 처음이다. 다른 지역에 대한 다양한 지역연구의 경우에도 이런 형식의 단행본은 선례를 찾아보기 어렵다. 이 책이 동남아 지역학의 현주소를 파악하고 미래를 기획하는 소중한 자료로 활용될 수 있을 것으로 기대한다.

이 책은 2016년 서울대 아시아연구소가 아시아 지역연구의 핵심 연구 주제들에 대한 기초연구를 진작, 발전시켜 나가기 위해 지원 공모한 기획연구 사업의 일환으로 시작되었다. 이 책을 준비하기 위한 자료 수집과 연구과제 선정, 그리고 분석방법, 연구목적과 범위는 필자를 비롯해 아시아연구소의 동남아시아센터장 오명석 교수와 초빙연구원 전제성 전북대 교수 등 3인이 공동으로 기획하였다. 이 책이 아시아연구소의 기초연구시리즈 일환으로 채택되어 출간될 수 있도록 후원해 주신 데 대하여 먼저 아시아연구소의 박수진 소장, 여러 동료 교수들, 연구원 모두에 감사드린다. 이 책을 만드는 데 참여해 준 공동기획자와 저자 여러분, 그리고 연구조교로서 도와준 전북대 정치학 박사과정생 김현경 양에게도 감사드리며, 이 책이 미래의 동남아시아 학도들이 더 차원 높은 수준의 연구과 지적 성취를 가져오는 데 도움이 되었으면 한다.

2019년 9월
저자를 대표하여
안청시 씀

차례

표차례

그림차례

제1장

한국에서 동남아학계의 형성과 발전

전제성

I. 머리말

한국의 동남아 지역연구는 급속하고 지속적으로 성장해 왔다. 한국의 다른 해외지역연구 분야(이성형·전제성 2008; 엄한진 2011; 이지은 2011; 조원빈 2012)와 비교해 보아도 괄목할 만하고, 동남아 지역연구 열기가 한풀 꺾인 미국의 경우(McVey 1998; Kuhonta et al. 2008)와 대조해 볼 때도 그러하다. 한국과 동남아 11개국의 양자관계 심화, 동아시아 차원의 다자협력 확대, 제2의 파트너로 발전한 무역관계, 투자와 이주의 지속적 증대와 사람의 이동 등 한국에서 동남아연구를 촉진시키는 요인들이 늘어나고 강화되었다. 최근에는 한국 정부가 주변 4대국(미국, 중국, 일본, 러시아) 외교관계 수준으로 한국-아세안(ASEAN) 관계를 격상시키겠다는 '신남방정책'도 선언되어 이러한 외교정책변화가 한국에서 동남아 지역연구를 자극하는 새로운 요인으로 기능할 것으로 예상된다.

한국에서 동남아연구는 1990년대부터 본격적인 성장을 보여 주었고, 2000년대부터 가속적인 발전을 향해 도약한다. 1990년대와 2000년대를 거치면서 한국의 동남아연구는 동남아 지역전문가들에 의해서 주도되고, 장기간의 현지조사와 현지어 자료의 활용이 필수 요건인 지역연구방법이 주류를 차지하게 되었다. 그런데 이러한 발전은 연구자 집단의 형성과 전략적 노력에 대한 이해 없이는 온전히 설명될 수 없다. 이 장에서 필자는 한국 동남아학계의 연구기관 조직화와 학문후속세대 육성 프로그램을 압축적으로 소개하고자 한다. 그 결과로서 오늘날 한국 동남아학계의 면모도 아울러 소개하고자 한다.[1]

II. 초대학적 연구기관 형성

동남아학계의 형성은 한국의 초창기 동남아 연구자들이 바라던 꿈이었다. 학계 없는 상황은 한국의 동남아연구 "제1세대"에 속하는 학자였던 외교안보연구원 김국진 교수의 진술을 통해 가늠할 수 있다. 그는 1980년대 한국에서 "동남아에 대한 관심"이 고조되었으나 "동남아 지역연구에 대한 전문연구기관이 부재하기 때문에" 한국의 동남아연구가 "지속성의 결여"와 "간헐성"이라는 "취약성"을 지니고 있다고 지적하면서, "아직까지 동남아 지역연구를 위한 학회조차도 발족되지 못하고 있다는 것이 우리나라 동남아 지역연구의 미비한 수준을 단적으로 말해주고 있다"고 한탄한 바 있다(김국진 1991: 90, 100). 학회 창설의 꿈이 이루어지기 위해서는 새로운 세대의 출현이 필요했다.[2]

1 이 장은 2014년에 『한국지역지리학회지』 20권 4호에 게재된 전제성의 논문, "한국의 동남아 지역연구 현황과 지리학의 기여 가능성"의 일부를 수정 보완한 것이다. 한국동남아학회 회원의 전문성 분류 정보를 제공해 준 총무이사 김형종 교수께 감사드린다.

2 동남아학계 형성에 이바지한 신윤환 교수는 본인을 포함하는 "제2세대"와 구분되는 "제1세대" 학자들을 다음과 같이 열거한 바 있다. 정치학 분야에서 안청시(서울대), 김국진(외교안보연구원), 이범준(성신여대), 김한식(국방대학원), 이우진(중앙대), 박재규(경남대), 이은호(청주대) 교수, 경제학 분야에서 서동천(인하대), 손정식(한양대) 교수 등.

1980년대 말에 미국에서 동남아 관련 정치학 박사학위논문을 제출하고 귀국한 박사명과 신윤환을 비롯한 5명의 학자들이 1990년에 동남아정치연구회라는 소모임을 결성한다. 그리고 1년 반 동안 회원을 16명으로 확대하는 데 성공하였다.[3] 이들은 매월 동남아 연구서적 독회를 개최하고 입문서를 번역하는 학술활동을 전개하면서 스스로를 한국의 동남아연구 "제2세대"라 불렀다. 안청시 교수를 비롯한 제1세대 학자들이 동남아연구 전문학회의 창립을 제안하였고 제2세대 학자들이 이를 수용하면서 1991년 6월 29일에 한국동남아학회(www.kaseas.org)가 출범하게 되었다. 이듬해부터는 학회지 『동남아시아연구』를 발간하기 시작했다. 제2세대 학자들은 학회의 운영에 참여하는 동시에 본격적이고 심층적인 학제적 지역연구를 촉진하려는 목적으로 1992년 8월에 동남아정치연구회를 동남아지역연구회로 변환시켰다. 정치학자뿐만 아니라 경제학자, 경영학자, 역사학자, 언어학자, 인류학자, 사회학자 24명을 회원으로 출범한 이 연구회는 동남아연구로 박사학위를 마친 전문적인 학자들을 중심으로 강도 높은 토론과 협력을 전개하는 모임으로 운영되었다.

동남아지역연구회는 2004년에 사단법인 형태의 한국동남아연구소(www.kiseas.org)로 전환되었다. 1990년대 후반부터 2000년대 초반까지의 10년 동안 동남아 관련 박사학위논문을 제출한 신진학자가 대폭 늘어나 동남아지역연구회 신입회원으로 27명이나 가입하는 새로운 현상이 연구기관 발전의 전기로 작용하였다. 법인화는 책임성을 갖춘 이사회를 조직하고, 사무 및 연구실 공간을 확보하고, 견고하고 투명한 재정

3 1991년 겨울의 동남아정치연구회 회원은 고우성, 김성주, 김영애, 박사명, 박장식, 배긍찬, 신윤환, 양승윤, 윤진표, 이은호, 홍규덕 등 11인이었다(신윤환 1991).

관리 체계를 수립함으로써 연구기관을 더욱 공고하게 만드는 작업이었다. 한국동남아연구소는 회원의 회비와 기부, 그리고 창설 첫해부터 한국학술진흥재단으로부터 연구비 지원을 연속하여 받은 덕분에 적지 않은 경비를 충당하고 연구와 출판 활동을 지속할 수 있었다. 현재 동남아연구로 대규모 연구비를 지원받은 서강대 동아연구소, 부산외대 동남아지역원, 서울대 아시아연구소 동남아시아센터 등이 동남아연구의 새로운 대학 거점으로 기능하고 있는데, 이러한 대학연구소들의 사업단장들 역시 한국동남아연구소의 이사들이다. 다른 한편으로 한국동남아학회는 광범한 네트워킹을 수행하는 조직으로서 기능해 왔다. 학회를 통하여 소수의 동남아 전문가들은 동남아에 관심을 지닌 다양한 학자들과 폭넓게 연결되고, 아세안 및 일본의 동남아학계와 함께 조직하는 국제학술대회를 정례화할 수 있었다. 이리하여 한국의 동남아연구는 '전문 조직'인 한국동남아연구소와 '연대 조직'인 한국동남아학회라는 초대학적 '양 날개'로 높이 날아오를 수 있었던 것이다(전제성 2006).

한국의 동남아학계 형성은 대학의 연구기관이 아니라 대학을 초월한 연구기관이 중심을 이루고 선도하는 독특한 발전과정을 보여 주었다. 제2차세계대전 이후의 동남아학은 영국과 미국에서 1946년부터 1950년 사이에 런던대학 동양아프리카학원(SOAS), 예일대학, 코넬대학 등에서 창설한 동남아연구프로그램들을 중심으로 발전했다(Park & King 2013: 13). 일본의 경우는 서구보다 정책연구소(think-tanks)의 역할이 더 중요했다지만(Suheiro 1997), 결국 1965년에 설립된 교토대학 동남아지역연구소(CSEAS: Center for Southeast Asian Studies)가 연구중심의 역할을 굳히게 되었다(Hayami 2006). 동남아 현지의 동남아학도 마찬가지였다. 싱가포르에서 정부지원을 받는 독립 기관으로서 1960년대 설립 이후 동남아연구를 이끌고 있는 동남아연구소(ISEAS: Institute of Southeast Asian Studies)가 싱가포르국립대학에 위치하고 있다. 동남아 현지 발간 동남아학 최초 국제학술지(*Journal of Southeast Asian History*)도 1960년에 싱가포르대학 역사학과에서 창간되었다. 말레이시아 최초이자 동남아 최초의 동남아학부도 1976년에 국립말라야대학에서 설립하였다(Ooi 2009). 그러므로 자원봉사(volunteer)에 기초한 초대학적 조직이 연구중심 역할을 수행하는 현상은 한국 학계의 독특한 면모라 할 수 있다.

이렇게 한국의 동남아연구자들이 일찍이 초대학적인 조직화를 위해 노력했던 이유는 동남아연구가 소수자(minority) 지위에 있었기 때문인 것이다. 동병상련의 소수자 정서가 연대의 기초가 되었다. 극히 소수였기에 한데 모이는 데 큰 공간도 필요하지 않았고 친밀하고 호혜적인 관계를 맺을 수 있었다. 지역 내적 다양성도 협력을 촉진하는 방향으로 작용하였다. 동남아는 하나의 지역으로 분류되지만 내적 다양성이 특히 두드러지는 지역이다. 그래서 동남아 지역연구자들은 자신의 전공 국가를 넘어서 역내 다른 국가까지 심층적으로 포괄하는 비교 연구에 도전하기 어렵다. 그렇지만 바로 그렇기 때문에 동남아연구자들끼리 서로 배워야 한다는 기풍이 쉽게 조성될 수 있었다. 소수자 지위와 지역 내적 다양성이 역설적으로 연구자들의 집단적 협력이라는 장점을 낳은 것이다.

집단적 협력의 기반인 연구기관을 설립하고 체계화하는 데 정치학자들의 각별한 기여가 강조되어야 한다. 정치학자들은 한국의 동남아 연구를 본격적으로 출범시키고 연구기관을 창설하고 공고화하는 데 있어서 특유의 리더십을 발휘했다. 정치학자들은 언어교습을 뛰어넘는 동남아 지역연구를 출범시키는 데 주도적이었으며, 학회와 연구소의 건설과 발전 과정에서 핵심적인 역할을 수행하였다.

해외지역연구는 지향성으로 볼 때 학제적 연구라 하지만, 학문분과별 특수성에 영향을 받고 있는 것이 현실이다. 서구에서 지역연구에 적극적인 트로이카는 정치학, 인류학, 역사학이었고(McVey 1998), 일본에서는 경제학의 기여가 컸지만(Suheiro 1997), 한국의 동남아연구 발전과정에서는 정치학자들이 중심적 역할을 수행하게 되었다. 경제학자들은 기대를 모았던 산업연구원이 해외지역연구의 중심 역할을 상실하면서(박번순 2011), 다른 한편으로 고려대를 거점으로 삼았던 역사학자들은 더딘 후속세대의 출현으로 인해 초창기의 선도적 역동성을 이어 가지 못하였다.

한국의 동남아연구 정치학자들은 1990년에 국내 최초로 개별 대학을 초월한 동남아 연구조직으로 동남아정치연구회를 설립했을 뿐만 아니라 1년 만에 다른 학문분과 연구자들을 초대하여 학제적인 동남아지역연구회로 조직을 확대 개편하였다. 정치학자들은 지역연구의 학과적 독점이 아니라 학제적 개방을 선택하고, 이를 제도화하기 위한 기반형성자(institution-builder)로서의 실무를 자임했던 것이다. 공공재 창출을 위한 정치학자들의 기여는 이후에도 계속되었다. 한국동남아학회 역대 회장 13명 가운데 8명이 정치학자들이었고, 한국동남아연구소 역대 이사장 2명 모두 정치학자였다. 이들은 자원동원 능력과 기획력을 발휘하여 재단과 정부의 지원금을 받고 공동연구프로젝트를 성사시켜 연구기관의 물질적 기반을 마련하는 데도 크게 기여하였다(전제성 2010: 238-240).

동남아연구의 출범부터 지금까지 외교적 필요성이 중요한 변수 중에 하나로 작용해 왔다. 베트남전쟁과 아세안 설립에서부터 오늘날의 동아시아지역협력에 이르기까지, 한국의 동남아연구를 자극하는 외교적 수요가 존재하고 작동하였다. 이것이 정치학자들이 기반형성자로서 활약할 수 있었던 환경적 요인이었다. 그런데 해외지역연구에 대한 한국 정치학계의 개방적이고 진취적인 태도 역시 동남아연구 발전에 긍정적으로 작용하였다는 사실을 강조하고 싶다. 정치학계는 지역연구의 학제적 지향 속에서 자칫 자신의 정체성을 잃어버릴까 걱정할 필요가 없었다. 기본적으로 정치학자들은 정치학이 국가, 권력, 정치과정, 정치체제, 정치변동, 전쟁과 평화 등 주제의 측면에서 핵심이 결코 흐려지지 않는 학문이라고 믿기 때문이다. 나아가 정치학들은 순수성보다는 절충과 혼종을 통해 정치학이 발전해 왔다고 학문의 역사를 해석하고 있기 때문이기도 하다(안청시 2002: 29-32; Almond 1998; Dogan 1998).

미국 정치학계에서는 합리적 선택이론 진영에서 지역연구방법 및 교육방향에 대해 문제를 제기하면서 격한 공방이 일었지만(Bates 1997; Johnson 1997), 한국에서는 그런 일이 발생하지 않았다. 오히려 해외지역연구에 뛰어드는 대학원생들이 진취적이라고 칭송받았다. 한국 정치학계의 이러한 개방적, 절충적, 진취적 기풍 덕분에 정치학자들이 해외지역연구 출범에 적극적으로 기여하고, 이어서 살펴볼 학문후속세대 육성 측면에서도 성공적일 수 있었던 것이다(전제성 2010: 244-247).

III. 학문후속세대 육성 전략

한국의 동남아학계는 연구기관 형성 초창기부터 후속세대의 육성에 각별한 관심을 기울이고 구체적인 프로그램을 창안하였다. 소속 대학을 넘어서는 집단적인 노력이 필요했던 이유는 1990년대에 3개 사립대(한국외대, 부산외대, 성심외전) 외에는 동남아 관련 과목을 다수 개설한 대학들이 없었기 때문이었다. 나중에 영산대(성심외전 흡수통합), 우송대, 청운대가 동남아 관련 강좌들을 다수 개설한 대학으로 추가되었으나, 대학원 교육이 중심인 학문후속세대 육성 측면에서는 성과를 보이지 못했다(대학별 2006년도 동남아 과목현황은 전제성·이재현 2008: 267). 서울대가 아시아언어문명학부에 2013년에 동남아시아언어문명전공을 창설하고

〈표 1-1〉 지역전문가 육성단계별 동남아학계의 지원 프로그램 및 지원 기관

단계(내용)	프로그램(시작연도)	지원기관
관심 촉발 (체험 · 언어)	학부생 장학 사업(2008) 현지어 무료 강좌(2007)	서강대 동아연구소, 전북대, 인하대 등
심화 학습 (독회 · 연수)	대학원생 독회(1994) 현지연수 지원(2007)	한국동남아연구소
현지 조사 (조사 · 발표)	학위논문 현지조사 지원(1999) 학회발표 및 논문게재(1991)	한국동남아학회

21개 동남아 과목을 개설한 것이나, 전북대가 2014년에 동아시아·다문화연계전공을 창설하고 학부에 6개까지 동남아 과목을 개설한 것은 극히 최근이며 매우 이례적인 일이라 할 수 있다.[4]

해외지역연구 분야에서 대학원 교육의 전기는 1990년대 김영삼 정부의 세계화 정책 추진 시절에 국제대학원들이 신설됨에 따라 마련되는 듯했다. 당시 국제대학원들에 동남아 전공들이 더러 설립되면서 초반에, 특히 서울대의 경우 동남아연구 후속세대 육성에 기여한 바 있다. 그러나 한편으로 국제통상과 국제협력 프로그램에 압도되고 다른 한편으로 동남아 전공 한국인 전임교원 채용이 지체되면서 학문후속세대의 지속적 육성에 실패하고 말았다. 우리나라 고등교육기관들이 동남아 교육의 측면에서 보여 준 저조한 성과 때문에 동남아학계는 후속세대육성을 위해 초대학적인 방안을 별도로 마련해야만 했던 것이다.

해외지역연구 후속세대 육성은 〈표 1-1〉과 같이 관심촉발, 심화학습, 현지조사라는 3단계를 거쳐 학위논문을 작성함으로써 완결되는 과

4 국내 대학에서 동남아 관련 전공이 희소한 현실은 개선되지 않고 있다. 동남아지역이나 개별국가 명칭이 포함된 전공을 개설한 대학은 서울대, 한국외대, 부산외대, 영산대, 청운대 등 5개 대학(11개 전공)뿐이다. 중국 관련 전공이 190개, 일본 관련 전공이 168개인 데 비하면 여전히 극심한 불균형 상태에 있다(하채균 2018: 17-19).

정이다. 동남아학계의 집단적인 노력은 대학원생들을 대상으로 지원하는 2단계와 3단계 프로그램에 집중되었다. 한국동남아연구소가 심화학습 단계, 한국동남아학회가 현지조사 단계의 지원을 분담하였다. 학부생들을 주된 대상으로 삼는 1단계 프로그램들은 동남아 연구자들이 개별적으로 소속 대학에서 추진하고 있다. 초대학적 접근의 여력이 학부까지 미치지 못하기 때문이다(전제성·이재현 2008: 270-74).

한국동남아연구소는 동남아지역연구회 시절인 1994년부터 대학원생들을 연구회원으로 모집하고 자율적 독회(세미나)를 후원해 왔다. 이 사업은 학교별로 고립된 대학원생들을 연결하고 지역연구의 기풍을 조기에 익히도록 기획되었으며, 필자도 그 수혜자 가운데 한 사람이다. 또한, 연구소는 동남아의 현지학자단체와 공동운영하는 단기현지연수 프로그램(Advanced Seminar)을 개발하여 대학원생들에게 현지연수의 기회를 제공하고 있다. 이 사업은 우리 대학원생들이 방학 중 일주일 남짓 현지로 가서 아세안 출신 학생들과 함께 현지의 저명한 학자들로부터 해당 국가에 관한 강의를 듣는 방식으로 진행되며, 지역 이해뿐만 아니라 학술적 네트워킹까지 도와주는 프로그램이다. 〈표 1-2〉에 보이듯이 2007년부터 2016년까지 10년간 연인원 103명의 한국인 대학원생을 현지에서 연수시키는 업적을 이루었다.

한편 후속세대육성의 최종단계는 한국동남아학회가 지원하고 있다. 학회도 연구소처럼 설립 당시부터 후속세대를 중시하여 학술대회에 발표자로 대학원생들을 참여시키고 학회지 논문게재를 창간호부터 허용했다. 결정적으로 중요한 후속세대육성프로그램은 학위논문현지조사지원제도이다. 학회는 국내외의 한국인 석·박사과정생들을 연구계획서 심사를 통해 선발하여 학위논문작성을 목적으로 하는 현지조사의 비용을 지원하고 있다. 현재 국내 유일의 초대학적 학위논문현지조사 지원프로그램인 이 사업은 학회 역대 임원들이 한·아세안협력기금

〈표 1-2〉 한국동남아연구소의 단기 현지연수 지원 수혜자: 2007-2016년

연도	연수국가	석사과정	박사과정	계
2007	말레이시아	6	2	8
2008	필리핀	8	3	11
2009	인도네시아	7	0	7
2010	태국	8	1	9
2011	필리핀	6	4	10
2013	베트남	11	0	11
2014	캄보디아	9	3	12
2015	태국	12	1	13
2016	말레이시아	14	8	22
계		81	22	103

출처: 한국동남아연구소 내부자료(이유진 전 간사, 2015-2016년은 김유진 현 간사 제공).

(ASEAN-ROK Cooperation Fund)의 지원을 중단 없이 받기 위해 투여해야만 하는 심대한 노고의 산물이다. 〈표 1-3〉에서 보이듯이, 한국동남아학회는 1999년부터 2016년까지 18년간 연인원 94명의 한국인 석·박사과정생에게 학위논문 작성을 위한 동남아 현지조사비용을 지원하는 '대기록'을 달성하였다. 현지조사 지원의 측면에서 대한민국의 어떠한 재단에서도 이룩하지 못한 업적을 일종의 학술자원봉사조직인 학회에서 성사시켰던 것이다.

IV. 한국의 동남아학계 최근 현황

연구기관을 형성하고 후속세대 육성 프로그램을 조직적으로 운영한 결과, 한국의 동남아학계가 '한 줌에 불과'하던 소수자 지위를 극복하고 가시적인 중간 규모의 학계로 성장할 수 있었다. 동남아학계의 규모는

〈표 1-3〉 한국동남아학회의 장기 현지조사 지원 수혜자: 1999-2016년

연도	석사과정	박사과정	계
1999	8	1	9
2001	2	0	2
2002	4	4	8
2003	6	4	10
2005	4	4	8
2006	2	3	5
2007	3	3	6
2008	3	3	6
2009	3	2	5
2010	4	3	7
2011	2	2	4
2012	2	3	5
2013	5	2	7
2014	1	4	5
2016	2	5	7
계	51	43	94

출처: 한국동남아학회 내부자료(박승우 전 학회장, 강민지 전 총무간사, 김형준 전 편집위원장 제공 정보 종합).

주: 2002년부터는 해외 대학 소속 한국인 대학원생들도 지원.

〈표 1-4〉의 한국동남아연구소 정회원 분포와 〈표 1-5〉의 한국동남아학회 정회원 분포를 통해 가늠할 수 있다. 한국동남아연구소의 정회원은 동남아 관련 박사학위논문을 작성하고 동남아 관련 연구를 지속적으로 수행하는 인문사회계 학자들로 2017년 현재 58명에 달했다. 한국동남아학회의 정회원은 333명으로 기록되어 있다. 그런데 학회의 회원은 학회활동에 적극적으로 참여하는 '활동회원'과 그렇지 않은 '비활동회원'을 구분해 볼 필요가 있으며 활동회원의 경우 100명 미만으로

〈표 1-4〉 한국동남아연구소 정회원 분포: 지역 및 전공(2017년)

지역	회원 수	전공	회원 수
인도네시아	14	정치학	25
베트남	9	인류학	16
필리핀	8	경제학	7
태국	6	역사학	3
말레이시아	4	지리학	2
미얀마	2	사회학	2
싱가포르	1	언어학	2
캄보디아	1	언론학	1
라오스	1	문학	0
브루나이	0	경영학	0
동티모르	0	법학	0
아세안	3	농학	0
비교 및 일반	9	이학 및 공학	0
소계	58	소계	58

추산된 바 있다(이에 대한 지적은 박승우 2009).

정치학자들이 연구소와 학회 양 기관에서 가장 많은 수를 차지하고 있는데, 연구기관 형성에서 주도적인 역할을 수행하였다는 점을 되새겨 본다면 당연한 현상일 것이다. 놀라운 현상은 인류학자들의 증대이다. 인류학자들은 학회에서도 네 번째로 많은 수를 차지하였고 연구소에서 두 번째로 많은 회원 수를 구성하고 있다. 국제개발학이라는 새로운 분과의 연구자들이 등장한 것은 새로운 현상이다. 규모의 증대에도 불구하고 농학, 이학, 공학, 의학 분야 회원의 결핍은 여전하다.

연구관심 지역으로 보자면 한국의 동남아학계 구성원 가운데 인도네시아 전문가가 가장 많았고 베트남 전문가가 그 뒤를 이었다. 동남아 최대 국가인 인도네시아를 연구하는 학자가 많다는 것은 세계적인 추

〈표 1-5〉 한국동남아학회 정회원의 전문 지역 및 전공 분야

지역	회원 수	전공	회원 수
인도네시아	25	정치학	80
베트남	24	경제, 경영, 회계학	64
태국	18	언어학, 문학	58
말레이시아	10	인류학	24
미얀마	8	역사학	19
필리핀	7	사회학	17
아세안	4	지리학	4
싱가포르	2	법학	4
라오스	2	언론학	4
캄보디아	1	국제개발학	4
브루나이	0	철학	3
동티모르	0	공학, 이학	3
기타	232	고고학, 교육학, 의학	3
		기타	46
계	333	계	333

출처: 한국동남아학회 김형종 총무위원장의 회원 분류, 2017년 10월.

세에 비춰 봐도 특별하지 않지만, 베트남 전문가가 다수인 것은 한국의 독특한 현상이라 할 수 있겠다. 베트남보다는 태국에 깊은 관심을 오래 전부터 보여 왔던 일본 동남아 학계와 대비된다(Hayami 2006). 학회 회원 중에 미얀마 연구자들이나 아세안(ASEAN) 전문 연구자들이 늘어난 점이 돋보이나, 싱가포르, 캄보디아, 라오스 연구자는 극소수이고, 브루나이나 동티모르 전문가는 찾아볼 수 없다는 점은 여전하다.

동남아학계의 면모를 파악하려면 연구자뿐만 아니라 연구 성과도 살펴봐야 할 것이다. 학계의 연구축적 현황을 파악하기 위해 한국동남아학회지 게재 논문들을 돌아보았다. 『동남아시아연구』의 창간 시기

〈표 1-6〉『동남아시아연구』 게재 논문의 주제 분야

주제 분야	1992-1995	1996-2000	2001-2005	2006-2010	2011-2015	계
정치, 외교	15(46.9%)	14(25.5%)	31(35.7%)	26(31.0%)	29(24.6%)	115(30.6%)
경제	5(15.6%)	17(30.9%)	15(17.3%)	16(19.0%)	20(17.0%)	73(19.4%)
문화	2 (6.3%)	13(23.6%)	14(16.1%)	13(15.5%)	25(21.3%)	67(17.8%)
역사	6(18.7%)	4 (7.3%)	9(10.3%)	11(13.1%)	16(13.6%)	46(12.2%)
사회, 교육	3 (9.4%)	3 (5.4%)	9(10.3%)	10(11.9%)	18(15.4%)	43(11.5%)
언어, 문학	1 (3.1%)	4 (7.3%)	9(10.3%)	5 (6.0%)	9 (8.0%)	28 (7.5%)
기타	-	-	-	3 (3.5%)	1 (0.1%)	4 (1.0%)
계	32(100%)	55(100%)	87(100%)	84(100%)	118(100%)	376(100%)

(1992년)부터 2015년까지 24년간 게재된 논문의 주제 분야와 연구 대상 국가를 각기 〈표 1-6〉과 〈표 1-7〉에 제시한다.

학회지 게재 논문 중에서 정치학적 주제를 다룬 논문이 가장 많았다. 총계뿐만 아니라 5년 단위로 자른 5개의 시기 모두에서 1위였다. 경제학적 논문이 총계에서 두 번째로 많았다. 그런데 문화적 주제를 다룬 논문의 증가가 두드러진다. 총계에서 세 번째로 많았을 뿐만 아니라 최근 시기(2010-2015년)에는 처음으로 경제학 논문의 수를 앞지른다. 이런 새로운 현상은 동남아연구 인류학자의 증가와 직접적으로 관련되어 있다.

학회지 게재 논문의 연구대상국가로 가장 선호된 나라는 베트남이었다. 이어서 인도네시아와 태국이 그 뒤를 이었다. 학회의 회원 중에 전문가의 수는 인도네시아, 베트남, 태국 순이었으나, 학회지 게재 논문의 수에서는 베트남이 인도네시아를 앞질렀다. 베트남 연구자들의 생산성과 비전문가들의 베트남에 대한 높은 관심이 반영된 결과로 해석된다.

학회지 게재 논문을 방법적 측면에서 분석하면, 괄목할 만한 변화를 확인할 수 있다. 사례연구 대비 비교연구 혹은 지역전반에 관한 연구

〈표 1-7〉『동남아시아연구』 게재 논문의 연구대상국가

지역	1992-1995	1996-2000	2001-2005	2006-2010	2011-2015	계
베트남	8	11	16	15	23	73(23.2%)
인도네시아	5	10	12	10	20	57(18.1%)
태국	3	10	18	11	15	57(18.1%)
필리핀	7	8	10	12	7	44(13.9%)
말레이시아	1	4	14	6	10	35(11.1%)
미얀마	0	2	3	5	9	19 (6.0%)
싱가포르	2	2	5	2	5	16 (5.1%)
캄보디아	1	1	1	4	3	10 (3.2%)
라오스	0	1	0	0	2	3 (1.0%)
동티모르	0	0	0	1	0	1 (0.3%)
브루나이	0	0	0	0	0	0 (0.0%)
계*	27	49	79	66	94	315(100%)

* 게재된 논문 중 특정 사례에 국한되지 않은 일반적 연구는 총계에서 배제하였다. 비교연구는 사례로 다룬 나라들을 모두 표시하여 계산하였다. 이를테면 태국과 인도네시아를 비교한 논문 1건은 태국 1건과 인도네시아 1건으로 중복 산정하였다.

분류에서는 늘 압도적으로 사례연구가 다수였다. 전체적으로 게재 논문 72%의 논문이 사례연구에 해당되고, 사례연구의 비중이 가장 낮았던 특정 시기(2006-2010년)에서도 60%를 차지하였다. 그러므로 사례/비교연구의 방법적 측면에서 의미 있는 변화는 없다. 그런데 현지조사를 거치거나 현지어 문헌 정보 분석을 통하여 현지 자료를 반영한 논문의 수는 꾸준하고 두드러지게 증가하였다. 1992-1995년 시기에 28%(9편), 1996-2000년 시기에 42%(23편), 2001-2005년 시기에 55%(48편), 2006-2010년 시기에 61%(51편), 2011-2015년 시기에 68%(80편)로 계속 늘어났다. 현지조사 능력을 갖추고 현지성을 강조하는 새로운 연구세대의 주류화를 보여 주는 징표라 할 수 있다(신세대 현지조사 경험담은 전제성 외 2014). 1990년대까지만 해도 현지조사에 근거한 논문이 희소

하고 현지어 문헌을 참조한 논문도 희소하다는 것이 한국의 해외지역 연구 실태를 비판하는 주요 논거였다(신윤환·이성형 1996; 신윤환 1998)는 점을 떠올려본다면, 전환적 발전이라 할 수 있다.

오늘날의 한국 동남아학계의 인적 분포나 연구 축적 경향을 살펴보면, 인류학자들이 새로운 중심으로 등장하였다는 사실을 쉽게 간파할 수 있다. 이미 2000년대 후반부터 확연하였다. 한국동남아학회에 적극적으로 참여하는 '활동 회원'을 84명으로 설정한 조사연구(박승우 2009: 230)에 따르면 정치학자(39명, 46.4%) 다음으로 인류학자(13명, 15.5%)가 많은 수를 차지하는 것으로 나타났다. 2017년 현재 인류학자들은 한국동남아연구소 정회원의 28%(16인)를 구성하고 있으며, 그중에 60대는 1명뿐이다. 이는 인류학계가 동남아 전문가 육성에 성공적이었으며, 새로이 육성된 인류학자들이 동남아학계의 공공재 창출활동에 적극 가담하고 있다는 사실을 알려 준다. 또한 이러한 경향이 인류학 출신 동남아연구 소장학자들에 의해서 당분간 더 지속될 것이라는 전망을 가능케 한다.

인류학자들은 가족, 여성, 종족, 종교 등 각종 문화 관련 분야 연구 축적에 기여하였다. 특히 인류학자들은 전반적으로 '도시의 아이들' 수준에 머무는 경제학자와 정치학자들과 달리 지방과 농촌 마을 연구를 통하여 독보적인 자료와 지표의 자기세계를 구축함으로써 동남아연구의 발전에 기여하였다. 인간의 실존과 이동에 따라 국가적 경계를 비월하는 경우도 있었다. 인류학자들은 민족지(ethnography)에 천착하는 특유의 본성에 입각하여 동남아연구의 방법론적 발전에 또한 중요한 기여를 하였다. 동남아연구 인류학자들의 출현은 '지역연구형 신세대'의 주류화를 촉진하였던 것이다.

한국적 특수성에서 인류학은 정치학과 함께 동남아지역연구의 양대 축을 형성할 수 있었다. 경제학자들은 수치의 마법에 사로잡혀 지역연구를 '기초연구'라 부르며 구별 짓는 주류 경제학자들에게 포위당하였다(오명석 외 2008). 본시 지역연구의 트로이카 중에 하나라는 역사학계는 중국 중심주의적 동양사학의 전통에 압도되어 간헐적인 후속세대 육성의 더딘 트랙을 밟을 뿐이었다. 반면에 인류학은 '낮은 곳'으로 임하고 '외진 곳'으로 파고들면서 현지인들과 깊이 만나는 학도들을 육성하는데 성공하였기에, 정치학과 함께 한국 동남아학계라는 수레의 두 바퀴로 기능할 수 있었다.

더구나 인류학자들은 사회과학과 인문학 사이의 연대형성자(solidarity-maker)로 기능할 수 있을 것으로 기대된다. 인간에 관한 모든 것을 탐구하려는 인류학은 내포가 흐려지는 문제가 있겠지만 포괄하는 주제의 외연이 확장되는 장점을 지니고 있다. 그래서 규율(discipline)은 약해지나 자유는 증폭되는 인류학이 인문학과 사회과학의 연대를 형성하는 역할을 수행할 수 있을 것이라는 기대가 가능하다. 따라서 한국에서 동남아연구의 두 번째 도약기는 인류학도들에 의해 주도될 것이다(전제성 2011).

V. 맺음말

한국의 동남아학 형성과 발전은 학계의 집단적 조직화와 전략적 기획의 실천에 힘입은 바 크다. 한국동남아학회와 한국동남아연구소라는 양 날개의 초대학적 연구기관의 형성, 이를 기반으로 삼아 체계적인 후속세대 육성 전략과 이를 실현시키기 위한 선배들의 헌신 덕분에 오늘날 동남아학계는 한국의 지역연구학계에서 중간 규모의 가시적인 학계로 자리잡았고 역동적인 면모를 보여 줄 수 있었다. 초창기 기관 형성자로서 정치학자들의 기여가 있었고 두 번째 도약을 위한 연대형성자로서 인류학자들의 역할도 이어지고 있다. 한국의 동남아연구 제1세대와 제2세대가 공통적으로 희구하던 바는 이렇게 이루어졌다.

그렇지만 한국의 동남아학계는 여전히 심각한 숙제를 안고 있다. '날개'로 비유되는 이중의 학계 조직화 방식이 과거에 유효했다 하여 앞으로도 유지되어야 할 것인가? 우리 학계가 포괄하고 있는 전문가의 수는 더디게 늘고 있다. 그리 많지 않은 동남아전문가들이 중복적인 기관들 사이에서 여러 층위의 조직화 업무를 짊어지고 많은 시간과 노고를 투여하는 피로한 현실에 처해 있다. 초대학적 연구기관이 학계 창설과 발전을 주도하는 독특한 경로를 밟았다 하여 계속 그런 전통적 맥락이 지속되어야 할까? 동남아연구자들이 초대학적으로 협력해야 할 필요는 대학 내부의 교육과정과 연구거점에서 동남아연구자들이 취약한 지위에 처해 있던 현실에서도 연유하였고, 그렇다면 이러한 현실은 장년기에 접어든 우리 학계가 적극적으로 대면하고 돌파하여 극복해야 하는 상황일 것이다.

이어지는 장들에서 확연하게 제시되듯이, 동남아에 관하여 관심을 갖는 학자들이 대거 존재하고 그들의 논문들이 광범하게 출판되었다는 점을 감안하면, 우리 동남아학계가 사람과 문헌의 양면에서 충분히 연계되고 섭렵되어야 한다는 새로운 도전에 직면해 있다. 이 책을 통하여 우리는 '동남아학계'라는 좁은 틀을 넘어설 필요가 있다고 절감하게 될 것이다. 그렇기에 이번 장에서 필자가 정리한 학계의 역사 또한 앞으로의 실천과 성찰을 통해 머지않아 부정되어야 할 대상이 될 수밖에 없을 것이다.

참고문헌

김국진. 1991. "동남아세아 지역연구." 서울대학교 지역종합연구소. 『우리나라의 지역연구 현황, 문제점, 활성화방안 연구』.

박번순. 2011. "한국의 동남아 경제 연구." 『아시아리뷰』 1(1).

박승우. 2009. "한국의 동남아시아 지역연구: 사회과학 분야 제2세대 동남아 지역연구자에 대한 심층 분석." 『동남아시아연구』 19(1).

배병인·전제성·구갑우. 2012. "동아시아 지역협력과 한국." 장달중 · 함택영(편). 『21세기 한국외교와 국가이익』. 사회평론.

서정인. 2012. "한국의 대ASEAN 외교." 『동남아시아연구』 22(1).

신윤환. 1991. "동남아정치연구회." 『대우재단소식』 38: 45-47.

______. 1998. "한국의 비교정치 연구와 지역연구: 비판적 검토." 이상섭 · 권태환(편). 『한국의 지역연구』. 서울: 서울대학교출판부.

______. 2015. "한국의 동남아연구: 반성적 회고." 『동남아시아연구』 25(4).

신윤환·이성형. 1996. "한국의 지역연구 현황과 과제." 『국가전략』 2(1).

쓰보우치 요시히로. 1997. "전문분야와 지역연구." 야노 토루(편). 아시아지역경제연구회(역). 『지역연구의 방법』. 서울: 전예원.

안청시. 2002. "정치학의 전통과 연구방법." 서울대학교 정치학과 교수진. 『정치학의 이해』. 서울: 박영사.

알몬드, 가브리엘 · 스티븐 켄코. 2005. "구름과 시계, 그리고 정치학 연구." 김웅진 외(편역). 『비교정치론 강의 1』. 서울: 한울.

엄한진. 2011. "아랍세계 논의의 특징과 오리엔탈리즘적 전통." 『아시아리뷰』 1(1).

오명석 외. 2008. "1990년대 이후 한국의 동남아연구: 학문분야별 회고와 성찰." 『동남아시아연구』 18(2).

이성형·전제성. 2008. "제3세계의 지역연구: 동남아시아와 라틴아메리카를 중심으로." 대한민국학술원(편). 『한국의 학술연구: 정치학 · 사회학』. 서울: 대한민국학술원.

이성형·전제성·김용복. 2004. "한국의 해외지역연구의 실태와 과제." 대통령자문정책기획위원회.

이지은. 2011. "남아시아연구 리뷰: 현황과 과제." 『아시아리뷰』 1(1).

전제성. 2006. "한국의 동남아 연구 동향과 과제: '제3세대' 연구자 선언을 기대하며."

『동아연구』 50.
______. 2010. “한국의 동남아 지역연구와 정치학계의 기여.” 『국제정치논총』 50(2).
______. 2011. “해외지역연구에서 인류학의 위치와 역할: 동남아연구를 중심으로.” 한국문화인류학회 가을정기학술대회(인류학의 위치를 묻다). 발표논문집.
______. 2014. “한국의 동남아 지역연구 현황과 지리학의 기여 가능성.” 『한국지역지리학회지』 20(4).
______. 2017. “아세안 외교: 통상을 넘어 평화와 균형의 동반자로.” 『헌정』 12월호.
전제성 외. 2014. 『맨발의 학자들: 동남아 전문가 6인의 도전과 열정의 현지조사』. 서울: 눌민.
전제성·이재현. 2008. “한국의 동남아학 교육과정과 지역연구자 육성모델 연구.” 『동남아시아연구』 18(2).
조원빈. 2012. “한국의 아프리카 연구 동향.” 『아시아리뷰』 2(2).
하채균. 2018. “한-아세안 협력의 ‘약한 고리’: 한국의 동남아시아 교육.” 한아세안센터 아세안토크 2018-07.

Almond, Gabriel. 1998. “Political Science: The History of the Discipline.” Robert E. Goodin & Hans-Dieter Klingemann(eds.), *A New Handbook of Political Science*. Oxford: Oxford University Press.
Bates, Robert H.. 1997. “Area Studies and the Discipline: A Useful Controversy?” *PS: Political Science & Politics* 30(2).
Dogan, Mattei. 1998. “Political Science and the Other Social Sciences.” Robert E. Goodin & Hans-Dieter Klingemann(eds.). *A New Handbook of Political Science*. Oxford: Oxford University Press.
Hayami, Yoko. 2006. “Towards Multi-Laterality in Southeast Asian Studies: Perspectives from Japan.” in Cynthia Chou and Vincent Houben(eds.), *Southeast Asian Studies: Debates and New Directions*. Singapore: ISEAS.
Jeon, Je Seong. 2011. “Historical Dynamics of Southeast Asian Studies in Korea.” *Kyoto Review of Southeast Asian Studies* 11.
Johnson, Chalmers. 1997. “Preconception vs Observation, or the Contributions of Rational Choice Theory and Area Studies to Contemporary Political Science.” *PS: Political Science & Politics* 30(2).
Kuhonta, Erik Martinez, Dan Slater, and Tuong Vu(eds.). 2008. *Southeast Asia in Political Science: Theory, Region, and Qualitative Analysis*. Stanford: Stanford University Press.
McVey, Ruth. 1998. “Globalization, Marginalization, and the Study of Southeast Asia.” in Craig J. Reynolds and Ruth McVey. *Southeast Asian Studies: Reorientations*. The Frank

H. Golay Memorial Lectures 2 and 3. Ithaca: Cornell Southeast Asia Program.
Ooi Keat Gin. 2009. "Southeast Asian Studies in Southeast Asia: Agenda for the Twenty-First Century." *New Zealand Journal of Southeast Asian Studies* 11(1).
Park Seung Woo and Victor T. King. eds. 2013. *The Historical Construction of Southeast Asian Studies: Korea and Beyond*. Singapore: Institute of Southeast Asian Studies.
Suheiro, Akira. 1997. "Bodies of Knowledge: How Thinktanks Have Affected Japan's Postwar Research on Asia." *Social Science Japan: Newsletter of the Institute of Social Science* 9.

서울대학교 아시아언어문명학부. http://asia.snu.ac.kr
전북대학교 동아시아 · 다문화전공. http://meas.chonbuk.ac.kr
한국동남아연구소. http://www.kiseas.org
한국동남아학회. http://www.kaseas.org

제2장

한국의 인도네시아 연구*

김형준, 전제성

I. 머리말

인도네시아는 세계 최대 군도국가이자 세계 4위의 인구대국이며, 세계에서 가장 많은 무슬림이 사는 나라이고, 세계에서 세 번째로 큰 민주주의체제다. 풍요로운 자원과 생태, 화려하고 다양한 문화, 역동적인 국가 형성, 급속한 경제 성장, 극적인 민주화의 역사적 궤적으로 인해 세계적인 관심과 연구의 대상이 되는 나라이기도 하다.

양자관계의 반세기를 막 넘어선 한국과 인도네시아는 서로에게 각별한 의미를 갖는다. 인도네시아는 한국의 제12위 교역국(2015년 기준)으로서 우리가 살아가는 데 필수적인 자원을 공급해 주고 있다. '대한민국 최초'의 해외투자가 인도네시아에서 이루어진 이래 오늘날 5만여 한인들이 현지 최대의 외국인 커뮤니티를 형성할 정도로 한인투자가 계속 증대했다. 한국 원조의 역사에서도 인도네시아는 특별한 지위를 차지한다. 최초의 대외경제협력기금(EDCF)이 인도네시아에 집행되었

* 이 장은 『아시아리뷰』 3권 1호(2013년)에 수록된 논문 "한국의 인도네시아 연구 동향: 외적 팽창의 지속, 내적 분리의 심화"를 수정 보완한 것이다. 2013년 이후의 데이터를 보강하고 글을 수정하는 작업은 전제성이 전담하고 김형준이 확인하는 방식으로 추진되었다.

고 국제개발협력단(KOICA)의 첫 해외지부도 자카르타에 설립되었다. 한국 자본주의를 가동시키는 이주노동자들을 주력으로 하는 4만여 인도네시아 사람들이 한국에서 8위 규모의 외국인집단을 형성했다. 인도네시아는 시장경제와 민주주의의 가치를 한국과 공유하고 한반도의 평화를 일관되게 지지하며 동아시아공동체를 함께 만들어 가는 한국 외교의 전략적 파트너이기도 하다(양국관계 개관은 전제성·유완또 2013).

한국의 인도네시아 연구도 양국관계처럼 반세기의 역사를 만들어 왔다고 요약하면 적절할 것이다. 한국에서는 인도네시아에 관하여 첫 번째 학술지 논문이 1962년에 게재되었고, 1964년에 인도네시아 관련 첫 번째 석사학위논문이 제출되었으며, 1967년에 첫 번째 학술서가 번역 출판되었다. 이렇게 1960년대에 시작된 한국의 인도네시아 연구는 꾸준하게 성장하였고 2000년대 이후 가파른 성장 추세를 보이고 있다.

우리의 분석은 1962년부터 2017년까지 발표된 학위논문, 학술지 논문, 단행본을 대상으로 한다. 범위가 방대하므로 우리는 공동연구를 추진하고 정량적 분석을 중심 방법으로 삼기로 합의했다. 인류학자인 김형준이 학위논문, 단행본, 그리고 동남아연구를 전문 분야로 삼는 두 종의 학술지 논문을 분석했고, 정치학자인 전제성이 전체 학술지 논문을 분석했다. 우리는 분석 과정에서 국내 인도네시아 연구의 양적인 팽창이 지속됨을 확인하는 동시에, 학계의 내적 분리 현상도 발견할 수 있었다. 김형준이 한국외대 출신과 비외대 출신의 분리 현상을 분석했고, 전제성이 인문사회계와 이공계의 분리 현상을 분석했다. 서울대 아시아연구소 주최 학술워크숍 발표, 학술지 게재, 단행본 발간을 위한 추가 학술회의 발표 등 일련의 과정을 거치면서 자료의 긴밀한 공유와 거듭된 순환적 교정과 의사소통을 수행함으로써 우리는 분석과 해석의 일치를 볼 수 있었다.[1]

II. 외적 팽창의 지속

1. 인도네시아 연구자의 특성

학자가 지역연구에 개입하는 방식은 몇 가지 방식으로 구분될 수 있다. 첫 번째 부류는 특정한 외국에 관한 사례연구로 박사학위논문을 작성하고 그 나라에 관련된 연구를 지속하는 경우다. 두 번째 부류는 비교방법을 사용하는 연구자가 특정한 외국을 같은 지역의 국가나 다른 지역의 국가와 비교하여 학위논문을 작성하는 경우다. 세 번째 부류는 학위논문에 사례로 포함하지 않았던 특정한 외국이나 해외지역에 관하여 추가로 연구하여 지역연구 전문 학술지에 게재하는 경우다. 한국에서 동남아 지역연구자들의 출현은 세 번째 부류에서 시작하여 두 번째 부류의 등장으로 나아가 세 번째 부류의 주류화로 전개되었다(동남아연구의 세대별 전개는 전제성 2006).

이와 같은 지역연구 개입 방식은 인도네시아 지역연구에서도 쉽게 찾아볼 수 있으며, 아래에서는 이를 보다 구체적으로 검토하기 위해 학위논문과 전문학술지라는 두 기준에 의거하여 광의의 인도네시아 연구자를 선별했다. 첫째, 박사학위논문을 인도네시아 단일사례연구로 작성한 경우, 둘째, 박사학위논문을 인도네시아 사례를 포함하는 비교연구로 작성한 경우, 셋째, 동남아 지역연구 양대 학술지인 『동남아시아연구』와 『동남아연구』에 인도네시아 관련 논문을 게재한 박사급 연

1 학위논문과 학술지 논문의 목록을 수집하고 정리해 준 전북대 대학원 정치학과 박사과정생 김현경 양, 아시아 지역연구 기획 시리즈의 일환으로 인도네시아 연구 동향 정리를 주문해 주신 서울대 아시아연구소의 안청시 교수님, 아시아연구소 학술워크숍 발표 때 건설적 조언을 해 주신 서강대 정치외교학과의 신윤환 교수님을 비롯한 참여 선생님들께 감사드린다.

〈표 2-1〉 한국인 인도네시아 연구자 분류

그룹	분류 근거	인원
전문연구자	박사학위논문을 인도네시아 사례연구로 작성	47*
비교연구자	박사학위논문을 인도네시아 사례를 포함하는 비교연구로 작성	21
사례확장연구자	박사학위논문을 인도네시아와 무관하게 작성했지만, 인도네시아 관련 논문을 동남아 지역연구 전문학술지에 게재	16**

* 3명은 한국 거주 인도네시아인에 관한 박사학위논문 작성.

** 9명은 『동남아시아연구』에, 7명은 『동남아연구』에 게재한 연구자.

구자의 경우다. 이러한 기준을 통해 〈표 2-1〉과 같이 연구자를 편의상 '전문연구자', '비교연구자', '사례확장연구자'로 분류해 보았다. 이렇게 분류된 한국인 인도네시아 연구자는 총 84명에 달했다. 이는 국내 학계가 전문적인 연구 역량을 갖춘 연구자에 의해 인도네시아 지역연구가 수행될 기반을 갖추고 있음을 시사한다.

이 분류에서 우리는 박사학위논문을 인도네시아만을 사례로 작성한 그룹(전문연구자 47명)이 다른 그룹보다 압도적으로 많고 인도네시아 연구를 위한 더 높은 전문성과 충성도를 가지고 있다고 판단하였다. 그래서 이들을 집중 분석함으로써 인도네시아 전문가의 특성을 밝히고자 했다.[2]

2 인도네시아 전문연구자로 분류된 47명의 이름과 학위논문 정보는 참고문헌에 별도로 수록하였다. 그런데 이들 모두 현재 국내 학계에서 활동하고 있지는 않다. 김영국, 양승윤은 퇴임했고, 최난경, 정은숙은 외국에서 교원으로 활동하고 있음을 확인할 수 있지만, 전원의 소재와 활동여부 파악은 불가능했다. 다만 한국연구재단 연구자정보에 등록되어 있지 않은 11명(이춘화, 박종호, 백두옥, 강성호, 김수미, 이규대, 남송희, 이봉철, 조성희, 윤순기, 최형미)은 정부, 기업 혹은 민간단체에서 일하면서 학계에서 활동하지 않을 가능성이 있다고 추정할 수 있다. 그렇다면 국내 학계에서 활동하는 이들은 32명

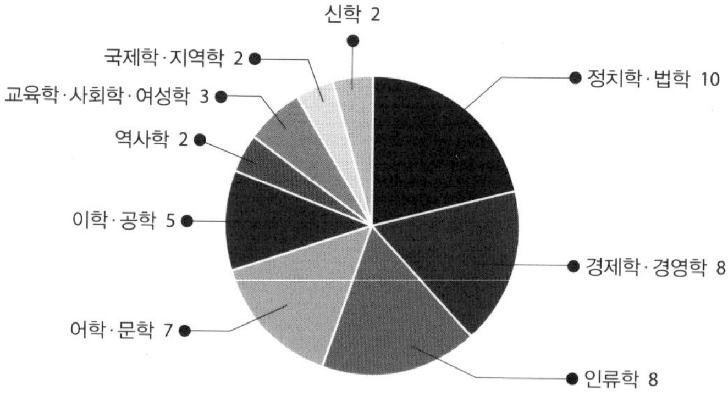

〈그림 2-1〉 인도네시아 전문연구자의 학문분야

전문연구자들의 전공 분야를 살펴보면 〈그림 2-1〉과 같다. 전공별 전문가 분포를 세부적으로 열거하자면, 정치학 9명, 인류학 8명, 어학·문학 7명, 경제학 6명, 이학·공학 5명, 경영학 2명, 역사학 2명, 국제학·지역학 2명, 신학 2명, 교육학 1명, 사회학 1명, 여성학 1명, 법학 1명이다. 냉전질서 속에서 비동맹권의 정치와 외교에 대한 관심이 높았으며 인도네시아와 한국의 교류가 경제 부문에 집중되었기에 정치학자와 경제 관련 전공자의 높은 비중은 놀랄 만한 현상이 아니다. 흥미로운 현상은 인류학 연구자가 급속히 증가하였고 상당한 비중을 차지한다는 점인데, 문화연구에 대한 관심과 수요에 비춰 볼 때 긍정적인 현상이라 할 수 있다. 아쉬운 점은 지역연구의 중요한 축을 구성하는 역사학으로 학위를 받은 연구자가 2명에 불과하며, 더구나 최근에서야 등장하였다는 사실이다(Song 2008; Yeo 2012). 국내 동양사학계의 연구가 중국 중심으로 이루어져 왔던 경향, 인도네시아어뿐만 아니라 지방어와 네덜란드어 등 여러 언어능력이 요구됨으로써 인도네시아 역사 연구의 문턱이 높

이 최대 예상치일 것인데, 우리가 직접 대면한 적이 있는 국내 연구자는 24명뿐이다.

〈그림 2-2〉 인도네시아 전문연구자의 출신 학부

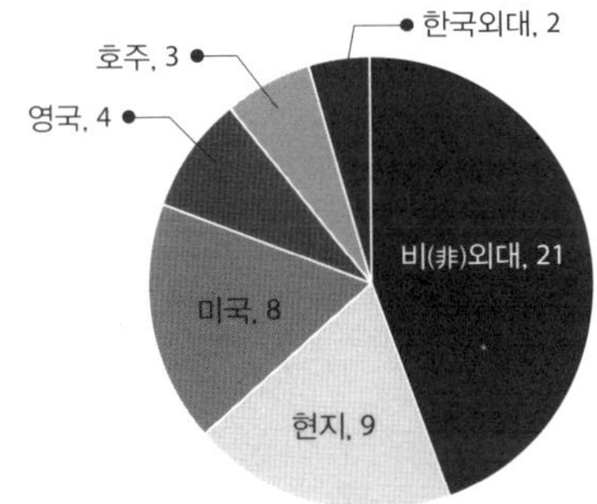

〈그림 2-3〉 인도네시아 전문연구자의 출신 대학원(박사)

다는 사실 등이 영향을 주었으리라 추정된다.

국내 대학의 학부에서 인도네시아와 관련된 전공 교육과정을 제공하는 대학교는 한국외대와 부산외대가 대표적인데, 한국외대 말레이·인도네시아어과의 역사가 더 오래되었다. 학문적 관심 유발에서 학부 교육의 중요성, 그리고 지역연구 수행에서 현지어 능력이 가진 장점 등을 고려하면 전문연구자 중 한국외대 출신자가 상당수를 차지하리라 예상할 수 있다. 이는 〈그림 2-2〉를 통해서도 확인되었다. 전문연구자의 출신 학부는 한국외대가 15명으로서 가장 많았다. 그런데 한국외대 이외의 학부를 졸업한 이들(20명)이 더 많은 수를 차지하였고 이는 10여 년 전 상황의 역전이라 할 수 있다. 정보 부족으로 출신 학부를 파악할 수 없는 이들(12명)도 한국외대 출신이 아닐 가능성이 크다.

인도네시아 전문가로서 자리매김하기 위해 보다 중요한 과정이 대학원 과정이므로, 〈그림 2-3〉에서는 이들의 대학원 교육 기관을 검토했다. 외국 학위자(24명)와 국내 학위자(23명)가 거의 균형을 이루는 수준이다. 외국 학위의 수여 국가는 인도네시아(8명), 미국(8명), 영국(4명), 호주(3명), 말레이시아(1명) 순이었다. 국내 박사학위 수여 대학 분포에서 흥미로운 점은 한국외대 박사 졸업자가 2명뿐이고 그 밖의 대학 졸업자가 21명으로 다수를 차지한 점이다. 그 이유는 박사학위를 원하는 한국외대 학부 졸업생들 대다수가 현지를 비롯한 외국(인도네시아 6명, 미국 3명, 말레이시아, 호주, 영국 각 1명)으로 진학했기 때문이고, 부차적으로는 타교 출신이 한국외대 대학원에 진학하여 인도네시아 연구로 박사학위를 마친 경우가 없기 때문이기도 하다.

인도네시아를 단일사례로 연구한 첫 박사학위논문은 김영국이 1983년 경희대에 제출한 "인도네시아의 경제발전에 관한 사회경제학적 분석"이었고, 이어서 1989년에 신윤환이 미국 예일대학에 "Demystifying the Capitalist State: Political Patronage, Bureaucratic Interests, and Capitalists-in-Formation in Soeharto's Indonesia"라는 논문을 제출함으로써 인도네시아 전문연구자들이 1980년대에 출현하였다는 사실을 알려 준다.[3] 전문연구자들의 박사학위 취득 시기를 알아보기 위해 1990년대 이후를 5년 단위로 구분하여 학위 취득 현황을 〈그림 2-4〉로 정리했다.

1990년대를 통해 6편의 박사학위논문이, 2000년대에 18편이, 2010-2017년에 21편의 박사학위논문이 제출되었다. 지역연구에 기반을 둔 박사학위논문 작성에 보통 4-5년 이상의 기간이 소요됨을 고려

3 일반적으로 서울대 법대 출신으로 예일대 정치학과에서 1989년에 박사학위를 받은 신윤환 교수가 최초의 한국인 인도네시아 전문연구자로 알려져 있었다. 서강대 정치외교학과에 재직하며 동남아 관련 학회와 연구소 활동에 적극 관여하였고 인도네시아 연구 관련 여러 업적을 냈기 때문이다. 그런데 그보다 앞서 경희대에서 경제학 박사학위를 취득한 김영국 교수가 존재했다. 그는 일본의 아세아대학에서 학부를 마치고 석사과정도 일본에서 이수하였으며, 아주공대를 거쳐 단국대에서 경제학을 가르쳤다. 우리는 김영국의 존재를 전혀 인지하지 못하였다. 따라서 일본, 미국, 현지 혹은 또 다른 외국에서 한국인이 인도네시아 사례연구로 박사논문을 그보다 더 먼저 작성한 이가 존재하는데 우리가 인지하지 못하고 있을 가능성을 부정할 수 없다.

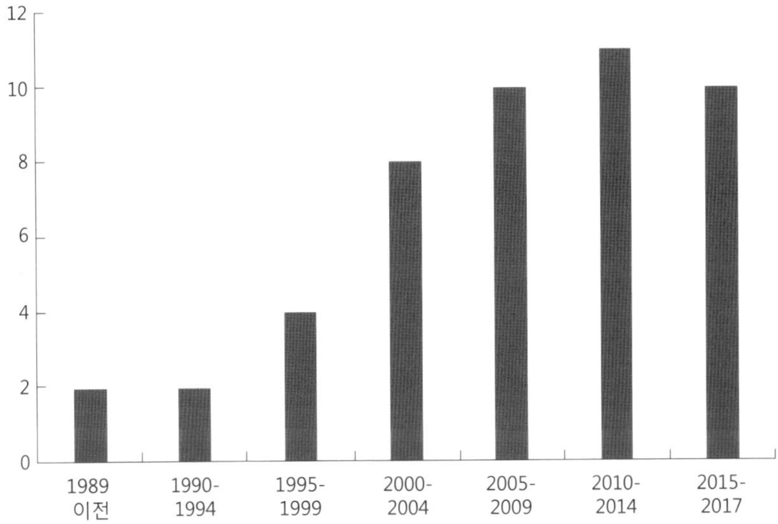

〈그림 2-4〉 인도네시아 전문연구자의 학위 취득 시기

할 때 2000년대 초반의 급증 양상은 1990년대 초·중반의 상황과 결부시켜 설명될 수 있다. 즉, '세계화'를 주요한 비전으로 설정한 김영삼 정부가 국제대학원 설립과 대학원생 현지조사 지원이라는 방식으로 지역연구에 대한 지원을 대폭 확대하자 그에 관심을 가진 대학원생이 증가했고, 이는 2000년대 초반 박사학위자의 급증을 결과했다고 추정할 수 있다.

그 이후에도 신규 박사학위 취득자의 증가세가 지속되었는데, 그 이유는 인도네시아에 대한 관심을 촉발할 만한 새로운 계기들이 추가되었기 때문일 것이다. 1997년에 인도네시아와 한국은 아시아 금융위기를 동시에 경험했고, 1998년부터 전개된 인도네시아 민주화는 여러 영역에서 연구 주제가 확장되는 것을 가능하게 했다. 2000년대에도 한국과 인도네시아의 경제적 교류는 지속적으로 확장되었으며, 양자외교는 물론이고 다자협력도 강화되었다. 양국 간 사회문화적 교류 확대로 인해 인적 교류 또한 급증하는 추세를 보였다. 따라서 이러한 동향이 한국인의 인도네시아 사례연구 박사학위논문 수를 계속 증가시키는 조건을 형성했다고 해석할 수 있다.

최근의 신규 연구자 증가 추세는 인도네시아에 대한 학문적 관심이 국내 학계에서 어느 정도의 궤도에 올라섰다는 평가를 가능하게 한다. 전문가 집단의 규모가 커지고 증가 추이도 가속되고 있음은 인도네시아 지역연구와 관련된 학문적 재생산의 기반이 더욱 확고하게 구축되고 있다는 가정도 가능하게 한다.

2. 인도네시아 연구 국내 석·박사학위논문

전문연구자들의 현황은 지역연구의 현황을 보여 줄 유용한 자료를 제시하지만 이를 통해 인도네시아에 대한 학계 전체의 관심 수준을 밝히기에는 한계가 있다. 이를 더욱 명확하게 보여 줄 대안적 자료 중의 하나는 국내에서 인도네시아를 주제로 하여 제출된 석·박사학위논문이다. 이는 학위논문 주제가 그 주제에 대한 학계의 전반적인 관심을 반영하고 있기 때문으로, 관련 석·박사학위논문의 추이는 한국에서 인도네시아가 하나의 학문적 대상으로 자리매김했는지를 평가할 지시계로 기능할 수 있다.

국내에서 인도네시아에 관한 첫 번째 석사학위논문은 1964년 고려대 대학원 정치학과에 박희주가 제출한 "동남아세아 정치집단의 역할: 버마, 인도네시아, 월남을 중심으로"라는 비교정치 논문이었다. 1965년에는 고려대에서 인도네시아의 민족주의와 민주주의에 관한 이세기의 정치학 석사학위논문이 제출되었는데, 이 논문이 인도네시아 단일사례 연구로서는 첫 번째 석사학위논문이었다. 이어서 1966년에 서울대에서 인도네시아 교도민주주의와 정당정치에 관한 윤충남의 정치학 석사학위논문이 제출되었다. 1968년에는 오진석이 서울대 경영대학원에 "한

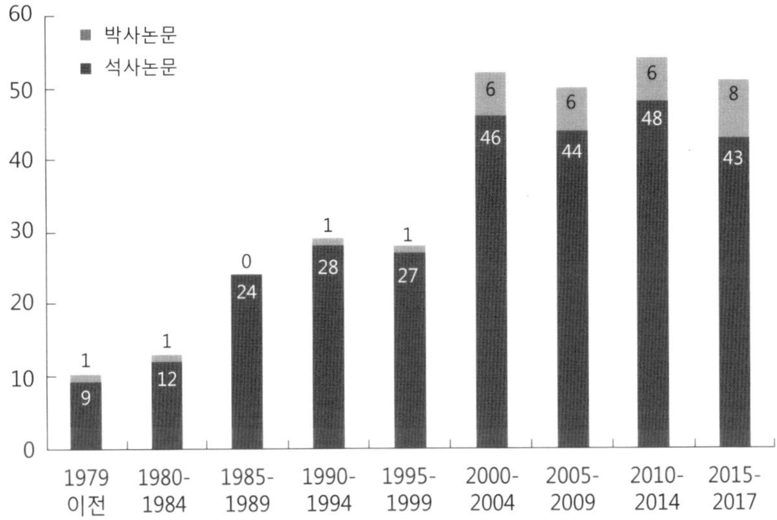

〈그림 2-5〉 한국인의 인도네시아 연구 국내 석 · 박사학위논문 추이

국의 신시장으로서 인도네시아에 대한 고찰"이라는 논문을 제출하고, 최영옥이 인도네시아, 라오스, 필리핀을 비롯한 아시아 5개국 초등교육 과정을 비교하는 논문을 이화여대에 제출한다. 1970년대에는 언어연구 석사학위논문(안영호 1976)도 처음으로 제출된다. 1980년대 이후에 인도네시아 관련 석·박사학위논문의 증가세가 뚜렷해졌다. 〈그림 2-5〉에서 보이듯이, 1980년대 37편(박사 1편)이었던 학위논문은 1990년대 들어 55편(박사 2편), 2000년대 들어 102편(박사 12편)으로 증가했다. 최근 8년간(2010-2017년) 105편(박사 14편)이 작성되었다. 2000년대 이후에는 학위논문이 연평균 10편 이상 제출되었던 것이다.[4] 전문연구자의 박사

4 이 글에서 연구대상으로 설정된 논문은 '인도네시아'를 표제어로 국회도서관 데이터베이스에서 검색한 자료이다. 일차적으로 자료 선별이 이루어진 후 '자카르타', '발리', '수라바야' 등과 같이 인도네시아의 지역명을 표제어로 사용하여 추가 자료를 획득했다. 따라서 우리가 검색하지 못한 지역 명칭이나 현지 고유명사만을 제목에 적은 인도네시아 관련 논문들이 집계되지

학위 제출 시기에 대한 분석 결과와 유사한 추세가 여기서도 나타나는데, 앞서 지적했듯이 2000년대 초반의 학위논문 급증은 1990년대 지역연구 유행과 관련되며, 이후의 증가세는 인도네시아에 대한 한국의 관련성 증대나 관심 촉발 계기의 증가와 연결되는 듯하다.

석·박사학위논문의 증가와 함께 고려되어야 할 점은 논문 배출 대학의 다변화다. 〈그림 2-6〉에 집계하였듯이, 1970년대 10편의 논문이 6개 대학에서 배출된 후 1980-1984년에는 13편의 논문이 8개 대학에서, 1985-1989년에는 24편의 논문이 10개 대학에서 발표되었다. 이러한 증가 추이는 계속되어 1990년대 후반에는 18개 대학, 2000년대 전반에는 24개 대학, 2000년대 후반에는 25개 대학에서 2010-2014년 사이에는 40개 대학으로, 인도네시아 관련 학위논문 배출 대학이 증가일로에 있으며 특히 최근에 급증하는 현상을 보이고 있다.

석·박사학위논문 배출 대학교의 증가는 인도네시아에 대한 학문적 관심이 전국에 걸쳐 확산되고 있음을 시사한다.[5] 인도네시아 전문연구자가 재직하는 대학이 제한되어 있음을 고려해 보면, 이러한 배출 대

못했을 수 있다.

5 석·박사학위 배출 대학의 다변화와 함께 나타난 흥미로운 현상은 석사학위논문 배출 건수에서 한국외대의 비중이 감소하는 추세를 보인다는 점이다. 인도네시아를 전공하는 거의 유일한 대학원 과정을 개설하고 있는 한국외대의 경우 1970년대부터 1990년 중반까지 전체 석·박사학위논문의 30% 정도를 배출했다. 하지만, 1995-1999년간 이 비율은 10%까지 추락했고, 이후 증가 추세를 보이기도 했지만 예전과 같은 비중을 회복하지는 못하고 있다. 이는 전문연구자의 경우와, 즉 한국외대 학부 출신 연구자의 대다수가 국외의 타 대학에서 박사 과정을 이수한 것과 같은 선상에 놓여 있다고 할 수 있다. 또한 이 자료는 학문후속세대 육성을 위한 기반 확충에 한국외대가 적극적인 행보를 보이지 않은 결과로 해석될 수도 있다. 그러나 현지어전공 학부 졸업생의 원활한 취업상황이 대학원 진학률을 낮춰 대학원 교육에 부정적으로 작용했으리라는 설명 역시 가능하다.

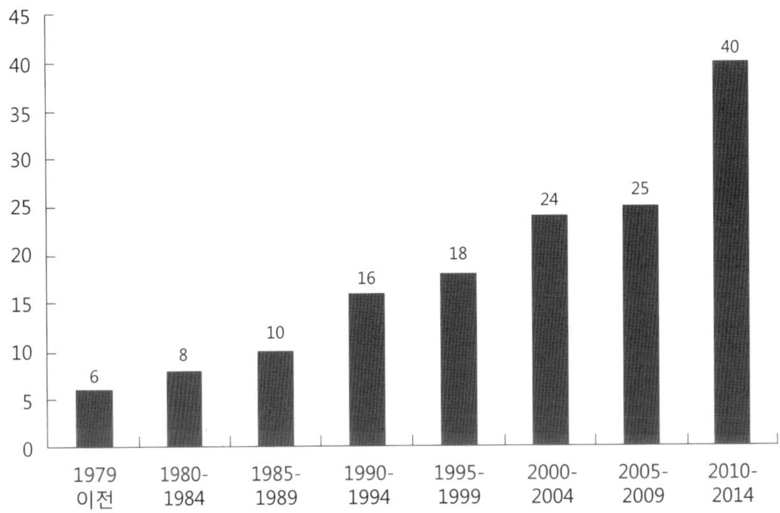

〈그림 2-6〉 한국인의 인도네시아 연구 학위논문 배출 국내 대학

학의 증가는 인도네시아를 전문적으로 연구하지 않는 지도교수의 지도하에 상당수 학위논문이 작성되었음을 의미한다. 한편으로 이는 인도네시아 지역연구가 전문연구자에 속하지 않는 학자에 의해서도 학문 활동의 대상으로 인정되고 있음을 보여 주며, 다른 한편으로 현재의 석·박사학위논문 중 상당수가 인도네시아를 지역연구의 측면보다는 특정한 분과학문의 관점에서 접근하고 있음을 의미한다.

석·박사학위논문의 연구 분야 역시 꾸준히 다원화하는 양상을 보인다. 경제·경영 중심으로 시작되었던 논문 주제는 이후 정치·외교, 사회·문화 분야로 확산되었으며, 선교와 이공계와 같은 분야에서도 인도네시아 연구가 확고한 자리를 잡았다는 인상을 줄 정도로 학위논문이 지속적으로 제출되고 있다. 1964년부터 2017년까지 한국인이 집필하여 국내 대학에 제출한 328편의 석·박사학위논문을 살펴보면, 경제·경영 분야가 85편으로 가장 많고, 사회·문화 분야가 61편, 정치·외교 분야가 57편으로 그 뒤를 쫓고 있으며, 이후 선교(42편), 이공계(38편), 어

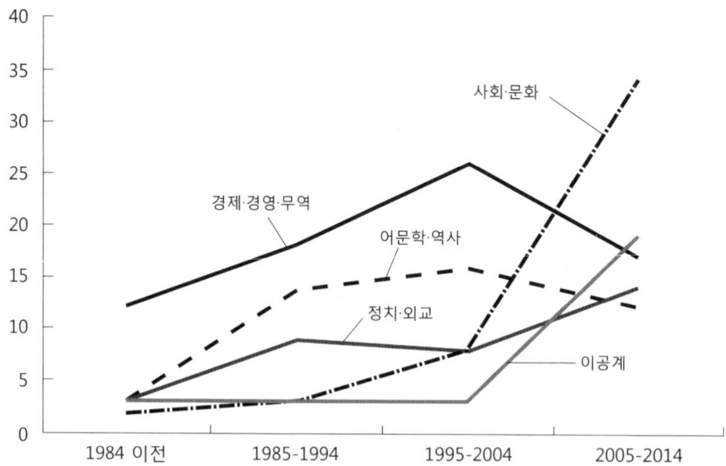

〈그림 2-7〉 한국인의 인도네시아 연구 국내 학위논문 편수의 분야별 추이

문학(35편), 역사(9편) 분야 순으로 배열되어 있다. 역사에 대한 연구가 상대적으로 적은 이유는 앞 절에서 지적한 요인이 마찬가지로 작용한 결과라 추정된다.

그런데 학위논문 제출 연도를 10년씩 묶어서 살펴본다면 매우 전환적인 추이를 발견할 수 있다. 〈그림 2-7〉에 제시되어 있듯이, 논문의 다수를 차지하는 분야가 '경상·정외→사회문화·이공계'로 흐름이 전환되었음을 확인할 수 있다.[6] 1985년 이전 시기의 경우, 경제·경영·무역 분야가 압도적인 위치에 놓여 있으며 다른 4개 영역의 논문 발표

6 여기서 주의할 점은 '사회·문화 영역'으로 분류된 논문의 대다수가 사회학과 인류학 등 사회 문화 관련 전통적인 분과학문에서 산출되었다기보다는 다양한 분과학문 분야에서 배출되었다는 점이다. 이를테면 사회 영역에 포함된 인도네시아 이주노동자 연구 관련해서는 "이주노동자의 성희롱 인식"(김민정 2004: 사회복지학), "이주노동자 관리를 위한 국가의 가족통제정책"(윤예림 2007: 경제학), "이주노동자를 대상으로 한 언어 교육"(김미향 2011: 국문학), "이주노동자의 이주 전략"(유일상 2011: 문화인류학) 등 다양한 학과에서 학위논문이 제출되었다.

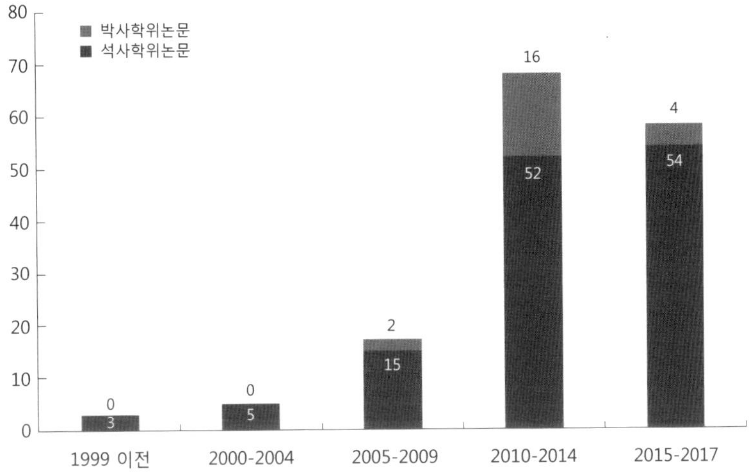

〈그림 2-8〉 인도네시아인의 인도네시아 연구 국내 학위논문 추이

는 매우 미미한 수준에 머물렀다. 1985-1994년 동안 경상계열의 우위가 지속되는 가운데, 정치와 어문학의 증가 추이가 감지되었다. 다음 시기인 1995-2004년에는 경상 분야와 정치·외교 분야의 우위와 증가 경향이 유지되는 가운데 사회·문화 분야의 증가 추세가 돋보인다. 그런데 2005-2014년의 시기에는 과거의 추세가 전환되는 양상이 나타나서, 경상과 정치 분야가 동반 감소를 보인 반면, 사회·문화 영역의 논문이 급증했다. 어문학 및 역사 분야가 정치 외교 분야를 약간 상회할 정도로 증가하고, 이공계 분야 연구의 증가세가 현저해져서 경상계열 논문을 앞지르는 새로운 양상을 보인다.

2000년대 들어 석·박사학위논문과 관련되어 새롭게 등장한 중요한 현상은 인도네시아 출신 유학생들이 작성한 인도네시아 연구 학위논문의 증가다. 이 시기 동안 인도네시아로부터의 대학원생 유입이 꾸준히 이루어졌으며, 이는 학위논문의 증가로 이어졌다. 2010년대에 접어들면 그 수가 〈그림 2-8〉에서 보이듯이 급속하게 증대한다. 이들의 유학과 학위논문 작성은 한국 대학의 인도네시아 연구 성과 증가에 기여할 뿐만 아니라 주변의 한국 학생과 학자들에게 관심 촉발이나 공동 연구 기회제공 등 다각적 영향을 줄 수 있다는 점에서 중요한 현상으로 간주되어야 할 것이다.

요약하자면, 국내 석·박사학위논문 배출은 1970년대 이래 꾸준하게 증가하였고, 특히 2000년대 이후 가파른 증가세를 보였다. 석·박사 배출 대학과 분야의 확대 역시 지속적으로 진행되었고, 이 과정에서 최초의 우세 영역인 경제·경영·무역 분야, 이후의 인기 영역인 정치·외교 분야가 사회·문화 분야의 연구에 의해 양적으로 압도되는 전환적인 경향이 최근 나타났다. 이와 함께 이공계 분야 연구의 급속한 증가 역시 특기할 만한 현상이었다.

3. 인도네시아 연구 학술지 논문

인도네시아에 관한 국내 학술지 논문 데이터는 한국교육학술정보서비스(http://www.riss.kr)에서 '인도네시아'를 제목에 포함한 글들을 검색한 후, 필자 불명의 글, 개황이나 뉴스 브리프, 교지, 단행본, 학술회의발표문, 서평, 외국인 논문이나 번역문을 제외하여, 총 672편의 논문을 분석 대상으로 삼았다. 〈그림 2-9〉에서 보이듯이 인도네시아에 관한 학술지 논문은 1990년대부터 뚜렷하게 증가하기 시작하였다. 특히 2010년대에 논문 수가 급증하는 추이를 보였다. 1970년대까지는 양적으로 매우 미약한 수준이었다. 그렇다고 학술 연구의 출발이 늦었던 것은 아니며 초창기 연구들은 이미 1960년대에 주요 대학 발간 학술지에 게재되기 시작했다.

인도네시아 관련 최초의 학술지 논문은 1962년에 이극찬이 『연세논총』 1권 2호에 게재한 "후진지역과 민주주의: Indonesia의 '교도민주주의'를 중심으로"라는 논문이었다. 이어서 1964년에 필리핀과 인도네

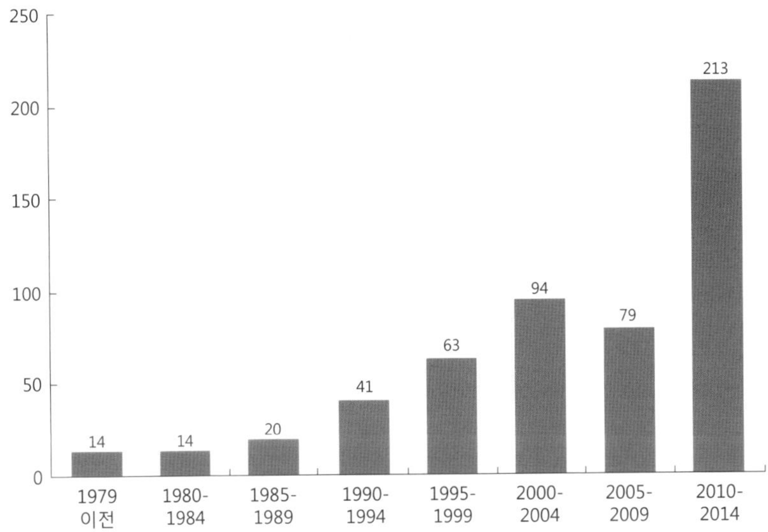

〈그림 2-9〉 인도네시아에 관한 국내 학술지 논문 추이

시아 정치를 비교하는 신동욱의 논문이 건국대 발간 『학술지』 5권 1호에 게재되었다. 그리고 1968년에 이화여대 법학연구소에서 발간하는 『법정학보』 12권에 "인도네시아 근대화와 수카르노"라는 김순경의 논문이 실렸고, 동국대 법정연구소 발간 『법정논총』 창간호에 인도네시아 정치상황의 역사적 배경에 관한 이종린의 논문이 게재되었다. 1969년에는 경북대의 『정치외교학보』 창간호에 "국가적 통합과 카리스마적 지배: 인도네시아에 있어서의 Sukarno의 역할을 중심으로"라는 김우태의 논문이 실렸다. 1970년에 다시 이화여대 『법정학보』에 인도네시아 여성운동을 개관하는 논문이 수록되었다. 이렇게 1960년대에 게재된 학술지 논문 여섯 편은 모두 정치학 연구였다. 학위논문과 마찬가지로 정치학자들이 선봉에 섰던 것이다. 1970년대에 접어들면 학문분야가 정치학에 국한되지 않고 주제도 다양해지기 시작하여, 교육, 언어, 무역, 특허, 촌락, 벼농사에 관한 논문들이 추가되었다. 이 논문들 중에

〈표 2-2〉 인도네시아에 관한 국내 학술지 논문의 분야별 편수

연도	사회문화		정치 외교	경상		이공계	어문학		역사	선교	계
	문화	사회		경제	경영		언어	문학			
1979 이전	1	2	6	2	1	1	1	0	0	0	14
1980-1984	0	1	2	4	0	0	4	2	1	0	14
1985-1989	0	1	5	6	0	0	5	0	3	0	20
1990-1994	4	3	11	8	2	5	4	0	4	0	41
1995-1999	9	8	12	10	7	9	2	2	3	1	63
2000-2004	13	9	29	11	7	13	6	2	2	2	94
2005-2009	14	7	18	6	3	16	7	3	4	1	79
2010-2014	47	20	35	27	9	30	12	9	23	1	213
2015-2017	27	12	19	18	11	30	6	2	9	0	134
계	115	63	137	92	40	104	47	20	49	5	672
	178			132			67				

학문후속세대에게 인도네시아 전문가로 알려진 안영호 전 한국외대 말레이인도네시아어과 교수의 논문도 포함된다. 그것은 1976년에 『한국외국어대학교논문집』에 수록된 "말레이시아어와 인도네시아어의 통일 철자법에 관한 고찰"이었다.

지난 50여 년 간 발간된 전체 학술지 논문을 분야별로 크게 분류하자면, 사회·문화 분야의 논문이 가장 많고, 이어서 정치·외교, 경상계 순으로 많았다. 학술지 논문의 분야별 분류는 〈표 2-2〉에 제시되어 있다. 여기서 사회와 문화를 구분하는 식으로 더 세부적으로 분류해 보면, 정치학이 최다 분야이고, 문화 분야가 두 번째로 많고, 이공계, 경제, 사회, 역사, 언어, 경영, 문학, 선교 순으로 나타난다. 이공계 논문들은 산림, 지질, 광물, 해양, 식품, 의류, 건축, 의학, 환경 등에 관련된 연구들이었다. 경제와 이공계 분야에 걸쳐서 농업 관련 논문들이 꽤나 많이 목격되었다. 학위논문에서 증가 추세를 보였던 선교 연구는 학술지 논문 추

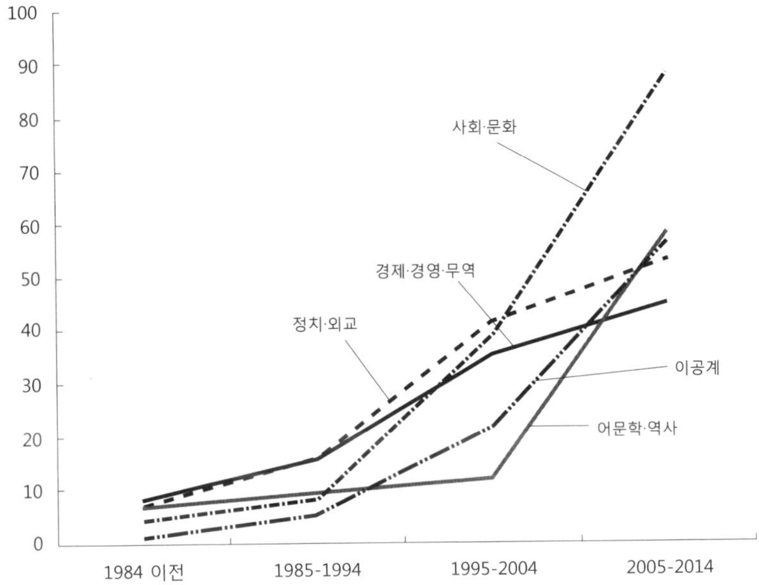

〈그림 2-10〉 인도네시아에 관한 국내 학술지 논문의 분야별 추이

세로 이어지지 못했다는 점이 특이했다. 선교 연구자들이 '학문'보다는 '실천'에 더 관심이 크기 때문일 수도 있다. 문학과 역사 연구는 학위논문의 경우처럼 소수였다.

학술지 논문 분야의 시기별 변화를 관찰해 보았을 때도 학위논문 추이와 유사한 경향을 확인할 수 있었다. 〈그림 2-10〉에서 보이듯이, 1980년대에서 1990년대 초반에 걸쳐서 정치와 경상 계열 논문이 다수를 차지했다. 그런데 1990년대 중반부터 사회·문화(주로 문화) 연구가 비등하더니 지난 10여 년 동안에는 다른 모든 분야를 추월하여 최다 분야로 올라섰다. 최소 분야로 미미하던 이공계 연구가 1990년대 하반기부터 증가하기 시작하더니 최근 10년간 급속하게 증가해 어문학, 역사 등 인문학 합산 논문 수에 육박하여 세 번째로 논문이 많은 영역을 차지했다. 문화 연구와 이공계 연구가 정치와 경제 연구를 양적으로 압도하

〈표 2-3〉 인도네시아 전문연구 인문 · 사회과학자의 해외 학술지 게재 논문 수

	영어	현지어	계
현지	4	10	14
비(非)현지	33	1	34
계	37	11	48

는 시절을 맞이한 것이다.

끝으로 한국의 인도네시아 연구가 국제화되는 현상에 관하여 살펴보자. '최소주의적' 검색만으로도 한국 출신 인도네시아 전문가의 외국 학술지 게재가 증가 추세에 있다는 것은 쉽게 확인할 수 있다. 인도네시아 사례연구로 박사학위논문을 작성했다고 파악된 한국인 인도네시아 전문연구자 중에서 인문·사회과학자들의 외국 학술지 게재 논문을 구글 학술검색 사이트(scholar.google.com)를 통해 검색하고 한국연구재단의 연구자인력정보도 참고하여 집계해 보았다. 그 결과 18명이 쓴 48편의 논문이 확인되었다. 처음은 신윤환(Shin 1991; Shin & Lee 1995)이었고, 김형준(Kim 1998a; 1998b; 1998c)이 그 뒤를 이었다. 인도네시아 전문 인문·사회과학자들의 외국 학술지 게재 건수는 1990년대에 5편에 불과하였는데, 2000년대에 21편으로, 2010년대에 26편으로 증가하였다.[7] 그러므로 국제화 추세는 완연해졌다고 할 수 있다. 그런데 국제화가 현지어 독자층보다는 영어 해득이 가능한 독자층에게 주로 겨냥하고 있다는 문제도 확인할 수 있었다. 현지 학술지에 현지어로 게재된 논문은 어문학 중심으로 전체의 20%에 불과하였다.

7 신윤환, 김형준에 이어서 외국학술지에 논문을 게재한 한국인 인도네시아 연구자는 고영훈, 강윤희, 김장겸, 최난경, 조윤미, 김예겸, 전제성, 조태영, 전태현, 박재봉, 서명교, 송승원, 정은숙, 서지원, 최인아, 이주영 등이다.

4. 인도네시아 관련 학술 단행본

한국인 연구자가 국내에서 인도네시아에 관하여 328편의 석·박사학위 논문과 672편의 학술지 논문을 출판한 것과 비교해 보면, 학술서의 출판은 양적으로 미미한 수준에 머물러 있다. 1960년대 이후 2017년까지 발간된 학술서가 41편에 불과했다. 여기에 정책보고서, 체험기, 문학서적 등을 추가할지라도 그 수는 150여 권 정도였다.

우리가 파악한 41편의 학술서(저서와 역서)는 정치·행정 11종, 사회·문화 11종, 어문학 6종(언어학습서 및 사전류 제외), 경제·경영 6종, 역사 6종, 신학 1종으로 구성된다. 저·역서의 양적 미미함에도 불구하고 지역연구에 접근하기 위한 주요 영역의 개론서가 출판되었다. 어문학 분야에서는 『인도네시아어학 개론』(안영호 1994)과 『인도네시아 문학의 이해』(고영훈 2004), 역사 분야에서는 『인도네시아사』(양승윤 1994), 정치 분야에서는 『인도네시아 현대정치론』(양승윤 1996), 『인도네시아의 정치경제』(신윤환 2001), 사회문화 분야에서는 『인도네시아 사회와 문화』(양승윤 외 1997), 경제 분야에서 『인도네시아 경제학』(정영규 2007), 행정 분야에서 『인도네시아의 행정과 공공정책』(황윤원 외 2013) 등이 그것이다. 하지만 이러한 개론서는 행정 분야를 제외한 모든 책들이 출판된 지 10년이 넘은 책들이라서, 인도네시아에 대한 최근 동향을 반영하지 못하고 급속히 증대하는 작금의 학문적 관심사도 충분히 담아내기 어려워 보인다. 또한 일부 개론서는 연구자의 오랜 연구 결과를 바탕으로 집필되었다기보다는 기존에 외국에서 출판된 서적에 기반을 두어 작성되었기 때문에 인도네시아에 대한 한국적 관심을 반영하기에 한계가 있다.

최근 인도네시아에 대한 한국인의 관심을 반영한 저술이 인도네시아 연구를 장기간 수행한 학자에 의해 출판되었다. 신윤환의 『동남아문화 산책: 신윤환의 동남아 깊게 읽기』, 김형준의 『적도를 달리는 남자:

어느 문화인류학자의 인도네시아 깊이 읽기』, 양승윤의 『작은며느리의 나라: 양승윤 교수의 인도네시아 문화 산책』 등은 저자들의 지역연구 경험을 바탕으로 인도네시아의 여러 현상을 검토한 글이어서 대중적 관심을 촉발하는 데 기여할 수 있다. 하지만 제목에서 나타나듯, 이러한 저술은 연구자들의 현지 경험을 중심으로 현실을 분석한 것으로서, 인도네시아의 정치·경제와 사회·문화에 대한 본격적인 학문적 논의를 포함하지 못한다.

한국인 연구자들이 출판한 단행본의 한계를 고려할 때 대안적으로 생각해 볼 수 있는 것이 번역서이다. 인도네시아 연구에 있어 고전이라 불릴 저술이 번역될 경우 지역연구를 위한 유용한 자료로서 이용될 수 있기 때문이다. 하지만 번역서 출간은 저술보다도 오히려 뒤처지는 양상을 보여서 1990년 이래로 번역된 학술서는 11권뿐이다.[8]

〈표 2-4〉는 번역서가 양적으로 많지 않을 뿐만 아니라 인도네시아 연구를 대표할 만한 각 분야의 저술이 포함되어 있지 않음을 보여 준다. 또한 번역서의 원저자 중에는 클리퍼드 기어츠(Clifford Geertz), 꾼짜라닝랏(Koentjaraningrat), 해롤드 크라우치(Harold Crouch), 다카시 시라이시(Takashi Shiraishi) 등과 같이 인문·사회 분야의 주요 학자가 포진하고

8 1980년대까지 인도네시아 관련 번역서가 부재했던 것은 아니다. 이를테면 1964년에 『수카르노: 위대한 악인의 꿈』이라는 저자불명의 평전 역서를 신태양사가 발간하였고, 1967년에 신디 아담스의 수카르노 전기를 『수카르노』라는 제목으로 동아PR연구소에서 발간했고, 같은 전기를 1972년에 한림출판사에서 『세계의 대인물전집 6: 수카르노/티토』라는 책으로 발간했다. 1990년대 이후의 번역서적 중에서 소설—이를테면 『막스 하벨라르』(1994), 『사만』(2009), 『벨리퉁 섬의 무지개 학교』(2011), 『아름다운 그것은 상처』(2017), 『호랑이 남자』(2018) 등—과 『나의 이슬람』(2009) 같은 평론은 학술서가 아니라 여기서 다루어지지 않지만 현지의 역사와 문화를 이해하는 통로이자 학술연구의 촉진제로서 매우 긍정적인 효과를 낳을 것이다.

〈표 2-4〉 1990년대 이후 인도네시아 관련 학술번역서

저자	번역서 제목	출간연도/역자
클리퍼드 기어츠	문화의 해석	1998/ 문옥표
꾼짜라닝랏(편)	인도네시아의 고립종족사회*	2001/ 양승윤 · 김긍섭 · 김장겸 · 김형준 · 제대식 · 조윤미
가일스 밀턴	향료전쟁	2002/ 손원재
반 덴 엔드	인도네시아 교회사	2004/ 백성영
해롤드 크라우치	동남아 권위주의의 역사적 기원	2009/ 신윤환 · 전제성
야콥 수마르조	인도네시아 소설의 이해*	2009/ 김장겸
안드레 블첵 외	작가의 망명: 인도네시아의 대문호 프라무댜 아난타 투르와의 대화	2011/ 여운경
다카시 시라이시	바다의 제국**	2012/ 류교열 · 이수열 · 구지영
클리퍼드 기어츠	농업의 내향적 정교화: 인도네시아의 생태적 변화 과정	2012/ 김형준
우쓰미 아이코 외	적도에 묻히다: 독립영웅, 혹은 전범이 된 조선인들 이야기**	2012/ 김종익
클리퍼드 기어츠	극장국가 느가라: 19세기 발리의 정치체제를 통해서 본 권력의 본질	2017/김용진

* 원저가 인도네시아어로 발행된 경우.

** 원저가 일본어로 발행된 경우.

있지만, 번역의 대상이 된 저술 대부분은 (느가라를 제외하면) 인도네시아 지역연구와 관련된 이들의 핵심 저서가 아니다. 즉, 인도네시아 연구의 고전이라 할 수 있을 클리퍼드 기어츠의 *Religion of Java*,[9] 꾼짜라닝랏의

9 기어츠의 『농업의 내향적 정교화』는 인도네시아 농촌경제와 관련된 논쟁의 중심에 위치한 책이지만, 이후 그의 연구가 비경제적인 문제를 중심으로 진행되었음을 고려해 보면, *Religion of Java*와 *Negara*가 보다 넓은 독자층을 가진 저술이라 할 수 있다. 다행히 *Negara*가 최근에 번역되었다.

Javanese Culture, 해롤드 크라우치의 *The Army and Politics in Indonesia*, 다카시 시라이시의 *An Age in Motion* 등이 아니라 이들의 이론 중심적 저술, 편저나 대중서가 번역 대상으로 설정되었다.[10]

저서와 번역서의 결핍은 최근 확대되고 있는 인도네시아에 대한 관심이 질적으로 도약하는 데 걸림돌로 작용한다. 특히, 상당수 석사과정 학생이 인도네시아를 연구하는 전문연구자의 지도 아래에서 논문 준비를 하고 있지 않은 실정을 고려해 보면, 양질의 학술서 및 번역서의 부재는 이들 연구의 깊이를 심화하는 데 한계로 작용할 것이다. 전문연구자의 꾸준한 증가 추이에서 나타나듯 단행본 출판을 위한 학문적 인프라는 과거와 비교할 수 없을 정도로 공고해졌기 때문에 연구자들이 더 많은 관심과 역량을 단행본 집필에 투자하여야 할 것이라 생각된다.

양적으로 보았을 때 학술서는 정책보고서나 체험기에 의해 추월되는 양상을 보인다. 1990년대 이후 본격적으로 출판된 비학술 단행본은 2017년까지 112종에 이르며(언어학습교재 및 사전류 제외), 최근에도 학술서보다 더욱 빈번하게 출판되는 경향을 보인다. 시기별로 본 이들 출판물의 발간 추이는 〈그림 2-11〉과 같다.

〈그림 2-11〉에서 볼 수 있는 것처럼, 정책보고서와 체험기가 학술서보다 많이 출판되어 왔으며 특히 2005년 이후에 급증하는 양상을 보였다. 정책보고서의 경우 석·박사학위논문과 마찬가지로 양적 증가뿐만 아니라 출간 기관의 다변화를 찾을 수 있다. 1990년대 대한무역진흥공사, 한국경영자총협회, 참여연대, 대외경제정책연구원 등 4개 기관

10 저명한 인도네시아 전문가인 베네딕트 앤더슨(Benedict Anderson)의 저작들도 민족주의 일반에 관한 저서인 *Imagined Communities*(서지원 역 2018)만 번역된 상태다. 그의 인도네시아 관련 저술들의 핵심 내용은 서지원의 저서(2018)에 요약되어 있다.

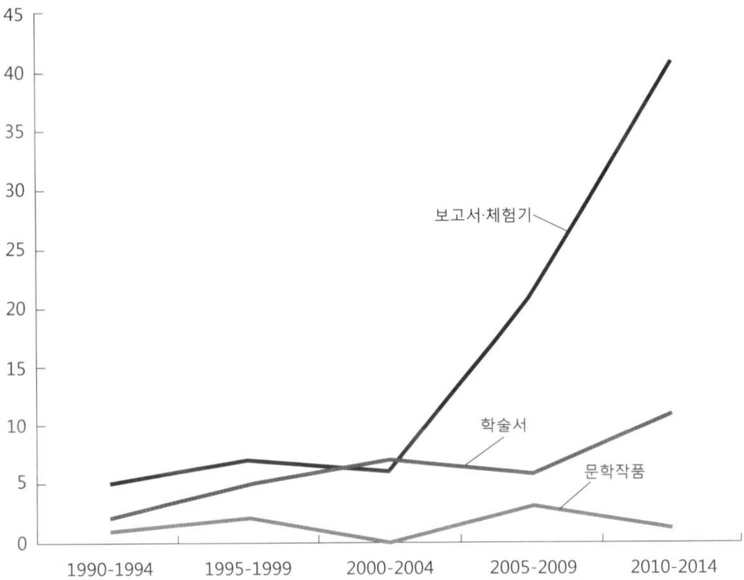

〈그림 2-11〉 인도네시아 관련 단행본 출판 추이

에서 인도네시아와 관련된 정책보고서를 발간한 반면, 2000년대 들어 발행기관은 8곳으로 증가했으며 교육개발원, 여성정책연구원, 한국연구재단, 한국법제연구원 등과 같이 경제 이외의 분야에서 활동하는 기관이 포함되어 있다. 최근 4년간 정책보고서를 발간한 기관은 19곳이나 되었고, 여기에는 기존의 기관들 이외에 문화체육관광부, 미래창조과학부, 해양수산부, 산림청, 특허청, 조세재정연구원, 수산경제연구원, 환경산업기술원, 한국생명공학연구원, 형사정책연구원, 노사발전재단, OECD대한민국정책센터 등 실로 다양한 분야의 기관들이 포함되었다.

체험기의 출판은 학술서에 버금갈 정도로 이루어지다가 최근에는 학술서를 훨씬 능가하고 있다. 2015년부터 2017년 사이에 발간된 학술저서는 2권, 번역소설도 2권뿐이었는데, 체험기는 8권이나 된다. 체험기는 인도네시아에서 장기간 거주한 외교관, 유학생, 특파원, 사업가, 기업 주재원, 교사 등 다양한 배경의 저자가 자신의 인도네시아 체류 경험을 담아낸 단행본이다. 한국인들의 인도네시아에 대한 독특한 시각과 현지 한인 사회의 경향성을 파악하는 데 도움을 주는 귀중한 자료들이며, 학술서가 부족한 상황에서 이런 체험기가 쉽게 접할 수 있는 인도네시아 관련 정보서적으로 기능할 수 있지만, 대부분 체계적이고 심층적이지 않아서 학술적인 효과를 기대하기엔 분명한 한계를 지니고 있다.

요약하면, 석·박사학위논문 및 학술논문과 비교할 때 단행본, 특히 학술서의 출판은 상대적으로 활성화되지 못한 모습을 보인다. 하지만 최근 몇 년간 학술 저서 및 역서 출판의 증가 추세, 더욱 다양한 기관들에 의한 정책보고서 출판 증가 추세 등은 인도네시아 연구의 외연이 지속적으로 확대되고 있다는 분석이 단행본에도 적용될 수 있음을 시사한다.

III. 내적 분리의 심화

인도네시아 지역연구와 관련된 대표 학술지로는 한국동남아학회에서 간행하는 『동남아시아연구』와 한국외대 동남아연구소에서 간행하는 『동남아연구』가 있다. 두 학술지는 1990년대 초반에 창간되어서 20여 년의 역사를 가지고 있으며, 2017년 6월까지 인도네시아 관련 논문 166편을 게재함으로써 인도네시아 지역연구의 대표 학술지로 자리매김했다. 하지만 두 학술지의 발행 주체가 서로 다르고 국내 학자의 연구 활동이 어느 정도 분과학문적 배경을 중심으로 이루어지는 경향이 있음으로 인해 두 학술지 중 어느 편도 인도네시아 연구 전체를 대표하기에는 한계를 가진다. 따라서 우리는 두 학술지에 게재된 논문과 필자 현황을 통하여 인도네시아 연구자들 사이에서 나타나는 분리의 양상을 검토하고자 한다.[11]

광의의 인도네시아 연구자 84명 중에 2017년 상반기까지 『동남아

〈표 2-5〉 인도네시아 연구자의 학술지 게재 현황

그룹	『동남아시아연구』에만 게재	『동남아연구』에만 게재	두 학술지 모두에 게재	미게재
전문연구자	14	7	6	20
비교연구자	9	3	0	9
사례확장연구자	9	7	0	0
계	32	17	6	29

시아연구』나 『동남아연구』에 논문을 게재한 연구자는 55명이다. 인도네시아 사례연구로 박사학위논문을 쓴 전문연구자로 제한시켜 보면 전체 47명 중 27명이 논문을 게재하였다. 그런데 논문을 게재한 인도네시아 연구자들은 두 학술지 사이의 선호에서 뚜렷한 차이를 보였다. 〈표 2-5〉에서 가장 눈에 띄는 현상은 두 학술지에 논문을 교차 게재한 학자의 수가 6명에 불과하다는 점이다.

이러한 상황이 야기된 요인을 알아보기 위해서 연구자의 출신 학부를 한국외대와 기타 대학으로 구분하여 다시 분석해 보았다. 학회지 『동남아시아연구』에만 게재했던 32명의 인도네시아 연구자 중 한국외대 출신은 2명뿐으로 이는 비한국외대 출신 연구자들이 학회지를 선호하고 있음을 보여 준다. 반면에 『동남아연구』에만 논문을 게재했던 인도네시아 연구자 17명은 1명을 제외하고 모두 한국외대 관련자들이었다. 한국외대 학부를 마쳤거나 한국외대에서 교수, 연구원이나 시간강사로 재직 중인 연구자들이었다. 더 흥미로운 사실은 두 학술지 모두에

11 본문에서는 두 학술지에 이미 게재된 논문을 대상으로 하여 분석을 진행했다. 연구자들의 기고 성향을 알아보기 위해서는 게재된 논문보다는 투고된 논문을 검토하는 편이 적절하지만, 이와 관련된 자료를 얻을 수 없다는 이유로 인해 게재된 논문만을 연구대상으로 설정했다.

〈표 2-6〉 양대 학술지 내, 학술지 간의 인용 빈도(자기인용 제외)

	논문 수	『동남아시아연구』 게재 논문을 참고문헌에 포함한 논문	『동남아연구』 게재 논문을 참고문헌에 포함한 논문
『동남아시아연구』	63	16	0
『동남아연구』	103	4	3
합	166	20	3

게재한 6명의 인도네시아 연구자들도 전원이 한국외대 관련자들이라는 것이다. 5명은 한국외대 학부 출신이며 1명은 한국외대에서 석사를 이수한 바 있는 시간강사이다. 요컨대 한국외대 출신 연구자들 가운데 두 학술지 모두와 게재 관계를 맺는 이들이 존재하지만, 비한국외대 출신 연구자들은 한국외대 발간 학술지와 관계가 거의 단절되어 있는 것으로 나타났다. 이러한 현상은 연구자들 스스로 경계를 설정하는 태도뿐만 아니라 학술지 편집의 경향성에 기인하는 것일 수 있다. 즉, 『동남아시아연구』가 상이한 배경을 가진 연구자에게 더 개방적이며, 『동남아연구』가 상대적으로 폐쇄적일 가능성을 제기할 수 있다. 그러나 학술지의 배타성을 보여 줄 질적 자료가 부족한 상황에서 이를 확인할 길은 없다. 분명한 것은 연구자 집단 간, 학술지 간의 간극이 상당히 강력하게 형성되어 있다는 점이다.

연구자 집단 간, 학술지 간 분리 양상을 상이한 차원에서 검토하기 위해 2017년 상반기까지 두 학술지에 게재된 인도네시아 관련 논문의 인용 상태, 즉 각 학술지에 게재된 인도네시아 연구 논문이 같은 학술지나 상대 학술지의 다른 인도네시아 연구 논문을 참고문헌에 포함하는 빈도를 분석했더니, 〈표 2-6〉의 결과를 얻을 수 있었다.

〈표 2-6〉은 인용의 측면에서도 두 학술지 간 뚜렷한 분리 양상이 존재하고 있음을 확인해 준다. 『동남아시아연구』에 게재된 63편의 논문 중 『동남아연구』에 출판된 논문을 참고문헌에 포함한 경우는 단 한

편도 없었으며, 『동남아연구』의 경우 103편 중 4편만이 『동남아시아연구』에 게재된 논문을 인용했다.

그런데 두 학술지 간 교차 인용의 빈도가 매우 낮을 뿐만 아니라, 동일한 학술지 내에서의 인용 빈도 역시 매우 낮았다. 『동남아시아연구』에 게재된 63편 중 16편(25%)이 같은 학술지에 게재된 타인의 논문을 참고문헌에 포함했다. 『동남아연구』의 경우 사정은 더욱 극단적으로 나타나서, 103편의 논문 중 단 3편(약 3%)만이 같은 학술지에 게재된 타인의 논문을 인용하였다. 연구 분야별 차이로 인해 참고자료로서 활용이 어려운 경우가 있음을 인정할지라도, 전체 166편의 논문 중 23편(약 14%)만이 두 학술지에 게재된 타인의 논문을 인용하고 있다는 사실은 인도네시아 연구자들 사이에서 학술지를 통한 학문적 교류가 매우 미미한 수준으로 전개되고 있다는 결론의 도출을 가능하게 한다.

이에 따라 우리는 학술지 간 분리에서 더 나아가 연구자 간 분리의 양상을 추적하게 되었다. 이 문제를 더 자세히 알아보기 위해 166편의 논문이 다른 인도네시아 연구자의 연구 성과 일반을 이용하는 빈도를 알아보았다. 두 학술지로 제한하여 분석할 경우와 비교하면 다른 한국인 연구자 인용 빈도는 상당히 증가하는 모습을 보였는데, 『동남아시아연구』에 게재된 63편의 논문 중 29편(46%)이, 『동남아연구』의 경우 103편 중 22편(21%)이 다른 한국인의 인도네시아 연구 성과를 참고문헌에 포함시켰다.

시기별 변화 가능성을 검토하기 위해 타 연구자의 연구결과 인용 비율을 시기별로 나누어 〈표 2-7〉에 정리해 보았다. 다른 한국인 인도네시아 연구자의 글을 인용한 양대 학술지 게재 인도네시아 연구 논문은 1999년 이전에는 41%였는데, 2000년대에 17%로 급격히 하락하였다. 인용빈도가 학문적 교류를 보여 주는 직접적인 지시계가 될 수는 없지만 학문적 교류가 인용으로 이어질 개연성이 높음을 고려해 보면,

〈표 2-7〉 양대 학술지 게재 논문의 다른 한국인 인도네시아 연구자 인용 추이

	1999 이전	2000-2004	2005-2009	2010-2014	2015-2017. 06	계
게재논문	29	27	25	58	27	166
타연구인용	12	4	5	18	12	51
비율	41%	15%	20%	31%	44%	30.7%

이 자료는 연구자 간 학문적 교류가 연구자 수의 확대, 연구 결과의 양적 팽창과 발맞추어 증가하지 못했음을 보여 준다. 다행히 타연구자 인용논문이 2010년대 전반기에 31%로 늘더니 2015년부터 최근까지는 44%로 1990년대 수준을 웃도는 정도로 상승하였다.[12]

다른 연구자를 인용한 논문은 51편으로 그 수가 많지 않지만 일정한 인용상의 패턴을 보일 가능성이 있다. 이를 알아보기 위해 연구자별 인용 양상을 정리한 후 인용이 많이 된 경우와 인용을 많이 한 경우로 나누어 각기 5명의 연구자를 선별했다.

피인용 순위와 인용 순위가 높은 연구자 양쪽 모두에 해당되는 연구자는 김형준과 전제성이다. 이렇게 조사된 8인의 면모를 보면 정치학자가 5인으로 다수를 이룬다는 점이 우선 눈에 띈다. 비교방법과 국가 단위를 분석수준으로 정하고 비교방법을 고려하는 정치학의 경향은 정치학자들의 높은 인용/피인용 추이를 설명하는 요인일 듯하다. 이는 인도네시아를 연구하는 문화인류학자들과 비교할 경우 보다 명확해질 수 있다. 전문연구자에 포함된 문화인류학자 5명의 연구지는 각기 족자까

12 인도네시아 연구자들이 서로 인용하지 않는 경향에 대한 필자들의 공개적인 문제 제기(김형준·전제성 2013) 이후 인용 비율이 공교롭게도 급격히 증가하였다. 이런 변화를 확인하고 필자들은 혹여 우리의 비판도 어느 정도 작용한 결과는 아닐까 자부해 본다.

〈표 2-8〉 인도네시아 연구자별 인용 및 피인용 순위

가장 많이 인용된 연구자 5인*	가장 많이 인용한 연구자 5인
김형준(16회), 양승윤(14회), 신윤환, 제대식, 전제성(9회)	김장겸, 전제성(7인), 최경희, 최정욱, 김형준(6인)

주: 양대 학술지 게재 인도네시아 연구 논문들의 인용만 집계. 자기인용은 제외.

* 양승윤, 김형준, 제대식의 경우 『동남아시아연구』와 『동남아연구』에 게재된 논문에 모두 인용된 반면, 신윤환과 전제성은 『동남아시아연구』에 게재된 논문에서만 인용됨.

르따(Yogyakarta), 중부자바(Jawa Tengah), 리아우(Riau), 북술라웨시(Sulawesi Utara)나 발리(Bali)와 같이 서로 밀접히 관련되지 않은 지역으로서, 이러한 지역적 차이가 상호 인용의 필요성을 감소시킨 듯하다. 그런데 그 이유가 무엇이든지 간에 정치학 이외의 분야에서 나타나는 낮은 상호참조 경향은 지역연구의 활성화를 위해 극복되어야 할 현상 중의 하나임이 분명하다.

요약하면, 『동남아시아연구』와 『동남아연구』에 게재된 논문을 대상으로 볼 때 인도네시아 연구자들 사이에서는 뚜렷한 분리 현상이 나타났다. 두 학술지 모두에 기고하는 연구자의 수는 제한적이며, 대다수 연구자들이 둘 중 하나를 선호하는 모습을 보였다. 학술지 간 분리는 연구자들의 인용 양상에도 반영되어서, 『동남아시아연구』에 게재된 논문 가운데 단 한 편도 『동남아연구』에 발표된 논문을 참고문헌으로 이용하지 않을 정도로 분리의 모습이 뚜렷하게 드러났다. 학술지가 아닌 연구자의 연구결과 전체를 대상으로 해도 동일한 경향이 나타나 양대 학술지의 인도네시아연구 논문 가운데 약 30%만이 다른 한국인 인도네시아 연구자를 인용하였을 뿐이다.[13]

13 연구자 간 학술적 교류의 부재는 비단 인도네시아 연구만의 문제는 아닐 것이며 동남아시아 지역연구 전체의 문제라 할 수 있다. 한국연구재단에서 조사한 2011년 기준 2년간 인용지수를 살펴보면 『동남아시아연구』의 인용지

학술지 간, 학자 간 분리는 인도네시아 연구자 간의 학문적 교류가 활발하게 이루어지지 못함을 의미하며, 이는 2000년대 이후 인도네시아 관련 연구자와 연구결과의 양적 팽창을 긍정적인 방향으로 전환하는 데 장애물로 작용할 수 있다. 인도네시아 연구자 간의 활발한 학문적 교류, 나아가 학문적 논쟁이 입문자에게 가져올 긍정적인 효과를 고려해 보면, 인도네시아 지역연구의 질적 도약을 위해서는 연구자들이 서로의 연구에 관심을 가지고 이를 자신의 연구에 포함하려는 적극적인 태도가 요구된다. 서양이나 일본의 학계와 비교할 때 한국의 인도네시아 연구가 상대적으로 짧은 기간 동안 이루어졌으며 축적된 학문적 성과 역시 상대적으로 많지 않은 한계를 지니고 있는데, 한국 연구자들 사이의 학문적 교류의 활성화는 이러한 한계를 극복하기 위한 주요한 수단이 될 수 있다. 서로 인정하고 포함하려는 노력을 기할 때 인도네시아 연구 성과가 다양한 경로를 통해 학문후속세대에게 원활히 전달될 수 있을 것이며 새로운 연구 환경의 창출을 촉진시킬 것이기 때문이다.

인도네시아 연구의 '칸막이 현상'은 한국외대 출신 연구자와 비외대 출신 연구자 사이의 문제만이 아니라 학문 계열 사이에서도 나타난다. 이를 확인하기 위하여 한국동남아학회지 『동남아시아연구』에 게재된 인도네시아 연구 논문들의 분야별 현황을 살펴보았다.

게재된 논문의 주제별 건수는 사회·문화가 가장 많고 정치·외교, 경제·경영, 역사, 언어·문학 순으로 수가 줄어들었다(표 2-9). 전체 학술지 논문이나 학위논문의 추세처럼 한국동남아학회 학회지에서도 문화 연구가 강세로 나타났다. 그런데 이러한 분류가 곧 학문 분과의 분류와 일치하는 것은 아니다. 즉, 문화 연구가 인류학자만의 연구 성과는 아니

수(IF)는 0.74, 『동남아연구』의 인용지수는 0.09이며, 자기인용을 제외할 경우, 각기 0.58과 0.03으로 감소한다.

〈표 2-9〉 한국동남아학회지 게재 인도네시아 연구 논문의 분야별 현황

사회 · 문화	정치 · 외교	경제 · 경영	역사	언어 · 문학	이공계	계
27	21	7	5	3	0	63

고, 정치 연구가 정치학자들만의 성과는 아니다. 인류학자가 정치 연구를 수행하거나, 정치학자가 경제 연구를 수행하기도 한다. 인도네시아 연구에서 적어도 사회과학자들 사이에서는 학제적 통섭이 진행되고 있는 것이다. 그렇지만 사회과학 연구가 중심(87%)을 이루고 학회지에 게재된 인문학 논문이 희소한 상황이다. 연구자가 희소한 이유도 있고 학계의 분리 현상 때문이기도 하다. 외대 출신과 비외대 출신의 칸막이 현상도 그 바탕에는 어문학과 사회과학 사이의 칸막이 현상이 한 가지 중요한 원인으로 작용하고 있다.

학회지 게재 경향이 앞서 제시된 전체 학술지 게재 논문의 주제별 분류와 확연하게 차이가 나는 바는 전체 학술지 논문 중에서 두 번째로 많았던 이공계 논문이 한국동남아학회의 학회지에 단 한 편도 게재되지 않았다는 점이다. 이 점은 완벽한 분리 현상이라고 할 수 있다. 이러한 분리를 당연한 것으로 치부하고 넘어갈 현상은 아니다. 일본 교토대학 동남아지역연구소는 자연과학, 천문학, 의학 등과 인문사회과학이 함께하는 대규모 프로젝트를 오래전부터 추진해 오고 있다. '생명'과 '녹색'이라는 핵심어로 노령사회, 보건, 환경 및 재난관리 같은 주제의 공동연구도 수행하고 있다(전제성 2011). 이공계 연구자들이 성과를 다수 출판하고 있는 상황인지라 우리도 폭넓은 학제적 연구를 추진할 수 있는 인적 기반은 갖추어지기 시작했다. 다만 서로 연결된 적이 없을 뿐이다.

사회과학 대 인문학의 좁은 다툼을 넘어 자연과학과 공학을 포함하는 더 넓은 공조를 추진해 보려는 노력이 시도되어야 할 것이다. 우선 가까운 시일 내에 이공계 인도네시아 연구자들을 한국동남아학회 학술

대회에 초대함으로써 서로를 알 수 있는 기회를 마련하는 방안이 추진될 수 있을 것이다. 또한 장기적으로 접점을 형성할 수 있는 연구주제를 개발해 볼 수 있을 것이다. 이공계 연구 성과들을 살펴보면 농업, 산림, 광산, 해양, 질병, 건축에 관한 연구가 인문사회과학과 접점을 형성할 수 있는 주제영역들이라는 점을 알 수 있다. 사회과학 연구자들이 이러한 경계 영역의 연구를 시도한다면 이공계 학자들과 연결하는 교량 역할을 할 수 있을 것이다.

IV. 맺음말

한국의 인도네시아 연구는 지난 50년간 양적으로 팽창해 왔고 연구 분야도 확산되어 왔다. 특히 2000년대 이후 급속하게 성장하고 있는 중이다. 분야별로 보면, 사회과학이 성장을 주도하는 가운데 이공계 분야의 약진이 진행되고 있다. 이러한 현상은 앞으로도 계속될 것으로 보인다. 왜냐하면 우리는 인도네시아 연구자로서 국가, 기업, 사회의 3섹터 모든 방향에서 인도네시아 연구에 대한 수요가 급속히 늘고 있음을 몸소 절감하고 있기 때문이다. 2010년대 초반의 연구 급증은 이러한 다각적 수요 증대의 자연스러운 반응이라고 볼 수 있다. 연구 성과의 공급이 늘고 있지만 수요에 부응하기에는 여전히 부족하다. 고등교육기관에서 인도네시아에 관한 교육을 더 강화해야 할 필요성도 제기되어야 한다.

아울러 국가적, 경제적, 사회적, 학문적 필요에 적절히 대응하기 위해 인도네시아 연구자들 내부의 분리(칸막이) 현상도 극복되어야 할 과제로 제안한다. 우리는 인도네시아 연구자들은 우선, 외대 출신과 비외대 출신 사이에, 이어서 인문사회과학 연구자들과 이공계 연구자들 사이의 분리 현상이 지속되고 심지어 심화되고 있음을 밝혔다. 이를 극복하기 위하여 우리 학계에서 서로를 참조하고 인용하는 일종의 '인정 문화 운동'이라도 전개해야 할 지경이다. 학문후속세대는 초대학적이고 폭넓은 학제성을 습득한 세대로 육성되어야 할 것이다. 기성학자들에게는 광범한 학제적 접점을 형성할 주제 영역에 도전하자고 제안하고 싶다. 이를테면 인류학자가 문학을 연구하고, 역사학자가 해양을 연구하고, 정치학자가 산림을 연구하는 식으로 말이다.

끝으로 우리는 학술지 논문의 처참한 인용빈도를 확인했다. 학술지 논문이 같은 나라를 연구하는 학자들에게도 참조되고 언급되지 않는다면 학술지 논문 출판의 가치를 의심하지 않을 수 없다. 그렇다면 우리는 좁은 학계를 벗어나 학술지 논문보다 독자가 더 많은 단행본 출판에 더 큰 관심과 노력을 투자할 필요가 있다는 생각에 이르게 된다. 인도네시아 연구의 고전들을 번역 소개하고, 일반인들에게 인도네시아에 관한 지식을 제공하는 단행본 저술 활동을 강화함으로써 수요에 부응하고 우리의 가치를 실현해 나가는 '출판의 대중노선'이 추구되어야 할 것이다.

참고문헌

고영훈. 2004. 『인도네시아 문학의 이해』. 서울: 한국외국어대학교출판부.

김미향. 2011. "인도네시아인 학습자를 위한 한국어 호칭어 · 지칭어 교육 연구: 이주노동자 초급 학습자를 중심으로." 부산대학교 석사학위논문.

김민정. 2004. "외국인 이주노동자 성희롱 인식에 관한 연구: 필리핀, 인도네시아, 베트남 이주노동자를 대상으로." 강남대학교 석사학위논문.

김형준. 2012. 『적도를 달리는 남자: 어느 문화인류학자의 인도네시아 깊이 읽기』. 서울: 이매진.

김형준·전제성. 2013. "한국의 인도네시아 연구 동향: 외적 팽창의 지속, 내적 분리의 심화." 『아시아리뷰』 3(1).

박희주. 1964. "동남아세아 정치집단의 역할: 버마, 인도네시아, 월남을 중심으로." 고려대학교 석사학위논문.

서지원. 2018. 『베네딕트 앤더슨』. 서울: 컴북스.

신윤환. 2001. 『인도네시아의 정치경제: 수하르또 시대의 국가 자본 노동』. 서울: 서울대학교출판부.

______. 2008. 『동남아문화 산책: 신윤환의 동남아 깊게 읽기』. 서울: 창비.

안영호. 1976. "말레이지아어와 인도네시아어의 비교 연구." 한국외국어대학교 석사학위논문.

______. 1994. 『인도네시아어학 개론』. 서울: 한국외국어대학교출판부.

앤더슨, 베네딕트. 서지원 역. 2018. 『상상된 공동체: 민족주의의 기원과 보급에 대한 고찰』. 서울: 길.

양승윤. 1994. 『인도네시아사』. 서울: 대한교과서주식회사.

______. 1996. 『인도네시아 현대정치론』. 서울: 한국외국어대학교출판부.

______. 2012. 『작은며느리의 나라: 양승윤 교수의 인도네시아 문화 산책』. 서울: 삼우반.

양승윤 외. 1997. 『인도네시아 사회와 문화』. 서울: 한국외국어대학교출판부.

오진석. 1968. "한국의 신시장으로서 '인도네시아'에 대한 고찰." 서울대학교 경영대학원 석사학위논문.

유일상. 2011. "초국적 공간의 구성과 이주 전략: 국내 인도네시아 노동자의 사례." 한

양대학교 석사학위논문.
윤예림. 2007. "국가의 이주노동자 관리를 위한 가족통제정책: 한국의 인도네시아와 필리핀 노동자를 중심으로." 서울대학교 석사학위논문.
윤충남. 1966. "인니의 교도민주주의와 정당." 서울대학교 석사학위논문.
이세기. 1965. "동남아의 민족주의와 민주주의에 관한 연구: 인도네시아의 경과를 중심으로." 고려대학교 석사학위논문.
전제성. 2006. "한국의 동남아 연구 동향과 과제: "제3세대" 연구자 선언을 기대하며." 『동아연구』 50.
______. 2011. "참관기: 제2차 한국동남아학회-교토대동남아연구소 공동국제학술회의." 『동남아시아연구』 21(3).
전제성·유완또. 2013. 『인도네시아 속의 한국, 한국 속의 인도네시아』. 서울: 이매진.
최영옥. 1968. "아세아 지역내 신생 5개국의 초등교육과정 현황에 대한 소고: 라오스, 인도, 인도네시아, 필리핀, 한국." 이화여자대학교 석사학위논문.

Jeon, Je Seong and Kim Hyung-jun. 2013. "Growing Enthusiasm, Diversifying Fields: Indonesian Studies in Korea." INAKOS(The International Association of Korean Studies in Indonesia). ed. *40 Tahun Hubungan Indonesia-Korea Selatan*. Yogyakarta: INAKOS & Univeristas Gadjah Mada.
Jeon, Je Seong and Yuwanto. 2014. *Era Emas Hubungan Indonesia-Korea: Pertukaran Kultural Melalui Investasi dan Migrasi*. Jakarta: Penerbit Buku Kompas.
Kim, Hyung-jun. 1998a. "The Changing Interpretation of Religious Freedom in Indonesia." *Journal of Southeast Asian Studies* 29(2).
______. 1998b. "Unto You Your Religion and Unto Me My Religion: Muslim-Christian Relations in a Javanese Village." *Sojourn: Journal of Social Issues in Southeast Asia* 13(1).
______. 1998c. "The Islamization of Others' Everyday Life: A Case from Yogyakarta." *Antropologi Indonesia* 57.
Shin, Yoon Hwan. 1991. "The Role of Elites in Creating Capitalist Hegemony in Post-Oil Boom Indonesia." *Indonesia* 51.
______ and Y. L. Lee. 1995. "Korean Direct Investment in Southeast Asia." *Journal of Contemporary Asia* 25(2).

한국인의 인도네시아 단일사례연구 박사학위논문 목록(연도순)

김영국. 1983. "인도네시아의 경제발전에 관한 사회경제학적 분석." 경희대학교 경제학과.

Shin Yoon Hwan. 1989. "Demystifying the Capitalist State: Political Patronage, Bureaucratic Interests, and Capitalists-in-Formation in Soeharto's Indonesia." Yale University.

양승윤. 1992. "인도네시아 이슬람의 정치참여에 관한 정치사적 연구." 경남대학교.

Goh Young Hoon. 1994. "Pemikiran Pramoedya Ananta Toer Dalam Novel-Novel Mutakhirnya." Universiti Malaya.

Kim Hyung-jun. 1996. "Reformist Muslims in a Yogyakarta Village: The Islamic Transformation of Contemporary Socio-Religious Life." Australian National University (2007, ANU E-Press).

Kim Jang Gyem. 1996. "Citra Tokoh Dalam Novel-Novel Mochtar Lubis, Kajian Struktural-Semiotik." Universitas Gadjah Mada.

Je Deshik. 1997. "Pengembangan Materi Pelajaran Bahasa Indonesia untuk Para Manajer Korea di Jakarta." IKIP(Institut Keguruan dan Ilmu Pendidikan) Jakarta.

정영규. 1998. "인도네시아 산업 및 무역구조의 변화에 관한 연구: 한국과 경제협력의 증대방안을 중심으로." 세종대학교 무역학과.

Choi Y(영석). 2001. "Human Capital Investments and Interregional Wage Differences in a Southeast Asian Country: Evidence from 1993 Indonesian Family Life Survey(IFLS) Data." University of Washington.

Lee JH(장호). 2001. "Traditional Medicine, Modern Medicine, and Christianity: A Study on the Realities of Sickness as Described by Balinese Christians in the Gereja Kemah Injil Indonesia in Bali." Trinity Evangelical Divinity School of Trinity International University.

전제성. 2002. "민주화 이행기 인도네시아의 노동정치: 국가조합주의의 붕괴와 노동자 리더십의 등장." 서울대학교 정치학과.

이춘화. 2002. "인도네시아 진출 한국기업의 현지 경영전략에 관한 연구: 정치, 법률, 사회문화적 환경 중심으로." 경희대학교.

Kang Yoonhee. 2002. "Words of the Ancestors, Words for Survival: Marginality, Emotion and the Power of Magical Words among the Petalangan of Riau, Indonesia." Yale University.

Iym Young Ho. 2002. "Teka-Teki Dalam Bahasa Indonesia: Sebuah Kajian Linguistik dan Pragmatik." Universitas Indonesia.

Choi Nankyung. 2003. "Democratisation, Decentralization, and Local Party Politics in Post-Soeharto Indonesia." Australian National University.

Kim Ye-kyum. 2003. "Living from Hand to Mouth Provided There is Happiness: Life-dynamics of Tomohonese Women, Minahasa, North Sulawesi, Indonesia." University

of Hull.
Cho Youn-Mee. 2005. "Main Hakim Sendiri: Studi Kasus Vigilantism di Klaten, Jawa Tengah pada Awal Era Reformasi." Universitas Gadjah Mada.
백두옥. 2007. "인도네시아 노동법에 관한 연구: 한국 노동법과 비교법적 분석을 중심으로." 동아대학교 법학과.
이범희. 2007. "한국송입선원의 직무환경요인이 조직유효성에 미치는 영향 연구: 인도네시아선원을 중심으로." 부경대학교.
Song Seung Won. 2008. "Back to Basics in Indonesia? Reassessing the Pancasila and Pancasila State and Society, 1945-2007." Ohio University.
Kang Young Soon. 2008. "Antara Tradisi dan Konflik: Kepolitikan Nahdlatul Ulama." Universitas Indonesia (2008. Penerbit UI).
Park Jae Bong. 2008. "Preventing Ethnic Violence in Indonesia: Civil Society Engagement in Yogyakarta During the Economic Crisis of 1998." University of New South Wales.
박종호. 2008. "인도네시아 산업조림과 A/R CDM의 투자환경 및 경제성 비교연구." 충남대학교 산림자원학과.
Lee Yeon. 2008. "Kepriyayian dan Perspektif Wanita dalam Rangkaian Cerita Kenangan Nh. Dini." Universitas Indonesia.
신성원. 2009. "관광산업, 국가 그리고 발리 문화: 발리춤으로 본 전통 만들기." 한국외국어대학교 국제관계학과.
Jung Eunsook. 2009. "Taking Care of the Faithful: Islamic Organizations and Partisan Engagement in Indonesia." University of Wisconsin.
Seo M(명교). 2011. "Conversion to Minority: Conversion, Secularism, and the State Management of Religion in Muslim Java, Indonesia since 1965." University of Cambridge.
박경서. 2011. "인도네시아 진출 FDI기업과 현지기업의 총요소생산성 비교 연구: 기업패널데이타를 이용한 확률변경 생산함수 접근법." 중앙대학교 경제학과.
Cho Tae Young. 2011. "Akasara Serang sebagai Wadah Pembinaan Tamadun Islam di Sulawesi Selatan: Kajian Gramatologi." Universitas Hasanuddin.
강성호. 2012. "인도네시아 수라바야 항만에서의 모바일하버 적용 방안 연구." 동아대학교 항만물류시스템학과.
Suh Jiwon. 2012. "The Politics of Transitional Justice in Post-Suharto Indonesia." Ohio State University.
Yeo Woonkyung. 2012. "Palembang in the 1950s: The Making and Unmaking of a Region." University of Washington.

Choi Ina. 2013. "How is Good Governance Recontexualised at the Local Level in Indonesia?" University of Bristol.
조성희. 2013. "한국의 인도네시아 시장확대 전략에 관한 연구: 무역 및 물류를 중심으로." 계명대학교.
윤순기. 2013. "개라기난 자원 홍조류 Kappaphycus alvarezii의 인도네시아 시험양식 연구." 전남대학교.
이지혁. 2014. "인도네시아 바틱(Batik): 지역문화에서 국민문화로의 확대." 부산대학교.
Park Kwang Woo. 2014. "Migration and Integration in Borderless Village: Social Capital Among Indonesian Migrant Workers in South Korea." University of Sussex.
Kang Tae-Jin. 2015. "Performance Evaluation of Catalytic Gasification of Indonesian Low Lank Coals throuth the Lab- and Bench-Scale Experiments." 아주대학교.
Kim Sumi. 2015. "Environmental and Geological Study of an Acid Sludge Waste Disposal Site in Indonesia." 부산대학교.
남송희. 2015. "인도네시아에서 Maesopsis Eminii의 임목개량을 위한 선발육종 연구." 강원대학교.
이규대. 2015. "탈식민주의적 관점에서 본 인도네시아 이슬람 운동과 기독교 선교." 연세대학교.
이봉철. 2016. "재한 인도네시아 미등록 이주 근로자의 발생사유와 대처방안에 관한 연구: 부산, 경남, 울산지역 이주 근로자를 중심으로." 동아대학교 국제전문대학원.
Lee Juyoung. 2016. "Keergatifan Bahasa Barang-barang sebagai Petunjuk Genealogi bagi Kelompok Wotu-Wolio: Berbasis Program Minimalis." Universitas Hasanuddin.
변윤행. 2016. "끼 떽 호아이의 초기작품 연구: 계몽담론을 중심으로." 한국외국어대학교.
정정훈. 2017. "발리 우붓 지역 관광발달과 전통의 재구성: 뉴꾸닝 주민의 문화적 실천을 중심으로." 전북대학교 고고문화인류학과.
이경묵. 2017. "물 다양체와 실험실-마을: 자카르타 북부 빈민촌에서의 물 문제의 전개와 효과." 서울대학교 인류학과.
최형미. 2017. "인도네시아 이부운동에 나타난 여성주의적 함의에 관한 연구: '거르와니'와 '수아라 이부 페둘리'를 중심으로." 이화여자대학교 여성학과.

제3장

한국의 베트남 연구*

이한우

I. 머리말

한국과 베트남은 2017년 국교 수립 25주년을 맞았다. 양국의 협력관계는 1992년 12월 수교 이래 경제 분야로부터 시작하여, 문화, 인적 교류 부문에서도 급속히 확대되었다. 양국 간 교역액은 1992년 약 5억 달러로부터 2017년 약 639억 달러로 25년 만에 120배 이상 증가하여, 한국은 베트남의 제2위 교역 대상국, 베트남은 한국의 제4위 교역 대상국이 됐다. 한국은 2013년부터 일본을 제치고 중국, 미국에 이어 베트남의 제3위 교역대상국이 됐는데, 이제 중국 다음으로 제2위 교역대상국이 된 것이다. 베트남에 대한 외국인직접투자부문에서 한국은 투자승인액 누계로 2014년부터 제1위에 위치해 있다. 문화 분야에서는 한국의 TV 드라마가 1990년대 말부터 베트남 시청자들로부터 호평을 받아 한류를 일으켰고, 이 흐름은 영화, 음악, 음식 분야로 확산되었으며, 2000년대 중반부터는 베트남 내 K-pop 열풍을 불러일으켰다. 이제 상대국에 거주하는 양 국민은 각 15만 명에 이르렀다. 한국으로 결혼 이주한 베트남인 여성은 5만 명 정도로 증가하여, 한국 내 외국인 배우자 순위에서 제

* 이 장은 『아시아리뷰』 3권 1호에 게재된 본 저자의 논문 "한국의 베트남 연구"를 수정·보완한 것이다.

2위를 차지하게 되었다. 양국 관계가 25년 만에 이 정도로 밀접해진 것은 예상치 못했던 일이며 전례 없는 일이었다고 평가된다.

양국은 역사적으로 중국의 주변에 위치하여 유사한 역사적 경험을 공유하여 '동병상련'의 정을 느낄 수 있고, 중국의 문화적 영향을 함께 받아 문화적 공감대가 상대적으로 큰 편이다. 역사상 양국의 사신들은 중국에서 조우하여 시문을 나누곤 했다. 또한 13세기에 베트남의 리(Ly) 왕조가 멸망하면서 한 왕자가 한국으로 피신하여 화산 이씨의 시조가 되었다. 한편, 한국인들은 냉전 시기에 한국이 남베트남에 파병하여 베트남전쟁에 참전함으로써 희생자를 낳았고 베트남의 통일을 저해했다는 미안한 마음을 갖고 있기도 하다. 이에 한국인들은 베트남인들을 좀 더 우호적으로 대하려는 마음을 갖는다.

탈냉전 시기에 양국은 경제적으로 서로 필요한 상대였다. 양국이 본격적으로 경제 교류를 개시할 시기에 베트남은 막 산업화를 시작하여 많은 유휴 노동력을 채용할 기업이 필요했고, 한국은 노동집약적 산업을 해외로 이전할 단계에 있었다. 이후 한국은 경공업뿐만 아니라 건설, 제철 등 중공업 부문에도 투자하여 베트남의 산업기반을 구축하는데 기여했고, 베트남에서 공업화가 진전되어 산업이 고도화되면서 한국 기업의 투자도 고부가가치 생산부문으로 이전하고 있다.

이렇게 긴밀해진 양국관계가 굳건히 유지되고 발전하려면 양 국민들이 상대방에 대한 이해의 폭을 넓혀 가지 않으면 안 되며, 그 기반이 되는 학술 연구도 심화되어야 한다. 그렇다면 한국은 그간 베트남에 대해 얼마나 학술적으로 연구했는가? 일반적으로 한국에서 베트남 연구는 여전히 충분하지 않은 상태라고 평가된다. 이웃 일본의 경우 인문사회과학을 중심으로 베트남에 대한 학문적 관심을 가진 연구자들이 적지 않다. 1987년 창립된 일본베트남연구자회의 회원수는 2000년경 100명에 달했고, 이는 1999년 기준 유럽 전체의 베트남 연구자 수와 비슷한 규모다(古田元夫 2000: 227). 이하에서 설명하는 바와 같이, 2015년까지 베트남 관련 연구로 박사학위를 받은 한국인 연구자수도 100명에 달하게 됐다.

이 연구는 한국에서 베트남 연구의 발전 과정과 주요 연구 분야 및 쟁점을 탐색해 보고자 하는 것이다. 시기적 범위는 해방 이후부터 현재까지, 특히 1990년대부터 2015년까지다. 베트남 연구의 태동부터 현재까지의 발전 과정, 연구 경향 및 주요 연구 주제 등에 대해 살펴보고자 한다.

II. 연구방법

1. 연구의 범위 및 방법

이 연구는 '한국의 베트남 연구'의 범위로, 한국을 주된 근거지로 활동하는 연구자의 연구 및 한국에서 발행하는 서적 및 학술지 게재 논문, 석·박사학위논문을 포함시키고자 한다. 연구성과를 파악하기 위하여, 먼저 한국교육학술정보원의 학술연구정보서비스 웹사이트(http://www.riss.kr)에서 주제어로 '베트남', '안남', '월남', '월맹'을 입력하여 국내 석·박사학위논문, 국내 학술지 게재 논문을 검색했다. 국내 석·박사학위논문에 대하여는 영문 주제어 'Vietnam'도 입력하여 검색했다. 검색된 목록에서 베트남 연구와 직접 관련 있는 연구만을 가려내어 연구 분야별·시기별로 분류하고 정리하여 그간 베트남 연구의 추세를 파악했다.[1] 더

1 제목에 베트남을 명기한 비교연구는 본 연구의 범위에 포함했으나, 연구내용에 베트남을 포함하였더라도 제목에 베트남을 포함하지 않은 수개 국에

불어 한국연구자정보 웹사이트(http://www.kri.go.kr)에서 연구자들의 연구실적을 조회하고, 이 외에 필자가 수집한 정보를 종합하여 보완적으로 사용했다. 한편, 동남아연구 내 베트남 연구 비중의 변화 추세를 보기 위해 한국동남아학회가 발간한 『동남아시아연구』에 게재된 논문 전체 대비 베트남 연구 논문 비중을 찾아보았다.[2]

2. '베트남' 용어 고찰

베트남 연구의 현황을 파악하기에 앞서 먼저 '베트남' 용어가 한국 내에서 쓰이게 된 경위를 그간의 연구들을 통해 탐색해 보고자 한다.[3] 한국에서 베트남을 지칭하는 용어는 일본 식민지배로부터의 해방 이전에는 중국과 일본의 용례에 따라 '안남(安南)'이었다(김영건 1937). 베트

대한 비교연구는 베트남 국가 또는 지역에 관심을 두기보다 비교에 중점을 둔 것으로 보아 제외했다. 그러나 한국군의 베트남 파병처럼 한국 외교정책 또는 국제관계 연구는 엄밀히 보자면 베트남 연구에서 제외하여야 하나, 여기에서는 폭넓게 해석하여 베트남 연구 범위에 포함했다. 한국으로의 결혼이주와 관련된 연구도 좁게 보면 한국 사회에 대한 연구이나 베트남인 디아스포라 연구로 간주하여 포함했다.

2 이 밖에도 관련 논문이 『역사학보』, 『동양사학연구』, 『한국정치학회보』, 『국제정치논총』, 『한국문화인류학』, 『아시아연구』, 『베트남연구』 등 학회 발간 학술지 및 대학 연구소 발간 학술지 중 『동남아연구』(한국외대 동남아연구소), 『동아연구』(서강대 동아연구소), 『국제지역연구』(한국외대 국제지역연구센터), 『국제·지역연구』(서울대 국제학연구소), 『비교문화연구』(서울대 비교문화연구소), 『민주주의와 인권』(전남대 5.18연구소) 등에 게재되고 있다.

3 본 저자는 왜 한국에서 'Viet Nam'이 '비엩남'이나 '비엣남'으로 표기되지 않고 '베트남'으로 표기되었는가에 대하여 정확히 확인하지 못했다. 한국의 '베트남'이 일본식 표기방식인 'ヴェトナム(붸또나무)' 또는 'ベトナム(베또나무)'로부터 영향을 받았을 것이라고 추측한다. 북한은 이를 '윁남', '웰남'으로 표기한다.

남, 캄보디아, 라오스를 포함한 프랑스령 인도차이나 연방은 '불령 인도지나(佛領印度支那)'(약칭 佛印) 또는 '인도지나', 줄여 '인지(印支)'로 불렸다. 해방 이후에도 '안남'이 쓰이다가(윤동수 1954), 곧 '월남(越南)'(박노식 1956; 최치륜 1958), '베트남'(표문화 1958; 이영택 1960; 조영식 1960; 서상규·임동직 1961; 심홍택 1963)이 쓰이기 시작했다. 이 경우 '안남', '월남', '베트남'은 베트남 전역을 지칭하는 것이었다.[4] 한편 정치학자 조효원(1955: 26)은 자신의 저서 『아세아정치론(亞細亞政治論)』에서 베트남을 '비에드남', 신세훈(1965)은 자신의 시집에서 '비에뜨·남', 김준태(1970)는 '비에트남'이라고 하여 원어 발음에 보다 더 가깝게 표기하려고 시도했다. 그러나 1960년 전후에 정부 또는 관련 기관이 남베트남을 '월남'(외무부 정무국 1959), 북베트남을 '월맹'(내외문제연구소 1961)으로 지칭하면서, 베트남 전역은 '베트남' 또는 '월남', 남베트남은 '월남', 북베트남은 '월맹'으로 혼란스레 지칭되었다. 단지 '월맹'은 학술적 연구에서보다는 정부 관련 기관에서 발간된 책자에서 많이 쓰이는 경향이었다.[5] 이후 '베트남'과 '월남'이 함께 통용되다가, 1990년대부터 '월남' 용례가 급격히 줄고 '베트남'이 주로 사용되고 있다.

4 최치륜(1958)은 남부 베트남을 '반공권 월남'이라고 칭했다.

5 학술연구정보서비스 웹사이트(http://www.riss.kr)에서 주제어를 '월맹'으로 하여 검색하면, 제목에 '월맹'을 포함한 연구는 학위논문 2편, 국내학술지 게재 논문 1편에 비해, 단행본 4권이 검색된다. 단행본은 국토통일원, 내외문제연구소, 일해연구소 발간 책자다. '월맹'이 학술연구에서 쓰인 예로 동남아연구실 편(1974) 등을 들 수 있다.

III. 베트남 연구의 발전 과정

1. 해방 전 연구

한국의 베트남 연구는 일제 강점기 베트남에 체재하던 한 한국인 연구자 김영건에 의해 시작되었다(윤대영 2009). 김영건은 1931년부터 1940년까지 하노이 소재 프랑스 극동학원에서 사서로 활동하면서 국내에 연락을 취하고 있었다. 그는 1937년 『한글』 편집자 이윤재 선생 앞으로 보낸 "안남 하노이 통신"에서 한글의 로마자 표기법에 대해 의견을 적기도 했다(김영건 1937). 그는 일본으로 귀환 이후 『日佛安南語會話辭典』(1942), 『印度支那と日本との關係』(1943) 등의 책자를 발간했다. 그러나 아쉽게도 그의 연구는 이후 한국 내 베트남 연구로 이어지지 않았으며, 그가 주로 일본에서 연구서를 발간했기에, 그의 연구를 순수히 '한국의 베트남 연구' 범위에 포함하기에는 적절치 않은 측면이 있다. 따라서 그의 연구가 한국에서 베트남 연구의 효시라고 평가할 수 있으나, 그를 제1세대 연구자라고 하기에는 적절치 않다.

2. 해방 후 베트남 연구의 태동

한국인들은 일제 강점기에 식민지 국민으로서 베트남인들과 공감대를 이룰 수 있었다. 한국인들은 판보이쩌우(Phan Boi Chau, 潘佩珠)가 구술하고 양계초가 편집한 『월남망국사』를 한글본으로 발간하여 돌려 읽으며 망국의 한을 공감하고 식민지 저항의식을 불태웠다.[6] 그러나 1945년 해

6 이에 대하여는 최기영(1985), 한상도(2009) 등을 참고하시오.

방 이후 격동기를 겪으며 한국인들은 베트남에 대해 관심을 가질 여력이 없었을 것이다. 이런 상황에서 해방 이후 초기에 베트남에 대한 학술적 연구도 수행되지 않았다. 한국은 1950-1953년간 전쟁을 겪으며 역내 반공국가와의 협력을 도모해 가는 과정에서 남베트남과 협력관계를 구축했다.[7] 이런 변화에 부응하여 베트남에 대한 관심이 서서히 나타나기 시작했다. 그러나 1950년대에 학술적 연구라고 할 만한 것은 조효원 연세대 정치학 교수가 1955년 그의 저서 『아세아정치론』 속에 인도차이나에 관한 개괄적 설명을 삽입한 것과 1959년에 발간한 "월남의 정부조직" 정도가 있을 뿐이었다.[8] 1950년대에 베트남만을 단독으로 다룬 연구서는 발간되지 않았고, 베트남에 대한 설명은 외국역사 또는 세계지리 교과서류에 포함되거나(윤동수 1954; 박노식 1956; 표문화 1958) 외국여행기에 포함되어 있었다(최치륜 1958). 1950년대에 발간된 단행본으로는 한국 외무부 정무국이 1959년에 발간한 『월남공화국』이 있으나 업무참고용 소책자라고 판단된다. 이후 농림부가 1960년에 『월남의 농업협동조합』을 발간했다.

베트남 관련 단행본 발간이 증가한 것은 한국이 1964년부터 남베트남에 파병한 것과 무관하지 않다. 1965년에 함재건이 『이것이 베트남이다』, 국제문제연구소가 『베트남: 그 역사적 배경과 현실』을 출간했는데, 이는 베트남을 전반적으로 소개하는 내용을 담고 있다. 1965-1966

7 1954년 7월 제네바협정으로 분단된 후 베트남 남부의 베트남국은 1955년 10월 국민투표를 통하여 베트남공화국으로 전환했고, 1955년 10월 26일 응오딘지엠(Ngo Dinh Diem)이 대통령으로 취임했다. 응오딘지엠 정부가 출범하자 한국 정부는 바로 그다음 날 이를 승인하여 공식 외교관계를 맺게 된다.

8 이 논문이 해방 이후 한국에서 발간된 베트남에 대한 첫 학술적 논문인가는 확인하기 어렵다. 조효원 교수는 이후 정치인으로 변신했다.

년간에 발간된 베트남 관련 서적 대다수는 국제문제연구소의 『월남전과 한국의 안전보장』, 원용석의 『월남전과 한국』 등과 같이 정책성 연구서들이었다. 1966년에 최상수가 출간한 『한국과 월남과의 관계』가 베트남 역사와 한국-베트남 관계를 깊이 있게 다룬 본격적 첫 학술 연구서였다.

국내 학위논문으로는 박희주가 1964년에 "동남아세아 정치집단의 역할: 미얀마, 인도네시아, 월남을 중심으로"라는 석사학위논문을 낸 것이 처음이었다. 이어 한상선이 1965년에 "월남시장에 관한 실증적 고찰"이라는 석사학위논문을 냈으며, 이후 베트남전쟁에 대해 연구한 석사학위논문이 출간되었다(김기조 1966; 양정규 1966). 국내 박사학위논문으로는 최삼섭이 1969년에 "월남에 있어서 한국군에 발생한 마라리아에 대한 역학적 조사 연구"를 내 최초의 기록을 남겼고,[9] 이어 황충현이 1971년에 "월남의 flea index와 살충제에 대한 벼룩의 저항력에 관한 조사 연구", 이대진이 1972년에 "월남 일부지역에 있어서의 장관 내 세균감염에 대한 역학적 고찰"을 냈다. 이들 초기 박사학위논문은 모두 의학 분야의 연구들이었다. 인문사회과학 분야에서는 이은호 교수가 1972년에 "The Role of the Military in Nation-building: South Vietnam and Korea"로 정치학 박사학위를 받은 것이 최초였다. 이후 유인선 교수가 1978년 "Law and Family in Seventeenth and Eighteenth Century Vietnam"으로 역사학 박사학위를 받았다. 국내에서는 김기태 교수가 1983년에 "한국의 베트남전 참전과 한미관계"로 정치학 박사학위를 받았다. 이렇게 본다면 한국에서의 베트남 연구는 1970년대부터 본격적으로 시작되었다고 할 수 있다.

9 이에 대한 정보를 제공해 준 전북대 전제성 교수께 감사의 뜻을 표한다.

3. 베트남 전공자의 성장

본 저자는 현재 학계에서 활동하고 있는 베트남 연구자들을 주전공자와 관심연구자로 구분해 보고자 한다. 주전공자는 베트남 자체에 대한 연구로 박사학위를 받고 계속 베트남 연구에 종사하는 학자들이며, 관심연구자는 베트남을 주된 주제로 박사학위를 받았으나 이후 베트남 연구를 지속하고 있지 않은 연구자들과 여타 분야를 전공하면서 베트남 관련 주제로 연구결과를 발표하는 학자들이다.[10] 주전공자의 시기별 박사학위 수여자 수는 1980년대까지 3명, 1990년대 전반 4명, 1996-2000년간 9명, 2001-2005년간 13명, 2006-2010년간 6명, 2011-2015년간 5명이었다(〈표 3-1〉 참조). 상기 이은호, 유인선, 김기태 교수를 한국 내 베트남 전공자 제1세대라고 한다면, 이후 박사학위 취득자들은 제2세대 전공자 그룹에 포함시킬 수 있다. 박승우(2009)의 구분 기준에 따라 제2세대 베트남 전공자들을 구분하면, 제2세대 내 제1 코호트는 1990년대 전반에 박사학위를 받은 4명, 제2 코호트는 1990년대 후반에 박사학위를 받은 9명, 제3 코호트는 2001-2015년간 박사학위를 받은 24명이다. 특히, 1990년대 후반-2000년대 전반 10년간 22명이 베트남 전공으로 박사학위를 받아 베트남 전공 '붐'을 일으켰다. 이 시기는 베트남이 1986년 말 '도이머이'(Doi Moi, 쇄신)를 선포하고 전면적 개혁정책을 채택하면서 대외개방을 확대하고 있던 시기여서, 한국뿐만 아니라 세계 많은 국가들에서 베트남 연구 '붐'이 일었던 때다. 이 시기에 등장한 베트남 주전공자들은 '도이머이 세대'라고 불릴 수 있을 것이다.

이후, 2000년대 후반 이래 베트남 관련 박사학위 취득자는 많았으

10 베트남 주전공자는 박승우(2009)의 베트남 지역연구 전문가의 범주보다 더 좁게 설정한 것이다.

〈표 3-1〉 베트남 전공 한국인 박사학위 취득 연도 및 분야, 1969-2015년

연도	1969-1980	1981-1990	1991-1995	1996-2000	2001-2005	2006-2010	2011-2015	합계
주전공자	2	1	4	9	13	6	5	40
관심연구자	5	3	8	7	6	12	24	65

구분	어학	문학	역사학·철학	정치학	경제학·경영학	인류학	사회학	국제학	기타	합계
주전공자	3	4	7	11	2	6	4	1	2	40
관심연구자	2	2	3	15	9	3	4	5	22	65

나, 일부 인원만이 베트남 관련 연구활동을 계속하고 있고 많은 연구자들이 베트남을 사례로 박사학위를 취득한 후 베트남 연구를 지속하지 않는 경향도 생겼다. 베트남 관련 학술활동을 지속하지 않는 박사학위자들은 베트남 연구보다는 자신의 박사학위 취득을 위해 베트남을 사례로 연구했거나 학술활동보다는 본인의 업무상 필요에 의해 박사학위를 취득했다고 여겨진다. 2000년대 후반 베트남 관련 박사학위 취득자들의 특징 중 다른 하나는 한국으로 결혼이주하는 베트남 여성과 관련한 다양한 문제를 연구주제로 삼아 박사학위논문을 작성한 연구자가 급증했고, 또한 무역학, 공학 등 다양한 분야에서 베트남 연구로 박사학위를 취득한 연구자들이 증가했다는 점을 들 수 있다. 결혼이주 및 여타 다양한 주제로 박사학위를 취득한 연구자들 중 다수가 지속적으로 베트남 연구에 종사하지 않는 특징도 보인다.

주전공자로는 학문분과별로 정치학자가 11명으로 가장 많고, 다음으로 역사학자가 7명, 인류학자가 6명 순이다. 이 논문에서 구분한 제1, 2세대를 합한 베트남 주전공자들의 학문분과별 비중은 정치학 27%, 역사학 17%, 인류학 15% 순이다. 박승우(2009: 230)의 조사에서 제2세대

동남아 지역연구 전문가의 박사학위 학문분과가 정치학 46%, 인류학 16%, 경제학 12%인 것과는 다소 차이를 보인다. 동남아 지역연구 전문가 전체와 비교해 볼 때 베트남 주전공자들의 학문분과별 비중은 정치학이 상대적으로 적고 역사학이 상대적으로 많다. 단지, 한국의 베트남 전쟁 파병 관련 주제로 박사학위를 받은 정치학자들을 주전공자로 포함시킨다면, 학문분과별 베트남 전공자 비중은 동남아 전체 상황에 조금 더 근접하게 된다. 베트남 주전공 경제학자 비중이 동남아 지역연구 전문가 전체에서의 비중에 비해 상대적으로 적은 것은 베트남을 사례로 박사학위논문을 작성한 경제학자가 드물지만 사례연구를 수행한 관심연구자들이 많기 때문이다.

IV. 최근 연구 경향

1. 베트남 연구의 부문별 변화

최근 베트남 연구의 부문별 변화를 보기 위해 학술연구정보서비스(http://www.riss.kr)에 등록되어 있는 1991-2015년간 석·박사학위논문과 학술지 게재 논문을 시기별로 분류했다. 베트남 관련 석·박사학위논문은 1990년대 초까지 연간 10편 이하였고 1990년대 중반부터 2005년까지 연간 10-25편 정도였으나, 2006년 34편으로 증가한 이후 해마다 급속히 증가하여 2012년에 186편을 기록했다.[11] 분야별 분포를 보면,

11 2012-2015년간 베트남인 학생들이 숭실대에서 경영학 석사학위를 한 해에 수십 명씩 받았는데, 이는 이 기간에 석사학위논문이 급증하는 데 기여했다. 그 수는 2012년 약 70편, 2013년 약 40편, 2014년 약 90편, 2015년 약 20편

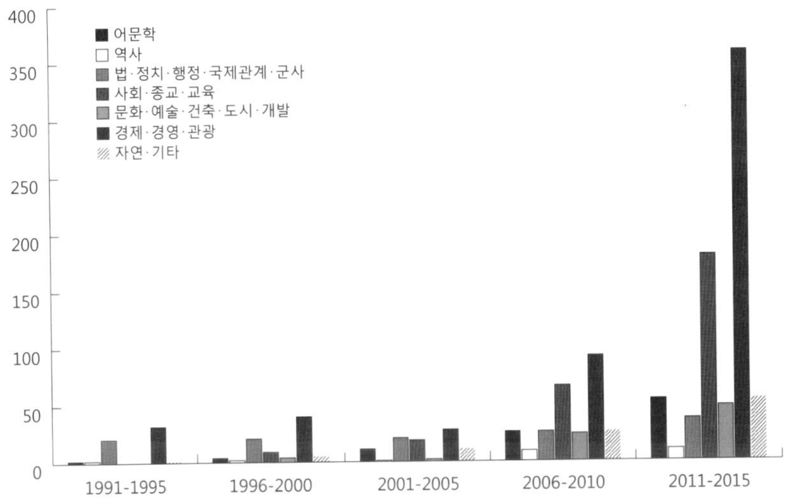

〈그림 3-1〉 베트남 관련 국내 석 · 박사학위논문의 분야별 분포

〈그림 3-1〉에서 보듯이 모든 기간에 경제·경영 관련 논문이 타 분야에 비해 월등히 많았고, 2000년대 중반 이래 사회 분야의 논문 수가 급속히 증가했다.

한국의 대학원에서 학위논문을 제출한 베트남인은 1990년대 중반부터 조금씩 생기기 시작했다. 한국교육학술정보원의 학술연구정보서비스 웹사이트상 한국에서 베트남 연구로 가장 먼저 석사학위를 취득한 베트남인은 Tran Van Hoe(1995)와 Bui Anh Tuan(1995)으로 기록된다.[12]

에 이른다.

12 1995-1996년간 베트남 연구로 석사학위를 받은 베트남인 4명은 연세대 경제학과 구성열 교수가 장학금을 마련하여 연세대 국제대학원에서 석사학위 과정을 마친 학생들이다. 베트남인들이 베트남 연구가 아닌 다른 분야에서 석사학위를 취득했을 수도 있기에, 이 4명이 한국과 베트남이 양국 관계를 다시 정상화한 1992년 12월 이후 최초로 한국에서 대학원을 졸업한 학생들인지는 확인할 수 없다.

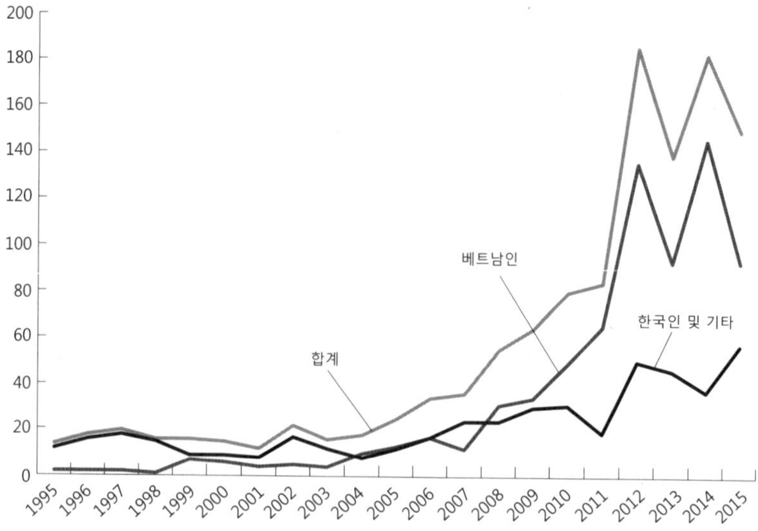

〈그림 3-2〉 베트남 관련 국내 석 · 박사학위논문 저자의 국적

석·박사학위논문 제출자 중에서 주목할 만한 점은 베트남인 저자의 비중이 2000년대 중반에 전체의 절반을 차지하다가 2010년부터는 월등히 많아졌다는 것이다. 〈그림 3-2〉에서 보듯이 베트남인 저자 수가 2003년까지는 한국 및 기타 국가(주로 한국) 출신 저자 수보다 적었으나, 두 저자 수가 2004-2006년 비슷했고, 2007년에 한국인 수가 많았으나 2008년부터 베트남인 수가 많아졌다. 2010년 이후 베트남인 저자 수는 한국 및 여타 국가 (주로 한국) 출신 저자 수보다 월등히 많았다. 이는 2000년대 중반 이후 한국에 유학한 베트남인 학생들이 증가하여 2010년부터 학위취득자가 많아진 결과라고 판단된다. 베트남인 학생들은 대부분 석사학위자들이며, 그들 중 다수가 경제·경영 또는 결혼이주 여성 관련 주제로 학위논문을 작성했다.

학술지에 게재된 베트남 관련 논문 수는 1990년대 초 10편 이하였으나, 1990년대 중후반 연간 20-40편, 2000년대 들어 중반까지 연간 40-70편이었다가, 2000년대 말부터 대폭 증가하는 현상을 보였다. 그

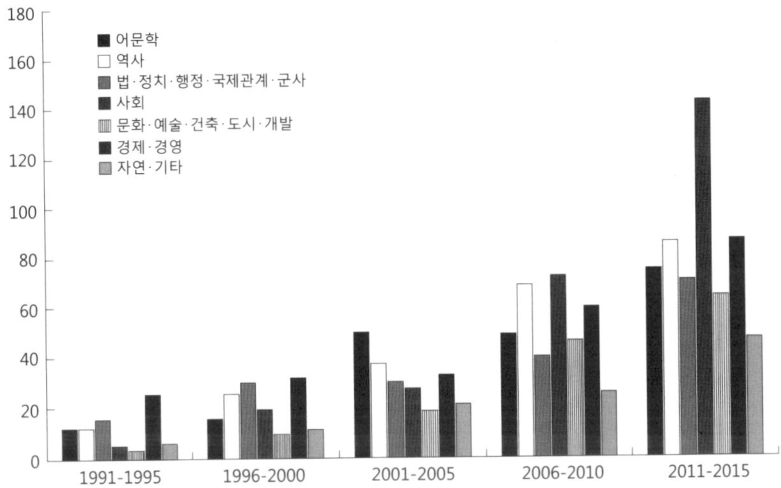

〈그림 3-3〉 베트남 관련 학술지 게재 논문의 분야별 분포

논문 수는 2010-2012년간에 연간 100-120편으로 증가했는데, 2013-2014년 연간 130편대를 나타냈고, 2015년에 150편을 넘었다.

〈그림 3-3〉에서 보듯이, 1991-2015년간 연구 분야별 논문 수는 사회, 경제·경영, 역사 순으로 많았다. 이 기간 중 사회 분야 논문 수가 299편으로 가장 많았고, 경제·경영 분야 논문 수가 266편, 역사 분야(철학 분야 소수 포함) 논문 수가 258편이었다. 2012년까지 총계로는 역사 분야 논문 수가 가장 많았으나,[13] 최근 결혼이주 및 다문화 관련 논문이 급증하며 사회 분야 논문 수가 가장 많게 되었다. 연구 분야별로는 경제·경영 분야 논문이 한국과 베트남이 수교한 직후 1993년에 급증한 특성을 보였고, 어문학과 역사 분야 논문이 2008년을 예외로 한다면

13 역사 논문이 많은 것으로 나타난 것은, 베트남전쟁 관련 연구를 현대사 부문에 포함시켰기 때문이기도 하다. 한편, 1990년대 중반까지 일본의 베트남 연구에서도 역사 분야 논문이 많은 경향을 보였다(Shimao & Sakurai 1999).

2000년대에 대체로 증가했고, 정치 및 관련 분야 논문 수는 지속적으로 연간 10편 내외를 보이다가 2014, 2015년에 연간 20편 이상으로 증가했다. 2000년대 중반 이후에 사회 분야 논문 수가 급증했고, 문화, 예술, 건축, 도시 관련 연구들도 증가했다. 경제·경영 관련 연구는 특히 2000년대 중반 이래 더욱 많아졌으며, 이 가운데 경영 관련 연구가 점차 증가하는 추세다. 또한 2000년대 말부터 자연과학, 농업 및 공학 등 분야의 논문 수가 조금씩 증가하고 있어, 한국에서 베트남 연구의 분야별 다양화가 확대되고 있음을 알 수 있다.

2. 연구 경향 평가

이상의 연구 경향을 평가해 보자면, 먼저 연구의 양적 성장을 들어야겠다. 학술지 게재 논문 수가 2000년대 들어 연간 40-60편이었다가 2007년에 70편으로 증가하고 2010-2011년에는 연간 100편 이상으로 증가한 것은 한국 내 베트남 연구의 급성장을 잘 나타내 준다. 이런 현상은 1990년대 후반 및 2000년대 전반 기간 동안 베트남 주전공자들이 증가한 것과 무관하다고 할 수 없으나, 보다 더 중요한 것은 관심연구자들이 베트남 관련 논문을 많이 출간한 결과라고 할 수 있다. 특히, 사회 분야 및 경제·경영 분야 주전공자의 수가 그다지 증가하지 않았음에도 불구하고 이 분야의 논문 수가 특히 2000년대 중반 이래 대폭 증가한 것은 관심연구자들이 발표한 베트남 사례 연구 논문이 많았음을 나타낸다. 사회 분야에서는 특히 결혼이주 여성과 관련한 연구가 급증하였다. 경제·경영 분야 논문은 한국이 베트남과 경제협력관계를 확대해 가며 지속적으로 증가해 왔다.

동남아 지역연구 내에서 주전공자들에 의한 베트남 연구의 비중은 20% 정도로 추정된다. 박승우(2009: 235)의 연구에 따르면 동남아 지역

〈표 3-2〉『동남아시아연구』 게재 논문 중 베트남 관련 논문의 편수 및 비중

연도	1992-1995		1996-2000		2001-2005		2006-2010		2011-2015	
베트남	9	20%	10	19%	15	16%	15	18%	22	19%
전체	44		52		91		84		118	

연구 전문가 가운데 베트남 전문가는 23%였다. 한국 내 동남아 관련 대표적 학회인 한국동남아학회에서 발간하는 『동남아시아연구』에 게재된 논문으로 동남아연구 내 베트남 연구의 비중을 추정해 볼 수도 있을 것이다. 〈표 3-2〉에서 보면, 1992-2015년 『동남아시아연구』에 게재된 논문들 중 베트남 관련 논문 수는 증가했으나 그 비중은 16-20%로 큰 변화를 보이지 않았다. 이는 『동남아시아연구』가 주로 주전공자들이 연구결과를 발표하는 장이기에, 베트남 주전공자 수가 증가하더라도 동남아 전공자 내 상대적 비중이 급격히 증가하지 않아 베트남 관련 논문의 비중도 큰 변화를 나타내고 있지 않은 것이라고 판단된다. 한편으로는 연구자들이 『동남아시아연구』 이외 타 학술지에 논문을 게재하는 경우도 많아, 이 논문들을 모두 포함하여 계산할 수 없기에 동남아연구 내 베트남 연구의 비중을 추정하는 데 한계도 있다.

연구 분야별로 특기할 만한 점은 1990년대 중반 이래 경제 관련 주제, 2000년 중반부터는 베트남 경제 및 양국 경제 관계뿐만 아니라 베트남 내 한국인 투자기업의 경영 관련 주제의 논문도 증가세를 보인다는 점이다. 이는 양국 수교 이래 경제 분야에 관심이 급증하고 한국 기업의 베트남에 대한 직접투자의 증가와 연관된다. 따라서 예전에는 경제 관련 주제에 대한 연구가 많았으나 근래에는 경영 관련 주제에 대한 연구도 많아졌다. 또 다른 주목할 만한 점은 2000년대 중반 이래 사회 분야 논문 수가 급증했다는 것이다. 이는 2000년대 들어 결혼이주 여성의 증가로 이들의 한국 사회 적응문제가 사회문제로 떠올라 이에 대한

연구가 급증한 때문이다. 이러한 한국 사회의 실용적 요구가 경제·경영 분야 및 사회 분야 학술연구를 증가시킨 원인으로 작용했다.

더불어 베트남 전쟁, 통일 및 사회통합과 관련한 연구가 급격히 증가하지는 않았지만 꾸준히 출간되었다. 이는 베트남전쟁에 참전한 당사자로서 베트남전쟁을 재고찰하려는 시도와 함께 베트남의 통일과 사회 통합 과정의 경험으로부터 시사점을 얻으려는 노력의 일환이었다. 이외에 고전문학, 현대문학, 문화, 예술, 건축, 도시건설 및 자연과학 등 여러 분야의 논문이 증가했다. 이는 다양한 분야에서 베트남에 대한 관심이 증대하고 있음을 나타내 준다.

3. 연구 기본서의 출간과 국제적 소통

베트남 전공자들은 베트남 연구를 위한 전공서적과 사전을 출간했다. 한국 내 베트남 연구에 중요한 의미를 지니는 서적을 몇 가지 언급하면 다음과 같다. 베트남사 통사는 유인선(1984; 2002)과 송정남(2000a; 2010)에 의해 발간되었으며, 동남아시아사 통사는 최병욱(2006a; 2016)에 의해 발간되었다. 일본에서 18세기 말부터 19세기 초 사이에 『안남기략고(安南紀略藁)』가 출판되어 일본 최초 베트남사 통사의 출판 기록을 남겼고, 『안남사(安南史)』 3권본 통사가 1881년에 출판된 것에 비하면(古田元夫 2000: 229), 한국에서 베트남 통사의 발간이 매우 늦었지만 의미 있는 일이라고 하지 않을 수 없다. 더불어 베트남어 사전의 편찬은 조재현(2006)과 송정남·이강우·박연관(2011)에 의해 이루어졌다. 이로써 한국에서 베트남 연구를 위한 기본 서적은 갖춘 셈이 되었다.

한편, 국제적으로 학문적 소통을 위한 노력의 일환으로 외국어로 출판되는 한국인 연구자들의 연구물이 점차 증가하고 있다. 일찍이 김세진(Kim 1970), 한승주(Han 1978), 박준영(Park 1981) 등 한국인 연구자들

이 한국의 베트남전쟁 참전과 관련한 논문들을 외국 학술지에 발표했다. 이는 좁게 보면 베트남 연구라기보다 한국 대외정책 관련 연구라고 해야겠으나 넓게 보아 베트남 연구의 범위에 포함시킬 수도 있을 것이다. 근래에 영어로 발표된 연구를 보자면, 유인선(Yu 1990; 1999a; 1999b; 2001; 2006), 최병욱(Choi 2003; 2004a; 2004b), 윤대영(Youn 2014; 2016) 등이 베트남 역사 관련 연구결과를 발간했다. 정연식(Jeong 1997)이 베트남 정치 관련 논문, 이한우(Lee 2003; 2005)가 베트남 사회문화 관련 논문을 발간했다. 최호림(Choi 2007)이 베트남 의례 관련 논문, 채수홍(Chae 2011)이 베트남 노동 관련 논문을 발간했다. 또한 최호림(チェ・ホリム 2010)이 일본어로, 윤대영(Youn 2011)이 프랑스어로 연구물을 발간했다. 더불어 해외에서 주로 활동하고 있는 한국인 연구자들의 연구성과를 들 수 있다. 영국에서 활동하고 있는 인류학자 권헌익(Kwon 2006; 2008)이 베트남전쟁 관련 저서와 논문을 발간했고, 홍콩에서 활동한 사회학자 김지영(Kim 2004; 2011; 2013)이 베트남 노동 관련 논문을 발간했다. 이외에도 여러 연구자들이 베트남어로 된 연구물을 출간했다. 이처럼 2000년대 들어 한국인 베트남 연구자들의 세계 학계와의 소통은 점차 증가하고 있다.

V. 주요 연구 분야 및 쟁점

이하에서는 베트남 주전공자들의 연구를 중심으로 하되, 그 외에도 한국 내에서 많이 논의된 연구주제를 포함하여 주요 연구 분야를 파악해 보고자 한다.

1. 현대 이전 역사 분야

1) 베트남 유교 사회와 가족제도

역사 분야에서는 유인선(2005)이 베트남 사회의 유교 사회화 문제에 대해 고찰했다. 그는 중국 문화의 베트남에 대한 영향이 14세기까지 미미했고 18세기에 이르러서야 지배계층에 한정해 영향을 미쳤다고 했다. 베트남의 유학에 대한 사상사적 연구는 김성범(2012; 2013a; 2013b)이 2013년 철학박사학위를 취득하면서 산출되고 있다. 유인선(1981; 1982; 1996b; 1997; Yu 1990; Yu 1999b)은 전통 사회의 가족제도와 여성에 관한 연구를 통해 베트남이 중국으로부터 가족제도의 영향을 받았지만 중국에서처럼 강력한 가부장권은 없었고 부부는 여러 면에서 동등하며 자녀는 부모로부터 비교적 자유스러운 행동을 할 수 있었다고 분석했다. 유인선(2014)은 이상의 연구를 종합하여 『근세 베트남의 법과 가족』을 출간했다. 최병욱(2003b; 2006b)도 베트남 전통 사회, 특히 남부에서 여성들이 적극적으로 경제적 역할을 수행했음을 연구했다. 더불어 김현재(2011; 2014)가 전통 혼인 관념과 상례에 대하여 연구했다. 한편, 송정남(2015a; 2015b)은 베트남의 과거제도에 대하여 연구결과를 냈다.

2) 베트남 국가형성과정, 남부 '베트남'의 베트남화

다음으로 역사 분야에서 많은 연구가 이루어진 것은 베트남의 국가형성과정에서 남부 '베트남'의 베트남화 문제다. 특히 최병욱(2000a; 2004a; 2004b; 2008b; 2008c; 2009a; 2010b; Choi, 2003)이 지역주의 문제와 함께 베트남의 응우옌(Nguyen) 왕조 시기 남부로 영토를 확장하면서 추진된 동화정책과 통합과정상 문제에 천착하여 많은 연구성과를 산출했다. 또한, 최병욱(2014; 2015; 2017)은 베트남이 캄보디아 영토였던 메콩델타로 영토를 확장하면서 발생한 문제들을 검토했다. 한편, 유인선(1999)과 하순(2000), 최병욱(2008a; 2010a)은 베트남 남부 사회·문화의 특성에 관한 연구를 수행했다.

3) 식민지하 베트남 사회 변화

현대 이전, 특히 프랑스 식민지배 시기 전후 베트남 사회의 변화에 대해서는 몇 명의 역사학자들에 의해 연구되었다. 송정남(1997; 1999; 2000b; 2001a; 2001b; 2001c; 2002a)은 프랑스 식민지화 과정과 식민지배하 베트남의 토지제도 변화에 관해 연구했다. 김종욱(2002; 2003; 2009; 2011b)은 식민지배하 북부 농촌 마을에 집중한 사례 연구와 식민지배 시기 사회 변화 일반에 대한 연구(2004; 2005; 2010; 2011a) 결과를 냈다. 노영순(2002; 2003; 2006c)이 식민지배 시기 베트남인과 프랑스, 일본 등 식민지배자와의 관계를 연구했고, 또한 노영순(2011b; 2012b; 2012c)은 식민지배 시기 베트남의 군주권, 시민권 등에 대하여도 연구했다. 윤대영(2010a), 노영순(2012b)은 프랑스 식민 지배 초기 베트남 내 사회개혁운동에 대하여 연구했다.

4) 신지식의 전파와 사회주의운동

프랑스 식민지배 시기를 전후한 신지식의 베트남 전파와 지식인 문제에 대한 연구는 윤대영(2007; 2011)에 의해 주로 이루어졌다. 베트남 공산주의 운동에 대한 개괄적 연구는 먼저 이범준(1986), 유인선(1991), 박종철(1993) 등에 의해 수행되었으나, 이에 대한 본격적 연구는 노영순(2001; 2004c; 2006b)에 의해 이루어졌는바, 그는 특히 1930년 전후 베트남 국내외에서의 공산주의 운동에 대해 탐구했다.

2. 현대 이전 교역과 대외관계

1) 현대 이전 교역활동

현대 이전 베트남의 교역 활동에 대하여는 최병욱(2000b; 2002; 2003a; 2011a)이 연구를 통하여 베트남의 교역 활동이 매우 활발했음을 밝혔다. 베트남의 해항도시와 대외 교류에 대하여는 노영순(2011c; 2012a)이 연구결과를 냈다.

2) 베트남-중국 관계

베트남의 대외관계에서 가장 중요한 대상국인 중국과의 관계에 대하여는, 유인선(1996a; 2009)이 베트남-중국 관계에 관한 연구논문을 여러 편 출간하다가 마침내 이를 종합하여 2012년에 『베트남과 그 이웃 중국: 양국관계의 어제와 오늘』을 출판했다. 이 저서는 통시적으로 양국 관계를 개관한다는 점에서 일본의 야마모토 다츠로(山本達郎 1975)의 연구서에 비견되나, 야마모토의 연구서가 편저인 데 반하여 유인선의 연구서는 단독 저서이고 현대 문제까지 다루고 있다는 점에서 또 다른 의의를 지닌다. 송정남(2004a; 2004b; 2006; 2012b)도 현대 이전 베트남과 중국 및 태국과의 관계를 연구했다.

3) 한국-베트남 간 역사적 교류와 비교

한국과 베트남 간 역사적 교류에서 가장 많이 언급되는 사례가 베트남 리(Ly) 왕조 시대인 12, 13세기에 베트남 왕자들이 고려로 귀화한 사건이다.[14] 특히 리롱뜨엉(Ly Long Tuong, 李龍祥) 왕자가 귀화하여 화산(花

14 리즈엉꼰(Ly Duong Con, 李陽焜)은 베트남 리 왕조 제4대 인종(仁宗)의 셋째 아들이며 제5대 신종(神宗)의 아우였는데, 신종과 왕위를 다투다가 북송

山) 이씨의 시조가 된 것이 대표적 사례다. 이 베트남인들의 한국으로의 이주에 대하여 일찍이 최상수(1966)가 서술한 바 있고, 이후 조재현(Cho 1994), 강은해(2011), 조흥국(2013) 등이 연구했다. 한편, 양국의 사신들이 중국에서 만나 교류한 역사 중 가장 많이 드는 사례는 16세기 말 이수광(李睟光)과 풍칵콴(Phung Khac Khoan, 馮克寬)이 북경에서 만나 창화시문(唱和詩文)을 주고받은 일일 것이다(최상수 1966: 70). 최병욱(2009b), 엄경흠(2010) 등도 한국과 베트남의 사신들이 중국에서 만나 교류한 것을 연구했다. 더불어 최병욱(Choi 2012)은 고려인삼의 베트남 내 유통에 대해 연구결과를 냈다.

베트남 내 한인사회에 대한 연구 분야에서는, 김기태(1999)가 식민지배로부터의 해방 직후 한국인 정착의 역사를 연구했고, 채수홍(2005; 2016a; 2017)이 현대 호찌민시 및 하노이 한인사회와 베트남 내 조선족 노동자에 대해 연구했다.

현대 이전 시기 한국인의 베트남에 대한 인식에 관하여는 박희병(2009), 한상도(2009), 김용태(2010), 윤대영(2010b), 노대환(2011), 허경진·김성은(2011), 서경희(2012) 등이 연구했다. 양국 역사에 대한 비교 연구는 윤대영(2010c), 노대환(2010), 배항섭(2010), 이상욱(2010), 최희재(2010), 한도현(2003a) 등에 의해 이루어졌다. 현대에 이르러 윤충로는 분단과 자유주의 체제하 권위주의 정권이라는 역사적 맥락을 함께했던 한국의 이승만 정부와 베트남의 응오딘지엠(Ngo Dinh Diem) 정부를 비

으로 망명했으나 송나라 내 불안정으로 1127년에 고려로 들어와 경주에 정착하여 정선(旌善) 이씨의 시조가 되었다고 한다. 리롱뜨엉(Ly Long Tuong, 李龍祥)은 베트남 리 왕조의 제6대 영종(英宗)의 일곱 번째 아들로 1226년 변란으로 왕족들이 살해당하자 피신하여 고려에 귀화하여 화산(花山) 이씨의 시조가 되었다고 한다. 사학자들은 정선 이씨의 시조에 대하여 아직 확증할 만한 근거가 없으나 화산 이씨의 시조는 사실에 부합한다고 평가한다.

교하는 연구로 박사 학위를 받고, 그 논문을 기반으로 저서 『베트남과 한국의 반공독재국가 형성사』(2005)를 출판했다.

4) 식민지배하 상호이해

한국과 베트남이 공통으로 식민지배하에 처한 것은 양 국민 간 공감의 계기였다. 특히 판보이쩌우(Phan Boi Chau, 潘佩珠)의 『월남망국사』 한글 번역본이 출판되어 한국인들 사이에서 읽히며 큰 반향을 일으켰다. 베트남 주전공자(노영순 2004a; 유인선 2004; Jeong 2014)들이 판보이쩌우의 사상과 혁명 활동 및 그가 주도한 유신운동에 주로 관심을 가졌다면, 한국사학자들(최기영 1985; 박상석 2010)은 『월남망국사』의 한국 내 유통과 사회적 영향에 주목했다.[15] 또한 한국인 연구자들은 식민지배에 저항하는 독립운동과정에서 한국과 베트남 혁명가들의 협력과 상호이해에 관하여 많은 관심을 갖고 있으나 사료 부족으로 아직 충분히 연구하지 못했다. 드물게 염인호(2007)가 중국에서 이루어진 조선독립동맹과 베트남독립동맹의 혁명 활동을 비교했고, 노영순(2011a)이 1910년대 초 한국 혁명가와 베트남 혁명가가 중국 또는 일본에서 만나 망국의 한을 나눈 배경을 연구했다. 윤대영과 응우옌반낌(2013)은 19세기 후반부터 1945년까지 한국과 베트남 관계를 개관하는 연구서를 출간했다.

3. 문학과 예술

고전문학 분야에서는 전혜경(2006a; 2006b)이 베트남과 한국의 설화와 전기소설을 비교했고, 배양수(Bae 2001)가 한국의 〈춘향전〉과 베트남의

15 더불어, 국어학자 안명철·송엽휘(양계초 2007)가 『월남망국사』를 새로 한글로 번역하여 출판함으로써 학계에 기여했다.

〈끼에우 전〉(Truyen Kieu)을 비교하는 연구결과를 냈다.[16] 이외에도 박희병(2000) 등 국문학자나 한문학자들이 한국과 베트남의 고전문학에 대한 비교연구를 수행했다. 베트남 문학사에 대한 포괄적 연구로 국문학자 최귀묵(2010)이 『베트남문학의 이해』라는 저서를 출판했다. 최귀묵(2001; 2013a)은 쯔놈에 대한 연구를 내기도 했으며, 그 이후에도 베트남 고전에 대한 연구를 계속하고 있다.

현대문학 분야에서는 배양수(1998; 2002; 2005; 2010)가 개혁으로 인해 변화하는 사회를 소설 속에서 어떻게 구현했는가를 분석했다. 베트남 영화에 관하여는 배양수(2006)의 연구가 현재까지는 유일하다. 베트남 내 박물관 설립과 문화정치에 관하여는 이한우(2010b), 최호림(2010b; 2011b)이 연구결과를 냈다. 예술 분야에서는 김인규(2011a; 2011b)가 베트남의 도자기에 관한 연구 논문을 여러 편 출간했다.

4. 베트남전쟁과 통일 관련 문제

1) 베트남전쟁 재인식과 한국군 참전 문제[17]

베트남전쟁에 대한 재인식과 한국의 베트남전 참전 문제가 1990년대 한국 사회에서 중요한 논쟁적 주제였다. 먼저 베트남전쟁에 대한 재인식에서는, 기존의 자유수호론이 베트남전쟁을 자유주의와 공산주의 간 이념전쟁으로 보았으나(이선호 2001), 베트남전쟁을 민족해방전쟁으로 규정한 수정주의적 시각이 일찍이 이영희(1972-1973) 및 리영희(1985),

16 응우옌 주(Nguyen Du)의 저작, 『쭈엔 끼에우』는 안경환(응웬 주 2004)과 최귀묵(완유 2004)에 의해 한글로 번역되었다.

17 한국에서의 베트남전쟁에 대한 재인식과 한국군 파병에 관한 제반 시각에 대하여는 이한우(2006b)를 참고하시오.

이후 이삼성(1998), 강정구(1996; 1997) 등에 의해 제시되었다.

한국군의 베트남 파병 원인에 관하여 1980년대까지 주류는 안보론적 시각에 입각하고 있었다. 이 주장은 한국이 한국전쟁에서 미국의 지원으로 공산화를 피할 수 있었던 것에 대한 보답으로, 또는 미국의 참전 압력 혹은 요청에 응하여, 또는 한국 정부가 한반도의 안보를 위하여 대규모 병력을 베트남에 파견했다는 시각이다(Kim 1970; Han 1978; Park 1981; 이선호 2001). 여기에 대하여 1990년대에 들어 홍규덕(1992; 1999), 최동주(1996) 등에 의해 제시된 수정주의적 시각은 한국이 경제적 실리를 추구하기 위하여 베트남전에 파병했다는 것이다. 김기태(1982)는 박사학위논문에서 한국 정부가 미국과의 관계 강화를 통하여 한국 안보를 확고히 하며, 베트남전쟁 참전으로부터 재정적 이득을 취할 수 있고, 미국의 지원으로 국제무대에서 한국의 위상을 높이고자 하는 의도를 가지고 있었다고 복합적 원인을 들었다. 이기종(1992)도 한국의 베트남전쟁 참전 요인으로 경제적 요인과 함께 한국이 미국의 파병 요청을 거부할 입장이 아니었다고 절충적 입장을 취했다. 베트남전쟁 연구에 있어서 수정주의자들이라고 칭할 수 있는 역사학자들의 연구도 산출되었다. 한홍구(2001; 2003), 박태균(2006; 2007), 홍석률(2009) 등이 베트남전 참전과 관련한 한국의 정책에 대해 비판적으로 재검토했다. 더불어 김봉중(2000; 2010)은 베트남전쟁 참전과 관련한 미국의 정책을 연구했고, 김정배(2010; 2011)가 베트남전쟁과 관련한 냉전체제에 대하여 연구했다. 박태균(2013; 2015)은 베트남전쟁이 동아시아 참전국의 권위주의 체제를 강화하였음을 논하였고, 베트남전쟁을 전반적으로 다룬 연구서를 출간했다. 베트남전쟁 기간 중 국제관계에 대하여는 이은호(1990b)의 연구를 들 수 있다.

베트남전쟁이 한국 경제에 미친 영향에 관한 문제는 최동주(2001), 조재호(2011) 등에 의해 연구되었다. 윤충로(2007a; 2007b; 2008)는 한국의 베트남전쟁 시기 제국주의와 식민주의 사이에서의 모호한 정체성과 참전으로 인한 한국 사회의 왜곡된 재벌중심구조 및 이념 등이 형성된 것에 관해 연구했다. 더불어 윤충로(2015a)는 베트남전쟁의 한국 사회에 미친 영향에 대해 다각적으로 검토해 온 연구결과를 한 권의 책으로 묶어 『베트남전쟁의 한국 사회사』를 출간했다.

한편, 베트남전쟁에 참전했던 한국군의 용병 문제와 민간인 학살 문제가 1990년대 말부터 대두되었다. 이는 당시 한국 사회의 큰 이슈였으나, 사망자들에 대한 제례와 관련한 권헌익(2012; 2016; Kwon 2006; 2008)의 연구 이외에 치밀한 학술 연구는 아직 수행되지 않았다. 베트남전쟁에서 한국군에 의한 베트남 민간인 학살 의혹은 일찍이 1976년부터 제기되었으나 한국인에 의해서는 구수정(1999)에 의하여 1999년 5월 처음으로 제기되었다. 용병과 베트남 민간인 학살 주장에 대하여 여영무(2001), 이선호(2000) 등은 한국군이 독자적 작전권을 갖고 있었기에 용병이라는 평가가 옳지 않다고 보았고 베트남전쟁이 게릴라전 위주의 전쟁이었기 때문에 민간인을 베트콩으로 오인하여 살상했을 수는 있어도 민간인 학살을 하지는 않았다고 했다. 이후, 구수정의 문제 제기로 베트남 민간인 학살 현장을 찾는 작업이 계속되었고, 사회운동가 김현아(2002; 2004)가 『전쟁의 기억, 기억의 전쟁』, 『전쟁과 여성』을 발간하는 등 "전쟁 기억을 둘러싼 전쟁"을 벌였다. 신문기자 고경태(2015)도 베트남 중부 꾸앙남(Quang Nam) 성의 퐁니, 퐁넛 마을에서 벌어진 한국군의 베트남 민간인 학살사건을 다뤘다. 베트남전쟁 기억에 관련한 학술적 연구는 윤충로(2009; 2010), 최정기(2009), 강유인화(2013) 등에 의해 수행되었다. 김성란(2011)은 한국군에 의한 베트남 민간인 학살 사실을 한국인들이 받아들이지 못하는 이유를 미디어 분석으로 탐구했고, 김미란(2010a; 2010b)은 베트남전쟁의 남성성 표상과 미디어를 통한 베트남 참전담론에 관해 연구했다. 더불어 권혁태(2012)와 남기정(2012)은 일본에서의 반전운동에 관하여 연구했다.

한편, 박진임(2003; 2004; 2008b; 2012)은 현대 미국과 한국 소설을 통하여 베트남전의 의미와 참전 한국군의 위상을 논했다. 한국 문학을 통한 베트남전쟁의 형상화와 관련한 연구들이 수행되었는데, 송승철(1993), 고영직(2000), 고명철(2003), 장두영(2008), 장윤미(2009), 이한우(2010d; Lee 2005), 방재석(2011), 류보선(2014) 등이 한국 현대 소설을 통하여 베트남전쟁의 의미를 분석했으며, 윤영천(2007; 2008)은 한국 현대시에 베트남전쟁이 어떻게 형상되었는가를 분석했다. 더불어 베트남전쟁이 영화에 어떻게 표상되었나에 대한 연구 결과는 강성률(2008), 박진임(2002; 2008a; 2013), 백태현(2013) 등이 냈다. 이외에, 베트남전쟁 전적지 관광과 관련한 연구는 최호림(2009; 2010d)이 수행했다. 최호림(2015c)이 난민 일반에 대해 연구했고, 노영순(2013; 2014b; 2014c)은 한국과 관련된 베트남 난민 문제에 대한 연구 결과를 냈다.

2) 통일과 사회 통합

베트남의 통일과 통일 이후 사회 통합 문제는 한국인 연구자들의 관심을 끈 연구 주제였기에, 이와 관련한 학술 연구와 함께 정책 연구도 다수 산출되었다. 일찍이 경남대 극동문제연구소를 중심으로 관심연구자들인 박종철(1986; 1994; 1996), 이수훈(1989), 함택영(1989) 등이 관련 연구 결과를 냈다. 이후 김도태(1994)가 베트남 통합과정에 대한 종합적 연구를 냈고, 전경수(1995)가 독일과 베트남 통합과정에 대한 저서를 출판했다. 이후, 손정식(1995), 이은호(1997a; 1997b), 조재현(2002), 노영순(2007), 이한우(2007a; 2009) 등이 관련 연구 결과를 냈다.

5. 현대 정치, 경제, 사회

1) 경제개혁과 경영

베트남이 1986년말 제6차 공산당대회에서 '도이머이(Doi Moi, 쇄신)'를 선포하고 전면적 개혁정책을 수행함에 따라, 한국과 베트남은 협력관계를 확대하는 과정에서 경제부문에 가장 많은 관심을 가졌다. 이에 부응하여 관심연구자들이 먼저 베트남의 경제개혁 정책 및 과정을 이해하기 위한 기초연구를 시작했다. 초기에 안승욱(1986; 1989; 1997)이 경제개혁 관련 연구논문을 출간했다. 구성열(1992; 1993; 1995; 2002)이 경제개혁 관련 편저 세 권을 출판하면서 초기 베트남경제 연구에 기여했고 이후에도 관련 연구(2001; 2006)를 출간했다. 더불어, 손정식(1997; 1998; 2000; 2005; 2006)이 베트남의 금융, 국영기업 등에 관한 연구논문을 학술지에 게재하면서 구성열(1995; 2002)과 함께 편저 출판에 참여했다. 오인식(1997a; 1997b; 2002; 2005; 2006)도 경제개혁, 무역 및 투자 관련 연구논문을 출간했다. 이외에도 관심연구자인 경제학자 여러 명이 한두 편의 베트남 관련 논문을 출간했다. 이후 권율(1999; 2000; 2001; 2002)이 1999년 베트남 경제개혁을 주제로 박사학위를 받은 이후 국영기업개혁, 미국-베트남 간 무역협정, 대 베트남 원조 등 문제를 연구하여 많은 성과를 냈다. 더불어 정치경제학적 시각에서 경제개혁 문제를 연구한 이한우(2011a; 2013; 2016a)가 경제개혁과정을 포괄적으로 연구한 저서 『베트남 경제개혁의 정치경제』를 출판했고 국영기업 개혁과정에서 정부-기업 관계를 연구했으며, 베트남의 개혁과정 30년을 검토하여 개혁 모델을 분석했다. 이강우(2003a; 2003b; 2004)도 경제사적 시각에서 국영기업 개혁에 관한 연구 결과를 산출했다. 최근에는 안경환(2000; 신군재·안경환 2008), 오인식(2005) 등의 연구처럼 베트남에 투자한 한국 기업의 경영상 문제에 관한 관심연구자들의 연구가 증가하는 추세다. 또한 나희량(2008; 2011)의 연구처럼 베트남 경제의 달러화, 철강산업 분석 등 각론적 연구도 수행되고 있다.

2) 베트남 국내 정치 및 대외관계

베트남의 정치체제 및 정치 변동에 대한 연구는 초기에 이계희(1986), 박종철(1989), 김국진(1992) 등 관심연구자들과 이은호(1990a; 1998), 조재현(1991) 등에 의해 수행되었다. 이후 연구는 베트남 주전공자들에 의해 수행되고 있는바, 이한우(2001b; 2007b; 2011b)가 공산당대회 결과를 분석하는 연구를 지속적으로 하고 있으며, 베트남 국회(2006a; 2008), 베트남의 국가-사회 관계(2010a)를 연구했다. 정연식도 베트남을 코포라티즘 체제로 분석한 연구(1999; Jeong 1997)를 낸 이래 정치체제 변화에 대한 연구 성과(2002; 2005)를 냈다. 더불어, 노영순(2004b)이 공산당-국가와 대중의 관계를 연구했고, 이한우(2001a; 2002b; 2012; 2016b)가 개혁과정에서의 농민정치 및 사회주의 이념 변화, 체제정당화 문제를 다뤘다. 베트남의 시민사회에 대한 연구는 전상인(1994), 박종철(1997), 정연식(1999), 최호림(2008) 등에 의해 산출되었다. 베트남 법에 관하여는 권오승·김대인·이상현(2013)이 『베트남의 체제전환과 법』을 출판했다.

베트남의 대외관계에 관한 연구도 초기에는 관심연구자들을 중심으로 시작되었는데, 경남대 극동문제연구소 주관하에 수행된 연구 결과가 『한국과 국제정치』에 게재되었다(강태훈 1986; 김국진 1986; 김기태 1986; 양승윤 1986; 정천구 1986; 황병무 1986). 이후 이한우(2003), 황귀연(2003)이 베트남-중국 관계를 다뤘고, 김기태(2000; 2003), 조재현(Cho 1994), 황귀연(2005), 윤충로(2013), 이한우·부이테끄엉(2015) 등이 한국-베트남 관계를 연구했다. 북한-베트남 관계 연구는 윤대영(2013), 도미엔(2014) 등이 수행했다. 김국진(1986), 홍규덕(1991; 1993; 1997), 권경희(1996), 이강우(2007) 등은 베트남-미국 간 관계정상화과정 및 양국 관계를 연구했다.

3) 개혁과 사회 변화

연구자들은 베트남이 개혁정책을 집행하는 과정에서 변화하는 농촌과 도시에 관하여 연구했다. 전경수(1993)는 베트남이 개혁에 착수한 직후 베트남 농촌의 현지조사에서 겪은 일들을 『베트남일기』로 엮어 내 베트남 사회를 이해하는 데 크게 기여했다. 이후, 전경수·한도현(1996), 한도현(1998; 2000; 2005), 김호섭 외(1999) 등이 베트남 사회의 변화를 주제로 연구 결과를 냈다. 최호림(2003a; 2003b; 2003c; 2004; 2005; 2007)은 개혁정책 집행 이래 베트남 사회에서 민간의례의 변화에 대한 연구 결과를 여러 편 출간하며 베트남에서 개혁정책 채택 이래 민간의례가 활성화되는 과정에서 국가와 사회 간의 상호작용을 연구했다. 백용훈(2015; 2016a; 2016b)은 베트남의 사회자본, 사회복지 등에 대해 연구 결과를 냈으며, 이준원(2012; 2013; 2014; 2015)은 수산물 거래와 관련한 경제관계에 대해 연구했다.

채수홍(2003a; 2009)은 개혁과정에서의 노동자 문제에 관심을 갖고 노동쟁의가 발생하는 공장 내 노동정치에 관하여 연구했다. 채수홍이 공장 내 정치라는 미시적 접근을 했다면, 이한우(2010c)는 코포라티즘 노동체계 속에서 노동자들의 이익을 대변하지 못하는 노동조합의 문제를 지적했다. 베트남 내 한국 투자 기업에서의 노사문제에 대한 연구(고려대학교 노동문제연구소 1999)도 수행되었다. 이외에도 채수홍(2007)과 최호림(2010a; チェ・ホリム 2010)이 동아시아 국가로 이주한 베트남 이주노동자 문제를 연구했고, 하순(2003; 2007; 2011)이 미국 내 베트남 이주자들에 관해 연구했다.

베트남 내 소수종족에 대하여 최호림(2012)과 정연식(Jeong 2012)이 연구했고, 화교에 대하여는 최병욱(Choi 2004b), 김현재(2010; 2012)가 연구했다. 이슬람에 관해서는 김종욱(1999)과 안경환·송경근(2009)이 연구했고, 까오다이교에 대하여는 노영순(2014a)이 연구했으며, 베트남의 민간신앙에 관하여는 김종욱(1998), 송정남(2002b; 2003) 등이 연구 결과를 냈다.

현대 베트남 사회에 만연한 부패문제에 관하여는 김호섭(1997), 김현재(2008; 2016), 이강우(2008)가 연구 결과를 냈다. 한편, 1990년대 말부터 한국 대중문화가 베트남에 유행하는 현상이 생겼는데, 이한우(2002a; 2013)와 김성란(2008) 등이 베트남 내 한류에 대해 분석했다. 양국민의 상대국에 대한 인식에 대하여는 김성란(2010)이 미디어 분석, 육상효(2010)가 한국 영화와 TV 드라마, 이한우(2010d)가 한국 현대 소설, 최호림(2010c)이 설문조사를 통해 분석했다.

4) 결혼이주

베트남인 여성의 한국으로의 결혼이주는 2000년대 초부터 본격적으로 시작되어 2000년대 중반에 급속히 증가했으며, 이에 따라 관련된 학술연구와 정책연구가 급증했다.[18] 베트남인 결혼이주여성에 관한 연구는 너무 많아 여기에 다 제시할 수 없으므로 초기에 많이 읽힌 논문 몇 편을 소개하고자 한다. 베트남 주전공자로서는 김현재(2007)가 베트남 여성들의 한국으로의 결혼이주 상황과 그 원인을 분석한 연구를 냈다. 결혼이주 관련 연구를 수행한 국내 연구자들은 대부분 결혼중개과정과 결혼이주자들의 한국 사회 적응문제에 많은 관심을 보였는데, 김민정

18 2011년 한국인 남성들의 국제결혼대상자 중 베트남인 여성이 7,636명(34.3%)으로 가장 많았다(통계청 2012: 11). 2011년 기준 한국인의 외국인 배우자 수에서도 베트남인은 37,516명으로 일반 중국인(34,989명), 한국계 중국인(29,184명)보다 많은 수였다(법무부 2012: 580).

외(2006), 김현미(2006) 등이 결혼과정과 한국 사회의 차별에 대해 비판적으로 분석했다. 근래에 최호림(2015a; 2015b)이 결혼이주가 출신 지역 마을에 미친 영향, 결혼이주 후 귀환하는 여성들 문제에 대하여 연구 결과를 내기도 했다.

VI. 맺음말

현대 한국에서 베트남 연구는 1960년대 중반 베트남 파병으로 인한 정치적 관심으로부터 시작되었다. 앞서 살펴본 바와 같이 정치적 고려로 한국 내에서 베트남에 대한 명칭이 베트남, 월남, 월맹 등으로 혼란스럽게 쓰였던 것처럼 한국 내 베트남에 대한 관심은 주로 정치적인 것이었다. 그러나 한국 내 베트남 관련 최초의 박사학위는 1969-1972년간에 의학 분야로부터 나왔다. 1975년 베트남이 통일된 후 베트남에 대한 관심이 희소하게 된 것은 자연스런 일일 것이다. 그러다가 베트남에 대한 학술적 연구는 1970년대 말, 1980년대 초에 이르러서야 다시 시작되었다. 이후 1986년 말 베트남의 '도이머이' 개혁정책의 채택과 1992년 한국-베트남 간 관계정상화와 함께 한국에서 베트남에 대한 관심은 급격히 증가했고, 양국 간 경제협력을 확대해 가는 과정에서 실용적 연구에 대한 요구가 늘기 시작했다. 동시에 한국인 연구자들은 베트남의 통일과 통일 후 사회 통합에 대한 경험으로부터 한반도에 적용할 수 있는 시사점을 찾으려고 했다.

이러한 베트남에 대한 관심의 증대는 베트남 연구 '붐'을 일으켜 1990년대 후반과 2000년대 전반 10년 동안 '도이머이 세대'라고 일컬을 수 있는 베트남 전공자들을 다수 배출해 냈다. 이들이 현재 베트남 연구의 제2세대로서 한국 내 베트남 연구의 중추를 이루고 있다. 동시에 양국 간 경제협력의 심화와 인적 교류의 확대는 베트남 사회의 이해를 증진시키기 위한 실용적 연구를 수행하도록 요구하고 있다. 이에 따라 베트남 주전공자들뿐만 아니라 관심연구자들의 연구가 사회 및 경제·경영 분야에서 대폭 증가하는 현상을 나타냈다. 한국의 베트남 연구도 사회상황과 밀접히 관련되어 있음을 알 수 있다. 동시에 한국 내 대학원에 유학한 베트남인 학생들에 의한 연구도 적지 않게 생산되고 있다.

그간의 연구 성과들을 보면, 정치학, 역사학, 인류학 분야의 베트남 주전공자들이 지속적으로 연구 성과를 발표하는 가운데, 관심연구자들이 경제 및 사회 분야에서 다수의 논문을 출간해 왔다. 한편으로는 한국사, 한국 고전문학 및 현대문학 전공자들이 베트남과의 비교 연구를 수행하여 적지 않은 연구 성과를 내기도 했다. 이는 학술 연구를 수행하면서 사회의 요구에 부응하는 실용적 연구가 병행되고 있음을 말해 주는 것이다.

이러한 양적 성장에도 불구하고 한국 내 베트남에 대한 연구의 깊이와 일반인들의 인식상 아직 부족한 점이 있다고 평가된다. 한국 내 베트남 연구의 역사가 짧아 연구자들의 노력에도 불구하고 아직 미흡한 점이 있는 듯하다. 지금은 베트남 연구의 양적 성장을 바탕으로 질적 성장으로 전환하여야 할 때다. 더불어 일부 연구자들이 이미 세계 학계와 호흡하며 연구를 진행하고 있는바, 향후 과제는 이를 더 확대하고 심화해 나가야 하는 것이다.

참고문헌

강성률. 2008. "남한 영화를 통해 본 베트남전쟁의 기억: 반공영화 〈월남전선 이상없다〉에서 동지적 유대감의 〈님은 먼 곳에〉까지." 『역사비평』 84: 404-425.

강유인화. 2013. "한국 사회의 베트남전쟁 기억과 참전군인의 기억투쟁." 『사회와 역사』 97: 105-135.

강은해. 2011. "한국 귀화 베트남 왕자의 역사와 전설: 고려 옹진현의 이용상 왕자." 『동북아문화연구』 26: 223-240.

강정구. 1996. "베트남의 분단과 미국의 역할." 『동남아시아연구』 4: 113-141.

______. 1997. "베트남전쟁과 한국전쟁의 비교연구." 『사회과학연구』 4: 79-114. 동국대 사회과학연구원.

강태훈. 1986. "베트남과 일본의 관계." 『한국과 국제정치』 2(2): 219-239.

고경태. 2015. 『1968년 2월 12일-베트남 퐁니 · 퐁넛 학살 그리고 세계』. 서울: 한겨레출판.

고려대학교 노동문제연구소 편. 1999. 『현지화 경영과 노사문제: 베트남 내 한국계 기업』. 서울: 미래인력연구센터.

고명철. 2003. "베트남전쟁 소설의 형상화에 대한 문제." 『현대소설연구』 19: 291-312.

고영직. 2000. "한국문학과 베트남 전쟁." 『내일을 여는 작가』 19: 196-211.

구성열. 1992. "베트남의 경제구조와 경제정책." 김달중 편. 『베트남, 캄보디아, 라오스: 정치·경제·사회·문화구조와 정책』. 서울: 법문사.

______ 편. 1993. 『베트남의 경제개혁과 전망』. 서울: 연세대학교 동서문제연구원.

______ 편. 1995. 『베트남의 남북경제통합과 한반도 경제통합에 대한 시사』. 서울: 연세대학교 동서문제연구원.

______. 2001. "베트남 노동시장의 개혁: 과제와 방향." 『동남아시아연구』 11(1): 193-217.

______ 편. 2002. 『베트남의 법제도와 시장개혁』. 서울: 연세대학교 동서문제연구원.

______. 2006. "한국-베트남 무역 및 인적자원교류: 추이와 전망." 『동남아시아연구』 16(1): 1-34.

구수정. 1999. "'떤장' 마을 가는 길: 베트남에서 온 편지." 『당대비평』 9: 173-188.

국제문제연구소. 1965. 『베트남: 그 역사적 배경과 현실』. 서울: 국제문제연구소.

______. 1966.『월남전과 한국의 안전보장』. 서울: 국제문제연구소.

권경희. 1996. "베트남-미국 관계정상화 과정에 관한 연구(1975-1995)."『국제정치논총』 36(1): 247-265.

권오승 · 김대인 · 이상현. 2013.『베트남의 체제전환과 법』. 서울: 서울대학교출판문화원.

권율. 1999. "베트남의 경제개혁과 구조전환에 관한 고찰."『동남아시아연구』 8(1): 7-45.

______. 2000. "베트남 국영기업의 개혁 과정에 관한 연구."『베트남연구』 1: 69-123.

______. 2001. "미·베트남 무역협정의 경제적 효과."『베트남연구』 2: 27-60.

______. 2002. "우리나라의 對베트남 원조전략과 정책과제."『베트남연구』 3: 61-93.

권헌익. 유강은 역. 2012.『학살, 그 이후: 1968년 베트남전 희생자들에 대한 추모의 인류학』. 서울: 아카이브 휴머니스트.

권헌익. 홍석준·박충환·이창호 역. 2016.『베트남전쟁의 유령들』. 서울: 산지니.

권혁태. 2012. "'국경' 안에서 '탈/국경'을 상상하는 법: 일본의 베트남 반전운동과 탈영병사."『동방학지』 157: 113-166.

김국진. 1986. "베트남과 미국의 관계."『한국과 국제정치』 2(2): 191-217.

______. 1992. "베트남의 역사적 형성과 정치구조." 김달중 편.『베트남, 캄보디아, 라오스: 정치·경제·사회·문화구조와 정책』. 서울: 법문사.

김기조. 1966. "월남전의 법적 성격: 미국 참전의 법리를 중심으로." 서울대학교 석사학위논문.

김기태. 1986. "외교사적으로 본 베트남과 태국과의 분쟁: 베트남공산화 전후시기를 중심으로."『한국과 국제정치』 2(2): 155-189.

______. 1999. "한·월 교류 관계 속에서의 1945년 전후의 베트남 거주 한국인."『아시아지역연구』(부산외국어대 아시아지역연구소) 2: 2-10.

______. 2000. "한국 민간단체들의 베트남 관련 활동 고찰."『베트남연구』 1: 9-41.

______. 2001. "한국인의 베트남 문학연구 고찰."『베트남연구』 2: 7-26.

______. 2002.『전환기의 베트남』. 서울: 조명문화사.

______. 2003. "한국 · 베트남 수교 이후 양국의 교육문화 협력 실적."『베트남연구』 4: 1-20.

김도태. 1994. "베트남 편." 김국신 · 김도태 · 여인곤 · 황병덕.『분단극복의 경험과 한반도 통일 2』. 서울: 한울.

김미란. 2010a. "베트남 참전담론과 미디어: '탈식민 민족주의'적 관점과 '자국중심적 참전론', 그 변화과정에서의 미디어의 대중동원 전략."『역사와 문화』 19: 105-137.

______. 2010b. "베트남전 재현 양상을 통해 본 한국 남성성의 (재)구성: '아오자이'와

'베트콩', 그리고 '기적을 낳는 맹호부대'의 표상 분석." 『역사문화연구』 36: 193-228.

김민정 · 유명기 · 이혜경 · 정기선. 2006. "국제결혼 이주여성의 딜레마와 선택: 베트남과 필리핀 아내의 사례를 중심으로." 『한국문화인류학』 39(1): 159-176.

김봉중. 2000. "냉전, 베트남, 그리고 역사적 기억: 로버트 맥나마라와 미국의 베트남 전쟁 개입." 『미국사연구』 12: 161-187.

______. 2010. "닉슨의 베트남 정책과 닉슨독트린." 『미국사연구』 31, 169-198.

김성란. 2008. "베트남에서의 '한류'에 대한 표상적 분석: 여성 표상을 중심으로." 『인문콘텐츠』 12: 61-79.

______. 2010. "다른 문화를 '안다'는 것: 미디어에 나타난 베트남 분석을 통해." 『미디어, 젠더 & 문화』 15: 5-36.

______. 2011. "타인의 고통을 바라보는 시선: 베트남전 참전군인에 대한 인식을 중심으로." 『민주주의와 인권』 11(1): 217-252.

김성범. 2012. "베트남의 유학과 연구경향." 『오늘의 동양사상』 23: 12-30.

______. 2013a. "19세기 말 20세기 초 한국과 베트남의 민족 사상 경향과 사회적 책임." 『유학연구』(충남대학교 유학연구소) 28: 165-196.

______. 2013b. "베트남 유학의 사상사적 특징." 『유학연구』(충남대학교 유학연구소) 29: 449-482.

김영건. 1937. "안남 하노이 통신." 『한글』 5(4): 464-465.

김용태. 2010. "한국한문학 자료에 나타난 베트남 인식의 몇 가지 갈래." 『한국한문학연구』 45: 271-301.

김인규. 2011a. "동남아시아 도자기에 보이는 중국도자기의 영향: 베트남, 타이를 중심으로." 『한국도자학연구』 7(2): 7-20.

______. 2011b. "베트남 중부지역 출토 무역도자기: 9 · 10세기 중국과 서아시아도자기를 중심으로." 『한국도자학연구』 8(1): 24-41.

김정배. 2010. "베트남전쟁과 사회주의진영, 그리고 냉전체제." 『역사와 경계』 76: 315-347.

______. 2011. "베트남전쟁과 미국, 그리고 냉전체제." 『역사와 경계』 80: 249-285.

김종욱. 1998. "베트남 민간신앙 체계에 관한 고찰." 『동남아연구』 7: 43-66.

______. 1999. "인도차이나의 이슬람세계: 베트남 사례." 『동남아연구』 8: 57-74.

______. 2002. "프랑스 식민지배하 베트남 북부 농촌의 부경(附耕) 제도." 『베트남연구』 3: 147-174.

______. 2003. "프랑스 식민지배 하의 북베트남 촌락 행정 개혁: 하동떤(省) 메찌싸(社) 사례." 『동남아시아연구』 13(1): 199-237.

______. 2004. "프랑스 식민지배하의 베트남 근대성: 민주 개념의 형성을 중심으로."

『동남아시아연구』 14(1): 247-283.
______. 2005. "20세기 초 베트남의 언론 출판 운동." 『베트남연구』 6: 29-51.
______. 2007. "베트남의 식민지 근대사 연구동향." 『베트남연구』 8: 23-48.
______. 2009. "프랑스 식민지배기 북베트남 향촌사회에서 여성의 토지 소유: 하동(Ha Dong)성 메찌(Me Tri)사 사례." 『동남아연구』 18(2): 1-29.
______. 2010. "20세기 전반 베트남 농촌여성의 경제 활동과 지위: 내상(內相)에서 난인(難人)으로." 『동남아연구』 19(2): 3-28.
______. 2011a. "19세기말 베트남 근왕(勤王)운동의 실패 원인에 관한 재고찰." 『동남아연구』 21(2): 137-179.
______. 2011b. "프랑스 식민정부의 교육개혁과 북베트남 향촌사회의 대응: 하동(Ha Dong)성 메찌(Me Tri)사 사례." 『동남아연구』 20(2): 63-90.
김준태. 1970. 『참깨를 털면서』. 서울: 창작과비평사.
김현미. 2006. "국제결혼의 전 지구적 젠더 정치학: 한국 남성과 베트남 여성의 사례를 중심으로." 『경제와 사회』 70: 10-37.
김현아. 2002. 『전쟁의 기억 기억의 전쟁』. 서울: 책갈피.
______. 2004. 『전쟁과 여성』. 서울: 여름언덕.
김현재. 2007. "베트남 여성의 한국으로의 결혼이민: 그 배경과 원인에 대한 고찰." 『동아연구』 52: 219-254.
______. 2008. "베트남의 부패, 그 특징과 원인에 대한 고찰." 『한국부패학회보』 13(2): 1-33.
______. 2010. "베트남 화인(華人) 사회의 형성 과정, 그 역할과 특징에 대한 고찰. 『인문논총』(경남대 인문과학연구소) 25: 193-235.
______. 2011. "베트남 전통혼인과 그 특징에 대한 고찰: 내재된 전통 관념을 중심으로." 『동남아연구』 21(1): 85-114.
______. 2012. "17-19세기 초 화인의 베트남 남부로 이주와 사이공의 형성." 『동남아연구』 22(1): 101-126.
______. 2014. "베트남 전통 상례와 그 특징에 대한 고찰: 내재된 전통 관념을 중심으로." 『동양문화연구』(영산대학교 동양문화연구원) 17: 5-37.
______. 2016. "베트남 관료부패의 실태와 원인." 『한국부패학회보』 21(1): 5-37.
김호섭. 1997. "베트남의 사회주의 개혁(Doi Moi)과 관료부패." 『한국정치학회보』 30(4): 383-400.
김호섭 · 공유식 · 한도현 · 신치용. 1999. "아시아 농촌사회의 구조와 변화: 베트남의 시장 지향적 개혁과 소득 분배의 변화: 홍하 델타 지역을 중심으로." 『농촌사회』 9: 67-94.
나희량. 2008. "베트남 철강산업의 변화 및 전망: 경제개방에 따른 영향을 중심으로."

『동남아시아연구』 18(1): 151-180.

______. 2011. "양대 경제위기와 달러화 현상: 캄보디아, 라오스, 베트남 사례 연구." 『동남아시아연구』 21(2): 125-153.

______. 2012. "한국의 동남아 지역연구와 경제학: 학술지 분석 및 방향성 모색을 중심으로." 『동남아시아연구』 22(2): 43-93.

남기정. 2012. "베트남 '반전탈주' 미군병사와 일본의 시민운동: 생활세계의 전쟁과 평화." 『일본학연구』 36: 73-96.

내외문제연구소. 1961. 『월맹의 공산주의』. 서울: 내외문제연구소.

노대환. 2010. "19세기 조선 외교 정책의 변화: 베트남 응우옌 왕조와의 비교." 『조선시대사학보』 53: 141-178.

______. 2011. "18세기 후반-19세기 조선 지식인의 베트남 인식." 『조선시대사학보』 58: 139-169.

노영순. 2001. "1928년 사이공 바르비에 거리 5 번지 살인사건과 베트남청년혁명동지회 남부지부." 『동남아시아연구』 11(1): 241-268.

______. 2002. "베트남에서 한자의 쇠락: 프랑스 식민주의와 베트남 민족주의 사이에서." 『아세아연구』 45(4): 137-164.

______. 2003. "일본점령기에 대한 베트남의 역사인식과 평가: 역사교과서를 중심으로." 『동아연구』 45: 102-135.

______. 2004a. "러일전쟁과 베트남 민족주의자들의 유신운동: 동유운동과 동경의숙을 중심으로." 『역사교육』 90: 127-154.

______. 2004b. "베트남의 당-국가와 대중의 관계: 대중조직의 변화와 시민단체의 등장이라는 관점에서." 『사총』 59: 125-163.

______. 2004c. "초기 베트남 공산주의운동의 국외 네트워크와 재외활동가, 1928-1934." 『동양사학연구』 88: 263-302.

______. 2006a. "2004-2005년 한국 동남아시아 역사학자들이 본 동남아시아 역사의 단면들." 『역사학보』 191: 419-432.

______. 2006b. "인민전선기 베트남 공산주의자들의 합법투쟁." 『사총』 63: 89-123.

______. 2006c. "프랑스-일본 제국의 협력과 베트남 친일 협력집단." 『아세아연구』 49(4): 154-183.

______. 2007. "분단 전기(1954-1963년) 베트남 통일문제." 『아세아연구』 50(3): 7-38.

______. 2011a. "망국민의 恨辭, 「桑海淚談」의 의미와 그 시공간적 맥락 연구: 요코하마와 칸톤에서의 베트남인 해외혁명활동(1906-1915)을 중심으로." 『전북사학』 39: 391-417.

______. 2011b. "식민시기 사이공/코친차이나에서의 귀화법과 베트남인 프랑스시민권자." 『역사와 경계』 78: 137-171.

______. 2011c. "식민해항도시 사이공의 형성: 19세기말-20세기 초 사이공 도시와 항구." 『해양도시문화교섭학』 4: 103-138.
______. 2012a. "남중국해 해항도시의 「일본신질서」 해역으로의 편입과 그 함의: 하이난과 베트남을 중심으로." 『국제해양문제연구』 7: 95-124.
______. 2012b. "베트남 뜨득 황제 전반기의 관료군주제 고찰: 군주와 고위관료가 내우외환, 개혁, 실지회복에 대처하는 방법론을 중심으로." 『사총』 76: 287-321.
______. 2012c. "황제에서 보호국 군주로의 이행: 1867-1885 베트남에서의 격변." 『동북아문화연구』 31: 563-580.
______. 2013. "바다의 디아스포라, 보트피플: 한국에 들어온 2차 베트남 난민(1977-1993) 연구." 『디아스포라연구』 7(2): 75-108.
______. 2014a. "까오다이교의 혼종성과 사회문화적 맥락." 『역사와 경계』 90: 389-426.
______. 2014b. "부산입항 1975년 베트남난민과 한국사회." 『사총』 81: 329-364.
______. 2014c. "한국문학의 베트남 선상난민 형상화와 존재양태." 『해항도시문화교섭학』 10: 181-211.
농림부. 1960. 『월남의 농업협동조합』. 서울: 농림부.
도미엔. 2014. "1975년 베트남전 종전과 북한정부의 대응: 베트남자료를 중심으로." 『이화사학연구』 48: 93-133.
동남아연구실(東南亞硏究室) 편. 1974. 『東南亞細亞論』. 서울: 고려대학교 아세아문제연구소.
류보선. 2014. "베트남(인)이라는 이방(인)과 환대의 윤리." 『현대소설연구』 57: 45-84.
리영희. 1985. 『베트남전쟁: 30년 베트남전쟁의 전개와 종결』. 서울: 두레.
박노식(朴魯植). 1956. 『(表式)世界地理要解』. 서울: 明世堂.
박상석. 2010. "베트남 문학 전근대에서 근대로: 『월남망국사』의 유통과 수용." 『연민학지』 14: 81-104.
박승우. 2009. "한국의 동남아시아 지역연구: 사회과학 분야 제2세대 동남아 지역연구자에 대한 심층 분석." 『동남아시아연구』 19(1): 215-275.
박종철. 1986. "베트남의 정치적 통합: 당 · 국가기구와 대중조직을 중심으로." 『한국과 국제정치』 2(2): 3-31.
______. 1989. "베트남의 체제개혁: 정치제도와 권력구조의 변화." 『한국과 국제정치』 5(1): 25-46.
______. 1993. "베트남의 민족주의와 사회주의 혁명의 기원, 1910-1945." 『동남아시아연구』 2(1): 197-219.
______. 1994. "베트남 통일후 사회통합." 『통일문제연구』(영남대학교 통일문제연구소) 16: 81-106.
______. 1996. "통일베트남 남 · 북부의 갈등과 사회주의 개혁개방." 『역사비평』 34: 56-

66.
______. 1997. "베트남의 도이 모이 이후 사회적 갈등과 방어적 시민사회." 『사회과학』(성균관대학교 사회과학연구소) 36(1): 173-199.
박진임. 2002. "베트남에서 잃어버린 미국의 남성성과 자존심을 찾아서: 〈람보〉." 『문학과 영상』 3(2): 93-111.
______. 2003. "한국소설에 나타난 베트남 전쟁의 특성과 참전 한국군의 정체성." 『한국현대문학연구』 14: 111-139.
______. 2004. "역사적 진실과 문학적 재현: 팀 오브라이언의 『숲의 호수에서』와 황석영의 『무기의 그늘』을 중심으로." 『미국학논집』 36: 83-101.
______. 2008a. "님은 먼 곳에, 베트남전도 먼 곳에: 〈님은 먼 곳에〉의 베트남전 재현 연구." 『문학과 영상』 9(3): 615-641.
______. 2008b. "베트남 여성이 다시 쓰는 베트남 전쟁: 미국 작가들의 베트남 전쟁 소설과의 비교를 통한 르 리 헤이슬립의 『하늘과 땅이 바뀌었을 때』 연구." 『미국사연구』 28: 207-239.
______. 2012. "베트남전의 기억과 그 기억에의 저항: 바비 앤 메이슨의 『베트남에서(In Country)』 연구." 『비교문학』 57: 95-130.
______. 2013. "베트남전의 억압된 기억과 타자, 그리고 공포 영화." 『비교한국학』 21(1): 199-225.
박태균. 2006. "베트남 파병을 둘러싼 한미 협상 과정: 미국 문서를 중심으로." 『역사비평』 74: 144-189.
______. 2007. "한국군의 베트남전 참전." 『역사비평』 80: 288-311.
______. 2013. "베트남 전쟁과 베트남에 파병한 아시아 국가들의 정치적 변화." 『한국학연구』(인하대학교 한국학연구소) 29: 587-622.
______. 2015. 『베트남전쟁』. 서울: 한겨레출판.
박희병. 2000. "한국, 중국, 베트남 전기소설의 미적 특질 연구: 『금오신화』, 『전등신화』, 『전기만록』을 대상으로." 『대동문화연구』 36: 35-78.
______. 2009. "조선 후기 지식인과 베트남." 『한국문화』(서울대학교 규장각한국학연구원) 47: 159-176.
박희주. 1964. "동남아세아 정치집단의 역할: 미얀마, 인도네시아, 월남을 중심으로." 고려대학교 석사학위논문.
방재석. 2011. "베트남전쟁을 통한 의식의 변화양상 비교연구: 《무기의 그늘》과 《그대 아직 살아 있다면》을 중심으로." 『현대소설연구』 46: 395-426.
배양수. 1998. "'도이·머이' 이후 베트남 소설에서의 관념 변화." 『외대논총』 18(1): 697-713. 부산외국어대학교.
______. 2002. "문학작품을 통해 본 베트남." 『황해문화』 36: 55-69.

______. 2005. “시장경제의 비극: 베트남 단편소설을 중심으로.” 『동남아시아연구』 15(2): 113-140.

______. 2006. “혁명영화에서 상업영화로: 베트남 영화사를 중심으로.” 『동아연구』 50: 421-449.

______. 2010. “응웬비엣하의 『신의 기회』에 대한 논쟁 연구.” 『외국문학연구』 39: 123-143.

배항섭. 2010. “19세기 조선과 베트남의 토지개혁론에 대한 비교사적 검토: 토지소유를 둘러싼 제도와 관습의 차이를 중심으로.” 『역사학보』 206: 65-98.

백용훈. 2015. “사회자본과 비공식 공동체 복지: 북부 홍강델타와 남부 메콩강델타 농촌 마을의 사례.” 『동남아시아연구』 25(3): 169-218.

______. 2016a. “베트남 공동체 복지의 양상과 메커니즘: 사적소득이전과 경조사 참석 및 계모임 활동을 중심으로.” 『동서연구』 28(1): 97-141.

______. 2016b. “제도의 성과와 사회적 배태성: 베트남 북부 남러이와 남부 미호아 마을보건소 비교 연구.” 『동아연구』 70: 229-282.

백태현. 2013. “영화가 베트남 전쟁을 재현하는 방식: 〈월남에서 돌아온 김상사〉를 중심으로.” 『씨네포럼』 17: 43-71.

법무부. 2012. 『2011년도 출입국 · 외국인정책 통계연보』. 과천: 법무부 출입국 · 외국인정책본부.

서경희. 2012. “‘조완벽전’에 나타난 이방, 이방인 서사의 의미.” 『동방학』 25: 59-99.

서규석. 2013. 『잊혀진 문명 참파』. 서울: 리북.

서상규 · 임동직(徐祥圭 · 林東稷). 1961. 『旅窓』. 서울: 文學社.

성태현. 1989. “베트남의 대외경제관계와 한국 · 베트남의 경제협력방안.” 『한국과 국제정치』 5(1): 105-137.

손정식. 1995. “베트남의 사회주의 경제통합과 남북한 통일에 대한 시사.” 『경제연구』 (한양대학교 경제연구소) 16(2): 23-40.

______. 1997. “베트남의 금융개혁과 은행경영의 과제.” 『경제연구』 18(2): 35-53.

______. 1998. “베트남 경제개혁: 유인 시스템.” 『경제연구』 19(2): 73-96.

______. 2000. “베트남 금융기관의 부실채권 정리방안에 관한 연구.” 『동남아시아연구』 10(1): 1-28.

______. 2005. “베트남의 국영기업 주식회사화에 대한 연구.” 『동남아시아연구』 15(1): 205-235.

손정식 · Hoang Thi Than Nhan. 2006. “베트남 주식회사화 정책의 성공사례 연구: HAPACO.” 『경제연구』 27(2): 1-19.

송승철. 1993. “베트남전쟁 소설론: 용병의 교훈.” 『창작과 비평』 80: 77-94.

송정남. 1997. “프랑스의 베트남 植民地化 考察: 1802-1862年 응웬(Nguyen)朝의 排

外思想을 중심으로." 『釜大史學』 21: 233-256.
송정남. 1999. "베트남 남부의 영토확장과 토지제도 일고찰: 16세기 중반에서 18세기 까지를 중심으로." 『역사와 경계』 36: 49-71.
______. 2000a. 『베트남의 역사』. 부산: 부산대학교출판부.
______. 2000b. "프랑스의 베트남 식민지 개발: 1885년에서 1930년까지." 『역사와 경계』 38: 45-74.
______. 2001a. "베트남 토지개혁에 관한 연구." 『국제지역연구』 5(2): 79-100.
______. 2001b. 『베트남의 토지제도』. 부산: 부산대학교출판부.
______. 2001c. "프랑스 식민지하의 남(南)베트남 토지제도: 토지제도의 법제화를 중심으로." 『국제지역연구』 5(3): 163-186.
______. 2002a. "19세기 초 베트남 남부의 토지제도: 私田을 중심으로." 『베트남연구』 3: 129-145.
______. 2002b. "베트남 성황신제(城隍神祭)에 관한 연구: 옌 서(Yen So: 안소(安所)) 마을의 사례를 중심으로." 『국제지역연구』 6(3): 213-236.
______. 2003. "베트남 딩(dinh: 정(亭))에 관한 연구: 옌서(Yen So: 안소(安所))마을을 중심으로." 『국제지역연구』 7(3): 219-247.
______. 2004a. "월중관계에 관한 연구: 後레朝(Le: 黎) 前期의 朝貢과 冊封을 中心으로." 『고구려발해연구』 18: 711-729.
______. 2004b. "占城의 大蒙抗爭에 관한 硏究." 『베트남연구』 5: 29-45.
______. 2006. "중세(中世)베트남의 외교(外交): 대몽항쟁(對蒙抗爭)을 소재로." 『국제지역연구』 10(1): 205-228.
______. 2010. 『베트남 역사 읽기』. 서울: 한국외국어대학교출판부.
______. 2012a. "베트남 후레왕조의 영토확장." 『동남아연구』 22(1): 39-65.
______. 2012b. "전통시대 베트남과 태국의 관계: 베트남의 『大越史記全書』 등을 중심으로." 『한국태국학회논총』 18(2): 37-64.
______. 2015a. "베트남 레초(初)의 교육과 과시(科試) 일고찰." 『동남아연구』 24(3): 249-279.
______. 2015b. "베트남 북남조(北南朝)의 과시(科試) 일고찰." 『동남아연구』 25(2): 163-186.
송정남 · 이강우 · 박연관 엮음. 2011. 『한국어-베트남어사전』. 서울: 한국외국어대학교출판부.
신군재 · 안경환. 2008. "효율적인 계약체결을 위한 베트남인의 협상관행에 대한 연구." 『국제상학』 23(2): 27-46.
신세훈(申世薰). 1965. 『비에뜨·남 葉書』 서울: 토픽출판사.
심홍택(沈洪澤). 1963. 『親善郵遞夫世界一周記』. 서울: 동성문화사.

안경환. 2000. "베트남에서의 성공적 FDI를 위한 추진전략: 노무관리를 중심으로." 『베트남연구』 1: 125-146.

안경환 · 송경근. 2009. "베트남 서남부 짬 족의 이슬람." 『한국이슬람학회논총』 19(2): 1-20.

안승욱. 1986. "베트남의 사회주의 경제개발계획의 내용과 특성." 『한국과 국제정치』 2(2): 57-94.

______. 1989. "베트남의 사회주의 경제개발계획." 『한국과 국제정치』 5(1): 47-82.

______. 1997. "베트남의 개혁개방과 경제발전전략." 『한국과 국제정치』 13(2): 29-84.

양계초 편. 안명철 · 송엽휘 역. 2007. 『역주 월남망국사』. 서울: 태학사.

양승윤. 1986. "베트남의 팽창주의와 아세안." 『한국과 국제정치』 2(2): 241-272.

양정규. 1966. "미국의 대월남정책에 대하여: 월남에 대한 미국의 국가이익을 중심으로." 한양대학교 석사학위논문.

엄경흠. 2010. "芝峯 李睟光의 在明京 外國 使臣 交流에 대하여: 「安南國使臣唱和問答錄」을 중심으로." 『동양한문학연구』 30: 179-202.

여영무. 2001. "파월국군 용병론과 양민학살설에 대한 반론." 『군사』 42.

염인호. 2007. "조선의용군(조선독립동맹)과 월남독립동맹." 『한국근현대사연구』 42: 40-61.

오세철. 1992. "베트남의 전통문화의 지속과 변동: 프랑스 식민시대 이후를 중심으로." 김달중 편. 『베트남, 캄보디아, 라오스: 정치·경제·사회·문화구조와 정책』. 서울: 법문사.

오인식. 1997a. "베트남의 투자환경분석." 『비교경제연구』 5: 541-578.

______. 1997b. "체제전환국의 국유기업 개혁: 베트남을 중심으로." 『경제교육연구』 3(1): 123-148.

______. 2002. "베트남의 산업발전 전략." 『사회과학연구』(상명대학교 사회과학연구소) 15: 1-27.

______. 2005. "한국기업의 직접투자동기 및 경영애로 분석: 베트남 진출기업을 중심으로." 『비교경제연구』 12(2): 55-91.

______. 2006. "한국과 베트남간 쌍무무역의 현황과 발전방향." 『동남아시아연구』 16(1): 35-62.

완유(阮攸). 최귀묵 역. 2004. 『취교전(翠翹傳)』. 서울: 소명출판.

외무부 정무국. 1959. 『월남공화국』. 집무참고자료 각국편람. 서울: 외무부.

원용석(元容奭). 1966. 『越南戰과 韓國』. 서울: 元無任所長官室.

유인선. 1981. "월남 여조사회에서의 가족제도와 재산상속관행." 『아세아연구』 24(1): 1-12.

______. 1982. "월남 전통사회에서의 여성의 지위." 『아세아연구』 25(2): 167-181.

______. 1984. 『베트남사』. 서울: 민음사.
______. 1985. "회고와 전망: 동양사학계, 1979-1984, 東南亞·印度." 『역사학보』 108: 332-338.
______. 1991. "호지명과 베트남 공산주의, 1925-1945: 공산주의의 초기수용과정." 『아시아문화』 7: 143-171.
______. 1994. "베트남의 도이머이(刷新) 정책과 베트남사의 재해석." 『동남아시아연구』 3(1): 1-26.
______. 1996a. "베트남 역사와 중국: 정치적·문화적 관계를 중심으로." 『남방문화』 2: 74-86.
______. 1996b. "前近代 베트남사회의 兩系的 性格과 女性의 地位." 『역사학보』 150: 215-248.
______. 1997. "전근대 베트남의 중국가족제 수용과 변용: 가부장권을 중심으로." 『동남아시아연구』 5: 25-50.
______. 1999. "베트남인의 남진과 남부문화의 형성." 『동방학지』 105: 331-394.
______. 2001. "전근대 베트남人의 역사인식." 『동양사학연구』 73: 171-204.
______. 2002. 『새로 쓴 베트남의 역사』. 서울: 이산.
______. 2003. "베트남 『黎朝刑律』의 체제와 내용: 唐律의 繼受와 관련하여." 『法史學研究』 27: 321-349.
______. 2004. "판 보이 쩌우(Phan Boi Chau, 1867-1940): 방황하는 베트남 초기민족주의자." 『역사교육』 90: 181-206.
______. 2005. "베트남 여조(黎朝)의 성립과 유교이념의 확립: 불교이념으로부터 유교이념으로." 『동아연구』 48: 5-58.
______. 2009. "전근대 베트남의 對中國 認識: 조공과 대등의식의 양면성." 『동북아역사논총』 23: 389-436.
______. 2012a. 『베트남과 그 이웃 중국: 양국관계의 어제와 오늘』. 파주: 창비.
______. 2012b. "전근대 베트남의 노예신분 연구." 『역사학보』 214: 219-241.
______. 2013. "1720년대 淸과 베트남 레 왕조(黎朝)간의 雲南 邊境 영유권 논쟁." 『동양사학연구』 124: 155-178.
______. 2014. 『근세 베트남의 법과 가족』. 서울: 위더스북.
______. 2016. 『베트남: 역사와 사회의 이해』. 서울: 세창출판사.
육상효. 2010. "한국 영화와 TV 드라마에 나타난 베트남 여성상 고찰." 『동남아시아연구』 20(2): 73-99.
윤대영. 2007. "20세기 초 베트남 지식인들의 동아시아 인식: 연대의식(連帶意識)과 자민족중심주의(自民族中心主義) 분석(分析)을 중심(中心)으로." 『동아연구』 53: 293-326.

______. 2008. "한국 동남아시아 역사 연구의 제양상: '隱遁'에서 '疏通'으로." 『역사학보』 199: 371-383.

______. 2009. "김영건(金永鍵)의 베트남연구 동인(動因)과 그 성격: 1930-40년대, 그의 '전변무상(轉變無常)'한 인생 역정과 관련하여." 『동남아시아연구』 19(3): 57-100.

______. 2010a. "19세기 후반 응우옌 쯔엉 또(Nguyen Truong To)의 개혁 논의와 응우옌(Nguyen) 왕조의 대응." 『역사학보』 206: 211-243.

______. 2010b. "19세기 후반-20세기 초, 한국의 베트남 재인식 과정과 그 성격." 『동양사학연구』 112: 191-221.

______. 2010c. 『마주보는 두 역사, 인천과 하이 퐁』. 인천: 인천문화재단.

______. 2011. "19세기 후반-20세기 초 베트남의 '新書' 수용: 초기 개혁운동의 기원과 관련하여." 『동양사학연구』 117: 361-402.

______. 2012. "한국 동남아사 연구의 현황과 새로운 흐름." 『역사학보』 215: 329-348.

______. 2013. "1950년대 북한과 북베트남의 관계와 문화 교류." 『역사와 경계』 87: 187-222.

______. 2014. "식민지 베트남의 '열린' 바다." 『동양사학연구』 127: 137-180.

윤대영 · 응우옌 반 낌. 2013. 『1862-1945, 한국과 베트남의 조우』. 서울: 이매진.

윤동수(尹東洙). 1954. 『(綜合)外國歷史』. 서울: 三省社.

윤영천. 2007. "베트남전쟁과 동아시아 문학의 연대: 북베트남 · 한국 현대시를 중심으로." 『민족문학사연구』 34: 476-504.

______. 2008. "동남아시아와 한국 현대시." 『동남아시아연구』 18(1): 1-36.

윤충로. 2005. 『베트남과 한국의 반공독재국가 형성사』. 서울: 선인.

______. 2006. "파월(派越) 기술자의 베트남전쟁 경험과 생활세계의 변화: 빈넬(Vinnell)사의 사례를 중심으로." 『사회와 역사』 71: 217-250.

______. 2007a. "베트남전쟁 시기 한, 미, 월 관계에서 한국의 '정체성 만들기': 식민지적 무의식과 식민주의를 향한 열망 사이에서." 『담론 201』 9(4): 171-203.

______. 2007b. "베트남전쟁 참전군인의 집합적 정체성 형성과 지배 이데올로기의 재생산." 『경제와 사회』 76: 196-221.

______. 2008. "베트남전쟁 시기 '월남재벌'의 형성과 파월(派越)기술자의 저항: 한진그룹의 사례를 중심으로." 『사회와 역사』 79: 93-128.

______. 2009. "구술을 통해 본 베트남전쟁." 『사회과학연구』(서강대학교 사회과학연구소) 17(1): 228-263.

______. 2010. "한국의 베트남전쟁 기념과 기억의 정치." 『사회와 역사』 86: 149-180.

______. 2012. "베트남전쟁 시기 한국의 전쟁 동원과 일상." 『사회와 역사』 95: 281-314.

______. 2013. “20세기 한국의 대 베트남 관계와 인식.” 『사회와 역사』 97(3): 251-285.
______. 2014. “베트남전쟁 참전자의 삶의 맥락과 생애사적 시간.” 『현대문학의 연구』 54: 109-148.
______. 2015a. 『베트남전쟁의 한국 사회사』. 서울: 푸른역사.
______. 2015b. “한국의 베트남전쟁 기억의 변화와 재구성.” 『사회와 역사』 105: 7-40.
응웬 주. 안경환 역. 2004. 『쭈엔 끼에우』. 부산: 문화저널.
이강우. 2003a. “도이머이시대의 베트남국영기업 개혁과정.” 『베트남연구』 4: 105-129.
______. 2003b. “베트남국영기업 관리체계 개혁에 관한 연구.” 『동남아연구』 12: 1-16.
______. 2004. “베트남국영기업의 주식회사 전환 정책에 관한 연구: 공산당과 정부 문건을 중심으로.” 『베트남연구』 5: 47-68.
______. 2007. “베트남-미국 관계의 고찰.” 『베트남연구』 8: 49-64.
______. 2008. “도이머이시대 베트남의 부패와 반부패.” 『동남아연구』 17(2): 123-138.
이계희. 1986. “베트남 정치리더쉽의 변화.” 『한국과 국제정치』 2(2): 33-56.
이기종. 1992. “한국군 베트남 참전의 결정요인과 대외관계의 변화.” 『국제정치논총』 31: 61-92.
이대진. 1972. “월남 일부지역에 있어서의 장관내 세균감염에 대한 역학적 고찰.” 고려대학교 박사학위논문.
이범준. 1986. “베트남 공산주의 운동의 기원과 전개.” 『동아연구』 9: 303-345.
______. 1991. 『동남아공산권연구: 베트남 · 캄푸치아 · 라오스』. 서울: 박영사.
이삼성. 1998. “미국의 세기와 베트남을 어떻게 기억할 것인가.” 『20세기의 문명과 야만』. 서울: 한길사.
이상욱. 2010. “베트남과 한국의 전근대 과거제(科擧制) 비교 연구 시론.” 『연민학지』 14: 105-130.
이선호. 2001. “베트남전쟁의 재음미와 참전 한국군.” 『한국동북아논총』 20, 181-209.
이수훈. 1989. “베트남의 사회문화적 통합노력에 관한 연구.” 『한국과 국제정치』 5(1): 83-104.
이승헌(李承憲). 1968. 『南베트남民族解放戰線硏究』. 서울: 고려대학교 아세아문제연구소.
이영택. 1960. 『다른나라 지리』. 서울: 동아출판사.
이영희. 1972-73. “베트남전쟁(I).” 『창작과 비평』, 1972년 여름호; “베트남전쟁(II).” 『창작과 비평』. 1973년 여름호.
______. 1985. 『베트남전쟁』. 서울: 두레.
이은호. 1990a. “베트남의 변화: 철군과 개혁.” 『국제문화연구』(청주대학교 국제문제연구원) 7(2): 37-51.
______. 1990b. “중국-소련-베트남의 삼각관계: 생존을 위한 선택.” 『국제문화연구』

7(1): 11-25.
______. 1997a. "베트남의 정치적 통합과 체제개혁." 『국제문화연구』 14: 1-17.
______. 1997b. "베트남의 통합과정과 베트남 인민군." 『국제문화연구』 15: 103-123.
______. 1998. "베트남 경제개혁의 정치과정." 『국제문화연구』 16: 3-17.
이준원. 2012. "벋(bot): 한 베트남 해안 도시의 상생의 경제." 『한국문화인류학』 45(2): 77-108.
______. 2013. "어획물 판매과정에서 나타나는 어민과 중간상인의 경제적 관계의 특징과 그 의미: 베트남 섬선시(Thi xa Sam son)의 사례를 중심으로." 『도서문화』 41: 193-221.
______. 2014. "환경 위기의 사회적 구성과 갈등: 베트남의 흰다리새우 양식을 중심으로." 『도서문화』 43: 211-245.
______. 2015. "시장경제의 불확실성과 양식업자의 대응 전략: 베트남 까 짜 양식업을 중심으로." 『도서문화』 46: 219-254.
이한우. 2001a. "'도이 머이'정책 하 베트남 북부 농촌에서 생산조직과 통치구조의 변화: 박닌(Bac Ninh)성 꿰보(Que Vo)현의 사례를 중심으로." 『동남아시아연구』 11(1): 219-239.
______. 2001b. "베트남의 체제 변화와 21세기 발전 방향: 제9차 당대회 결과 분석." 『국제지역연구』 5(4): 123-145.
______. 2002a. "베트남에서의 '한류', 그 형성과정과 사회경제적 효과." 『동아연구』 42: 93-113.
______. 2002b. "통일 이후 베트남의 토지제도 전환과정에서 남부 농민의 영향력: 메콩델타 농민들의 저항행위를 중심으로." 『동남아시아연구』 12(2): 63-95.
______. 2003. "베트남-중국 관계의 역사적 전개와 현재: 협력과 갈등의 이중주." 『동아연구』 44: 131-163.
______. 2006a. "베트남의 선거제도와 국회 구성의 변화." 『동남아시아연구』 16(1): 63-91.
______. 2006b. "한국이 보는 베트남전쟁: 쟁점과 논의." 『동아연구』 51: 105-147.
______. 2007a. "베트남 통일 후 사회통합과정의 문제: 남부의 사회주의적 개조에 대한 주민의 대응과 그 변용." 『아세아연구』 50(3): 39-63.
______. 2007b. "베트남에서 개혁의 확대와 정치적 일원주의의 완화: 제10차 당대회 결과 분석." 『신아세아』 14(1): 84-108.
______. 2008. "베트남의 사회주의 개혁과 국회의 변화." 신윤환 편. 『동남아의 선거와 정치사회적 변화』. 서울: 서강대학교출판부.
______. 2009. "베트남 통일 이후 남부의 사회통합 과정에서 계급구조의 변화, 1975-1985." 『국제·지역연구』 18(4): 65-96.

______. 2010a. "베트남 '도이머이' 시기 정치체제 변화: 사회적 도전과 당-국가의 대응." 『신아세아』 17(4): 160-190.
______. 2010b. "베트남 호찌민박물관과 국가정체성." 신윤환 외. 『동남아에서 국가정체성의 구축과 성격: 국립박물관과 기념물을 중심으로』. 서울: 대외경제정책연구원.
______. 2010c. "탈사회주의 이행기 베트남에서 국가-노동 관계." 『민주주의와 인권』 10(3): 383-421.
______. 2010d. "현대 한국 소설 속의 베트남 인식." 『Oughtopia(오토피아)』 25(3): 359-384.
______. 2011a. 『베트남 경제개혁의 정치경제』. 서울: 서강대학교출판부.
______. 2011b. "베트남에서 점진적 개혁의 지속: 제11차 공산당대회 결과 분석." 『동남아시아연구』 21(3): 105-138.
______. 2012. "베트남에서 사회주의 외연의 확대와 체제 변화의 이념적 정당화." 대외경제정책연구원. 『전략지역심층연구 논문집: 인도, 동남아시아』. 서울: 대외경제정책연구원.
______. 2013. "베트남의 국영기업 소유구조 변화와 정부-기업 관계." 『동남아시아연구』 23(2): 143-175.
______. 2016a. "베트남은 동아시아 발전국가를 따르는가?: 30년 개혁과정의 '발전 모델' 고찰." 『동남아시아연구』 26(3): 51-90.
______. 2016b. "베트남의 탈사회주의 개혁과 체제 정당화." 『민주주의와 인권』 16(2): 399-432.
이한우 · 레티화이프엉. 2013. 『베트남 한류를 보는 한국과 베트남의 인식』. 서울: 이매진.
이한우 · 부이테끄엉. 2015. 『한국-베트남 관계 20년, 1992-2012: 협력관계의 전개와 발전 방향』. 서울: 폴리테이아.
인하대학교 한국학연구소 편. 2013. 『한국과 베트남 사신, 북경에서 만나다: 창화시 연구』. 서울: 소명출판.
장두영. 2008. "베트남전쟁 소설론: 파병담론과의 관련을 중심으로." 『한국현대문학연구』 25: 383-425.
장윤미. 2009. "월남전을 소재로 한 한국 소설의 고찰: 시선의 변모과정을 중심으로." 『동남아시아연구』 19(1): 113-148.
전경수. 1993. 『베트남일기』. 서울: 통나무.
______. 1995. 『통일사회의 재편과정: 독일과 베트남』. 서울: 서울대학교출판부.
전경수 · 한도현. 1996. "현대 베트남 대도시내 농촌 지역의 토지이용과 생산시스템: 하노이 시 싸 다이모의 사례." 『국제지역연구』 5(3): 103-144.
전상인. 1994. "베트남에서의 시민사회 형성: 계급관계의 변화를 중심으로." 『민족과 문화』(한양대 민족학연구소) 2: 137-157.
전제성. 2006. "한국의 동남아 지역연구 동향과 과제: 제3세대 연구자 선언을 기대하며." 『동아연구』 50: 109-140.
전혜경. 2006a. 『한국·베트남 설화 비교연구』. 서울: 문예림.
______. 2006b. 『한국·중국·베트남 전기소설 비교연구』. 서울: 문예림.
정연식. 1999. "사회주의시장경제와 조합주의: 중국과 베트남의 시민사회에 대한 비교연구." 『한국정치학회보』 33(2): 303-324.
______. 2002. "베트남의 권리의식과 정치변화." 『동남아시아연구』 12(1): 149-180.
______. 2005. "베트남의 국내외적 위기와 정치적 대응." 박사명 편. 『동남아의 경제위기와 정치적 대응』. 서울: 폴리테이아.
정연식 · 배양수. 2012. "베트남 고등교육의 역사와 제도." 『동남아시아연구』 22(3): 111-156.
정연식 · 황영주. 2004. "사회주의 혁명과 여성 지위 변화: 베트남 사례." 『21세기정치학회보』 14(2): 189-210.
정천구. 1986. "중 · 월전쟁의 원인과 결과." 『한국과 국제정치』 2(2): 127-154.
조규익. 2009. 『베트남의 민간노래』. 서울: 인터북스.
조영식(趙永植). 1960. 『人間과 創造: 나의 世界一周記』. 서울: 경희대학교.
조재현. 1991. "공산(共産) 베트남 전당대회(全黨大會)와 통치(統治)리더쉽 변동(變動)." 『동남아연구』 1: 7-35.
______. 2002. "전후 베트남 분단의 원인과 통합의 길." 『동남아연구』 11: 241-270.
조재현·송정남. 2004. 『베트남 들여다보기』. 서울: 한국외국어대학교출판부.
조재현 엮음. 2006. 『베트남어-한국어사전』. 서울: 한국외국어대학교출판부.
조재호. 2011. "베트남 파병과 한국경제 성장." 『사회과학연구』 50(1): 131-158. 강원대학교 사회과학연구소.
조효원(趙孝源). 1955. 『亞細亞政治論』. 서울: 文鍾閣.
______. 1959. "월남의 정부조직." 『지방행정』 8(75): 66-72.
조흥국. 2013. "12-14세기 베트남 사람들의 한국 이주에 대한 재고찰." 『석당논총』 55: 33-63.
채수홍. 2003a. "호치민시 다국적 공장의 정치과정에 관한 연구." 『한국문화인류학』 36(2): 143-182.
______. 2003b. "호치민시의 개혁과정에 대한 정치경제학적 연구." 『비교문화연구』 9(1): 75-108.
______. 2005. "호치민 한인사회의 사회경제적 분화와 정체성의 정치학." 『비교문화연구』 11(2): 103-142.
______. 2007. "귀환 베트남 이주노동자의 삶과 동아시아 인적 교류." 『비교문화연구』

13(2): 5-39.

______. 2009. "다국적 공장 레짐의 정치경제학과 베트남의 최근 파업." 『동남아시아연구』 19(1): 67-111.

______. 2013a. "베트남 공장노동자의 저항에 관한 현지연구 성찰해보기." 『동남아시아연구』 23(2): 269-321.

______. 2013b. "베트남 살쾡이 파업의 양상과 원인: 남부 빈즈엉(Binh Duong)을 중심으로." 『동남아시아연구』 23(3): 1-48.

______. 2016a. "베트남에 거주하는 조선족 공장매니저의 초국적 삶과 문화정치." 『동남아시아연구』 26(4): 279-320.

______. 2016b. "산업화 역사, 사회경제적 분화, 그리고 노동자의 저항." 『비교문화연구』 22(1): 541-583.

______. 2017. "하노이 한인 사회의 형성, 분화, 그리고 미래." 『한국문화인류학』 50(3): 125-174.

최귀묵. 2001. "胡春香(호 · 쑤언 · 흐엉, Ho Xuan Huong) 쯔·놈 시의 작품 세계." 『한국고전여성문학연구』 2: 81-104.

______. 2009. "호춘향(胡春香 호 쑤언 흐엉)의 생애와 작품의 여성형상." 『외국문학연구』 33: 281-303.

______. 2010. 『베트남문학의 이해』. 파주: 창비.

______. 2013a. "베트남의 쯔놈 번역 텍스트의 양상과 특징." 『코기토』 73: 423-455.

______. 2013b. "한월(韓越) 창화시(唱和詩) 연구의 경과와 방향 점검." 『한국어와 문화』 13: 423-455.

최기영. 1985. "국역 『월남망국사』에 관한 일고찰." 『동아연구』 6: 487-506.

최동주. 1996. "한국의 베트남 전쟁 참전 동기에 관한 재고찰." 『한국정치학회보』 30(2): 267-287.

______. 2001. "베트남 파병이 한국경제의 성장과정에 미친 영향." 『동남아시아연구』 11(1): 205-244.

최병욱. 2000a. "19세기 전반 베트남의 소수민족 정책: 남부의 상황을 중심으로." 『동남아시아연구』 9: 127-163.

______. 2000b. "19세기 전반(1823-1847) 베트남의 동남아시아 官船貿易." 『동양사학연구』 70: 161-197.

______. 2002. "19세기 중반 남부베트남의 대외교역과 베트남 상인층의 성장. 『동양사학연구』 78: 201-233.

______. 2003a. "16-17세기 호이 안과 베트남의 대외무역." 양승윤 외. 『바다의 실크로드』. 서울: 청아출판사.

______. 2003b. "19세기 남부베트남의 여성상: '음탕함'과 그 함의." 『동남아시아연구』

13(1): 165-198.
______. 2004a. "베트남의 서부고원지대 진출과 산지인 문제." 오명석 편. 『동남아의 지역주의와 종족갈등』. 서울: 오름.
______. 2004b. "까오 바 꽛(Cao Ba Quat 高伯適)의 반란(1854) 원인에 대한 일 고찰." 『동남아시아연구』 14(2): 113-153.
______. 2006a. 『동남아시아사: 전통 시대』. 서울: 대한교과서.
______. 2006b. "전통시대 베트남 여성의 교역활동: 촌락에서 대양으로." 『동양사학연구』 96: 149-174.
______. 2008a. "19세기 중반 남부베트남의 공장(工匠): 비엔 호아 도자기 산업의 사례를 중심으로." 『동남아시아연구』 18(1): 213-242.
______. 2008b. "20세기 통일 베트남 만들기: 지역주의의 충돌과 극복." 『한국학연구』 18: 301-328.
______. 2008c. "동남아시아 국가 형성과 이주." 『동양사학연구』 103: 215-232.
______. 2008d. 『최병욱 교수와 함께 읽는 베트남 근현대사』. 서울: 창비.
______. 2009a. "19세기 베트남의 단일민족 만들기: '漢夷有限'에서 '一視同仁'으로." 『동북아역사논총』 23: 73-98.
______. 2009b. "이수광(李睟光)의 베트남, 1597-1598." 『동남아시아연구』 19(3): 31-55.
______. 2010a. "19세기 남부베트남 문학과 반불투쟁: '룩 번 띠엔(Luc Van Tien)'을 중심으로." 『동아연구』 58: 257-286.
______. 2010b. "베트남의 캄보디아 병합(1835-1847): 여왕 메이(Mei)의 처리문제를 중심으로." 『동남아시아연구』 20(2): 1-29.
______. 2011a. "19세기 베트남 관선의 광동(廣東) 왕래 시말." 『동남아시아연구』 21(3): 1-42.
______. 2011b. "19세기 전반 베트남 제국(帝國)의 국제질서." 『동남아시아연구』 21(1): 249-286.
______. 2014. "베트남의 '남부 캄보디아' 획득 과정에서 보이는 명 이주민의 역할: '용문장사(龍門壯士)'의 활동을 중심으로, 1679-1732." 『동남아시아연구』 24(3): 45-84.
______. 2015. "응우옌 왕조(1802-1945) 건설 기 짜빈 크메르 병사들의 활용: 내전의 선봉, 외정의 전위." 『동남아시아연구』 25(4): 125-167.
______. 2016. 『동남아시아사: 민족주의 시대』. 서울: 산인.
______. 2017. "무왕(武王, 1738-1765) 시기 메콩 델타에서의 영토 확장 추이: 제국으로 가는 길, '잠식지계(蠶食之計)'와 '이만공만(以蠻攻蠻)'의 변주." 『동남아시아연구』 27(2): 37-76.

최상수(崔常壽). 1966. 『韓國과 越南과의 關係』. 서울: 韓越協會.

최정기. 2009. "한국군의 베트남전 참전, 어떻게 기억되고 있는가?: 공식적인 기억과 대항기억의 차이를 중심으로." 『민주주의와 인권』 9(1): 65-92.

최치륜(崔致崙). 1958. 『오늘의 東南亞細亞』. 서울: 한국경제신문사.

최호림. 2003a. "베트남 도시 마을에서의 국가-사회관계: 하노이 '프엉 응옥 하'(Phuong Ngoc Ha)를 중심으로." 『비교문화연구』 9(1): 29-74.

______. 2003b. "북부베트남의 민간의례 개혁과 그 영향에 관한 연구." 『한국문화인류학』 36(2): 183-220.

______. 2003c. "전통의 재생과 국가: 베트남 하노이의 지역공동의례 활성화." 『동남아연구』 12: 1-24.

______. 2004. "베트남의 '유적공인' 사업과 지방의 이질적인 공동체." 『동남아시아연구』 14(1): 121-161.

______. 2005. "사회주의 국가, 시장 및 '전통'의 재생: 베트남의 체제변화와 의례 활성화." 『사회과학연구』(서강대학교 사회과학연구소) 13(2): 314-347.

______. 2007. "베트남의 문화정책 담론: 전통의례와 '민족화'." 『아세아연구』 50(3): 64-92.

______. 2008. "베트남의 시민사회와 NGO: 현황과 평가." 『민주주의와 인권』 8(2): 267-307.

______. 2009. "베트남 전쟁과 관광: 과거의 체현과 진정성의 경합." 『동아연구』 57: 269-313.

______. 2010a. "동남아시아의 이주노동자 지역 거버넌스." 『동남아시아연구』 20(2): 135-178.

______. 2010b. "베트남민족학박물관: 박물관 정책과 민족문화 정책성." 신윤환 외. 『동남아에서 국가정체성의 구축과 성격: 국립박물관과 기념물을 중심으로』. 서울: 대외경제정책연구원.

______. 2010c. "베트남의 한국에 대한 인식." 한국동남아연구소. 『동남아의 한국에 대한 인식』. 서울: 명인문화사.

______. 2010d. "'월남전 참전용사'의 전적지 관광과 전쟁기억의 재구성." 『비교문화연구』 16(2): 71-114.

______. 2011a. "남부 베트남과 미국 문화의 유산: 통일 후 인식과 비판, 1975-81년." 강희정 편. 『외부 세계와 동남아』. 서울: 이매진.

______. 2011b. "종족 정체성과 국가 정체성 사이: 베트남 민족학박물관 건립 과정의 문화정치." 최호림 편. 『동남아시아의 박물관: 국가 표상과 기억의 문화정치』. 서울: 이매진.

______. 2012. "베트남의 소수종족과 국가: 종족분류체계 및 종족정책에 관한 비판적

고찰." 『지방사와 지방문화』 15(1): 527-567.

______. 2015a. "결혼이주가 이주자 출신 마을에 미친 영향과 젠더 관계의 변화: 베트남 메콩델타 농촌의 사례." 『동남아시아연구』 25(1): 235-271.

______. 2015b. "국제결혼에서 귀환까지: 베트남 여성의 한국행 결혼이주 경험에 관한 연구." 『동아연구』 68: 143-182.

______. 2015c. "탈사회주의 상황의 베트남 난민에 관한 연구." 『민주주의와 인권』 15(1): 105-142.

최희재. 2010. "월남, 조선과 1860-80년대 청조 조공국정책의 재조정." 『역사학보』 206: 179-209.

통계청. 2012. "2011년 혼인 · 이혼통계." 통계청. http://kostat.go.kr.

표문화(表文化). 1958. 『國防地政學講義』. 서울: 우성사.

하순. 2000. "메콩델타-역동적인 문화와 역사의 세계." 『국제지역연구』(국제지역학회) 4(2): 81-112.

______. 2003. "미국 내 베트남인 커뮤니티: 형성과 발전." 『베트남연구』 4: 151-172.

______. 2007. "미국거주 베트남 이민자들의 종족 정체성." 『베트남연구』 8: 137-164.

______. 2011. "베트남계 미국인의 초국가주의와 민족 정체성: 1.5세와 2세를 중심으로." 『동남아연구』 20(1): 261-193.

한국베트남학회 편. 2000. 『베트남』. 서울: 한국외국어대학교출판부.

한도현. 1998. "베트남의 농촌개혁과 주민복지." 『농촌사회』 8: 161-185.

______. 2000. "시장 경제 도입 이후 베트남의 도시화와 도시문제." 『동남아시아연구』 10: 67-94.

______. 2003a. "전통시대 한국과 베트남의 농촌사회조직에 대한 비교연구." 『농촌사회』 13(2): 207-244.

______. 2003b. "향약의 조직원리와 지역자치: 베트남 모짝싸(xa Mo Trach, 慕澤社)의 사례." 『동남아시아연구』 13(2): 287-322.

______. 2005. "한국과 베트남의 종족마을(동성마을)의 구조와 변동에 대한 비교사회학적 연구: 종족집단의 구조와 종족의식을 중심으로." 『농촌사회』 15(2): 161-209.

한상도. 2009. "일제 침략기 한국인의 베트남 인식과 연대의식: 식민지 상황 인식과 반일의식을 중심으로." 『역사학보』 201: 125-164.

한상선. 1965. "월남시장에 관한 실증적 고찰." 고려대학교 석사학위논문.

한홍구. 2001. "한국과 베트남전쟁." 『내일을 여는 역사』 4: 115-126.

______. 2003. "박정희 정권의 베트남 파병과 병영국가화." 『역사비평』 62: 120-139.

함재건(咸在健). 1965. 『이것이 베트남이다』. 서울: 教材文化社.

함택영. 1989. "베트남의 독립, 분단, 통일: 농민혁명과 민족해방." 『한국과 국제정치』

5(1): 1-24.

허경진 · 김성은. 2011. "표류기에 나타난 베트남 인식." 『연민학지』 15: 275-289.

홍규덕. 1991. "미국·베트남 관계정상화과정과 요인분석." 『한국과 국제정치』 7(2): 181-204.

______. 1992. "파병외교와 안보신드롬: 60년대 한국 외교정책의 평가." 『국제정치논총』 32(2): 23-44.

______. 1993. "미-베트남 관계 정상화 전망과 대응책." 『동남아시아연구』 2(1): 221-242.

______. 1997. "베트남의 대외경제정책과 대미관계 개선전망." 『동남아시아연구』 5(1): 149-178.

______. 1999. "베트남전 참전 결정과정과 그 영향." 한국정신문화연구원 편. 『1960년대의 대외관계와 남북문제』. 서울: 백산서당.

홍석률. 2009. "위험한 밀월: 박정희·존슨 행정부기 한미관계와 베트남전쟁." 『역사비평』 88: 216-243.

______. 2003. "베트남과 중국의 관계: 1991년 관계정상화 이후 10년간을 중심으로." 『베트남연구』 4: 83-103.

______. 2005. "한국·베트남의 정치외교 및 경제통상관계의 발전과 전망." 『베트남연구』 6: 1-28.

황귀연. 2003. "베트남과 중국의 관계: 1991년 관계정상화 이후 10년간을 중심으로." 『베트남연구』 4: 83-103.

______. 2005. "한국·베트남의 정치외교 및 경제통상관계의 발전과 전망." 『베트남연구』 6: 1-28.

황병무. 1986. "베트남과 중공관계." 『한국과 국제정치』 2(2): 273-300.

古田元夫. 2000. "日本におけるベトナム研究." 木村汎/グエン・ズイ・ズン/古田元夫 編. 『日本・ベトナム關係を學ぶ人のために』. 京都: 世界思想社.

金永鍵. 1943. 『印度支那と日本との關係』. 東京: 富山房.

山本達郎 編. 1975. 『ベトナム中國關係史』. 東京: 山川出版社.

チェ・ホリム(崔昊林). 2010. "韓國へのベトナム人移住勞働: 政策, 社會資本, 仲介業および連鎖移住." 『東南アジア研究』 48(3): 242-264.

Bae Yang-Soo. 2001. "So sanh Boi canh Xa hoi va Van hoa Thoi dai Truyen Kieu va Truyen Xuan Huong." [끼에우전과 춘향전의 사회, 문화적 배경 비교]. 『아시아지역연구』 4: 160-189.

Bui Anh Tuan. 1995. "Restructuring of Textile Industry in Vietnam." M.A. Thesis,

Graduate School of International Studies, Yonsei University.

Chae, Suhong. 2011. "The Dynamics of a Multinational Factory Regime and Recent Strikes in Vietnam." Anita Chan, ed. *Labour in Vietnam*. Singapore: Institute of Southeast Asian Studies.

Cho Jae Hyun. 1994. "Quan he Han quoc - Viet nam: Qua khu, Hien tai va Tuong lai." [한·베트남 관계: 과거와 현재 및 미래]. 『동남아연구』 3: 135-150.

Choi, Byung Wook. 2003. "Vietnamisation of Southern Vietnam during the First Half of the Nineteenth Century." *Asian Ethnicity* 4(1): 47-65.

______. 2004a. *Southern Vietnam under the Reign of Minh Mang (1820-1841): Central Policies and Local Response*. Ithaca: Southeast Asia Program Cornell University.

______. 2004b. "The Nguyen Dynasty's Policy toward Chinese on the Water Frontier in the First Half of the Nineteenth Century." Nola Cooke & Li Tana, eds. *Water Frontier: Commerce and the Chinese in the Lower Mekong Region, 1750-1880*. Lanham: Rowman & Littlefield.

______. 2012. "Korean Ginseng (*nhân sâm Cao Ly*) in Vietnam during the First Half of the 19th Century." 『동남아시아연구』 22(3): 39-73.

Choi, Horim. 2007. "Ritual Revitalization and Nativist Ideology in Hanoi." Philip Taylor, ed. *Modernity and Re-enchantment: Religion in Post-revolutionary Vietnam*. Singapore: Institute of Southeast Asian Studies.

Han, Sungjoo. 1978. "South Korea's Participation in the Vietnam Conflict: An Analysis of the U.S.-Korean Alliance." *Orbis* 21(4).

Jeong, Yeonsik. 1997. "The Rise of State Corporatism in Vietnam." *Contemporary Southeast Asia* 19(2): 152-171.

______. 2012. "The Making of Ethnology and Ethnic Groups in Vietnam." 『세계지역연구논총』 30(2): 175-198.

______. 2014. "Vietnamese Students in Tokyo, 1906-1909." 『동남아시아연구』 24(1): 1-43.

Kim, Jee Young. 2004. "Political Capital, Human Capital, and Inter-generational Occupational Mobility in Northern Vietnam." Philip Taylor, ed. *Social Inequality in Vietnam and the Challenges to Reform*. Singapore: Institute of Southeast Asian Studies.

______. 2011. "How Does Enterprise Ownership Matter? Labour Conditions in Fashion and Footwear Factories in Southern Vietnam." Anita Chan, ed. *Labour in Vietnam*. Singapore: Institute of Southeast Asian Studies.

______. 2013. "The Politics of Code Enforcement and Implementtion in Vietnam's Apparel and Footwear Factories." *World Development* 45: 286-295.

Kim, Se Jin. 1970. "South Korea's Involvement in Vietnam and Its Economic and Political Impact." *Asian Survey* 10(6): 519-532.

Kwon, Heonik. 2006. *After the Massacre: Commemoration and Consolation in Ha My and My Lai*. Berkeley: University of California Press.

______. 2008. *Ghosts of War in Vietnam*. Cambridge: Cambridge University Press.

Lee, Han Woo. 2003. "'Korean Wave' in Vietnam." Sa-Myung PARK & Supachai Yavaprabhas, eds. *Regional Cooperation and Identity Building in East Asia*. Seoul: Korean Association of Southeast Asian Studies & ASEAN University Network.

______. 2005. "Remembering the Vietnam War in Korean Novels." Yoon Hwan SHIN, ed. *Relations between Korea and Southeast Asia in the Past*. Bangkok: ASEAN University Network & KASEAS.

Park, Joon-Young. 1981. "The Political and Economic Implications of South Korea's Vietnam Involvement, 1964-1973." *Korea and World Affairs* 5(3): 471-489.

Shimao Minoru & Sakurai Yumio. 1999. "Vietnamese Studies in Japan, 1975-96." *Acta Asiatica: Bulletin of the Institute of Eastern Culture* (The Toho Gakkai) 76: 81-107.

Tran Van Hoe. 1995. "International Trade Relationship between Vietnam and Korea: Issues and Prospect." M.A. Thesis, Graduate School of International Studies, Yonsei University.

Youn, Dae-yeong. 2011. *Les idées et les mouvements réformistes en Corée et au Việt Nam, 1897-1911: la tradition, le nouveau savoir àtravers les nouveaux écrits, et leurs interactions*. Sarrebruck: Editions universitaires europeennes.

______. 2014. "The Loss of Vietnam: Korean Views of Vietnam in the Late Nineteenth and Early Twentieth Centuries." *Journal of Vietnamese Studies* 9(1): 62-95.

______. 2016. "Between Korea and Vietnam: Kim Yung-kun's Ever Changing and Impermanent Life." *Journal of Asian History* 50(2): 235-278.

Yu, Insun. 1990. *Law and Society in Seventeenth and Eighteenth Century Vietnam*. Seoul: Asiatic Research Center Korea University.

______. 1999a. "A Re-examination of America's Indochina Policy During the French Presence." *Journal of International and Area Studies* 6(2): 75-90.

______. 1999b. "Bilateral Social Pattern and the Status of Women in Traditional Vietnam." *South East Asia Research* 7(2): 215-231.

______. 2001. "The Changing Nature of the Red River Delta Villages during the Lê Period (1428-1788)." *Journal of Southeast Asian Studies* 32(2): 151-172.

______. 2006. "Le Van Huu and Ngo Si Lien: A Comparison of Their Perception of Vietnamese History." Nhung Tuyet Tran & Anthony Reid, eds. *Viet Nam: Borderless*

Histories. Madison: The University of Wisconsin Press.

한국인의 베트남연구 박사학위논문 목록

가현수. 2015. "시부모를 부양하는 며느리의 가족주의 가치관이 부양 스트레스에 미치는 영향: 한국인 며느리, 중국인 며느리, 베트남인 며느리를 대상으로." 한서대학교 (노인복지학) 박사학위논문.

권경희. 1994. "베트남 외교정책의 성향변화연구, 1975-1990." 성신여자대학교 박사학위논문.

권상수. 1994. "분단국 통일정책에 관한 비교연구: 독일, 예멘, 베트남의 사례를 중심으로." 중앙대학교 박사학위논문.

권숙도. 2009. "사회주의 국가의 체제전환 과정 연구: 북한, 베트남 사례 비교." 영남대학교 박사학위논문.

권율. 1999. "베트남 경제개혁의 특성에 관한 연구: 개도국형 체제전환의 성격을 중심으로." 서강대학교 박사학위논문.

김경태. 2014. "베트남 출신 결혼이주여성의 부적응 요인에 관한 연구." 영남대학교 (사회학) 박사학위논문.

김기주. 1987. "프랑스 식민지하의 베트남 민족운동연구: 개명파 문신을 중심으로." 중앙대학교 박사학위논문.

김기태. 1982. "한국의 베트남전 참전과 한미관계." 한국외국어대학교 박사학위논문.

김나경. 2015. "베트남 귀환이주노동자의 재통합에 관한 연구: 한국 노동이주 경험을 중심으로." 전남대학교 (국제학) 박사학위논문.

김민정. 2014. "농촌 결혼이주여성의 고부갈등 경험: 중국, 베트남, 필리핀 결혼이주여성의 시부모와의 동거경험을 중심으로." 한서대학교 (노인복지학) 박사학위논문.

김상이. 2015. "평신도 전문인 음악선교 모델 개발: 베트남 선교사례를 중심으로." 호서대학교 (신학) 박사학위논문.

김성범. 2013. "한국과 베트남의 근대 사상 비교연구." 충남대학교 박사학위논문.

김영진. 2012. "사회주의 국가의 개혁·개방 정책과 공적개발원조(ODA)의 역할: 중국·베트남 사례의 북한에 대한 시사점." 경남대학교 (정치학) 박사학위논문.

김원섭. 2012. "베트남전에서 나타난 미국의 정치 및 전략적 오류의 패턴에 관한 연구: 존슨 행정부의 실패원인과 닉슨 행정부의 변화." 고려대학교 박사학위논문.

김정원. 2002. "베트남전 참전군인의 고엽제 노출에 의한 심리학적·신경행동학적 영향에 관한 연구." 인제대학교 (의학) 박사학위논문.

김지현. 2014. "결혼이주 베트남 여성을 위한 출산조절 임파워먼트 프로그램의 효과." 가톨릭대학교 (간호학) 박사학위논문.

김혜선. 2012. "초국가적 가족의 형성과 가족유대: 베트남 결혼이주여성을 중심으로."

이화여자대학교 (사회학) 박사학위논문.
문해진. 2008. "한국 기업의 대 베트남 해외직접투자 결정요인에 관한 연구." 동아대학교 (경제학) 박사학위논문.
민영우. 2009. "우리나라 중소기업의 대 베트남 해외직접투자 성과영향요인에 관한 연구." 숭실대학교 (벤처중소기업학) 박사학위논문.
박영주. 1997. "월남전 참전 재향군인들을 대상으로 한 고엽제와 유로포르피린 및 코프로포르피린 양성률간의 연관성 연구." 서울대학교 보건대학원 박사학위논문.
방혜경. 2014. "소집단 부모교육에 참여한 베트남 이민자가정 아버지들의 영유아기 자녀교육 어려움 및 변화과정." 성신여자대학교 (교육학 유아교육) 박사학위논문.
백성호. 1974. "A Leptospirosis Epidemic Among Republic of Korea Troops in the Republic of Vietnam, Summer 1969." 고려대학교 (의학 미생물학전공) 박사학위논문.
백용훈. 2015. "복지 혼합의 사회 · 문화적 배태성: 베트남 북부와 남부 농촌 마을의 보건소와 비공식 복지 비교 연구." 연세대학교 박사학위논문.
변성원. 2012. "베트남 결혼이주여성의 우울감 경험." 순천향대학교 (간호학) 박사학위논문.
서우택. 2012. "공적개발원조(ODA)가 개발도상국 경제성장에 미친 영향에 관한 실증적 연구: 인도네시아, 필리핀, 베트남을 중심으로." 홍익대학교 (무역학) 박사학위논문.
손승호. 2008. "한국기업 베트남 직접투자의 경제적 효과에 대한 연구: 1996-2000년 투입산출분석을 중심으로." 한국외국어대학교 (국제지역학) 박사학위논문.
송희준. 2013. "사회주의경제권 개혁개방 이후 고용결정요인분석: 중국과 베트남의 경우." 한국해양대학교 (무역학) 박사학위논문.
안승욱. 1995. "사회주의경제 체제전환기의 제문제에 관한 연구." 서강대학교 (경제학) 박사학위논문.
양지선. 2014. "베트남 내 한국어 전공자를 위한 한국 문화 교수요목 설계 연구." 경희대학교 (교육학) 박사학위논문.
염용태(Yum, Yong Tae). 1974. "Production of DDT-resistance in bangkok strain of cheopis fleas under laboratory conditions : Bangkok產 벼룩의 DDT에 對한 人工抵抗 獲得에 關하여. A Surveillance of plague in Vietnam : 越南의 Plague에 對한 疫學的 調査. A Surveillance of cholera in Vietnam : 越南에 있어서의 Cholera에 關한 疫學的 調査." 서울대학교 박사학위논문.
오홍국. 2013. "한국군의 베트남전쟁 참전과 군대발전 과정 분석: 한미 안보협력과 연합 및 합동작전을 통한 한국군 발전." 경기대학교 (정치학) 박사학위논문.
유병선. 2002. "한국군 파병결정에 관한 연구: 베트남전, 걸프전, PKO 파병 사례 분석."

충남대학교 (정치학) 박사학위논문.
유윤식. 1993. "한국의 월남 파병 결정에 관한 연구." 명지대학교 (정치학) 박사학위논문.
윤영옥. 2009. "Precede-proceed 모형을 적용한 베트남 여성이주자 생식보건교육 프로그램." 이화여자대학교 (보건교육학) 박사학위논문.
윤충로. 2004. "반공독재국가형성과 국가능력 비교연구: 남베트남 지엠정권과 남한 이승만정권을 중심으로." 동국대학교 박사학위논문.
이경숙. 2015. "베트남 결혼이주여성을 위한 자년양육행동 및 양육효능감 향상 프로그램 개발 및 적용 효과." 대진대학교 (교육학 상담심리) 박사학위논문.
이경애. 2015. "여성결혼이민자의 학습양식과 한국어 학습전략 분석 연구: 중국어권과 베트남어권 학습자를 대상으로." 동국대학교 (국어국문학) 박사학위논문.
이기종. 1991. "한국군 베트남 참전의 결정요인과 결과 연구." 고려대학교 박사학위논문.
이대진. 1972. "월남 일부지역에 있어서의 장관 내 세균감염에 대한 역학적 고찰." 고려대학교 (의학) 박사학위논문.
이병헌. 1996. "우리나라 유지가공산업의 대베트남 직접투자에 관한 연구." 서강대학교 (경영학) 박사학위논문.
이상이. 2015. "한국·일본·베트남 한자음의 운류체계 비교연구." 동국대학교 (일어학) 박사학위논문.
이상숙. 2008. "북한·중국의 비대칭관계에 대한 연구: 베트남 · 중국의 관계와의 비교." 동국대학교 박사학위논문.
이선호. 2015. "시공사 관점의 베트남 도로공사 리스크에 대한 실증적 분석." 부경대학교 (공학) 박사학위논문.
이수익. 2012. "ASEAN 3개국의 산업구조분석을 통한 한국과의 경제협력 증진에 관한 연구: 태국, 인도네시아, 베트남을 중심으로." 한국외국어대학교 (국제관계학) 박사학위논문.
이영권. 1992. "한국 기업의 대베트남 직접투자에 관한 연구." 명지대학교 (무역학) 박사학위논문.
이윤범. 2002. "베트남의 정치·경제체제의 변화: 도이 머이 정책과 공산당 역할을 중심으로." 국민대학교 박사학위논문.
이은주. 2015. "베트남 여성의 가족가치관에 대한 연구." 동국대학교 (가정학) 박사학위논문.
이재도. 2015. "베트남 병원 공사에서의 시간과 비용 관리개선." 부경대학교 (공학) 박사학위논문.
이재춘. 2013. "베트남과 북한의 개혁·개방정책 비교 연구." 경남대학교 (정치학) 박사학위논문.
이정화. 2011. "베트남 결혼이주여성의 가족유형별 불안, 우울, 사회적지지, 자아 존중

감과 결혼만족도." 인제대학교 (보건학) 박사학위논문.
이종국. 2015. "베트남 진출 글로벌 소매유통기업에 대한 소비자 가치 실증 연구: 한국과 프랑스 기업의 할인점형태를 중심으로." 한국외국어대학교 (국제관계학) 박사학위논문.
이종욱. 2013. "베트남 진출 중소제조기업의 현지화 전략에 관한 연구." 건국대학교 대학원 (벤처전문기술학) 박사학위논문.
이한우. 1999. "베트남의 농업개혁정책, 1975-1993: 탈집체화의 전개과정." 서강대학교 박사학위논문.
장재혁. 1998. "제3공화국의 베트남 파병결정과정에 관한 연구: 대통령과 국회의 상호작용을 중심으로." 동국대학교 박사학위논문.
전혜경. 1994. "한·중·월 전기소설의 비교 연구(금오신화, 전등신화, 전기만록을 중심으로)." 숭실대학교 박사학위논문.
정수용. 2001. "한국의 베트남전 파병과 한 · 미 동맹체제의 변화." 고려대학교 박사학위논문.
정인숙. 2010. "베트남전쟁의 한국 현대소설 수용 양상 연구: 박영한, 안정효, 황석영을 중심으로." 경원대학교 박사학위논문.
정일화. 1998. "미국의 봉쇄정책과 월남전에 관한 연구: 탈이데올로기 과정을 중심으로." 단국대학교 박사학위논문.
정재욱. 2005. "북베트남의 대미전쟁 수행 전략에 관한 연구." 고려대학교 박사학위논문.
조재현. 1992. "제3차 인지전쟁연구: 공산체제내 베트남과 캄보디아간 전쟁의 원인 분석." 경희대학교 박사학위논문.
채규철. 1985. "월남에 있어서의 중·소 대립에 관한 연구: 중·소의 월맹지원정책을 중심으로." 한국외국어대학교 박사학위논문.
최명동. 2006. "우리나라 중소기업의 베트남 투자전략." 건국대학교 (경영학) 박사학위논문.
최삼섭. 1969. "월남에 있어서 한국군에 발생한 마라리아에 대한 역학적 조사연구." 『전남의대잡지』 6(2): 195-206.
최용호. 2005. "베트남전쟁에서 한국군의 작전 및 민사심리전 수행방법과 결과." 경기대학교 박사학위논문.
최호림. 2003. "베트남의 의례활성화와 국가-사회관계: 하노이의 한 프엉(坊)을 중심으로." 서울대학교 박사학위논문.
황귀연. 1996. "베트남공산당의 개혁·개방정책에 관한 연구." 경남대학교 박사학위논문.
황충현. 1971. "월남의 flea index와 살충제에 대한 벼룩의 저항력에 관한 조사 연구." 연세대학교 (의학) 박사학위논문.

金成蘭. 2006. "ベトナム戦争期のベトナム労働党による人民動員宣伝." 東京外國語大學 博士學位論文.

金英峰. 1997. "中部ベトナムによる音樂文化の傳承と變化: 宮庭音樂を中心に." 大阪大學 (文學) 博士學位論文.

李俊遠. 2010. "漁業にをける經濟システムの變化に關する人類學的研究-ベトナムの観光都市サムソン市の事例を中心に." 大阪大學 博士學位論文.

洪萬杓. 2005. "移行經濟下にをけるヴェトナム國營企業の勞動者意識: 中國企業との比較ら見た政策的インプリケーション." 大阪商業大學 博士學位論文.

Ahn Kyong Hwan. 1996. "Trat tu tu trong tieng Han so sanh voi tieng Viet." Luan an Pho tien si Khoa hoc Ngu van. Dai hoc quoc gia Thanh Pho Ho Chi Minh, Truong Dai hoc Khoa hoc Xa hoi va Nhan van.

Bae Yang-Soo. 2001. "So sanh Truyen Kieu va Truyen Xuan Huong." Luan an Tien si. Truong Dai hoc Su pham Ha Noi.

Cho Myungsook. 2003. "So sanh Lop tu Han-Han trong tieng Han va Lop tu Han-Viet trong tieng Viet." Luan an Tien si. Dai hoc quoc gia Thanh Pho Ho Chi Minh, Truong Dai hoc Khoa hoc Xa hoi va Nhan van.

Gu Bon Seog. 2005. "So sanh Nghi le Lich tiet va Phong tuc Tieu bieu hang nam cua Nguoi Viet o Dong bang Bac bo Viet Nam va cua Nguoi Han Quoc." Luan an Tien si. Vien nghien cuu Van hoa.

Kim Hyun Jae. 2005. "Gia dinh va hon nhan cua nguoi Han: so sanh voi gia dinh va honh nhan cua nguoi Viet." Luan an Tien si Dan toc hoc. Dai hoc Quoc gia Thanh pho Ho Chi Minh, Truong Dai hoc Khoa hoc Xa hoi va Nhan van.

Kim Jongouk. 2009. "Mot so bien doi o lang xa chau tho Song Hong tu dau the ky XIX den giua the ky XX (Qua truong hop lang Me Tri)." Luan an Tien si Lich su. Dai hoc Quoc gia Ha Noi, Truong Dai hoc Khoa hoc Xa hoi va Nhan van.

Ku Su Jeong. 2008. "Moi Quan he Viet-Han trong va sau Chien tranh cua My tai Viet Nam (1955-2005)." Luan an Tien si. Truong Dai hoc Khoa hoc Xa hoi, Dai hoc Quoc gia Tp. Ho Chi Minh.

Lee Jeesun. 2005. "Dac diem Cau tao va Ngu nghia Tu ghep tieng Han Hien dai: So sanh voi tieng Viet Hien dai." Luan an Tien si. Dai hoc quoc gia Thanh Pho Ho Chi Minh, Truong Dai hoc Khoa hoc Xa hoi va Nhan van.

Lee Jung Sook. 2005. "Chinh sach Khai thac Noi luc Phat trien Kinh te trong Phong trao Saemaul Han Quoc va nhung Bai hoc Kinh nghiem doi voi Viet Nam." Luan an Tien si. Truong Dai hoc Kinh te Quoc dan.

Lee Kang Woo. 2003. "Qua chinh doi moi doanh nghiep nha nuoc o Viet Nam 1986-2000." Luan an Tien si Lich su. Dai hoc Quoc gia Ha Noi, Truong Dai hoc Khoa hoc Xa hoi va Nhan van.

Lee Kye Sun. 2010. "Nghien cuu cac Hinh thuc Cham soc Giao duc Con em Nguoi lao dong trong Lua tuoi Mam non tai Cac doanh nghiep o Ha Noi va Seoul." Luan an Tien si. Truong Dai hoc Khoa hoc Xa hoi.

Lee Seon Hee. 2002. "Dia vi Nguoi phu nu Kinh (Viet) o Ha Noi va Nhung Vung phu can: Giai doan Chuyen tiep tu Truyen thong sang Hien dai." Luan an Tien si Khoa hoc Lich su Chuyen nganh Dan toc hoc. Dai hoc Quoc gia Ha Noi, Truong Dai hoc Khoa hoc Xa hoi.

Park Ji Hoon. 2010. "Nghien cuu Cach doc tu goc Han trong tieng Viet va tieng Han." Luan an Tien si. Truong Dai hoc Su pham Ha Noi.

Park Yeon Kwan. 2002. "Nghien cuu So sanh Mot so Tip truyen Co tich Viet Nam va Han Quoc." Truong Dai hoc Khoa hoc Xa hoi. Dai hoc Quoc gia Ha Noi.

Shin Chi Yong. 1997. "Tho cung To tien voi Ban sac Hoa dong cua nguoi Viet Ha Noi va nhung Vung phu can." Luan an Tien si Lich su. Dai hoc Quoc gia Ha Noi, Truong Dai hoc Khoa hoc Xa hoi va Nhan van.

Sim Sang Joon. 2001. "Gia dinh nguoi Viet o Chau tho song Hong va moi Lien he cua no voi Cac cong dong xa hoi." Luan an Tien si Lich su. Dai hoc Quoc gia Ha Noi, Truong Dai hoc Khoa hoc Xa hoi va Nhan van.

Song Jung Nam. 1996. "Lang Yen So tu truyen thong den doi moi va so sanh voi nhung bien doi o nong thon Han Quoc." Luan an Pho tien si Lich su. Dai hoc Quoc gia Ha Noi, Truong Dai hoc Khoa hoc Xa hoi va Nhan van.

Chae, Suhong. 2003. "Spinning Work and Weaving Life: The Politics of Production in a Capitalistic Multinational Textile Factory in Vietnam." Ph.D. Dissertation, City University of New York.

Choi, Byung Wook. 1999. "Southern Vietnam under the Regin of Minh Mang (1820-1841): Central Policies and Local Response." Doctoral Thesis, Australian National University.

Choi, Dong-Ju. 1995. "The Political Economy of Korea's Involvement in the Second Indochina War." Ph.D. Dissertation, University of London.

Hong, Kyudok. 1991. "Unequal Partners: ROK-US Relations during the Vietnam War." Ph.D. Dissertation, University of South Carolina.

Jeong, Yeonsik. 1997. "Interest Representation in Socialist Market Economies: A

Comparative Study of Civil Society in China and Vietnam." Ph.D. Dissertation, University of South Carolina.

Kim, Heejoo. 2010. "A Qualitative Study on the Ethnic Identity of Marriage Migrant Women in Korea: A Case Study of Philippine and Vietnamese Women." Ph.D. Dissertation, Seoul National University.

Kim, Jee Young. 2007. "Governance Beyond Borders: Anti-Sweatshop Regulation in Vietnam's Fashion and Footwear Industries." Ph.D. Dissertation, Department of Sociology, Harvard Unversity.

Lee, Eun-Ho. 1972. "The Role of the Military in Nation-building: South Vietnam and Korea." Ph.D. Dissertation, Southern Illinois University-Carbondale.

Lee, Jongsoo. 1994. "Network Television Documentaries about the Vietnam War: CBS Documentaries from 1964 to 1984 in a Changing Historical Context." Ph.D. Dissertation, University of Minnesota.

Nho, Young Soon. 2000. "A History of the Indochinese Communist Party, 1930-1936." Ph.D. Dissertation, University of London.

Park, Jinim. 1998. "The Vietnam War which is not One: A Study of Vietnam War Narratives by Korean Writers and American Writers." Ph.D. Dissertation, University of Oregon.

Park(박종철). 1990. "The China Factor in the United States Decision-making toward Vietnam, 1945-1965." Ph.D. Dissertation, University of Connecticut.

Shim, Juhyung. 2014. "Haunted Borderland: The Politics on the Border War against China in Post-Cold War Vietnam. Ph.D. Dissertation, Duke University.

Shim, Kyung Seok. 1992. "The Vietnam War Narratives: Journeys of Self-discovery and Social Consciousness." Ph.D. Dissertation, University of Nevada.

Youn, Dae-yeong. 2007. "Les idées et les mouvements réformistes en Corée et au Việt Nam, 1897-1911: la tradition, le 'nouveau savoir' à travers les 'nouveaux ecrits', et leur interactions." Univ. de Paris VII.

Yu, Insun. 1978. "Law and Family in Seventeenth and Eighteenth Century Vietnam." Ph.D. Dissertation, University of Michigan.

제4장

한국의 태국 연구*

김홍구, 이미지

I. 머리말

1. 연구 목적

한국과 태국이 밀접한 관계를 맺게 된 직접적인 계기가 된 것은 한국전쟁이었다. 태국은 1949년 10월 대한민국을 공식 승인한 이래, 1950년 11월 한국전쟁에 참전했다. 그리고 8년 뒤인 1958년 10월 양국이 외교관계를 수립함으로써 태국은 한국의 아홉 번째 수교국이 되었다. 1960년 3월 주 태국 한국대사관이 설립되었고, 1961년 7월 주한 태국대사관이 설립되었다.

태국은 정치·외교적으로 한국과 매우 가까운 관계에 있다. 냉전체제하에서 양국은 공산주의에 함께 대항했으며, 냉전이 종식된 후에도 아시아 지역 안보협력을 구현하기 위해 밀접한 관계를 유지해 왔다. 이러한 양자관계뿐만 아니라, ASEAN(동남아시아국가연합), EAS(동아시아정

* 이 장은 『아시아리뷰』 제6권 2호에 게재된 "한국의 태국 연구: 동향과 과제"(297-336)를 수정·보완한 것이다. 서울대 아시아연구소와 이 책을 기획해 주신 연구책임자 안청시 교수님, 오명석 교수님, 전제성 교수님께 감사의 말씀을 드린다.

상회의), ARF(아세안지역안보포럼), ASEM(아시아유럽정상회의), APEC(아시아태평양경제협력체) 등 다자관계에 있어서도 양국은 우호협력관계를 유지하고 있다. 경제적 측면에서 보면 태국은 한국과 상호보완적 교역구조를 가지고 있으며, 우리나라의 대 동남아 투자 진출의 거점이 되고 있다. 한국과 태국이 수교한 지 60주년이 되는 2018년에는 양국 간 교역액이 141억 달러로 역대 최고치를 기록하기도 했다. 사회·문화적 교류 또한 활발하다. 2018년 기준 상호 방문 관광객 규모는 약 236만 명으로 동남아 국가 중 가장 높은 수준이다.[1] 알려진 바와 같이 태국은 동남아 한류의 거점으로서 한국의 TV 드라마와 영화, 음반 및 게임에 대한 관심이 매우 높다. 최근 한국사회에서도 타이마사지와 음식, 영화 등을 중심으로 태국문화가 빠르게 소개되고 있다.

이러한 한-태 관계 속에서 한국에서 태국에 대한 학문적 연구가 본격적으로 시작된 것은 1966년과 1982년에 각각 한국외대와 부산외대에 태국어학과가 설치되면서부터다. 1988년과 1991년에는 한국태국학회와 한국동남아학회가 각각 창설되면서 국내 태국 연구는 급격한 양적 성장을 하게 되었다. 그동안 다수의 태국 연구자들이 배출되었고 연구실적 또한 적지 않게 축적되었다. 언어와 문학, 사회, 문화, 정치, 경제, 외교, 역사 등의 분야에서 많은 연구업적이 발표되었다. 이 글에서는 지난 반세기 동안 국내에서 이루어진 태국 연구의 현황을 검토하고 평가하고자 한다. 그리고 한국 내 태국 연구의 특성을 도출하고, 향후 과제와 방향성을 고찰해 본다. 구체적으로 '태국'을 주제로 한 석·박사학위논문, 국내 학술지 게재 논문, 국내 출판 단행본을 중심으로 한국

1 태국관광체육부와 한국관광공사의 통계에 따르면, 2018년 한 해 동안 태국을 방문한 한국인 관광객 수는 약 180만 명이며, 한국을 방문한 태국인 관광객 수는 약 56만 명인 것으로 나타났다.

내 태국에 관한 연구 동향을 분석할 것이다. 아울러 태국 지역 중점연구자들의 학위 취득 현황과 연구 동향을 분석해 국내 태국 연구자의 특징을 고찰하고, 태국 연구의 과제와 방향을 제시할 것이다. 국내 태국 연구의 짧지 않은 역사에도 불구하고 그것을 평가하는 연구는 그동안 거의 이루어지지 않았다. 이러한 현실에서 한국에서의 태국 연구를 돌아보고 검토하는 것은 의미 있는 작업이 될 것이며, 본 연구가 향후 국내 태국 연구의 질적인 향상에 조금이나마 기여할 수 있기를 기대한다.

2. 연구 범위 및 방법

본 연구는 기본적으로 한국교육학술정보원 학술연구정보서비스 웹사이트(RISS)에서 주제어를 '태국'과 '타이', '타일랜드'로 각각 검색하여 석·박사학위논문과 국내 학술지 게재 논문을 전수조사했다. 검색된 목록에서 태국과 직접 관련 있는 연구만을 선별해서 시기별·분야별로 분류 정리하여 그동안의 태국 연구의 흐름과 추세를 파악했다. 또한 태국 관련 주요 학술지인 『한국태국학회논총』, 『동남아연구』, 『동남아시아연구』에 대한 세부분석을 추가했다. 이들 학술지 분석과 관련해서는 각각의 학술지 홈페이지에서 논문검색 기능을 이용했다.[2] 단행본과 관련해서는 앞서 언급한 한국교육학술정보서비스 이외에 국내 온라인서점의 검색 기능도 활용했다. 그 밖에 필자가 추가로 수집한 자료를 종합해 분석에 포함시켰다. 본문에서는 한정된 지면으로 인해 모든 연구결과물의 제목을 일일이 열거할 수 없기 때문에 주요 연구물만을 선택적으

2 http://www.k-thaistudies.or.kr/(한국태국학회, 『한국태국학회논총』), http://cseas.hufs.ac.kr/(한국외대 동남아연구소, 『동남아연구』), http://www.kaseas.org/(한국동남아학회, 『동남아시아연구』)

로 소개하는 것으로 한다.

위와 같이 방대하고 제한된 자료수집 방식으로는 한국의 태국 관련 연구를 모두 다룰 수 없다는 한계가 있음은 당연하다. 본 연구는 기본적으로 정량적 분석에 중점을 두고 있으며, 정성적 분석까지는 자세하게 다루지 못했다. 본 연구의 의의는 한국의 태국 연구 현황의 특징과 흐름을 이해하는 데 유용한 근거를 제시할 수 있다는 데 있다.

II. 국내의 태국 연구 현황

1. 석 · 박사학위논문

국내 태국 연구 현황을 보여 줄 유용한 자료 중 하나가 석·박사학위논문이다. 여기서는 학술연구정보서비스에서 '태국'과 '타이', '타일랜드'를 키워드로 각각 일차적으로 검색해서 선별한 후, '방콕', '아유타야', '치앙마이' 등의 지역명으로 이차적으로 검색하여 태국과 관련된 학위논문을 선별했다.[3] 논문 제목에서 위에서 제시한 '태국' 등의 키워드가 직접 사용된 경우만 분석했다. 즉 '아세안', '동남아', '동남아 주요국' 등과 같이 태국이 분석대상으로 포함되어 있을 것으로 예상되는 경우에도 '태국' 또는 지역명이 제목에 언급되지 않은 경우는 분석대상에서 제외했다. 한편, 모든 학위논문이 한국교육학술정보원에 등록되어 있는 것이 아니므로, 추가로 개인적인 네트워크를 활용하여 획득한 자료를 분석에 포함시켰는데, 이러한 방법을 통하여 석사학위논문 18

3 단 '치앙마이 이니셔티브'와 같이 태국 연구와 직접적인 관련이 부족한 논문은 제외했다.

건, 박사학위논문 3건을 추가했다.[4]

본 연구는 기본적으로 한국연구자에 의한 태국 연구에 중점을 두고 있지만, 최근 태국인 유학생의 국내 학위 취득이 증가 추세에 있기 때문에 이들의 논문도 분석대상에 포함시켰다. 한국연구자의 해외 학위논문 또한 중요한 분석대상이지만, 한국교육학술정보원에 등록되어 있지 않는 경우가 많았기 때문에, 그러한 경우 필자가 인지하고 있는 범위 내에서 논의에 포함시켰다. 태국 관련 석·박사학위논문을 시기별로 1970년 이전, 1970년 이후부터 2015년까지 5년 단위로 나누어 논문 제출 현황을 분석했으며, 분야별로는 7개 분과, 즉 경제·경영·무역, 정치·외교, 언어·문학·교육, 역사, 사회·문화, 선교·신학, 이공계 및 기타로 구분했다.

조사 결과에 따르면, 2015년까지 총 370편의 학위논문이 제출되었다. 〈그림 4-1〉을 보면 1990년대 중반(1996-2000) 이후 양적으로 크게 증가했으며, 특히 2010년대 들어서(2011-2015) 급증하고 있음을 알 수 있다.

국내에 제출된 태국과 관련된 최초의 석사학위논문은 1967년 "동남아 시장의 건오징어 수출 증진책에 관한 연구: 태국시장을 중심으로"(임종욱, 연세대)이며, 태국 관련 국내 최초의 박사학위논문은 1968년 태국인이 서울대에 제출한 언어·문학·교육 관련의 "Demand and Supply of Elementary School Teachers in Thailand"(Pratom Sangswarng)이다. 한국인의 박사학위논문은 그보다 8년 뒤인 1976년 "태국의 경제사회 개발계획과 개발재정에 관한 연구"(고홍명)라는 제목으로 한양대에 제출되었다.

1973년에 송인서는 "쭐라롱껀대왕과 태국의 근대화"(고려대)라는 제목으로 역사 관련 석사학위를 취득했는데, 학위를 취득한 이듬해부

4 연구활동을 활발하게 하고 있는 중점 연구자의 학위논문이 등록되어 있지 않은 경우가 많아서 이와 같은 방법을 추가적으로 선택했다.

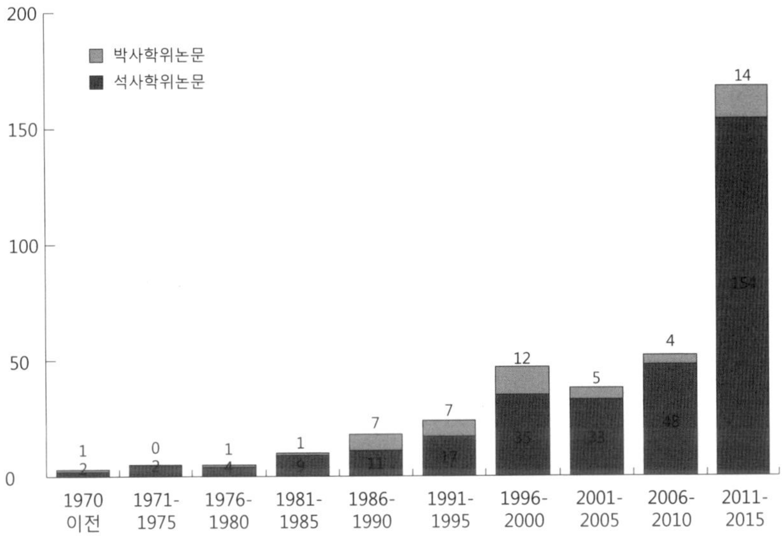

〈그림 4-1〉 태국 관련 석 · 박사학위논문의 5년 단위 시기별 추이 (년, 편수)

주: 국내 학생 및 국내 태국인 유학생, 한국인의 해외 학위 포함.

터 그가 초기 태국 연구를 견인해 왔다는 점에서 이 논문을 태국 지역전문가가 작성한 최초의 논문이라고 평가할 수 있다.[5]

한편, 1976년부터 1985년까지 약 10년 사이 한국외대 태국어과 출신 연구자들의 석사학위논문들이 집중 배출되었다. 최창성(1976), 이한우(1977), 차상호(1980)의 논문을 시작으로 문인원(1982), 황규희(1983), 이병도(1984), 안종량(1984), 김홍구(1984)의 논문이 이 시기에 집중적으로 제출되었다.

5 송인서는 1974년 "Rama V(1868-1910)시대의 태국의 사회개혁에 관한 소고"(『사학지(史學志)』 8)라는 학술지 논문을 시작으로 태국 연구 초기에 해당하는 1970년대에 총 7편의 역사분야 논문을 게재했다. 1980년대 이전 태국 관련 논문은 총 10편으로 조사되었는데, 그중 7편이 그의 논문이라는 사실에서 그가 초기 태국 연구를 견인해 왔다고 할 수 있다.

그리고 이한우는 1986년 태국 씨나카린위롯대학(Srinakharinwirot University)에서 박사학위를 취득했다. 문창진도 같은 해에 시카고대학(University of Chicago)에서 태국 관련 박사학위를 취득했다. 차상호와 김홍구는 1990년에 각각 동국대와 한국외대에서, 윤진표는 사우스캐롤라이나대학(University of South Carolina)에서 박사학위[6]를 받았다. 황규희는 1993년 동아대에서, 조흥국은 1993년 독일 함부르크대학(University of Hamburg)에서 박사학위를 취득했다. 이 글의 중점 연구자 범주에는 포함되지 않지만 전제국도 1990년 해외에서 박사학위를 취득했다.

〈그림 4-1〉을 보면 1996-2000년과 2011-2015년에 학위논문 건수가 크게 증가한 것을 알 수 있는데, 그 이유를 생각해 보면 다음과 같다. 먼저 1996-2000년에 논문 수가 증가한 것은 이 기간 중 태국에서는 1997년 금융 위기가 발발하고, 1997년 새 헌법이 제정되는 등의 정치적·경제적 변화를 겪게 되는데, 그에 따라 연구 수요가 발생했기 때문이다. 실제로 이 시기 제출된 논문을 보면, 경제·경영·무역 관련 논문이 15편으로 직전 분기(1991-1995년) 대비 2.5배나 증가했다(〈표4-1〉과 〈그림 4-3〉 참조). 그리고 2011-2015년에 논문 수가 매우 급격하게 증가한 배경은 한국과 태국 간 경제적·문화적 교류 확대와 관련지어 생각할 수 있다. 한국과 태국 양국의 교역규모는 2008년 100억 달러에서 2009년 77억 달러로 일시적으로 감소했으나, 이듬해인 2010년에는 다시 106억 달러로 회복하고, 2011년에는 139억 달러를 기록한다.[7] 즉 2009년 세계 금융위기로 인한 경기침체로 무역량이 일시 감소했으나, 2010년 세계 경기회복과 한·태 FTA 발효(2010.1.)로 인해 양국 간 무역량이

6 윤진표는 인도네시아, 태국, 베트남을 비교연구했다.

7 2012년 136억 달러, 2013년 133억 달러로 나타났다(외교부. 『태국개황』. 2014년 11월).

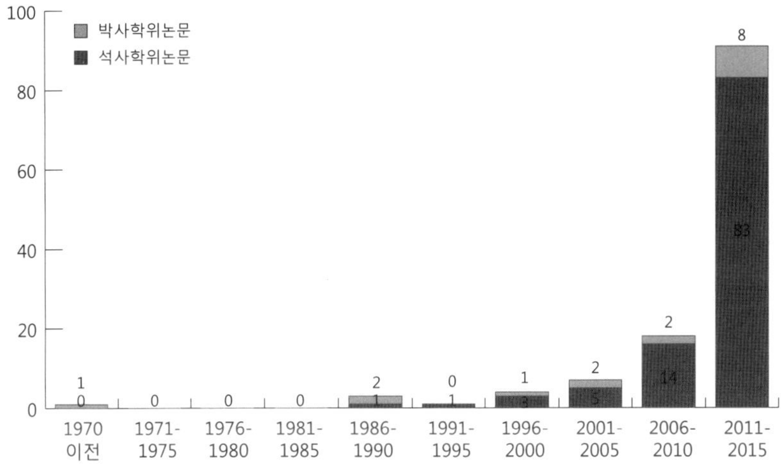

〈그림 4-2〉 국내 태국인 유학생 학위논문의 5년 단위 시기별 추이 (년, 편수)

급증하고 있음을 알 수 있다. 한국의 대 태국 투자 또한 괄목할 만한 성장을 보였다. 2010년 1억 400만 달러였던 투자액은 1년 뒤인 2011년에는 6억 1,500만 달러로 약 6배 급증했다. 양국의 인적 교류도 확대되어 2011년 한 해 태국을 방문한 한국인 수가 처음으로 100만 명을 초과했으며, 한국을 방문한 태국인 수는 30만 명을 넘어섰다. 이러한 양국 간의 경제적·인적·문화적 교류의 확대에 따라 2000년대 중반 이후 한국 내 태국인 유학생의 유입이 크게 증가했다. 한 가지 흥미로운 사실은 2011-2015년 국내에 제출된 학위논문의 절반 이상이 태국인 유학생에 의한 것이다.[8]

태국인 유학생에 의한 국내 석·박사논문은 총 125편으로 조사되었다. 〈그림 4-2〉를 보면, 2011년 이후 태국인 유학생의 국내 학위 취득률이 급격하게 증가하는 것을 확인할 수 있다. 특히 2011-2015년 학위

8 대부분 태국인 유학생의 논문이지만, 타 국적 외국인 논문도 소수 포함되어 있다.

논문 총 168편 중, 태국인 유학생의 논문이 91편으로 전체의 절반이 넘는 54%를 점유하고 있다.

태국인 유학생 최초의 국내 박사학위논문은 앞서 언급한 1968년 서울대에 제출된 교육 관련 논문이다. 그리고 최초의 국내 석사학위논문은 1990년 연세대에 제출된 "Foreign Direct Investment in Thailand by Korean Companies"(Bhandhumachinda Nitipat)로 경제 관련 논문이다. 이들 유학생의 학위논문 125편을 분야별로 살펴보면, 언어·문학·교육 분야가 55편으로 가장 비중이 높았다. 다음으로 사회·문화 분야 27편, 경제·경영·무역 분야 20편, 이공계 및 기타 분야 11편, 정치·외교 분야 9편, 선교·신학 분야가 3편이다. 구체적으로 태국인 학습자를 위한 한국어 교육 관련 연구가 가장 많았으며, '한류' 및 한국문화를 주제로 한 연구도 두드러지게 나타났다. 그리고 태국과 북한, 태국과 한국의 양자 간 정치를 다룬 논문 또한 눈에 띄는데, 정치 분야 대부분의 논문은 한국과의 비교적 관점에서 태국 정치를 다룬 연구들이었다. 이들이 학위를 받은 대학은 서울대가 21편으로 가장 많았으며, 이화여대(13편), 한국외대(12편) 등의 순이었다.

앞에서 밝혔듯이 학위논문이 양적으로 크게 증가한 시기는 대체로 1990년대 중반(1996-2000년) 이후부터며, 특히 2010년대 들어서(2011-2015년) 급증했다. 분야별 최초의 학위논문을 시기별로 살펴보면 다음과 같다. 경제·경영·무역 분야와 언어·문학·교육 분야 연구는 1970년 이전에 처음 이루어졌고, 정치·외교, 역사, 사회·문화 분야는 1971-1975년 사이에, 선교·신학 분야는 1986-1990년에 최초로 이루어졌다. 마지막으로 이공계 분야의 논문은 2001-2005년에 처음 제출되었다. 분야별 비중을 보면, 언어·문학·교육이 132편으로 가장 높았고, 다음으로 경제·경영·무역 83편, 사회·문화 54편, 정치·외교 40편, 선교·신학 33편, 이공계 및 기타 22편, 역사 6편의 순으로 나타났다.

〈표 4-1〉 태국 관련 석 · 박사학위논문의 5년 단위 분야별 내역 (년, 편수)

연도	경제 · 경영 · 무역	정치 · 외교	언어 · 문학 · 교육	역사	사회 · 문화	선교 · 신학	이공계 및 기타	합계
1970 이전	2	0	1	0	0	0	0	3
1971-1975	1	1	1	1	1	0	0	5
1976-1980	2	2	1	0	0	0	0	5
1981-1985	3	4	1	2	0	0	0	10
1986-1990	5	5	3	0	2	3	0	18
1991-1995	6	4	9	2	0	3	0	24
1996-2000	15	4	19	0	2	6	1	47
2001-2005	16	2	8	1	7	1	3	38
2006-2010	5	6	17	0	12	8	4	52
2011-2015	28	12	72	0	30	12	14	168
합계	83	40	132	6	54	33	22	370

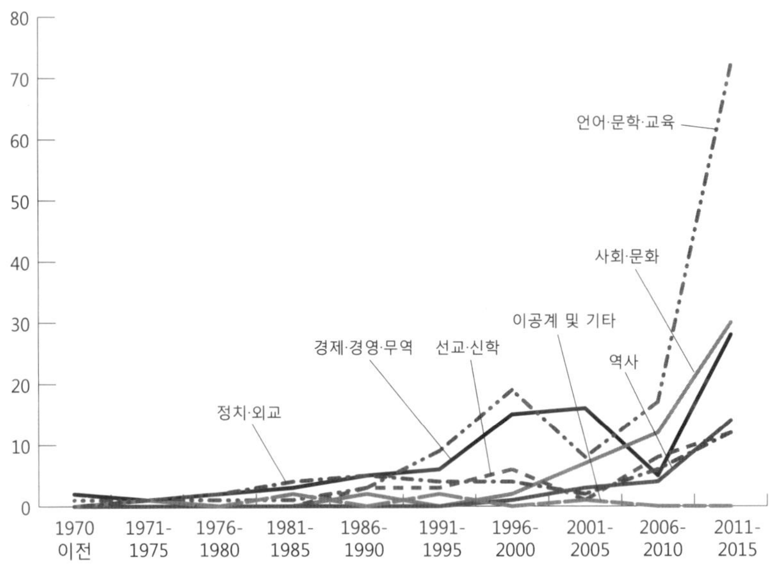

〈그림 4-3〉 태국 관련 석 · 박사학위논문의 5년 단위 분야별 추이 (년, 편수)

분야별 추이를 보면, 경제·경영·무역 분야 연구는 1996-2000년에 크게 증가했으나, 2006-2010년 일시적으로 크게 감소했다가, 2011-

2015년에 다시 급증하고 있다. 정치·외교 분야 논문은 2006-2010년 6편에서 2011-2015년 12편으로 두 배 증가했다. 언어·문학·교육 분야 논문은 1990년대 크게 증가했으며(1991-1995년 9편, 1996-2000년 19편), 2011-2015년에는 직전 분기와 비교해서 4배 이상 증가했다. 사회·문화 분야 논문은 2001년 이후 증가했다. 선교·신학 분야는 2006-2010년 이후에 증가하고 있다. 이공계 및 기타 분야 논문은 2011-2015년 사이에 크게 증가했으며, 이들 분야에는 생태 및 건축, 의학, 해양 관련 논문들이 있었다.

2. 학술지 논문

태국을 주제로 국내 학술지에 실린 논문은 한국교육학술정보서비스에서 '태국'과 '타이', '타일랜드'를 키워드로 검색하여, 작자미상의 글과 중복 게재 논문, 뉴스 브리핑 및 개황, 학술대회 초록이나 발표문, 서평, 외국인 논문, 번역문, 기행문 및 현장 체험 보고, 연구총서, 연구자료를 제외한 총 704편의 논문을 선별해서 분석했다.[9] 학술지 논문에서는 제목에 '태국'이라고 언급하지 않은 경우에도, 태국 소설명과 인명, 지명 등이 제목에 언급된 논문이 많았기 때문에 분석에 포함시켰다.

본 조사에 따르면, 태국 관련 최초의 학술지 논문은 연세대 대학원에서 발간하는 『연세논총(延世論叢)』 제8권에 1971년 김득렬이 영문으로 게재한 "Man's Concept of God Reflects His Cultural Value System as

9 편집실, 연구원자료, 협회명 등으로 표기된 글과 학생통역협회 등의 협회지는 제외시켰다. 또한 단순한 정보 제공을 목적으로 하는 국제지역정보 관련 글도 제외했다. 외국인 논문은 기본적으로 분석에서 제외시켰지만, 한국인과 공동저자일 경우는 논의에 포함시켰다.

Illustrated in a Comparative Study of Children in Korea, Japan, Thailand, Singapore, Indonesia: Implications for Christian Education"이라는 제목의 선교·신학 분야의 논문이다. 그러나 이 논문에서는 태국을 비교대상국의 일부로 다루고 있기 때문에, 단국사학회에서 발간하는 『사학지(史學志)』 8권에 1974년 게재된 송인서의 "Rama V(1868~1910) 시대의 태국의 사회개혁에 관한 소고"가 태국만을 대상으로 한 최초의 학술지 논문이라고 할 수 있다. 이듬해 김영수가 "태국과 파키스탄에 있어서의 정치와 군부: 군부의 정치개입을 중심으로 하여"(1975)라는 논문을 부산대 법학연구소에서 발간하는 『법학연구』 18권에 게재했고, 같은 해 송인서의 "태국의 근대화과정: Chulalongkorn시대(1868~1910)를 중심으로"(1975)라는 논문이 고려대 아세아문제연구소의 『아세아연구(亞細亞研究)』 18권 2호에 게재되었다. 1980년 이전까지 총 10편의 논문이 발표되었는데, 그중 송인서의 논문이 7편으로 모두 역사 분야에 대한 논문이다.

분야별 최초의 논문들을 살펴보면 다음과 같다. 경제·경영·무역 분야 최초의 논문은 한국외대 무역대학원에서 간행하는 학술지 『세우(世友)』 5권 1호에 게재된 "한국기업의 대 태국진출방안에 관한 연구"(이상훈 1983)다. 정치·외교 분야 최초의 논문은 앞서 언급된 1975년 『법학연구』 18권 1호에 게재된 김영수의 논문이다. 역사 분야에서는 1974년 『사학지』 8권에 게재된 송인서의 논문이 최초며, 사회·문화 분야 최초의 논문은 "태국, 인도네시아 및 한국 화교의 Ethnic Identity 문제"(박은경, 『한국문화인류학』 11(1), 1979)다. 선교·신학 분야 최초의 논문은 앞서 언급한 1971년 『연세논총』 8권 1호에 영문으로 게재된 김득렬의 글이다. 언어·문학·교육 분야에서는 "태국문자의 기원에 대한 고찰"(최창성, 『한국외국어대학교 논문집』 16(1): 1983)과 태국이 비교연구된 "동양과 서양의 도서관학 교육에 관한 고찰: 미국·영국·태국·홍콩"(박은영, 『연

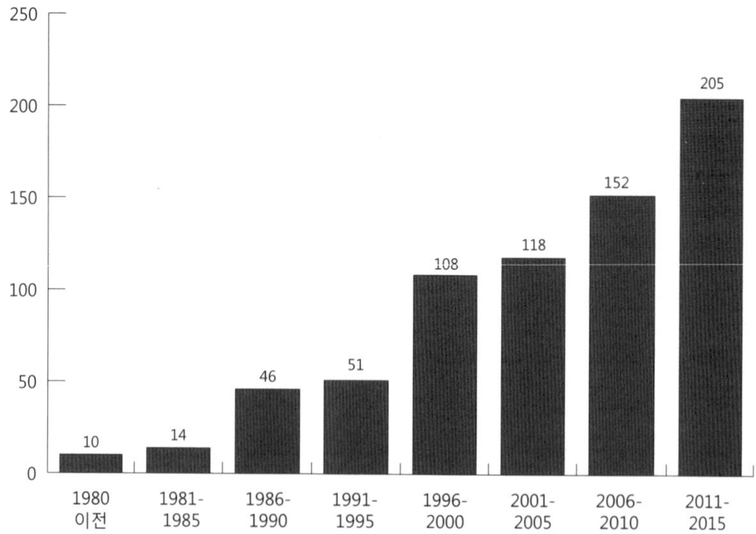

〈그림 4-4〉 태국 관련 국내 학술지 논문의 5년 단위 시기별 추이 (년, 편수)

주: 내국인이 국내 학술지에 게재한 논문 편수.

구논총』 11: 1983)이 있다. 마지막으로 이공계 분야 최초의 논문은 영남대 환경문제연구소에서 발간하는 『환경연구』 4권 2호에 영문으로 게재된 "Squatter Housing Settlements in Bangkok, Thailand"(우동기, 『환경연구』 4(2): 1984)이다.

태국에 관한 국내 학술지 논문 편수는 증가 추세에 있으며, 총 704편으로 집계되었다. 1980년 이전 10편에 지나지 않았던 것이 2011-2015년에는 205편을 기록하며 지난 35년간 한국에서 태국 연구는 양적 성장을 달성하고 있다고 평가할 수 있다.

〈그림 4-4〉를 보면 1981-1985년에 14편에 불과했던 태국 관련 학술지 논문이 1986-1990년에 46편으로 3배 이상 증가한 것을 확인할 수 있다. 이렇게 급격히 증가한 이유는 1988년 『태국학회논총』이 창간되었기 때문으로 분석된다. 실제로 이 기간 총 46편의 논문 중 『태국학회논총』에 게재된 논문이 절반에 조금 못 미치는 21편을 차지했다.

1991-1995년과 비교해서 그다음 분기인 1996-2000년에 논문 수가 두 배 이상 증가했으며, 2006-2010년 대비 2011-2015년에 논문 수가 다시 한 차례 크게 증가했다. 먼저 1996-2000년에 논문이 급증한 배경으로는 태국에 대한 관심 고조, 새로운 연구 인력의 등장, 중견 연구자의 왕성한 연구 의욕과 주제의 다양화 등을 들 수 있다. 특히 이 시기 학술지 논문은 세 분야에서 눈에 띄게 증가했다. 1997년 금융위기 발발에 따른 연구 결과물로서 경제 분야가 5편에서 17편으로 증가했으며, 언어·문학·교육 관련 논문이 9편에서 33편으로, 사회·문화 관련 논문이 8편에서 20편으로 증가했다. 그리고 2011-2015년에 논문이 급증한 이유는 언어·문학·교육 관련 논문이 43편에서 82편으로 큰 폭으로 증가했기 때문인데, 이들 분야에 대한 연구가 활발한 이유에 대해서는 뒤에서 살펴보겠다.

분야별 비중은 전체적으로 언어·문학·교육이 219편으로 가장 많은 비중을 차지하고, 정치·외교와 사회·문화가 각각 133편으로 공동 2위를 차지한다. 그다음으로 경제·경영·무역(92편), 역사(66편), 이공계 및 기타(56편), 선교·신학(5편) 순으로 나타났다.

분야별 추이를 보면, 언어·문학·교육은 1996-2000년과 2011-2015년에 급증하는데, 그 흐름은 앞서 살펴본 학위논문의 분야별 추이와 비슷하며, 현재 언어·문학·교육 분야의 비중이 가장 높은 것도 동일하다. 그러나 학위논문에서 최근 급증한 선교·신학 연구[10]는 학술지 논문에서는 그러한 추세가 이어지지 못했는데, 그 이유는 이들이 학술활동을 위해 학위를 취득하는 것이 아니라는 것을 의미한다. 역으로 학위논문에서 소수였던 역사 분야는 학술지 논문에서 일정하게 발표되고

10 2011-2015년에 선교·신학 분야는 12편으로 정치·외교 분야와 비중이 같다.

〈표 4-2〉 태국 관련 국내 학술지 논문의 5년 단위 분야별 내역 (년, 편수)

연도	경제 · 경영 · 무역	정치 · 외교	언어 · 문학 · 교육	역사	사회 · 문화	선교 · 신학	이공계 및 기타	합계
1980 이전	0	1	0	7	1	1	0	10
1981-1985	1	5	4	2	1	0	1	14
1986-1990	10	12	12	7	2	0	3	46
1991-1995	5	13	9	9	8	0	7	51
1996-2000	17	17	33	12	20	0	9	108
2001-2005	20	30	36	8	18	0	6	118
2006-2010	15	33	43	7	37	2	15	152
2011-2015	24	22	82	14	46	2	15	205
합계	92	133	219	66	133	5	56	704

있는데, 이는 역사학 학위를 받은 소수의 연구자들이 지속적으로 활발하게 활동하고 있음을 의미한다.

〈표 4-2〉와 〈그림 4-5〉를 보면, 2001-2005년 기간 중 전 분기 대비 정치·외교 분야 연구가 17편에서 30편으로 약 두 배 가까이 증가한 것을 알 수 있는데, 그 이유로 태국 내 정치변동이 주요 요인으로 지목된다. 태국에서는 탁씬 정권의 등장 이후 1997년 헌법에 의거해 이 기간 중 세 차례의 선거(2000년 상원의원 선거와, 2001년과 2005년 두 차례의 하원의원 선거)가 실시되었다. 정치 분야 논문 수의 증가는 탁씬의 등장과 정치적 반대세력 간의 대결구도, 태국 정당정치의 급변 등 2000년대 이후의 불안정한 태국의 정치적 상황과 무관하지 않을 것이다.

한편 2011-2015년 기간 중 언어·문화·교육 분야 연구가 전 분기 대비 43편에서 82편으로 두 배 가까이 증가했다. 앞서 살펴본 석·박사 학위논문과 학술지 논문 모두에서 언어 분야의 비중이 크게 확대된 이유는 태국 내 한국어 교육의 활성화라는 측면에서 살펴볼 필요가 있다. 태국 내 한국어 교육은 1980년대 중반 이후 본격적으로 시작되었으며, 한국어 교육과정이 최초로 개설된 곳은 쏭클라대학(Prince of Songkla

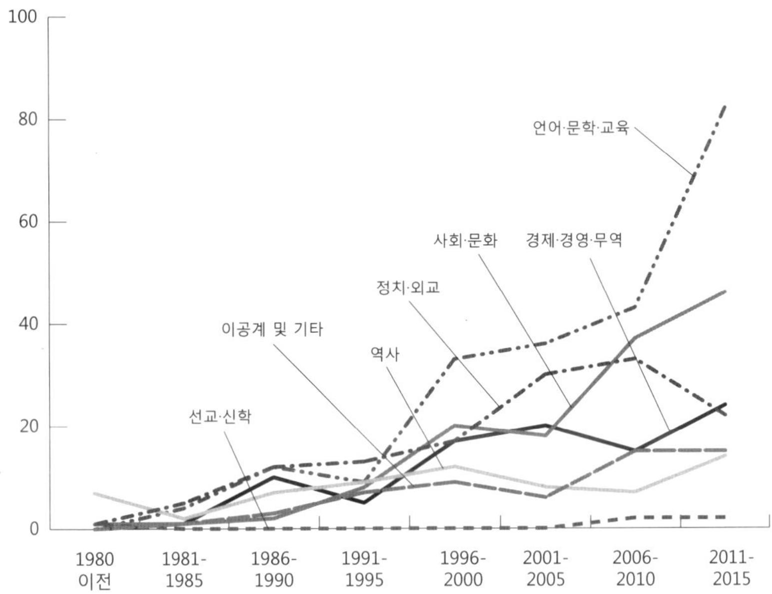

〈그림 4-5〉 태국 관련 국내 학술지 논문의 5년 단위 분야별 추이 (년, 편수)

University)이었다. 태국은 동남아시아에서 수능에 한국어를 포함시킨 최초의 국가이며, 해외에서 한국어를 수학하고 있는 학생 수를 가장 많이 보유한 국가이다. 현재 태국에서는 전공 과정이 개설된 8개 대학을 포함해 40여 개 대학에서 한국어를 가르치고 있다. 한편 2008년 태국 교육부가 한국어를 제2외국어로 중·고등학교에서 교육하기로 결정했고, 2011년 한·태 정상회담 이후 우리 정부는 매년 60여 명의 한국인 교원을 태국 중·고등학교에 파견해 왔다. 한국은 태국 중·고등학교에 한국어 교원을 파견하는 유일한 국가이기도 하다. 2016년 6월 20일 태국 대학총장협의회(CUPT)와 태국교육평가원(NIETS)은 한국어를 태국 대학입시 PAT(Professional & Aptitudes Test)의 제2외국어 선택과목에 포함[11]시키는 것을 결정했다. 2018년에 처음으로 시행된 첫 한국어 대학입시에서는 약 5,500명이 한국어시험을 치룬 것으로 알려졌다. 본고에서 나타난 국내 태국인 유학생의 급격한 증가와 태국의 언어·문화·교육 분야 논문 증가는 이와 같은 태국 내 한국어 교육의 열기와 관련이 있다.

3. 단행본

태국과 관련된 단행본 발행은 앞서 살펴본 석·박사학위논문 및 학술지 논문의 발행 수와 비교하면 양적으로 현저하게 저조하다.[12] 정부기관 및 정부출연연구소에서 발간된 정책보고서 및 여행안내서, 체험기 등 비 학술서를 제외하면, 태국과 관련된 단독 학술 단행본은 번역서 및 어학학습서를 포함해 87권에 지나지 않는다. 그중 어학을 제외하면 25권에 불과하다.[13]

총 87권의 학술 단행본은 어학 62권, 사회·문화 분야 14권, 정치·외교 분야 7권, 역사 분야 3권, 경제 분야 1권으로 구성된다.

단행본 중 가장 많은 비중을 차지하는 태국어 관련 서적은 한국외대와 부산외대 소속의 연구자를 중심으로 집필되어 꾸준히 출간되고 있다. 시기별로 보면, 1990년 이전에 발간된 단행본 총 21권 중 김영애의 『태국사』(1986)와 김영애의 문학 번역서 『짬렁, 내 삶의 이야기』(짬렁 씨므엉 1990) 두 권을 제외한 19권이 모두 어학 관련 서적이다. 최초의 어학책은 1966년 발간된 이교충의 『태국어 기초』이며, 3년 후인 1969년 최창성의 『타이어 연구』가 출판되었다. 이후 1970년대에 총 5권의

11 현재까지 태국 대학입시 제2외국어 선택과목은 불어, 독어, 일본어, 중국어, 아랍어, 팔리어 등이 있다.

12 단행본과 관련해서는 학술연구정보서비스를 기본적으로 이용하여 '태국'이라는 키워드로 검색했으며, 그 이외에 국내 온라인서점의 검색 기능도 병행했다.

13 개정판은 중복 산출하지 않았다.

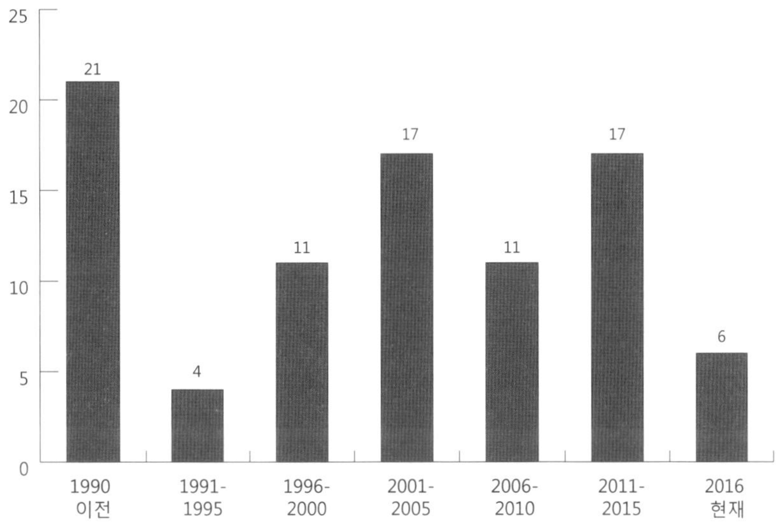

〈그림 4-6〉 태국 관련 학술 단행본의 5년 단위 발간 권수 추이 (년, 권수)

주: 2016년 현재는 2016년 7월 기준. 번역서, 언어학습서 포함.

강독, 작문, 문법과 관련된 태국어 학습서들이 출간되었으며, 1981년에서 1990년 사이에 총 13권의 어학책이 출판되면서 양적으로 크게 증가했다.

1991-1995년 사이에 4권의 단행본이 출판되었는데 어학학습서가 2권이며, 태국 문학작품 번역서가 2권이다. 1990년대 중반 이후가 되어서야 정치·외교, 사회·문화 분야 학술 단행본이 출간되기 시작하지만 현재까지도 양적으로 미미한 상태다. 그 이전까지는 대한상공회의소, 한국관광공사, 국제경제연구원, 관광산업개발원, 중소기업진흥공단, 한국관세협회, 외무부, 대한무역진흥공사, 대한상공회의소, 한국무역협회, 아시아경제연구소 등에서 태국의 시장 동향을 단편적으로 조사한 보고서가 출판되었을 뿐이다. 경제 분야의 유일한 단행본으로는 안종량의 『태국경제의 이해』(2004)가 있으며, 역사 분야의 단행본은 김영애의 『태국사』(1986)[14]와 조흥국·소병국의 『불교군주와 술탄: 태국과 말

〈표 4-3〉 태국 관련 학술 단행본의 5년 단위 주요 분야별 내역 (년, 권수)

연도	어학 · 문학	사회 · 문화	정치 · 외교	역사	경제	합계
1990 이전	20	0	0	1	0	21
1991-1995	4	0	0	0	0	4
1996-2000	6	2	3	0	0	11
2001-2005	10	4	1	1	1	17
2006-2010	7	3	1	0	0	11
2011-2015	11	3	2	1	0	17
2016 현재	4	2	0	0	0	6
합계	62	14	7	3	1	87

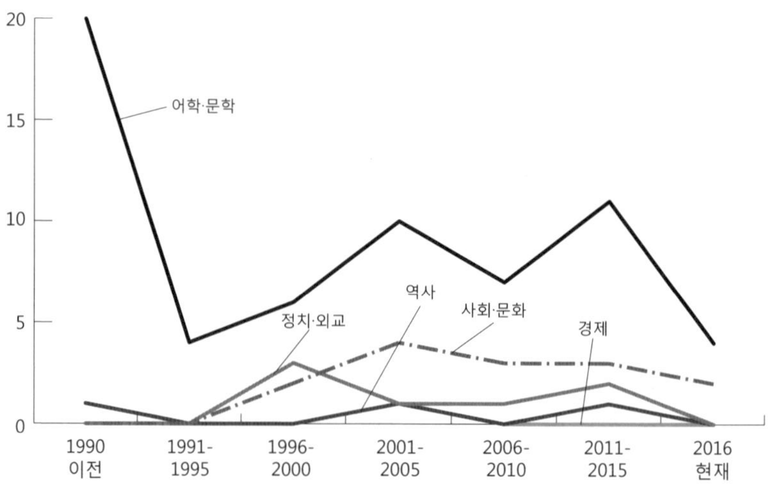

〈그림 4-7〉 태국 관련 학술 단행본의 5년 단위 주요 분야별 추이 (년, 권수)

레이시아 왕권의 역사』(2004), 조흥국의 『근대 태국의 형성』(2015)이 있다. 태국과 관련된 단독 주요 학술 저·역서는 〈표 4-4〉와 같다.

지금까지 태국과 관련된 단독 학술 저·역서를 분석했지만, 지역을

14 2002년 개정판이 출판되었다.

〈표 4-4〉 태국 관련 주요 학술 저 · 역서 (어문학 제외)

제목	저자 (역자)	출판연도	출판사
태국사	김영애	1986	한국외국어대학교출판부
태국 군과 정치	김홍구	1996	전예원
태국 현대정치의 이해	차상호	1995	한국외국어대학교출판부
태국의 이해	한국태국학회	1998	한국외국어대학교출판부
태국학 입문	김홍구	1998	부산외국어대학교출판부
태국 정치와 군부	황규희	1998	부산외국어대학교출판부
태국 사회와 문화	쑤팟뜨라 쑤팝(황규희)	2001	부산외국어대학교출판부
태국 현대 민주정치론	차상호	2003	한국외국어대학교출판부
태국의 전통 생활풍속	이한우	2003	뚜리문화사
태국 경제의 이해	안종량	2004	부산외국어대학교출판부
불교군주와 술탄-태국과 말레이시아 왕권의 역사	조흥국 · 소병국	2004	전통과 현대
태국불교의 이해	김홍구	2005	부산외국어대학교출판부
한권으로 이해하는 Thailand	김홍구	2006	부산외국어대학교출판부
태국-불교와 국왕의 나라	조흥국	2007	소나무
한태 관계의 어제와 오늘	한국태국학회	2008	세종출판사
태국 정치입문	김홍구	2008	부산외국어대학교출판부
탁신 아시아에서의 정치 비즈니스	파쑥 퐁파이찟 · 크리스 베이커(정호재)	2010	도서출판 동아시아
동아시아와 태국: 과거와 현재, 그리고 미래	한국태국학회	2011	한국태국학회
탁신과의 대화	톰 플레이트(김이숙)	2013	끌리는 책
물의 신 나가: 태국과 서태평양의 문화적 기원	쑤멧 춤싸이 (노장서 · 김인아)	2014	솔과학
한국-태국 관계사	정환승	2015	폴리테이아
근대 태국의 형성	조흥국	2015	소나무
춤 문화로 본 태국	서정록	2016	보고사
태국문화의 즐거움	김홍구	2016	스토리하우스
태국다이어리, 여유와 미소를 적다	박경은 · 정환승	2016	눌민

태국으로 한정하지 않고, 동남아를 포괄적 시각에서 다룬 태국 연구자의 저서 또한 눈에 띈다. 조흥국의 번역서 『한 권에 담은 동남아시아 역사』(밀턴 오스본 2000)와 『한국과 동남아시아의 교류사』(2009)가 대표적이다.

한편 1990년대 이후 복수의 '동남아' 연구자들의 연구결과를 엮은 학술 단행본의 발행이 활발하다. 그 예로 1994년 발간된 『동남아의 정치변동』에서는 윤진표가 "태국의 정치변동과 민주화의 과제"에 대해 집필했으며, 『동남아의 종교와 국가』(1999)에서는 "태국의 상좌부불교와 정치"를 주제로 김영애가, "태국의 이슬람"을 주제로 이병도가 집필했다. 『동아시아 위기의 정치경제』(1999)에서는 박은홍이, 『한국 속 동남아 현상』(2012)에서는 태국 연구자로서 김홍구, 이재현, 윤진표가 참여했으며, 『줌인 동남아시아』(2012)에서는 태국 문화와 예술을 주제로 황규희, 노장서, 김인규가 집필에 참여했다. 그 외에도 『동남아의 정당정치』(2001)와 『동남아의 구조조정과 개혁의 정치경제』(2005)에서는 윤진표가, 『동남아의 중산층, 시민운동, 지역사회』(2005)에서는 조흥국이, 『동남아의 경제위기와 정치적 대응』(2005)과 『동아시아의 한류』(2006), 『동남아의 헌정체제와 민주주의』(2014), 『동남아시아 종교 깊게 보기』(2017)에서는 김홍구가 부분집필을 담당했다. 그리고 『동남아시아 문화 깊게 보기: 세계문화유산을 중심으로』(2017)와 『위대한 지도자를 통한 아세안의 이해』(2017), 『동남아 문화 돋보기』(2019), 『총체적 단위로서의 동남아시아의 인식과 구성』(2019)에서는 이미지가 태국 연구자로서 집필에 참여했다. 이러한 현상은 동남아 국가별 연구에서 벗어나 동남아를 하나의 지역단위로 인식하고자 하는 최근의 연구흐름과 동남아에 대한 공동 프로젝트의 증가 때문으로 보인다.

비 태국 연구자가 집필한 단행본 중에 태국을 일부 다루는 경우도 있다. 전남대 대학원 국제통상학과 강영문 교수가 집필한 『동남아 지역연구』(2010), 『동남아 경제의 그늘과 무지개』(2013), 『동남아 이슬람문화와 비즈니스』(2015) 등의 저서에서 태국이 한 부분으로 다루어졌다. 그 외에도 세계 각국의 행정을 비교한 행정학 교재 『비교행정론』(김광웅 외 2004)과 아시아 각국의 사회 문화에 대한 개관적 성격을 지닌 단행본 『아시아의 이해: 사회와 문화』(천정웅 외 2015), 동남아의 불교에 대해 정리한 『제왕과 불교』(정진화 2015)와 같은 단행본에서 태국이 일부 언급되었다. 2000년대 이후 한국의 다문화 사회 편입과 함께 『다문화의 이해』(김하림 외 2011)와 같은 단행본에서 태국이 언급되는 경우가 증가하고 있다.

지금까지 살펴본 내용을 종합하면, 한국 내 태국 관련 단독 단행본 및 번역서는 언급한 바와 같이 크게 부족한 실정이다. 태국 연구에 있어 고전이라고 불릴 만한 저술의 번역이 단 한 권도 없다는 사실은 심각한 일이다. 이러한 실정은 우리에게 시사하는 바가 매우 크다. 짧지 않는 국내 태국 연구의 역사에 비해 학술 단행본 발간이 미미한 것은 태국 연구자들의 단행본 출판에 대한 관심과 기여가 매우 낮은 것을 의미하는 것이며, 그것은 국내 학계 시스템과도 무관하지 않다. 해외의 경우 박사학위 취득 후 수정 보완된 학위논문이 단행본으로 출판되는 경우가 많은데, 한국의 경우 학위논문이 학술지 게재에 그치고 있다는 점도 그 이유 중 하나일 것이다. 일본을 일례로 들면, 일본에서는 한국처럼 학위논문이 전자도서관 등 웹상에 전문이 그대로 공개되는 경우가 매우 드물다. 박사학위 취득 후 일정기간 요약본 등의 부분공개만 하고, 단행본으로서의 출판이 선행된다. 이는 출판되기 전에 웹상에서 전문이 노출될 경우, 출판사와 계약 체결이 어렵기 때문이다. 또한 한국 학계 전반에서 요구되는 양적인 연구 실적물에 대한 압박감도 많은 시간이 요구되는 단독 단행본 발간을 기피하는 요인으로 생각된다. 또 일반 대중의 태국에 대한 관심이 낮은 것도 그 이유 중 하나다. 태국에 대한 일반 대중의 관심은 '여행'과 '요리', '마사지', '골프' 등 여가활동에 편중되어 있다. 일반 대중에게 태국에 대한 관심을 증대시킬 수 있는 가장 유효한 방법은 단행본의 지속적인 발간일 것이다. 교양적·학문적 저술과 번역서의 결핍은 최근 확대되고 있는 태국에 대한 관심이 질적으로 도약하는 데 분명 걸림돌로 작용한다. 단행본 출간을 위한 학문적 인프라는 과거와 비교할 수 없을 만큼 공고화되었기 때문에 연구자들이 조금 더 많은 관심과 역량을 투자해야 할 것이다. 그것이 곧 대중의 관심을 끌어 오는 일일 것이며, 궁극적으로는 태국 연구의 질적 발전으로 이어질 것이다.

III. 태국 연구의 특징

1. 태국 연구자의 분류

현재 한국의 인문학 및 사회과학 분야에서 활동하고 있는 태국 연구자는 다음과 같이 크게 두 그룹으로 구분할 수 있다. 첫째는 태국 지역연구자가 태국의 정치, 경제, 언어, 문화 등 태국 연구를 수행하는 경우이며, 둘째는 특정 분과학문(Discipline)을 배경으로 하는 연구자가 연구대상 지역으로서 태국을 선택하는 경우, 또는 비교 검토 대상의 일부로서 태국을 추가하는 경우다. 다시 말하면, 전자는 태국 관련 학부(어문학)를 졸업하고 태국 관련 박사학위를 취득한 후 연구 활동을 지속적으로 하고 있는 연구자를 뜻하며, 후자는 비어문학 분야의 학부를 졸업하고 박사학위논문 주제에 태국을 포함시키거나, 또는 태국 관련 박사학위는 취득하지 않았지만, 그 후 태국을 대상지역으로 설정하고 꾸준히 연구 활동을 하고 있는 연구자를 뜻한다. 이러한 분류에 따르면 국내에서 활동하고 있는 핵심 연구자는 모두 29명이다.[15]

태국어 전공자 그룹의 시기별 박사학위 수여자를 10년 단위로 나누어 보면, 1990년 이전 3명, 1991-2000년 6명, 2001-2010년 5명, 2011-2016년까지의 6년간 6명으로 나타난다. 박사학위논문의 연구 분야로는 언어학 7명과 문학 3명, 총10명으로 어문학이 가장 많았으며, 정치·외교 5명, 사회·문화 4명, 경제 1명이었다. 이들이 박사학위를 취득한 대학은 한국외대가 8명으로 가장 많았다. 그 외 국내 대학으로는 고려대, 동국대, 성신여대, 동아대, 계명대, 부산외대가 있었고, 해외 대학으로는 태국의 씨나카린위롯대학(Srinakharinwirot University)과 쭐라롱껀대학(Chulalongkorn University), 탐마쌋대학(Thammasat University), 쏭클라대학(Prince of Songkla University), 미국의 서던일리노이스대학(Southern Illinois University), 일본의 교토대학(Kyoto University)으로 조사되었다.

한편 학계에서 활발하게 활동하고 있는 비어문학 전공자의 핵심연구자 그룹은 9명이다. 이들의 박사학위 연구 주제는 태국을 대상으로 하거나, 비교대상의 일부로서 태국을 선택한 연구자가 8명, 박사학위논문에서는 태국을 다루지 않았지만 학위 취득 후 태국을 주 대상으로 연구하고 있는 연구자가 1명이다. 이들 그룹의 학위논문의 연구 분야를 보면, 정치·외교 분야가 4명으로 가장 많았고, 사회·문화 분야 4명, 역사 분야 1명이다. 학위를 받은 대학으로는 서울대(2명), 서강대, 연세대 등 국내 대학을 비롯하여, 싱가포르 국립대학(National University of Singapore), 사우스캐롤라이나대학(University of South Carolina), 함부르크대학(University of Hamburg), 위스콘신대학(University of Wisconsin-Madison), 호주 국립대학(Australian National University) 등의 해외대학으로 나타났다.

15 이 글의 분류 범주에는 소속되지 않지만 한국 내에서 태국학 연구를 초기에 견인해 온 핵심학자로는 최창성(어문학), 이교충(어문학), 송인서(역사) 등이다. 이들의 연구업적은 이후 태국학 연구에 큰 기여를 했다.

〈표 4-5〉 주요 태국 연구자의 박사학위 취득 연도와 연구 분야

연도	언어	문학	정치 · 외교	사회 · 문화	경제	역사	합계
1986	1						1
1990			3 (1)				3
1993			2			(1)	3
1998			(1)				1
2000	2	1	1	(1)			5
2002			(1)		1		2
2003				(1)			1
2005		1					1
2007				(1)			1
2009				1			1
2010		1		1			2
2011	2		(1)				3
2014	1			(1)			2
2015	1			1			2
2016				1			1
합계	7	3	9	8	1	1	29(9)

주: ( )는 비어문학 학부 그룹.

2. 태국 관련 3개 주요 국내 학술지 비교

태국 연구와 관련된 국내 학술지로는 한국동남아학회에서 간행하는 『동남아시아연구』, 한국외대 동남아연구소에서 간행하는 『동남아연구』, 한국태국학회에서 간행하는 『한국태국학회논총』 등 3개의 학술지가 대표적이다. 이 3개 학술지 모두 현재 한국연구재단의 등재지로 등록되어 있다. 이 3개 학술지는 이미 앞서 살펴본 제II절의 학술지 논문 부분에 포함되어 분석을 수행했다. 그럼에도 3개 학술지에 특화하여 세

〈표 4-6〉 핵심 태국 연구자의 박사학위 수여시기

박사학위 취득연도	연구자명
1986	이한우
1990	차상호, 윤진표, 김홍구
1993	황규희, 조흥국, 서경교
1998	박은홍
2000	이병도, 정환승, 윤경원, 최난옥, 심두보
2002	안종량, 이동윤
2003	김이선
2005	김영애
2007	이상국
2009	최정복
2010	신근혜, 이지은
2011	박경은, 김규식, 송경아
2014	홍혜련, 서보경
2015	이미지, 한선경
2016	이정윤

부적으로 비교·검토하는 이유는 국내 태국연구의 특징을 알아보고 문제점을 조명하기 위해서다. 전술한 바와 같이 이들 학술지는 발행 주체가 다르다. 분석을 통해 3개 학술지에서 연구자들의 선호도에 차이가 있음을 발견할 수 있었는데, 특히 외대와 비외대 출신 연구자들의 학술지 선택에 있어서 분리 경향이 뚜렷하게 나타났다. 3개 학술지의 상호간 저조한 인용 비율 또한 이러한 분리 현상을 뒷받침해 주고 있었다.

(1) 『동남아시아연구』

『동남아시아연구』의 게재 논문 중 태국 관련 논문의 비중을 살펴보았다. 이 학술지는 1992년부터 1996년까지 연 1회, 1998년부터 2008년까

〈표 4-7〉 핵심 태국 연구자의 박사학위 수여 대학

수여 대학	연구자명
고려대	최난옥
계명대	안종량
동국대	차상호
동아대	황규희
부산외대	한선경
서강대	박은홍
서울대	김이선, 송경아
성신여대	김영애
연세대	이동윤
한국외대	김홍구, 신근혜, 윤경원, 이병도, 이정윤, 정환승, 최정복, 홍혜련
호주국립대학 (Australian National University)	서보경
쭐라롱껀대학 (Chulalongkorn University)	이지은
교토대학 (Kyoto University)	이미지
싱가포르국립대학 (National University of Singapore)	이상국
쏭클라대학 (Prince of Songkla University)	김규식
서던 일리노이스대학 (Southern Illinois University)	서경교
씨나카릿위롯대학 (Srinakharinwirot University)	이한우
탐마쌋대학 (Thammasat University)	박경은
함부르크대학 (University of Hamburg)	조흥국
사우스캐롤라이나대학 (University of South Carolina)	윤진표
위스콘신대학(University of Wisconsin-Madison)	심두보

지 연 2회, 2009년부터 2013년까지 연 3회, 2014년 이후 연 4회 발행되고 있다. 조사 대상은 1992년 창간호부터 2016년 26권 1호까지 게재 논문으로 '서평', '연구노트', '참관기', '기획좌담'도 포함시켜 산출했다.

분석 결과에 따르면 『동남아시아연구』에 현재까지 게재된 전체

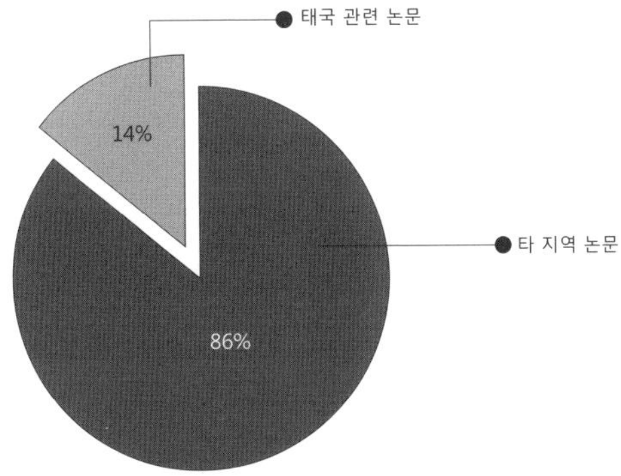

〈그림 4-8〉『동남아시아연구』 게재 논문 중 태국 관련 논문 비중

주: 1992년 창간호-2016년 26권 1호.

412편 논문 중 태국 관련 논문은 총 56편으로 14%를 차지했다. 『동남아시아연구』에 게재된 태국 관련 논문은 모두 한국인 연구자에 의한 것이며, 외국인 투고자의 논문은 단 한 편도 없었다.

『동남아시아연구』에서 태국 연구가 가장 활발했던 시기는 2001-2005년으로 18편을 기록하고 있으며, 그 반대의 경우는 2006-2010년(10건)이었다. 2006년 이후 동 학술지에서 태국 관련 논문 게재 비율이 크게 감소하고 있다. 그 이유 중 하나는 『동남아연구』와 『한국태국학회논총』이 등재후보 학술지로 각각 2005년과 2007년 선정됨에 따라 학술지의 수요가 크게 확대되었기 때문이다.[16] 또 다른 이유는 외대 특히 한국외대 소속 학자들의 동 학술지에 대한 소극적인 참여를 들 수 있다. 이 부분에 대해서는 뒤에서 자세히 검토하겠다.

『동남아시아연구』 게재 논문 중 태국 관련 논문의 분야별 비중을 보면, 언어·문학과 정치·외교가 각각 17편으로 가장 많으며, 사회·문

16 『동남아시아연구』는 1998년 7월 1일에 등재후보 학술지로, 2003년 1월 1일 등재학술지로 선정되었다.

〈표 4-8〉『동남아시아연구』 게재 논문 중 태국 관련 논문 편수와 비중 추이

	2000 이전	2001-2005	2006-2010	2011-2015	2016 현재	합계
전체 편수	92	91	88	134	7	412
타 지역 논문 편수	78	73	78	120	7	356
태국 관련 논문 편수	14	18	10	14	0	56
태국 관련 논문 비율	15%	20%	11%	10%	0%	14%

주: 1. 소수점은 반올림했다.
2. 2000년 이전은 1992년 창간호부터 1999년 8권까지 수치다. 단, 1995년에는 학회지가 출간되지 않았다. 2016년 현재는 26권 1호의 수치다.

〈표 4-9〉『동남아시아연구』 게재 논문 중 태국 관련 논문의 분야별 현황 (편수)

언어 · 문학	정치 · 외교	사회 · 문화	경제	역사	합계
17	17	9	8	5	56

화 9편, 경제 8편, 역사 5편이다. 앞서 전체 학술지 논문 분석에서 56편이나 차지한 이공계 및 기타 분야는 단 한 편도 발견할 수 없다는 사실에서 『동남아시아연구』는 인문학 및 사회과학 논문이 중점이 되고 있음을 확인할 수 있다.

(2) 『동남아연구』

한국외대 동남아연구소가 발행하는 『동남아연구』의 게재 논문 중 태국 관련 논문의 비중을 살펴보았다. 이 학술지는 1991년부터 2003년까지 연 1회, 2004년에는 연 3회, 2005년부터 2009년까지 연 2회(2007년에는 1회만), 2010년 이후(단, 2013년과 2014년에는 2회) 연 3회 발행되고 있다. 1991년 창간호부터 2016년 25권 3호까지 게재 논문을 조사대상으로 하여, 외국인 연구자의 태국 관련 논문도 포함시켜서 산출했다.

이와 같은 조사에 따르면, 전체 386편 중 태국 관련 논문은 총 99편

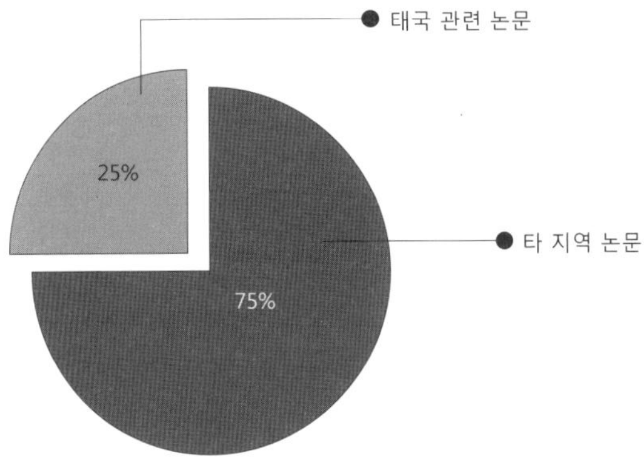

〈그림 4-9〉『동남아연구』 게재 논문 중 태국 관련 논문 비중

주: 1991년 창간호-2016년 25권 3호

으로 25%를 차지하면서, 『동남아연구』(1992-2016년)가 『동남아시아연구』(1991-2016년)보다 태국 관련 논문의 편수와 비중이 상대적으로 높은 것을 확인할 수 있다. 앞서 살펴본 『동남아시아연구』에서는 외국인 투고자의 논문이 한 편도 없었는 데 비해, 동 학술지에서는 전체 99편 중 14편의 논문이 외국인 투고자의 논문이었다. 모두 2006년 이후 게재된 논문이다(〈표 4-10〉 참조).

『동남아연구』에서 태국 연구가 가장 활발했던 시기는 2011-2015년으로 40편이었고, 그 반대의 경우는 2001-2005년 12편이었다. 앞서 살펴보았던 『동남아시아연구』에서는 2006-2010년에 태국 관련 논문이 크게 감소해 태국 연구의 정체기를 맞이했는 데 비해, 같은 시기 『동남아연구』에서는 태국 관련 논문 비중은 전 분기 17%에서 29%로 크게 증가했다. 2006년 이후 『동남아연구』에서 태국 관련 논문 게재 비율이 크게 증가한 것은 앞서 지적한 바와 같이 동 학술지가 2005년 1월 1일부터 등재후보 학술지로 선정(2010년 1월 1일 등재학술지로 등록)된 것과 관련이 있다고 볼 수 있다.

『동남아연구』 게재 논문 중 태국 관련 논문의 분야별 현황을 보면,

〈표 4-10〉『동남아연구』 게재 논문 중 태국 관련 논문 편수와 비중

	2000 이전	2001-2005	2006-2010	2011-2015	2016 현재	합계
전체 편수	61	69	91	150	15	386
타 지역 논문 편수	42	57	65	110	13	287
태국 관련 논문 편수	19(0)	12(0)	26(6)	40(8)	2	99
태국 관련 논문 비율	31%	17%	29%	27%	13%	25%

주: 1. 소수점은 반올림했다. ( )는 외국인 투고자 수다.
2. 2000년 이전은 1991년 창간호부터 1999년 8권까지 수치다. 단, 1998년에는 학회지가 출간되지 않았다. 2016년 현재는 5권 3호의 수치다.

〈표 4-11〉『동남아연구』 게재 논문 중 태국 관련 논문의 분야별 현황 (편수)

언어 · 문학	정치 · 외교	사회 · 문화	경제	역사	합계
53	17	18	1	10	99

총 99편의 논문 중 절반 이상을 차지하는 것이 언어·문학 53편이다. 다음이 사회·문화 18편, 정치·외교 17편, 역사 10편, 경제 1편으로 나타났다. 앞서 살펴본 『동남아시아연구』보다 언어·문학 분야의 비중이 매우 크다는 점을 확인할 수 있다. 구체적으로 『동남아시아연구』에서 17편(30%)의 어문학 논문이 게재되었는 데 비해, 『동남아연구』에서는 세 배 이상인 53편(54%)이었다.

(3) 『한국태국학회논총』

태국만을 대상으로 하는 전문 학술지 『한국태국학회논총』 게재 논문의 분야별, 시기별 추이를 살펴보았다. 1988년 창간호부터 2015년 22권 1호까지 분석했다. 단, 2003년 제10호가 학회 홈페이지 등에 부재했기 때문에 분석대상에서 제외했다. 1992년과 1993년에는 발행되지 않아서 1991년 제4호에 이어 1994년에 제5호가 발행되었다. 1994년부터 2002년까지 2년에 1회 간행되었으며, 2003년 이후 매년 발행되었고,

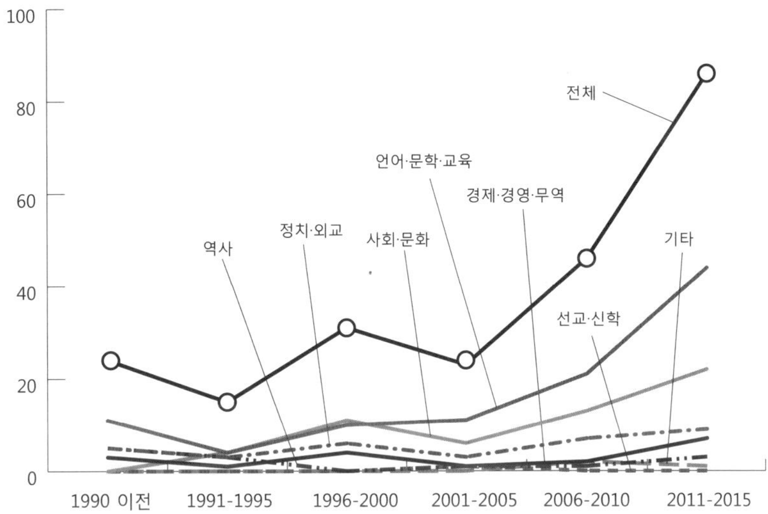

〈그림 4-10〉『한국태국학회논총』 게재 논문의 5년 단위 분야별 추이(년, 편수)

〈표 4-12〉『한국태국학회논총』 게재 논문의 분야별 현황 (년, 편수)

연도	경제 · 경영 · 무역	정치 · 외교	언어 · 문학 · 교육	역사	사회 · 문화	선교 · 신학	기타	전체
1990 이전	3	5	11	5	0	0	0	24
1991-1995	1	3	4	3	4	0	0	15
1996-2000	4	6	10	0	11	0	0	31
2001-2005	1	3	11	1	6	1	0	23
2006-2010	2	7	21	1	13	0	2	46
2011-2015	7	9	44	3	22	0	1	86
합계	18	33	101	13	56	1	3	225

2008년 15권 이후 현재 연 2회 발행되고 있다. 본 분석에서는 '특별기고'와 '연구노트', 외국인 게재자도 포함시켜 산출했다.

〈표 4-12〉와 같이 『한국태국학회논총』은 1990년 이전 24편의 논문이 수록된 것에 불과하던 것이, 2007년 등재후보지 선정과 함께 2006-2010년 46편, 2011-2015년 86편으로 급격하게 증가하며 태국

연구 전문 학술지로서 양적인 성장을 달성했다. 1988년 창간호부터 2015년 22권 1호까지 동 학술지에 총 225편의 논문이 게재되면서, 앞서 살펴본 두 학술지, 즉 『동남아시아연구』 56편과 『동남아연구』 98편과 비교해서 『한국태국학회논총』이 태국 관련 국내 최대의 학술지라고 할 수 있다.

분야별로 언어·문학·교육이 101편으로 압도적인 비중을 차지하고 있으며, 사회·문화 56편, 정치·외교 33편, 경제·경영·무역 18편, 역사 13편, 기타 3편,[17] 선교·신학 1편 순으로 나타났다. 특히 언어·문학·교육 분야의 논문은 2006년 이후 크게 증가하고 있는 것을 확인할 수 있다. 2011-2015년 기간 동안 게재된 논문 총 86편 중에서 언어·문학·교육 분야가 44편을 기록하면서 전체 논문의 절반 이상을 차지하고 있다. 즉 앞서 언급한 두 학술지에 비해 어문학 분야의 논문이 『한국태국학회논총』에 특히 많이 게재되고 있다는 것이다. 구체적으로 어문학 관련 논문 건수는 『동남아시아연구』가 17편, 『동남아연구』가 53편, 『한국태국학회논총』이 101편으로 파악되었다. 이는 동 학술지를 운영하는 주체가 주로 어문학을 전공한 현재 한국외대와 부산외대 소속의 학자들이며, 이들이 활발하게 연구 활동을 하고 있기 때문이다.

한편 2000년대 이후 외국인 게재자 비율이 크게 증가하고 있다. 특히 2001년에서 2010년 약 10년간 외국인의 논문이 약 40%를 차지하고 있다는 사실은 다른 두 학술지와 비교되는 특징이다. 그 이유는 다음과 같다. 우선 『한국태국학회논총』은 학술지 특성상 태국을 전문으로 하는 학술지로서 매년 발간되는 태국 관련 논문이 양적인 면에서 다른 두 학술지보다 훨씬 많다. 그러나 국내 태국 연구가 아직까지 신진학자로 활

17 기타에는 "태국의 왕도건축 연구"(노장서 2009: 16(1))라는 제목의 연구노트 등이 있다.

〈표 4-13〉『한국태국학회논총』 내국인과 외국인 논문 편수와 비중 추이

	1990 이전	1991-1995	1996-2000	2001-2005	2006-2010	2011-2015	합계
전체 편수	24	15	31	23	46	86	225
내국인 논문 편수	21	11	27	14	28	59	160
외국인 논문 편수	3	4	4	9	18	27	65
외국인 비율	13%	27%	13%	39%	39%	31%	29%

발하게 이어지지 못하여 수요대비 공급이 부족한 가운데 한국연구재단의 등재지 조건, 특히 논문의 양적 충당 및 투고비율을 충족시키기 위함일 것이다. 또한 한국과 태국 간 연구기관의 활발한 학술교류도 외국인 투고자 비율을 증가시키고 있다. 『한국태국학회논총』은 2007년 1월 1일부터 한국연구재단의 등재후보지로 선정되어, 2010년 1월 1일 등재학술지로 등록되었다. 현재 한국의 태국 연구는 소수의 연구자들에게 의존하는 경향이 강하다. 『한국태국학회논총』을 분석하면서 발견한 또 다른 특징 중 하나는 한국인과 태국인 연구자에 의한 태국어로 집필된 논문도 증가하고 있다는 점이다. 현재 동 학술지의 사용 언어는 한국어와 영어, 그리고 태국어가 허용되고 있다.

(4) 학술지 간 분리 양상

앞서 태국 연구자의 분류에서 현재 한국학계(인문학 및 사회과학 분야)에서 활동하고 있는 태국 연구자는 크게 어문학과 비어문학 그룹으로 나눌 수 있었다. 또한 『동남아시아연구』에서 태국 관련 논문의 비율이 줄어든 요인의 하나로 동 학술지에서의 외대 소속 학자들의 소극적인 참여를 지적한 바 있다. 이하에서는 3개 학술지의 어문학과 비어문학, 즉 외대와 비외대 학부 출신 연구자 비중을 분석하는 것으로 국내 태국 연구자들의 학술지 선호도 차이에 따른 분리 현상을 밝히고자 한다.[18] 국

〈표 4-14〉『동남아연구』 태국 관련 게재 논문 중 비외대/한국외대 학부 출신 연구자의 비중

(편수)

	2000 이전	2001-2005	2006-2010	2011-2015	2016 현재	합계
태국 관련 논문 전체	19	12	20	32	2	85
비외대	1	0	1	10	0	12
한국외대	18	12	19	22	2	73
한국외대 비율	95%	100%	95%	69%	100%	86%

주: 1. 외국인 게재자를 제외한 수치다.

2. 2000년 이전은 1991년 창간호부터 1999년 8권까지의 수치다. 단, 1998년에는 학회지가 출간되지 않았다. 2016년 현재는 2016년 25권3호의 수치다.

내 태국 연구가 한국외국어대학에 태국어학과가 설치되면서 발전되기 시작했으며, 초기 태국 연구를 외대 소속의 학자들이 중심이 되어 견인해 왔다는 점을 고려하면, 이러한 분석이 시사하는 바는 클 것이다.

〈표 4-14〉과 〈표 4-15〉는 각각 『동남아연구』와 『한국태국학회논총』의 비외대/한국외대 출신 연구자의 비중을 나타낸 것이다. 먼저 외국인 게재자를 제외한 『동남아연구』의 태국 관련 전체 논문 85편 중 한국외대 출신자의 논문이 73편으로 그 비율은 86%에 달한다. 반대로 비외대 출신자의 논문은 12편에 불과했다. 2010년까지 90% 이상을 차지하던 비율은 2011년 이후 조금씩 감소 추세인 것으로 보인다. 특히 2011-2015년 기간 중에는 연구주제가 다양해지고 새로운 연구 인력이 편입됨으로써 상대적으로 한국외대 출신자의 비율이 감소했다.

18 한국학계의 동남아연구와 관련된 내적 분리현상은 김형준·전제성이 2013년에 학술지 『아시아리뷰』에 게재한 "한국의 인도네시아 연구 동향: 외적 팽창의 지속, 내적 분리의 심화"에서 지적한 바 있다. 태국 연구 또한 비슷한 양상을 보인다.

〈표 4-15〉『한국태국학회논총』 게재 논문 중 비외대/한국외대 학부 출신 연구자의 비중 (편수)

	1990 이전	1991-1995	1996-2000	2001-2005	2006-2010	2011-2015	합계
전체	21	11	27	14	28	59	160
비외대	4	5	1	5	13	20	48
한국외대	17	6	26	9	15	39	112
한국외대 비율	81%	55%	96%	64%	54%	66%	70%

주: 외국인 게재자를 제외한 수치다. 2인 공저에서 어느 한쪽이 한국외대 학부 출신일 경우, 한국외대 논문으로 계산했다.

한편 외국인 게재자를 제외한 『한국태국학회논총』은 전체 논문 160편 중 112편이 한국외대 출신의 논문이었으며, 그 비율이 70%에 달하지만 『동남아연구』보다는 오히려 한국외대 출신 게재자의 비율이 낮았다. 특히 2006년 이후 비외대 출신 학자들의 논문 또한 크게 증가하고 있는 것으로 나타났다. 최근 2011-2015년의 수치를 보면 전체 59편 중 외대 출신자 논문이 39편, 비외대 출신자 논문이 20편으로 나타났지만, 외국인 논문 27편을 포함해 생각하면 오히려 비외대 출신 학자들의 게재비율이 높은 것을 알 수 있다.

마지막으로 한국외대 출신 연구자의 『동남아시아연구』 게재 비율

〈표 4-16〉『동남아시아연구』 태국 관련 게재 논문 중 비외대/한국외대 학부 출신 연구자의 비중 (편수)

	2000 이전	2001-2005	2006-2010	2011-2015	2016 현재	합계
논문 전체	14	18	10	14	0	56
비외대	7	6	9	7	0	29
한국외대	7	12	1	7	0	27
한국외대 비율	50%	67%	10%	50%	0%	48%

주: 1. 1992년 창간호부터 1999년 8권까지의 수치다. 단, 1995년에는 학회지가 출간되지 않았다.
2. 2016년 현재는 26권 1호의 수치다.

은 2001-2005년에 가장 높으며, 비외대 출신의 두 배에 이르렀다가 이후 크게 감소하고 있다. 이는 앞서 수차례 강조했듯이 『동남아연구』와 『한국태국학회논총』이 각각 2005년과 2007년에 한국연구재단 등재후보 학술지로 선정된 것과 무관하지 않다. 그뿐만 아니라 어문학 전공 출신이 많아서 『한국태국학회논총』에 투고를 많이 하고 있다고도 해석할 수 있다. 즉 어문학 전공자들이 『한국태국학회논총』을 상대적으로 선호하는 경향을 보이고 있는데, 이는 『한국태국학회논총』은 어문학 관련 논문의 게재율이 높으며, 『동남아시아연구』는 지역연구나 사례연구 중심의 논문 게재율이 높은 성향과도 관련이 있다.

이상을 종합하면, 한국외대 출신자의 게재 비율이 높은 학술지로는 『동남아연구』가 86%로 가장 높으며, 그 뒤로 『한국태국학회논총』(72%)이 따른다. 게재 비율이 가장 낮은 학술지는 『동남아시아연구』(48%)다. 논문 편수로 보면 『한국태국학회논총』이 112편으로 가장 많으며, 『동남아연구』가 73편, 『동남아시아연구』가 27편이다. 이러한 선호도의 차이는 『한국태국학회논총』과 『동남아시아연구』 두 개 학술지에 교차 게재하는 한국외대 학부 출신의 학자 수와 학술지 간 인용빈도 현황을 보면 더욱 극명하게 드러난다.

먼저 『동남아시아연구』와 『한국태국학회논총』을 비교할 때 학술지 간 연구자 교차 게재가 다소 제한적임을 알 수 있다. 두 개 학술지에 교차 게재하는, 즉 한 번이라도 두 학술지 모두에 게재한 적이 있는 전체 연구자는 모두 14명인데 이 중 한국외대 출신은 10명이다. 『한국태국학회논총』에만 게재한 한국외대 학부 출신 연구자는 11명으로 두 학술지에 교차 게재하는 연구자보다 많았다. 교차 게재하는 연구자라고 할지라도 게재 빈도 수에서는 『한국태국학회논총』이 『동남아시아연구』보다 훨씬 많았다.

한편 3개 학술지 간 분리 양상을 또 다른 측면에서 검토하기 위해

〈표 4-17〉『한국태국학회논총』과 『동남아시아연구』 게재자 중 한국외대 학부 출신 연구자[19]

『한국태국학회논총』에만 게재	『동남아시아연구』에만 게재	두 학술지 교차 게재
11명	없음	10명

3개 학술지에서 상호 인용한 비율을 한국연구재단 학술지인용정보를 이용하여 검색했다. 이에 따르면, 2016년 7월 15일 기준, 『동남아시아연구』에서 많이 인용한 학술지는 자기 학술지인 『동남아시아연구』가 25.7%의 인용비율로 전체 1위였으며, 『동남아연구』는 1.3%로 전체 8위에 머물고 있다. 『한국태국학회논총』은 순위에 포함되지 않았다. 그 외에 『동아연구』(6.7%), 『한국문화인류학』(5.2%), 『비교문화연구』(3%), 『한국정치학회보』(1.9%) 등이 상위에 포함되어 있다. 『동남아시아연구』가 많이 인용된 학술지는 자기 학술지인 『동남아시아연구』가 인용비율 25.7%로 1위를, 그 뒤를 이어 『동남아연구』가 13.5%로 2위, 『한국태국학회논총』이 9.5%로 3위다. 즉 『동남아시아연구』는 자기 학술지에서 가장 많이 인용하고, 또 인용되고 있으며, 『동남아연구』와 『한국태국학회논총』은 『동남아시아연구』를 많이 인용하는 학술지다.

한편 『동남아연구』에서 많이 인용한 학술지는 자기 학술지인 『동남아연구』가 14%로 1위를, 그 뒤를 『동남아시아연구』가 비슷한 비율인 13.5%로 2위를 차지했으며, 『한국태국학회논총』은 순위에 포함되지 않았다. 『동남아연구』가 많이 인용된 학술지로는 『동남아연구』 14%(1위), 『한국태국학회논총』 4.8%(2위), 『동남아시아연구』 1.3%(4위)다. 즉 『동남아연구』는 자기 학술지와 비슷한 비율로 『동남아시아연구』를 인용하고 있었다.

19 한국외대 학부 출신 연구자의 분리현상에 대해서는 김형준·전제성(2013) 논문을 참고했다.

『한국태국학회논총』에서 많이 인용한 학술지로는 자기 학술지인 『한국태국학회논총』이 전체 1위로 16.7%, 그다음으로 『동남아시아연구』가 9.5%(전체 2위), 『동남아연구』가 4.8%(전체 5위)다. 한편 『한국태국학회논총』이 많이 인용된 학술지로는 같은 학술지인 『한국태국학회논총』이 16.7%로 전체 1위를, 『동남아연구』가 0.9%로 2위를, 『동남아시아연구』가 0.2%로 4위를 차지했다. 1위와 2위 간 격차가 크며, 타 학술지에서 『한국태국학회논총』이 인용된 비율은 모두 1% 미만으로 나타났다.

정리하면 『동남아연구』와 『한국태국학회논총』에서는 『동남아시아연구』를 인용한 비율이 높은 데 비해 『동남아시아연구』는 두 학술지의 인용비율이 매우 낮다. 이는 『동남아시아연구』의 다른 두 학술지에 대한 폐쇄적인 태도로 이해할 수도 있으나, 보다 근본적으로는 『한국태국학회논총』은 어문학 전공 논문이 많이 게재되고 있으며, 『동남아시아연구』에는 지역연구 논문이 주로 게재되는 분리화 현상이 고착화되고 있다는 사실에서 그 이유를 찾을 수 있을 것이다. 그러나 태국 연구가 차지하는 비율이 전체 4분의 1을 차지할 정도로 태국 관련 논문이 많이 게재되는 『동남아연구』에서 인용한 학술지 순위에 『한국태국학회논총』이 포함되어 있지 않다는 사실은 시사하는 바가 크다. 태국 관련 최대 전문 학술지인 『한국태국학회논총』은 내적 충실도 달성에 조금 더 집중해야 할 것이다.

IV. 맺음말

한국에서 태국 연구는 1960년대 후반에 경제 관련 석사학위논문이 최초로 제출되면서 시작되었고, 특히 1990년대 중반 이후 급속한 양적 성장을 달성해 왔다. 국내 최대 태국 관련 학술지인 『한국태국학회논총』을 비롯해서, 『동남아연구』, 『동남아시아연구』 등 3개 학술지에서만 최근 5년간 매년 30여 편의 태국 관련 논문이 발표되었다. 이러한 태국 연구의 양적 확대와 더불어 연구 분야는 과거에 비해 다양해지고 학문적 인프라 구축 또한 갖추어졌다.

한국 내 동남아연구 동향을 다룬 다른 선행 연구와 비교적 시각에서 바라보면, 한국 내 태국 연구는 어문학 및 교육 중심으로 이루어져 왔다는 것이 타 지역과 구분되는 가장 큰 특징이다. 물론 각각의 선행 연구마다 연구 방법 및 범위 설정이 다르기 때문에 단순비교에는 한계가 있다. 그럼에도 분야별로 보면, 한국 내 미얀마 연구는 정치·국제관계 분야의 연구가 어문학의 3배 이상을 넘으며 압도적인 비중을 차지하고 있으며, 언어, 문화, 역사와 같은 인문학 분야는 상대적으로 저조한 것으로 나타났다(오윤아 2013: 152, 156). 한편 한국 내 인도네시아 연구에서 학술지 논문의 분야별 현황을 보면, 사회·문화, 정치·외교, 경제·경영, 이공계 분야가 언어·문학 분야보다 상대적으로 높았다. 특히 정치·외교 분야는 언어·문학의 두 배가 넘었다(김형준·전제성 2013: 86). 학위논문에서는 최근 어문학 분야가 증가 추세지만, 전체적으로 경제·경영·무역, 정치·외교, 사회·문화 분야보다 낮았다(김형준·전제성 2013: 83). 정미경(2014: 117)의 한국 내 캄보디아·라오스 연구에서는 많은 연구들이 정치 및 국제관계, 경제와 관련된 분야에 집중되어 있었다. 한편 베트남의 경우 어문학 분야가 타 국가에 비해 차지하는 비중이 상대적으로 많았지만, 역사나 사회, 경제·경영 분야보다는 저조했다. 베트남과 관련된 학위논문에서는 경제 분야가 압도적으로 많은 것으로 나타났다(이한우 2013: 118). 말레이시아의 경우에도 학위논문과 학술지 논문에서 어문학 분야보다 타 분야의 비중이 높았다(김형종 2013: 112, 118).

전체적으로 한국 내 태국 연구는 언어·문학·교육 분야 중심으로 발전해 왔으며, 지금도 동 분야가 차지하는 비율이 학위논문과 학술지, 단행본에 이르는 모든 분야에서 가장 크며, 오히려 2000년대 중후반 이후 외국인 유학생의 국내 편입으로 이러한 경향은 더욱 가속화되고 있다. 태국이 타 동남아국가보다 경제·경영과 관련된 연구가 저조한 이유는 아마도 베트남과 인도네시아와 비교했을 때 한국과의 경제적 교류가 상대적으로 작기 때문일 것이다. 그뿐만 아니라 한국의 대 동남아 개발원조 또한 CLMV 국가, 즉 캄보디아, 라오스, 미얀마, 베트남에 집중되고 있기 때문이다. 필연적으로 태국에 대한 학문적 관심은 경제 분야보다는 어문학 및 교육, 사회·문화 분야로 집중되는 결과를 낳았다고 볼 수 있다.

해결해야 할 과제도 남아 있다. 지금까지 한국의 태국 연구가 양적인 면에서 비약적으로 발전해 왔다면, 앞으로는 질적 측면에서 어떻게 발전해야 할지 방법을 모색해야 한다. 본 연구를 통해 드러난 한국학계의 태국 연구가 직면한 과제를 정리하면서 본고를 마치고자 한다.

먼저 본 연구의 분석에서 나타난 학술지 간 분리 양상은 궁극적으로는 반드시 극복해야 할 숙제다. 연구자에 따른 학술지 선호도의 차이, 학술지 간 저조한 인용빈도가 분리 양상을 단적으로 나타내고 있었다. 본 연구에서 확인했듯이 연구자 자신의 전공에 따른 학술지 선호도 차이는 자연스러운 결과일지도 모른다. 그러나 학술지 간 저조한 인용빈도는 장기적으로 학계의 질적 발전을 저해하는 요인으로 작용할 수 있다. 타 학술지에 대한 폐쇄적인 태도는 지양되어야 할 것이다. 『동남아연구』와 『동남아시아연구』 두 학술지 모두 인용한 학술지 순위(2016년 7월 기준)에 태국 연구의 국내 최대 학술지라고 할 수 있는 『한국태국학회논총』이 포함되어 있지 않다는 사실은 시사하는 바가 크다. 먼저 타 학술지에 대한 '편견' 및 배타적 태도가 제고되어야 할 것이며, 좀 더 근본적으로는 『한국태국학회논총』이 내적 성장을 충실히 달성해야 할 것이다.

둘째, 차세대 연구자를 적극적으로 양성해야 한다. 태국 연구에 대한 수요는 앞으로도 꾸준히 증가할 것이다. 그러나 현재 많은 부분을 소수 연구자에 의존하고 있는 실정을 부정할 수 없다. 수요 과잉에 대한 공급 부족은 일부 학술지에서는 외국인 투고자 비율의 급증으로 나타났다.

셋째, 많은 외국인 유학생이 학위 취득을 위해 한국에서 수학하고 있다. 특히 2011년에서 2015년 사이 국내에 제출된 석·박사학위논문 절반 이상을 이들 유학생이 차지하고 있다. 태국인 유학생의 유입 증가는 장기적으로 국내 태국 연구의 질적 발전에 기여할 수 있다. 2015년까지 16명의 박사와 109명의 석사가 한국에서 배출되었다. 그러나 이들이 연구하는 주제는 주로 한류나 한국과 태국 양자 간 관계에 한정되고 있다. 예를 들어 이웃나라 일본의 대학원에서 동남아 유학생이 선택하는 주제는 매우 다양하게 분포되어 있다는 사실과 대비된다. 주제의 다양성에 대한 노력과 함께 한국에서 수학을 마친 외국인 졸업생들의 꾸준한 관리와 네트워크 구축이 필요할 것이다. 이들을 위한 장학금제도 또한 마련되어야 할 것이다. 이와 같은 노력이 결국 한국과 태국 학계의 양자 간 관계 및 국내 태국 연구의 질적 강화로 연결될 것이며, 나아가 아시아에서 한국이 동남아연구 중심국의 하나로서 자리매김하는 데 일조할 수 있을 것이다.

마지막으로 단행본 및 대중서 발간에 지속적인 노력을 기울여야 한다. 반세기가 넘는 태국 연구 역사에 비해 단행본 출간 실적은 매우 저조하다. 연구자들의 단행본 집필에 대한 노력과 실천이 무엇보다 중요하겠지만, 접근하기 쉬운 현실적인 방법 중 하나는 박사학위 취득 후 학위논문을 단행본으로 출간하는 것이다. 이를 위해서는 그러한 학계 분위기와 시스템이 만들어져야 하며, 학위논문의 단행본 출판에 대한 지원금을 학교 차원에서 확보하는 방향도 제언한다. 학위 취득 후 학위 논문을 전자도서관에서 전문 공개하는 것보다 다른 나라의 사례처럼 박사학위논문이 단행본으로 출판되기 전까지 부분 공개를 통해 시간을 확보하는 방법 또한 고려해 볼 만하다.

참고문헌

강영문. 2010. 『동남아 지역연구』. 서울: 두남출판사.

______. 2013. 『동남아 경제의 그늘과 무지개』. 광주: 전남대학교출판부.

______. 2015. 『동남아 이슬람문화와 비즈니스』. 광주: 전남대학교출판부.

고홍명. 1976. "태국의 경제사회 개발계획과 개발재정에 관한 연구." 한양대학교 박사학위논문.

김광웅 외. 2004. 『비교행정론』. 서울: 박영사.

김영애. 1986. 『태국사』. 서울: 한국외국어대학교출판부.

______. 2005. "한태 현대소설 비교연구: 염상섭과 씨부라파를 중심으로." 성신여자대학교 박사학위논문.

김영수. 1975. "태국과 파키스탄에 있어서의 정치와 군부: 군부의 정치개입을 중심으로 하여." 『법학연구』 18(1): 125-141.

김이선. 2003. "관광 발달에 따른 타이 수공예품의 생산과 의미체계의 변화: 치앙마이의 목공예 생산지 반타와이를 중심으로." 서울대학교 박사학위논문.

김하림 외. 2011. 『다문화의 이해』. 광주: 조선대학교출판부.

김형종. 2013. "한국의 말레이시아 연구 동향." 『아시아리뷰』 3(2): 107-138.

김형준 · 전제성. 2013. "한국의 인도네시아 연구 동향: 외적 팽창의 지속, 내적 분리의 심화." 『아시아리뷰』 3(2): 73-108.

김홍구. 1984. "타이 군부의 정치개입 원인에 관한 연구(1932-1976년)." 한국외국어대학교 박사학위논문.

______. 1990. "타이 군부의 정치개입 원인에 관한 연구(1932-1976년)." 한국외국어대학교 박사학위논문.

______. 1996. 『태국 군과 정치』. 서울: 전예원.

______. 1998. 『태국학 입문』. 부산: 부산외국어대학교출판부.

______. 2005. 『태국불교의 이해』. 부산: 부산외국어대학교출판부.

______. 2006. 『한권으로 이해하는 Thailand』. 부산: 부산외국어대학교출판부.

______. 2008. 『태국 정치입문』. 부산: 부산외국어대학교출판부.

______. 2016. 『태국문화의 즐거움』. 서울: 스토리하우스.

김홍구 외. 2005. 『동남아의 경제위기와 정치적 대응』. 서울: 폴리테이아.

______. 2006. 『동아시아의 한류』. 서울: 전예원.
______. 2012. 『한국 속 동남아 현상』. 서울: 명인문화사.
______. 2014. 『동남아의 헌정체제와 민주주의』. 서울: 명인문화사.
______. 2016. 『동남아시아 종교 깊게 보기』. 서울: 한·아세안센터.
노장서. 2009. "태국의 왕도건축 연구." 『한국태국학회논총』 16(1): 147-178.
문인원. 1982. "태국 근대화 과정에 있어서의 국왕의 역할." 한국외국어대학교 석사학위 논문.
박경은·전환승. 2016. 『태국 다이어리, 여유와 미소를 적다』. 눌민.
박은경. 1979. "태국, 인도네시아 및 한국 화교의 Ethnic Identity 문제." 『한국문화인류학』 11(1): 145-162.
박은영. 1983. "동양과 서양의 도서관학 교육에 관한 고찰: 미국·영국·태국·홍콩." 『연구논총』 11(1): 63-109.
박은홍. 1997. "발전도상국 공공경제의 정치경제: 타일랜드 국영기업 부문의 변화를 중심으로." 서강대학교 박사학위논문.
박은홍 외. 1999. 『동아시아 위기의 정치경제』. 서울: 서울대학교출판부.
서정록. 2016. 『춤 문화로 본 태국』. 서울: 보고사.
소병국. 2012. "동남아 지역연구를 위한 시론적 제언." 『한국태국학회논총』 18(2): 101-121.
송경아. 2011. "타일랜드 공공의료제도에 관한 연구: 탁신정부의 전국민의료 보장제도 성립을 중심으로." 서울대학교 박사학위논문.
송인서. 1973. "쭐라롱껀대왕과 태국의 근대화." 고려대학교 석사학위논문.
______. 1974. "Rama V(1868-1910)시대의 태국의 사회개혁에 관한 소고." 『史學志』 8(1): 69-86.
______. 1975. "태국의 근대화과정: Chulalongkorn시대(1868-1910)를 중심으로." 『亞細亞硏究』 18(2): 153-188.
신근혜. 2010. "『쿤창쿤팬』의 완텅과 『춘향전』의 춘향 비교연구." 한국외국어대학교 박사학위논문.
쑤멧 춤싸이 저. 노장서 · 김인아 역. 2014. 『물의 신 나가: 태국과 서태평양의 문화적 기원』. 서울: 솔과학.
쑤팟뜨라 쑤팝 저. 황규희 역. 2001. 『태국 사회와 문화』. 부산: 부산외국어대학교출판부.
안종량. 1984. "타이어시제에 관한 연구." 한국외국어대학교 석사학위논문.
______. 2002. "한-태 경제협력 증진을 위한 전략적 과제에 관한 연구." 계명대학교 박사학위논문.
______. 2004. 『태국 경제의 이해』. 부산: 부산외국어대학교출판부.
오스본, 밀턴 저. 조흥국 역. 2000. 『한 권에 담은 동남아시아 역사』. 서울: 오름.
오윤아. 2013. "한국의 미얀마 연구 동향." 『아시아리뷰』 3(2): 139-160.

외교부. 2014. 『태국개황』.
윤경원. 2000. "태국 수동구문에 관한 연구." 한국외국어대학교 박사학위논문.
윤진표 외. 1994. 『동남아의 정치변동』. 서울: 서울프레스사.
______. 2001. 『동남아의 정당정치』. 서울: 오름.
______. 2005. 『동남아의 구조조정과 개혁의 정치경제』. 서울: 폴리테이아.
이교충. 1966. 『태국어 기초』. 서울: 신신출판사.
이동윤. 2002. "동남아시아의 정당정치와 민주주의: 필리핀, 태국, 인도네시아의 사례비교." 연세대학교 박사학위논문.
이미지 외. 2017. 『동남아시아 문화 깊게 보기: 세계문화유산을 중심으로』. 서울: 한·아세안센터&동남아지역원.
______. 2017. 『위대한 지도자를 통한 아세안의 이해』. 서울: 한·아세안센터&동남아지역원.
이미지 외(박장식 엮음). 2019. 『동남아 문화 돋보기』. 서울: 눌민.
______. 2019. 『총체적 단위로서의 동남아시아의 인식과 구성』. 부산: 부산외국어대학교 출판부.
이병도. 1984. "태국의 관료제에 관한 연구." 한국외국어대학교 석사학위논문.
______. 2000. "태국 정당정치의 변동과 제도화 수준에 관한 연구." 한국외국어대학교 박사학위논문.
이병도 외. 1999. 『동남아의 종교와 국가』. 서울: 한국외국어대학교출판부.
이상훈. 1983. "한국기업의 대 태국진출방안에 관한 연구." 『世友』 5(1): 120-130.
이정윤. 2016. "태국의 '카렌족 생활방식 회복정책' 연구." 한국외국어대학교 박사학위논문.
이한우. 2003. 『태국의 전통 생활풍속』. 서울: 뚜리문화사.
______. 2013. "한국의 베트남 연구." 『아시아리뷰』 3(1): 109-158.
임종욱. 1967. "동남아 시장의 건오징어 수출 증진책에 관한 연구: 태국시장을 중심으로." 연세대학교 석사학위논문.
정미경. 2014. "한국 학계의 캄보디아 · 라오스 연구: 현황과 쟁점." 『아시아리뷰』 4(1): 95-136.
정진화. 2015. 『제왕과 불교』. 서울: 불교정신문화원.
정환승. 2000. "태국어의 사동 표현에 관한 연구." 한국외국어대학교 박사학위논문.
______. 2015. 『한국-태국 관계사』. 서울: 폴리테이아.
조흥국. 2007. 『태국-불교와 국왕의 나라』. 서울: 소나무.
______. 2009. 『한국과 동남아시아의 교류사』. 서울: 소나무.
______. 2015. 『근대 태국의 형성』. 서울: 소나무.
조흥국·소병국. 2004. 『불교군주와 술탄: 태국과 말레이시아 왕권의 역사』. 서울: 전통과 현대.

조홍국 외. 2005. 『동남아의 중산층, 시민운동, 지역사회』. 서울: 폴리테이아.
짬렁 씨므엉 저. 김영애 역. 1990. 『짬렁, 내 삶의 이야기』. 서울: 창.
차상호. 1980. "태국의 입헌 혁명과 그 영향." 한국외국어대학교 석사학위논문.
______. 1990. "태국 정치에 있어서의 피분 정권에 관한 연구." 동국대학교 박사학위논문.
______. 1995. 『태국 현대정치의 이해』. 서울: 한국외국어대학교출판부.
______. 2003. 『태국 현대 민주정치론』. 서울: 한국외국어대학교출판부.
천정웅 외. 2015. 『아시아의 이해: 사회와 문화』. 서울: 양서원.
최난옥. 2000. "한국·태국 근대문학의 비교연구." 고려대학교 박사학위논문.
최정복. 2009. "태국 매매춘 산업을 통해 본 국가정책, 불교, 성담론: 치앙마이 사례를 중심으로." 한국외국어대학교 박사학위논문.
최창성. 1969. 『타이어 연구』. 서울: 한국외국어대학교출판부.
______. 1976. "타이 정치에 미친 불교의 영향." 한국외국어대학교 석사학위논문.
______. 1983. "태국문자의 기원에 대한 고찰." 『한국외국어대학교 논문집』 16(1): 351-375.
파쑥 퐁파이찟 · 크리스 베이커 저. 정호재 역. 2010. 『탁신 아시아에서의 정치비지니스』. 서울: 도서출판 동아시아.
플레이트, 톰 저. 김이숙 역. 2013. 『탁신과의 대화』. 서울: 끌리는 책.
한국태국학회. 1998. 『태국의 이해』. 서울: 한국외국어대학교출판부.
______. 2008. 『한태 관계의 어제와 오늘』. 서울: 세종출판사.
______. 2011. 『동아시아와 태국: 과거와 현재, 그리고 미래』. 한국태국학회.
한선경. 2015. "태국인 학습자의 한국어 관계절 습득 연구." 부산외국어대학교 박사학위논문.
홍혜련. 2014. "태국 대학교 한국어 전공 교육과정 내용 연구." 한국외국어대학교 박사학위논문.
황규희. 1983. "태국의 정치발전과 10월 혁명." 한국외국어대학교 석사학위논문.
______. 1993. "태국 군부의 정치개입 원인 분석, 1976년 군부쿠데타." 동아대학교 박사학위논문.
______. 1998. 『태국 정치와 군부』. 부산: 부산외국어대학교출판부.
황규희 외(박장식 엮음). 2012. 『줌인 동남아시아』. 서울: 솔과학.

Bhandhumachinda, Nitipat. 1990. "Foreign Direct Investment in Thailand by Korean Companies." M.A.Thesis, Yonsei University.
Jeon, Jei-Guk. 1990. "The Political Economy of Micro-variation in East Asian Development Patterning: A Comparative Study of Korea, Taiwan, Singapore and Thailand." Ph.D. Dissertation, Ohio State University.

Jo, Heung Gug. 1993. "Die Politische Geschichte Thailands unter der Herrschaft Konig Narais: r.1656-1688." Ph.D. Dissertation, University of Hamburg.

Kim, Tuk-yul. 1971. "Man's Concept of God Reflects His Cultural Value System as Illustrated in a Comparative Study of Children in Korea, Japan, Thailand, Singapore, Indonesia: Implications for christian education." 『延世論叢』 8(1) 103-116.

Lee, Han-Woo. 1977. "A Constraction of Thai Texbook on Writing for Korean Students in Higher Education." M.A. Thesis, Chulalongkon University.

______. 1986. "The Saemaeul Undong of Korea: A Functional Analysis of Factors Learning to the Success in Rural Development." Ph.D. Dissertation, Srinakharinwirot University.

Lee, Ji-Eun. 2010. "How to make a Monster: Otherness in Contemporary Thai Horror Film." Ph.D. Dissertation, Chulalongkorn University.

Lee, Mi-Ji. 2015. "A Comparison of Japanese and Korean Media Strategies towards Southeast Asia: A Case Study of Thailand and Her Expanding Media Market." Ph.D. Dissertation, Kyoto University. (In Japanese)

Lee, Sang-Kook. 2007. "Integrating Others: A Study of a Border Social System in the Thailand-Burma Borderland." Ph.D. Dissertation, National University of Singapore.

Moon, Chang-Jin. 1986. "Women's Work and Fertility Preference in a Developing Society: Central Thailand." Ph.D. Dissertation, University of Chicago.

Park, Kyeong-Eun. 2011. "A polysemy of /ga̧da/ in Korean in Comparison to /pai/ in Thai: A Cognitive Linguistic Approach." Ph.D. Dissertation, Thammasat University.

Pratom, Sangswarng. 1968. "Demand and Supply of Elementary School Teachers in Thailand." Ph.D. Dissertation, Seoul National University.

Seo, Bo-Kyeong. 2014. "Suturing the World: The Micro-practices of Care and the Politics of Life in Chiang Mai." Ph.D. Dissertation, Australian National University.

Seo, Kyoung-Kyo. 1993. "Military Involvement in Politics and the Prospects for Democracy: Thailand, the Philippines and South Korea in Comparative Perspective." Ph.D. Dissertation, Southern Illinois University.

Sim, Doo-Bo. 2000. "Korean Big Business Awakens to Media Industry." Ph.D. Dissertation, University of Wisconsin-Madison.

Woo, Tong-Ki. 1984. "Squatter Housing Settlements in Bangkok, Thailand." 『환경연구』 4(2): 39-50.

Yoon, Jin-Pyo. 1990. "Formation and Transformation of the Modern State: A Comparative Study of the Nature and Role of the State in Indonesia, Thailand, and Vietnam." Ph.D. Dissertation, University of South Carolina.

제5장

한국의 필리핀 연구

정법모

I. 머리말

2019년이 되면 한국과 필리핀이 수교를 맺은 지 70년이 된다. 필리핀은 한국전쟁에 7,420명을 파견했을 정도로 양국 사이에 긴밀한 관계를 갖고 있다. 이러한 인연으로 오래전부터 양국 간 인적 교류가 시작되었으며, 특히 아시아 국가 중에서 일찍이 근대적인 대학이나 연구소가 발달한 덕분에 한국의 학생이나 전문가가 유학을 했던 곳이 필리핀이다. 농업과 임업 분야의 한국 관료나 학자들이 필리핀의 국제미작연구소(IRRI, International Rice Research Institute)에 파견되기도 했으며, 의학, 치의학, 약학 등의 분야에는 많은 숫자의 한국인들이 필리핀에서 공부를 하고 학위를 받았다. 그러나 양국 간의 오랜 인적 교류나 유학생 숫자에 비해서 국내에 필리핀을 전공하는 숫자는 현저히 적다. 본고에서는 그간의 한국에서의 필리핀 연구 역사를 살펴보고, 필리핀에서 유학한 사람은 많은 데 비해서 필리핀을 연구하는 학자는 왜 소수인지 그 배경을 살펴보고자 한다.

우선 본고에서는 정량적 분석을 중심으로 필리핀 연구사를 검토하기 위해, 한국인이 필리핀 관련하여 저술한 학위논문, 단행본, 학술지 논문을 찾아 분야별로 구분하고 그 연구 변화 추이를 분석해 보고자 하였다. 아울러 연구 동향을 인적 교류와 연계시켜 분석해 보기 위하여, 필리핀에서 유학한 한국인들의 연구 분야와 한국에서 유학하고 있는 필리핀인들의 연구분야를 비교해 보았다. 이를 통해 필리핀에서 공부한 대부분의 한국인들이 특정 분과학문에 대한 쏠림현상이 두드러졌다는 점과 양적인 풍요함에도 불구하고 필리핀 연구자가 극소수인 점을 발견하였다. 한편 국내에는 2000년대 후반 이후 필리핀 유학생이 급증했지만 이들도 한국보다는 필리핀 사례에 대한 연구를 주로 진행하고 있다. 필리핀에 대한 연구 논문이 국내에서 생산되었다는 측면에서는 긍정적이지만 필리핀에서 한국학이 발전하지 않고 한국 내에는 필리핀 연구 전통 수립이나 필리핀 학자와의 교류가 적다는 것을 의미하기도 한다. 이와 같이 연구 동향을 인적 교류와 연계시켜 분석함으로써, 한국의 필리핀인 연구의 한계를 살펴보고 진단하여, 향후 활발한 인적 교류만큼 양국 상호간의 연구가 더 활발해질 수 있을지 판단하는 것이 본고의 목적이다.

II. 양적 팽창과 주제의 다변화

1. 필리핀 연구자의 특성

국내에는 필리핀 연구를 주도하거나 대표할 만한 대학이나 연구소를 찾기 힘들다. 필리핀 어문학 관련 전공이나 지역학 전공이 전무했기 때문이다. 한 학자에 의해 필리핀 관련 논문이나 단행본이 지속적으로 출간되었다면 필리핀 전문가에 포함되는 것이 당연하겠지만, 학위논문 주제만 필리핀에 관련한 것으로 하고 관심 지역을 변경한 사람들이 많았다. 필리핀 연구자를 정의하는 것이 어렵지만, 본고에서는 일단 필리핀 전공자를 다음과 같이 정의하고자 한다. 필리핀과 관련하여 박사학위 이상의 논문을 쓰고 이후에 한 편 이상의 논문을 썼거나, 국내 학술지에 필리핀 관련 논문이나 단행본을 적어도 3편 이상 출간한 연구자로 정의했다.

최근 연구 동향과 관련하여 주로 살펴본 학술지는 『동남아시아연구』와 『아시아연구』, 『동아연구』, 『동남아연구』 등을 대상으로 했으며, 전반적인 학술 논문 추이를 보기 위해서는 국회 도서관의 학술 검색을 이용하였다. 1950년대 전후부터 2017년 상반기까지가 주로 검토한 시기이며, '필리핀'이라는 검색어를 주로 이용하여 자료를 찾고 학술정보검색 KISS를 통해 보완하였다. 한편 필리핀 연구를 한 것은 아니지만 양국 간의 학문분야 인적 교류에 대한 경향성을 파악하고, 인적 교류에 비해 필리핀 연구자가 적은 배경을 살피기 위해 한국연구재단에 해외박사취득 신고 데이터를 이용하여 필리핀에서 학위를 받은 사람들의 수와 주제를 파악했다. 또한 필리핀에서 학위를 받고 필리핀을 연구하는 학자와 한국을 비롯한 다른 국가에서 학위를 취득하고 필리핀을 연구하는 사람들 사이에 드러나는 일종의 '칸막이 현상'을 보기 위해 『동남아시아연구』와 『아시아연구』를 학술지의 주요 비교 대상으로 하였다.

이렇게 봤을 때 국내에 필리핀 전공자로 본고에서 지칭할 수 있는 연구자는 〈표 5-1〉과 같다. 이렇게 분류되는 필리핀 연구자는 국내 학위자가 6명, 필리핀 학위자가 6명, 그리고 미국 영국 등 기타 해외 학위 취득자가 8명이다.

필리핀 연구는 주로 필리핀의 대학과 미국에서 필리핀 관련 논문으로 학위를 취득한 연구자로부터 시작하였다. 대부분 사회과학 분야가 주류를 이루었는데 이공 분야나 농림업 부문에서 필리핀에 유학한 학자들은 일찍부터 많이 있었지만 그 주제가 특별히 필리핀 지역 주제와 관련되어 있지 않기 때문에 제외하였다. 1980년대 후반

〈표 5-1〉 필리핀 주요 연구자

성명	전공	수여학교	연도	학위 논문 관련	동남아시아연구	아시아 연구	기타
김성철	지역학	Univ. of the Philippines	1981	○	1		5
류석춘	사회학	Univ. of Illinois	1986		4		3/단행1
박사명	정치학	State Univ. of New York	1988	○	4		4
박승우	사회학	Univ. of Georgia	1991		4	1	12
권오신	역사학	Univ. of the Philippines	1992	○		5	17
정영국	정치학	연세대	1992	○	2		4/단행4
박기덕	정치학	Univ. of Chicago	1993	○	3		3
유왕종	정치학	Univ. of Santa Tomas	1993	○		5	6
박 희	사회학	연세대	1993		2	2	1
서경교	정치외교학	Southern Illinois Univ.	1993	○	2		10
박광섭	정치학	Univ. of Santa Tomas	1995			12	7
김건도	운동생리학	건국대	2001	○		2	1
김민정	인류학	서울대	2002	○	4		12
김동엽	정치학	Univ. of the Philippines	2003	○	8	2	11
이동윤	정치학	연세대	2002	○	1		10
김소연	지리학	King's College	2006	○			2
엄은희	지리학	서울대	2008	○	1		2
오윤아	정치학	Ohio State Univ.	2011	○	2		2
최나래	개발학	Univ. of Oxford	2013	○			2
정법모	인류학	Univ. of the Philippines	2014	○	2	1	1

미국에서 박사학위를 취득한 박사명과 류석춘은 현재까지도 필리핀 및 동남아 관련 연구를 계속하는 학자이다. 박사명은 그의 학위논문 "The State, Revolution and Development: A Comparative Study of Transformation of the State in Indonesia and the Philippines"에서 필

리핀과 인도네시아를 바탕으로 국가의 체제 변환에 관한 연구를 수행했다(Park 1988). 류석춘은 "The Contextual Effect of Dependency on Economic Development and Sectoral Inequality: A Cross-National Study"란 제목으로 제3세계의 저발전에 대한 박사논문을 제출했다(Lew 1986). 반면, 김성철은 "Correlates of Universalistic Value-Commitment Among Middle-Management Personnel in the Philippines"란 제목의 논문으로 1981년 국립필리핀대학(University of the Philippines)에서 석사와 박사학위를 받았다(Kim 1981). 필리핀의 가치나 전통사회구조, 그리고 필리핀 문화 및 인성에 대한 연구를 많이 진행한 김성철은 필리핀 인간관계의 특징이라고 일컬어지는 'pakikisama(동료맺기)'에 대해서 연구하기도 했다. 박사명과 류석춘이 여러 국가에 대한 비교 연구를 수행한 것에 비하여 필리핀 사회 특징에만 초점을 두었으며 1981년에 필리핀에서 사회과학 분야에서 박사학위를 받은 것도 매우 특기할 만하다.

1991년 미국 조지아대학에서 학위를 한 박승우는 "Agrarian Transformation and Colonialism in the Context of Capitalist Development: An Historical-Comparative Study of Korea and the Philippines"란 논문을 작성했다(Park 1991). 뒤를 이후 1990년대에는 정치학과 사회학 분야에서 필리핀에 관심을 가진 사람이 많아졌는데 필리핀 관련 논문이나 단행본도 이 시기에 조금씩 숫자가 늘기 시작했다. 이는 필리핀에서 1986년 민중 혁명이 일어난 이후 한국 학계나 시민사회에서 필리핀 정치나 민주주의에 관심을 많이 갖게 되었기 때문으로 보인다. 1990년대에 미국이나 필리핀이 아니라 연세대의 정치학과나 사회학과에서 국내 박사가 탄생한 점도 특기할 만한 점이다. 정영국은 "한국과 필리핀의 권위주의 체제변동에 관한 비교연구"를 연세대에 정치학 학위논문으로 제출하였다. 정영국은 이후에도 누구 못지않게 필리핀 관련 논문이나 단행본을 저술했다. 한편 권오신은 국립필리핀대학에서 학위를 한 연구자로서 필리핀 역사 관련 분야에서는 독보적으로 많은 논문을 생산해 왔다. 1990년대에 탄생한 박승우, 서경교, 박기덕, 유왕종, 박광섭 등은 이후에도 필리핀 연구를 지속했던 학자이다. 하지만 뒤에서 다시 언급하겠지만 지금까지 열거한 학자들이 같은 장에서 볼 수 없는 경우가 많다. 필리핀 연구자들 사이에 학회나 학술지를 매개로 서로 교류가 없는 칸막이 현상이 있기 때문이다.

2000년도 이후 국내에서도 여러 다양한 분야의 필리핀 관련 박사가 탄생했다. 인류학 분야에서 김민정은 필리핀의 여성과 모성을 주제로 박사학위논문을 작성했다. 필리핀 민도로에의 현지 조사를 기반으로 작성한 이 논문은 주제에서도 기존의 연구자와 다를 뿐만 아니라 방법론에서도 장기간의 현지조사를 바탕으로 했다는 점에서 차이가 난다. 뒤를 이어 정치학, 사회학 분야에서는 필리핀과 미국, 그리고 영국에서 학위를 받은 연구자가 생겨났고, 국내에서는 지리학, 운동생리학 등 전공 분야가 다양화되었다. 체육교육 관련 전공에서는 2000년대 중반 이후 필리핀 대학에서 박사학위를 받는 숫자가 급증했다. 2000년대 이후 국내에서 필리핀 관련 박사학위를 받는 사람의 숫자가 늘어나긴 했지만 전체적으로 그 증가폭은 완만한 편이다. 또한 최근의 박사학위 취득자들은 다문화, 아동 교육 등에서 한-필리핀 다문화 가정 사례나 필리핀 내 체류 한국인을 주제로 하고 있으나 지속적으로 필리핀 관련 논문을 작성하지 않는 경우가 많아 아직 필리핀 전공자로 보기 쉽지 않은 면이 있다.

2. 필리핀을 주제로 한 국내 석 · 박사학위논문

필리핀에 대한 최초의 학위논문은 1950년 성균관대 대학원에서 성내운이 석사학위논문으로 제출한 "비율빈 초등교육의 몇 가지 문제"가 처음이다. 1960년대와 1970년대에는 이러한 교육 제도에 대한 비교(이충원 1977)와 함께, 필리핀의 민법을 소개하거나(정건 1965) 친족법이나 상속법을 한국법과 비교하는(임나경 1965; 전정자 1966), 법학관련 석사학위논문들이 제출되었다. 교육학이나 법학 분야에서 여러 국가의 법이나 정책을 한국과 비교하기 위한 맥락이었던 것으로 보인다. 이충원(1977)의 "동남아시아에 있어서 구미제국의 식민교육정책에 관한 비교연구: 필리핀, 말레아 및 인도네시아에 있어서의 언어정책을 중심으로"는 국내 대학의 박사학위논문 중에서는 처음으로 필리핀에 대한 내용을 포함하고 있다. 1980년대에는 이러한 비교 작업이 이공계 분야, 경제·경영 부문으로 확대되었다. 선교나 신학분야 역시 증가하여 필리핀의 신학이나 필리핀 지역에 대한 선교 방안이 연구되기 이르렀다.

1990년대에도 이 분야에서 발표 논문이 증가하였다. 여전히 정치나 사회학 분야에서 필리핀과 베트남의 공산혁명을 비교하거나 태국과의 민주화 연구, 또는 한국과 비교하여 토지 개혁을 살펴본 논문 등이다. 하지만 "제3세계 여성노동에 대한 일고찰: 필리핀 사례를 중심으로"나 "한국 내 필리핀 근로자들의 생활실태와 삶의 만족도"처럼 필리핀을 특정한 주제로 한 학위논문들이 등장했다는 점이 특기할 만하다. 2000년대 이후 폭발적으로 증가한 학위논문 중에는 사회, 정치·외교, 문화 등 사회과학 분야의 논문이 많아진 점이 특히 주목할 만하다.

일례로 사회분야에서는 1990년대에 6편에서 2000년대에는 23편, 정치외교 분야에서는 7편에서 15편으로, 문화 분야에서는 1편에서 19편으로 급증하였다. 물론 신학 분야에서도 5편에서 20편으로 논문이 많이 증가했지만 이전의 흐름과 비슷하게 필리핀에서의 선교 전략이 주요한 주제였다고 한다면, 사회과학 분야에서는 한국 내 사회변화에 조응하여 국제결혼, 다문화, 이주노동, 국제개발협력 등의 주제가 석사나

〈표 5-2〉 필리핀 관련 석 · 박사학위논문

연도 \ 분야	이공계	농축산	사회	언어 · 문학	신학	정치 · 외교	경제 · 경영	문화	교육	계
1950년대	-	-	-	-	-	-	-	-	1	1
1960년대	-	-	3	-	-	-	-	-	-	3
1970년대	-	-	-	-	-	1	-	-	-	1
1980-1984	-	-	2	-	2	-	2	-	-	6
1985-1989	1	-	-	-	-	1	-	-	-	2
1990-1994	-	-	2	-	6	4	2	1	-	15
1995-1999	1	-	1	-	1	3	4	-	-	10
2000-2004	1	2	8	1	11	10	3	4	-	39
2005-2009	6	3	8	2	9	5	6	10	4	47
2010-2014	3	1	6	1	10	1	8	12	10	52
2015-2016	5	-	5	2	5	2	2	2	3	26
계	17	6	35	6	44	27	27	29	18	202

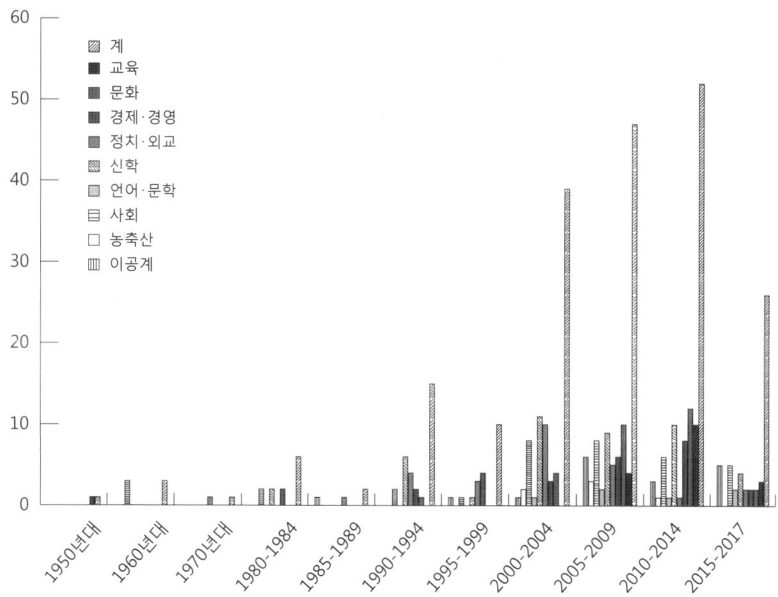

〈그림 5-1〉 필리핀 관련 석사학위논문

〈표 5-3〉 필리핀 관련 박사학위논문

분야 연도	이공계	농축산	사회	언어 · 문학	신학	정치 · 외교	경제 · 경영	문화	교육	계
1950년대	-	-	-	-	-	-	-	-	-	-
1960년대	-	-	-	-	-	-	-	-	-	-
1970년대	-	-	-	-	-	-	-	-	1	1
1980년대	1	-	-	-	-	-	-	-	-	1
1990-1994	-	-	-	-	-	1	-	-	-	1
1995-1999	-	-	-	-	-	1	-	-	-	1
2000-2004	-	-	-	-	-	2	1	-	-	3
2005-2009	2	-	1	-	-	1	1	-	-	5
2010-2014	-	-	2	-	1	-	3	7	-	13
2015-2016	-	-	1	-	1	-	1	1	-	4
계	3	0	4	0	2	5	6	8	1	28

박사학위논문에서 많이 다루어지기 시작했다. 주로 한국으로 이주한 이주노동자나 결혼 이민자, 또는 다문화 가정 자녀에 대한 연구가 급증한 것으로 볼 수 있다. 연대를 더 세분화하여 보면 2005년 이후 문화 부문에서 그 논문 수가 폭발적으로 증가한 것을 볼 수 있다. 문화 분야에서 급증한 논문들은 사회학이나 인류학에서뿐만 아니라 교육학, 신학, 언어 등의 학과에서 다양하게 작성되었다. 이러한 연구들이 주로 국내에 거주하는 필리핀을 대상으로 한 연구라고 한다면, 환경문제나 개발협력사업이 현지에 미치는 영향 등에 대해서 현지조사를 바탕으로 한 논문이 다수 증가한 것은 새로운 의미를 부여할 수 있다. 실제 대학교나 동남아학회 등에서 현지조사에 대한 경비를 지원하면서 학위 과정 학생들이 해외에서의 현지조사를 바탕으로 논문을 작성한 경우가 증가한 것으로 보인다(정법모 2004; 엄은희 2008; 양창원 2016).

박사학위논문에 한정해 보더라도 2000년대 이후에는 절대적인 논

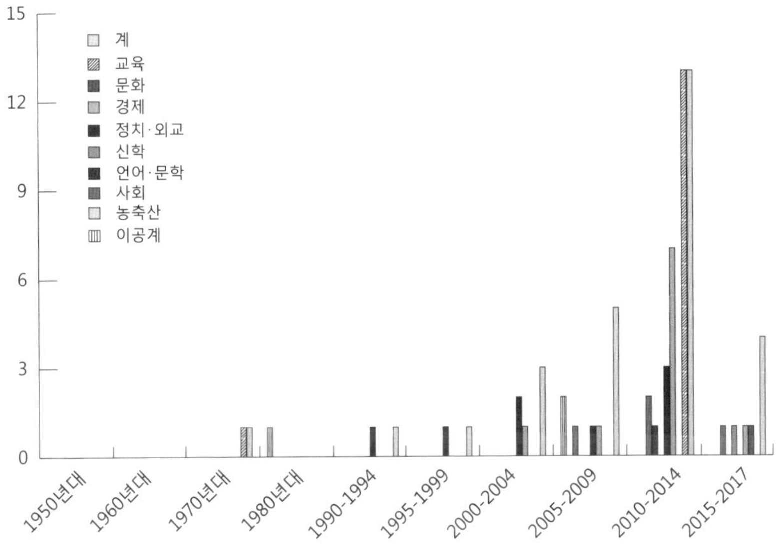

〈그림 5-2〉 필리핀 관련 박사학위논문

문 수가 증가했음을 볼 수 있다. 1990년대까지 국내 대학에서 필리핀 관련 박사학위논문이 작성된 것이 3편이었던 반면 2000년대 2016년까지 25편으로 급증했다. 2000년대에는 서울대, 이화여대, 강원대, 안동대, 경남대, 연세대, 동국대 등에서 정치학, 경영학, 인류학 등으로 학위논문이 작성되었다. 필리핀을 주요 대상으로 한 연구도 포함되었지만, 다른 인접 국가와의 비교 연구 비중 역시 높았다. 또한 필리핀 현지조사를 바탕으로 한 연구도 있었지만, 국내의 결혼이민자나 이주여성을 대상으로 한 연구도 많았기 때문에 이러한 연구자가 필리핀 연구자로 남지 않은 이유가 되기도 했다. 2010년대에 급증한 필리핀 관련 박사학위논문은 다양한 학교에서 배출되었다. 이에는 울산대, 부산대, 한국기술교육대, 숭실대, 계명대, 대구가톨릭대, 전북대, 한양대, 중앙대, 단국대, 한국학중앙연구원, 가톨릭대, 한서대, 백석대, 예일신학교, 서울벤처대학원대, 서울기독교대학원 등이 해당한다. 필리핀 관련 지역연구 전통이나 연구자가 없어도 국내의 필리핀 이주자나 필리핀에 대한 사례조사가 수행되었음을 보여 주는 결과이다. 연구 주제 역시 국제결혼이나 다문화 이슈 외에도 거버넌스, 자원개발, 마케팅, 군사 등의 분야에 대한 사례 연구로 확대된 것을 볼 수 있다. 신학대학원이나 교육대학원 이외에도 여성학이나 행정학, 국제학, 법학, 경영학 등으로 확대된 것도 하나의 특징이라고 할 수 있다. 여전히 2000년 이후 배출된 필리핀 관련 논문을 쓴 박사 중 몇 명이나 지속적으로 필리핀 연구를 하고 있는지는 다시 한 번 살펴볼 문제이다.

3. 필리핀을 주제로 한 학술지 논문

필리핀 관련 학술지 논문은 국회도서관 검색에서 '필리핀'[1]으로 검색했을 때 1,000편 넘는 수가 검색되지만 일반 학술잡지를 제외하고 짧은 기고문 수준이 아니라 일정 논문의 형식을 갖춘 논문으로 간추렸을 때, 400여 건으로 축소할 수 있다. 필리핀에 관한 정치·사회·역사에 관한 한국 내에서의 저술은 1930년대에 『삼천리(三千里)』, 『비판(批判)』, 『신조선(新朝鮮)』 등의 여러 문학잡지에 등장하지만[2] 학술지 논문으로 분류되기에는 미흡하여 생략하였고 논문의 등장은 1960년대 초로 보기로

1 '필리핀'이라는 단어를 넣어 종합검색 하는 방식을 사용했지만, '비율빈', '필립핀', '비국(比國)', '비도(比島)', 'Philippines'을 포함한 논문들이 같이 검색되었다. 물론 제목에 위와 같은 단어를 포함하는 논문만이 검색되므로 필리핀에 대한 논문들을 다 포함했다고 보기는 힘들지만 전체적인 경향을 파악하는 데에는 유효하다고 본다.

2 1930년대의 문학잡지에는 '비도독립운동과 미국'(이학중 1930), '비율빈은 독립되는가(김장환 1931), '식민지자치운동과 의회활동: 비도인의 최근활동과 의회'(김우평 1933) 등 식민지치하의 필리핀에 국내 지식인이 관심을 보였음을 알 수 있다.

한다. 1960년대부터는 대학교의 논문집에 정치, 경제, 사회제도 관련한 논문이 등장하기 때문이다. 이에는 "비율빈 행정경찰의 산고"(박형원 1962), "비율빈 철강업의 일본관의 관계"(김인옥 1962), "동남아세아의 정치연구"(신동욱 1964) 등이 속한다. 1970년대는 본격적으로 정치외교부문에서 학술논문이 발표되어 동남아국가와의 비교연구도 있었지만(이충원 1978; 한영란 1978), 필리핀 정당제도, 정치문화, 공산주의, 외교 등에 초점을 맞추어 본격적으로 필리핀을 다루는 논문들이(임성한 1972; 이태희 1972; 양동안 1975; 박주황 1979) 다수 발표되었다. 1980년대에는 오히려 필리핀만을 주제로 한 연구는 드물었으며 비교연구를 위한 대상으로 삼는 등 전반적으로 논문 숫자가 증가하지 않은 반면, 1990년대 이후에는 필리핀 정치·외교와 관련한 논문이 본격적으로 증가하기 시작하였다. 이는 1986년 민중 혁명 이후의 급변하는 필리핀 및 동남아 정세에 대한 관심을 반영한 결과로 보인다. 1990년에서 1994년 사이의 논문 총 19편 중 10편이 정치·외교분야였으며, 실제로 필리핀 민주화 및 사회변혁에 관한 논문(강태훈 1991; 강삼구 1991; 박사명 1991; 서경교 1994)이나 혁명 이후의 필리핀 정당 및 경제변화(정영국 1993; 박기덕 1994)에 대한 논문들이 출간되었다. 1990년대 후반에는 정치·외교와 관련하여 꾸준히 논문이 많이 생산되었을 뿐 아니라, 경제 및 경영과 관련하여 해외 투자대상으로서 통신시장에 대한 연구나(원종근 1997) 해외 한국기업의 고용관계에 관한(최백열 1998) 논문들이 생산되기 시작하였다. 코코넛 및 설탕, 그리고 미작분야에서의 생산관계를 정치경제학적인 입장에서 분석하기 시작한 박승우의 논문(박승우 1998a; 1998b)도 이 시기에 등장한다. 한편 1990년대부터 꾸준히 생산되는 역사 부문의 논문은 거의 대부분, 필리핀대학 역사학과 출신인 권오신에 의해 생산되고 있다.

2000년대가 되면 필리핀 주요 연구자로 분류되는 박사명, 박승우, 박광섭, 서경교, 김동엽, 이동윤 등을 중심으로 정치외교분야에 폭발적

〈표 5-4〉 필리핀 관련 학술지 논문

분야 / 연도	체육	이공계	농축산	사회	언어·문학	신학	정치·외교	경제·경영	문화	교육	역사	계
1960년대	-	-	-	1	-	-	1	1	-	-	-	3
1970-1975	-	-	-	-	-	-	2	-	-	-	-	2
1975-1979	-	-	-	-	-	-	5	-	-	-	-	5
1980-1984	-	-	-	1	-	-	-	1	-	-	-	2
1985-1989	-	1	-	1	-	-	3	-	-	-	-	5
1990-1994	-	-	-	3	-	-	10	3	-	-	3	19
1995-1999	-	3	-	2	-	-	9	7	-	-	5	26
2000-2004	-	6	-	14	1	2	25	8	7	1	4	68
2005-2009	-	15	-	26	4	-	34	6	12	5	3	105
2010-2014	-	22	-	21	13	2	20	13	29	4	6	130
2015-2016	-	5	-	13	3	-	5	4	13	-	1	44
계	0	52	0	82	21	4	114	43	61	10	22	409

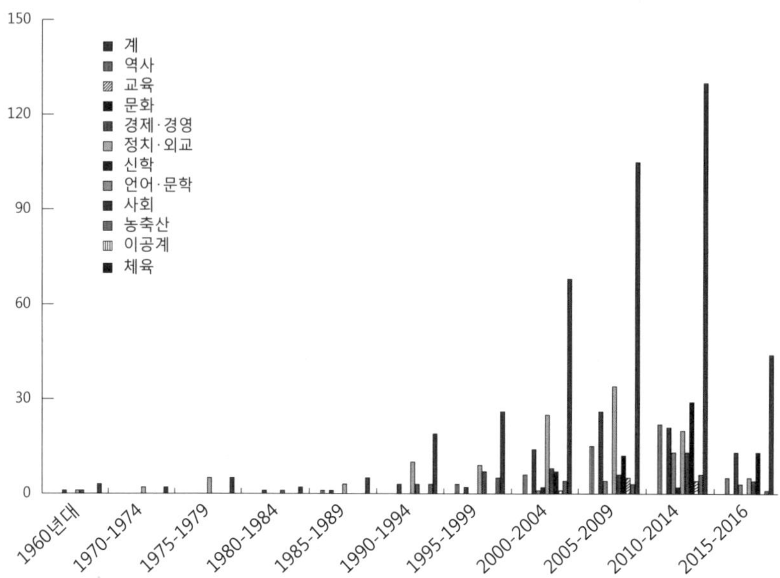

〈그림 5-3〉 필리핀 관련 학술지 논문

으로 많은 논문이 생산되어, 2000년에서 2004년까지에만 25편, 2005년에서 2009년까지 34편의 학술논문이 학술지에 게재되었다. 이 중에는 동남아시아 관련 연구 및 후학을 양성해 온 안청시(2000)의 논문도 포함된다(안청시·박기덕 2000). 전체적으로 정치학 분야에서 신진 연구자들이 양성되기 시작했고, 동남아연구 관련한 연구사업들이 수주하면서 양산된 결과로 보인다. 2000년도부터는 사회나 문화 분야에서 논문들이 많이 발표되는 점도 특기할 만하다. 2000년대 이후 한국 내 증가한 외국인 노동자나 결혼 이민자 수의 증가와 맞물려 이주노동자나(박경태 2001), 여성 및 아동(최동주 2004; 김환철 2004) 등의 사회 현안에 대한 연구 결과가 발표되었다. 동남아시아나 필리핀 한 국가에 대한 관심이 아니더라도 쟁점 및 이슈에 따라 관련 연구를 할 수 있다는 것을 의미하며, 한국 내에서 필리핀 출신 이주자들을 연구할 수 있게 되었음을 의미한다고 할 수 있다. 향후 가장 폭발적인 증가세를 보이는 문화 관련 연구는 2000년대 초반부터 서막을 보이기 시작했다. 2000년대 초기에는 박희나 김민정에 의해 필리핀 가족, 여성이나 전통적 가치에 관한 연구가 주를 이루었으나(박희 2001; 2002; 김민정 2001; 2002; 2004a; 2004b); 2000년대 후반에는 다양한 전공에서 결혼 이민자나 다문화가정 자녀에 대한 연구가 급증하고 있는 것을 알 수 있다. 사회나 문화 부문에서의 논문 증가가 국내에 있는 필리핀인이나 다문화 관련 정책에 관한 논문이어서 현지조사를 바탕으로 한 연구가 비례하여 급증한 것은 아니었다. 1990년대 이후 필리핀 관련 논문의 증가는 정치부문에서 견인했다고 한다면 2005년 이후는 사회나 문화 분야의 논문 수 증가폭이 크며, 2010년도 이후에는 정치 부문의 증가세는 다소 꺾인 점도 눈에 띈다.

전반적으로 2000년대 이후 양적인 증가와 함께 주제도 다양해지면서 다문화나 이주민에 대한 연구 외에 개발협력이나 공정무역, 생태 관광 등에 대한 연구(엄은희 2008; 2010; 김정희 2006; 김진선 외 2011)도 증가한 점도 새로운 추세를 반영하고 있는 것으로 보인다.

4. 필리핀 관련 단행본

국회도서관에서 필리핀 관련한 단행본은 수백 권이 검색되지만 이 중에서 순수 학술서는 손에 꼽을 수 있을 만큼 적고, 그나마 다른 동남아 국가와의 비교연구서가 많다. 순수 학술서적을 역서와 저서를 묶어서 보더라도 많지 않다. 초기의 필리핀 관련 서적은 무역투자공사나 법무부 등에 의해서 각국에 대한 개관이나 관계법령을 정리한 것이 대부분이며 필리핀에 대한 학술적인 목적을 가졌거나 필리핀 관련 역서가 발행된 경우도 드물었다. 이러한 문서나 단순 여행서를 제외하면 필리핀에 대한 단행본은 그 숫자가 매우 적어진다. 이렇게 종합하면 필리핀 관련 전문서적은 30권 내외로 간추려진다. 다만 필리핀은 영어로 쓰여진 문서가 많다는 특수성으로 인하여 필리핀 연구자가 아니더라도 역서는 일찍부터 있어 왔다. 1979년 카를로스 로몰로의 『슈퍼스타 막사이사이: 그는 필리핀 대통령이었다』가 번역되었으며, 1983년에는 『필리핀 정치론』이 임성한에 의해서 써졌다.

다만 특기할 만한 점은 1980년대 후반 및 1990년대 초반에 필리핀 민중혁명이 조명을 받으면서 저·역서가 증가했다는 점이다. 필리핀 민주주의 및 민중 혁명에 대한 책이 출판된 것은 1986년 필리핀에서 있었던 민중혁명에 대한 국내의 관심을 반영한 결과로 해석된다. 학계뿐만 아니라 시민사회 등에서도 민주주의 혁명에 대한 필리핀 사례가 비교대상이었다고 할 수 있으며, 필리핀에 대한 영문 서적들이 많았으므로 일반인들도 쉽게 접근할 수 있었던 것으로 볼 수 있다.

당시 필리핀은 1960년대 이후 독재를 유지하던 마르코스 대통령을 비판하던 니노이 아키노 상원의원이 미국으로 정치적 망명을 갔다가 돌아온 1983년 마닐라 공항에서 저격되면서 한 치 앞이 보이지 않는 정치적 소용돌이에 처한 상황이었다. 비슷한 정치적 환경을 보인 한국에서 필리핀 상황을 다룬 책이 많이 번역되기 시작했다. 필리핀 전문가가 아니더라도 영어 저서를 번역할 수 있었기 때문으로 보인다. 월던 베로 등이 쓴 『세계은행과 독재정권』(월던 벨로 1985)이 1985년 번역되었고, 『필리핀 민중운동사』(콘스탄티노 1985)도 역시 역서로 출간되었다. 『필리핀의 민중과 해방신학』(Habito 1986)이나 『실록 이멜다 마르코스: 필리핀 전 대통령 부인의 알려지지 않은 과거』(Pedrosa 1986), 『혁명의 노래: 필리핀 양심수들의 옥중투쟁기』(베니그노 아키노 외 1987), 『마르코스 광상극: 그는 필리핀의 영웅인가, 독재자인가』(맥더걸드 1987), 『필리핀 사회와 혁명』(Guerrero 1987)도 이러한 흐름 속에서 번역된 책이다. 한편 분도출판사가 편한 『민중의 힘: 1986년 필리핀 2월혁명 목격자들의 증언록』(분도출판사 1986)이나 아세아문제연구회가 엮은 『필리핀 민주주의』(아세아문제연구회 1986), 『아키노혁명과 신인민군』(일월서각 1987), 『필리핀 2월 혁명: 마르코스 독재정권의 붕괴와 민족민주운동』(한국기독교사회문제연구원 1987), 『좌절된 사회혁명: 미군정하의 남한·필리핀과 북한연구』(강정구 1989), 『전환기의 필리핀: 노동조합과 진보정치 운동』(진보정당 추진위원회 노동위원회 1993) 등은 필리핀 정치상황이나 사회운동을 이해하기 위한 한국의 지식인들이 직접 쓰거나 엮은 책으로 보인다. 이러한 사회운동에 대한 관심은 1990년 중반 이후 줄어들었고, 필리핀 관련 전문 서적 역시 찾아보기 힘들게 되었다.

1998년 여러 동남아 국가의 개별 국가 개론서를 내었던 양승윤의 『필리핀: 세계 최대의 로마 카톨릭 국가』(양승윤 외 1998)가 최근까지도 필리핀 국가 개론서의 대표서적이 되고 있다. 권오신의 『미국의 제국주의: 필리핀인들의 시련과 저항』(권오신 2000)과 정영국의 『필리핀의 정치변동과 정치과정』(정영국 2003)이 필리핀 전공자가 낸 대표적인 저서의 출발점이 될 듯하다. 2009년 베네딕트 엔더슨의 『세 깃발 아래에서: 아나키즘과 반식민주의적 상상력』이 서지원에 의해, 2015년 필리핀의 민족 영웅이라 불리는 호세 리잘의 『나를 만지지 마라』가 김동엽에 의해 두 권으로 번역된 점은 이러한 흐름 하에서 매우 주목할 만한 성과라고 할 수 있다. 필리핀에 대한 저명한 저서가 동남아 전문가에 의해 번역된 사례가 되기 때문이다. 2013년의 『디아스포라의 생활세계와 이주공동체: 재한 필리핀 이주자의 사회사』(최영균 2013)도 사회과학 전공서로 분류할 수 있을 듯하다. 2000년대 이후 필리핀을 소개하는 개론서나 선교나 투자의 경험을 담은 일반 서적, 다양한 형태의 여행 등에 대한 일반 저서가 많이 발행되었으나 전문 서적이라고 부를 만한 것은 적었다. 2000년대 이후 필리핀에 관한 학위논문이나 학술논문이 폭발적으로 증가한 것에 비한다면 필리핀에 대한 단행본이 여전히 매우 드물다는 점은 이해하기 쉽지 않다. 여전히 필리핀을 입문하고자 하는 일반인이나 학생들이 2003년에 발행된 양승윤의 『필리핀』을 참고로 하고 있다는 점은 많이 아쉬운 대목이다.

III. 인적 교류 확대의 역설

1. 양국 간 유학생의 증가

필리핀 연구사를 정리하면서 가장 이해하기 쉽지 않은 부분은 역시 필리핀 대학에서 공부했던 한국인이 매우 많았던 반면에 필리핀 연구자로 남은 사람은 소수에 불과하다는 점이다. 하지만 성과나 학술 업적으로만 필리핀 연구를 평가하기에는 아쉬운 부분이 있어, 사람의 이동이라는 점에서 필리핀에서 공부한 한국인들과 한국에서 공부한 필리핀인

〈표 5-5〉 필리핀에서 박사학위를 취득한 한국인 수

분야 연도	체육	이공계	농축산	사회	언어·문학	신학	정치·외교	경제·경영	문화	교육	계
1950년대	-	2	-	-	-	-	-	-	-	-	2
1960년대	-	-	-	-	-	-	-	-	-	-	-
1970년대	-	-	4	2	-	-	-	1	-	1	8
1980년대	-	-	11	3	3	1	-	11	-	5	34
1990년대	21	5	8	17	8	6	3	29	2	17	116
2000년대	16	7	3	10	1	16	1	18	-	27	99
2010년대	-	-	1	4	-	2	-	2	2	7	18
계	37	14	27	36	12	25	4	61	4	57	277

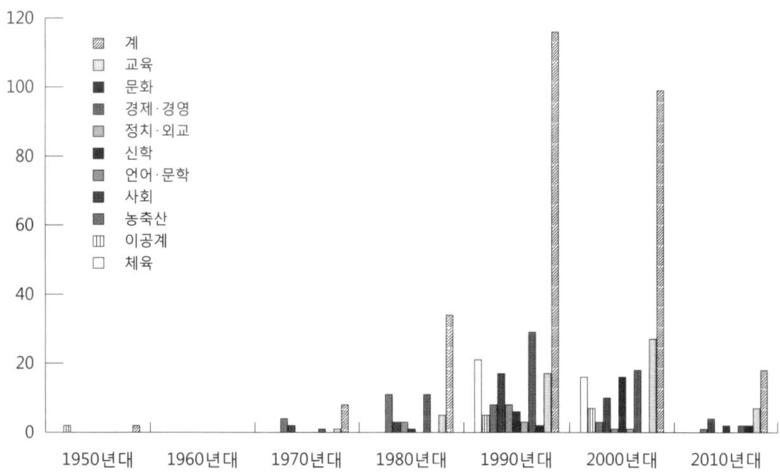

〈그림 5-4〉 필리핀에서의 학위 취득자

들을 정리해 보는 것은 필요한 작업이라 생각한다.

한국연구재단에 해외박사학위 취득 신고를 한 한국인을 기준으로 보면, 필리핀에서 유학하고 박사학위를 받은 사람이 300명에 육박한다. 물론 이들이 필리핀을 대상으로 연구했다고 볼 수는 없다는 자명한 사

〈표 5-6〉 한국에서 석 · 박사학위를 받은 필리핀인 수

분야 연도	체육	이공계	농축산	사회	언어·문학	신학	정치·외교	경제·경영	문화	교육	계
2000년 이전	-	-	-	-	-	-	-	-	-	-	0
2000년대	-	2	-	4	1	-	-	2	1	-	10
2010년대	-	10	3	10	2	1	9	7	5	3	50

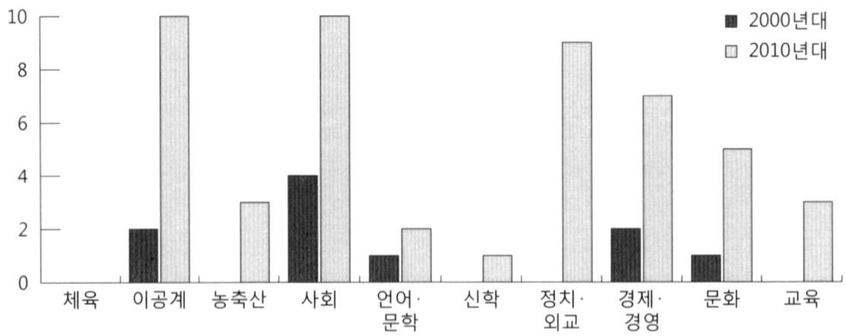

〈그림 5-5〉 한국에서의 필리핀 학위자

실에도 불구하고, 지속적으로 필리핀을 연구하는 국내 학자가 손에 꼽을 수 있는 수준이라는 점은 매우 큰 괴리라고 볼 수 있다. 이러한 불일치의 원인을 찾기 위해서는 필리핀에서 학위를 취득한 사람들의 전공이나 연구대상 지역에 대해 살펴볼 필요가 있다. 1970년대나 1980년대의 학위 취득자를 보면 농업, 축산, 임업 등의 분야가 많은 것을 볼 수 있다. 상대적으로 선진적이었던 필리핀 대학에서 한국의 학자나 관련 분야 관료들이 필리핀 대학에서 많이 유학했음을 보여 주는 결과이다. 국제미작연구소나 삼림원이 있었던 필리핀 대학의 로스바뇨스 캠퍼스에는 실제로 산림청이나 농촌진흥청 출신 관료나 이 분야 연구자들이 많이 유학을 하고 학위를 취득했었다. 하지만 임업, 농업 등의 분야에 대한 관심이 주를 이루었으므로 이들이 지역 연구자로 남는 경우는 드물었다고 볼 수 있다. 1990년대 이후에는 사회, 경영, 교육 등의 분야에서 한국 유학생의 숫자가 급증했다. 하지만 이들 대부분의 논문이 한국

〈표 5-7〉 필리핀에서 박사학위를 받은 한국인의 연구 지역

분야 연도	필리핀 연구	필리핀-한국 관계연구	한국 · 한국인 연구	타국 연구	일반	미확인	계
1950년대	-	-	1	-	1	-	2
1960년대	-	-	-	-	-	-	0
1970년대	2	-	1	-	3	2	8
1980년대	3	1	13	2	12	3	34
1990년대	24	16	40	5	18	13	116
2000년대	9	2	51	1	33	3	99
2010년대	9	-	3	1	5	-	18

을 사례로 한 경우가 대부분이어서 역시 필리핀을 연구했다고 보기는 어렵다. 〈표 5-7〉에서 보는 것처럼 대부분의 연구 대상은 한국이나 한국인이었음을 알 수 있다.

필리핀 유학생들의 유입은 2000년대 이후 시작되었고 2010년 이후로 기하급수적으로 증가했다. 한국 대학에서 외국인 유학생을 유치하기 위해 경쟁하던 시기와 맞물린다. 사회과학이나 이공계 분야가 많은 비중을 차지하고 있다. 하지만 표에서 보는 것처럼 대부분의 필리핀 학생들은 한국보다는 필리핀이나 필리핀과 한국을 비교하는 연구를 진행한 것으로 보인다.

결국 위와 같은 현상은, 필리핀 내에 한국학을 개설하고 있는 학교가 없고, 국내 대학에서 필리핀학과를 두고 있지 않은 현실과 맞물려 상대국 연구를 하는 학자가 남지 못하는 결과를 낳았다. 인적 교류의 증가가 학문적 발전에 이르지 못했음을 보여 주고 있는 현상이다.

필리핀에서 학위를 마친 사람이 필리핀 연구자로 남지 않는 현상은 논문 주제를 비교해 볼 때도 드러난다. 필리핀 관련 석박사학위논문이나 학술논문의 주제 경향을 보면 정치·외교, 사회, 문화 순으로 많았

〈표 5-8〉 한국에서 석 · 박사학위를 받은 필리핀인의 연구 지역

분야 연도	필리핀 연구	필리핀-한국 관계연구	한국·한국인 연구	타국 연구	일반	미확인	계
2000년 이전	-	-	-	-	-	-	0
2000년대	3	5	-	2	-	-	10
2010년대	31	14	-	4	-	-	49

던 것을 볼 수 있었다. 반면, 필리핀에서 학위를 받은 한국인의 논문은 경제·경영, 교육, 체육 등의 순으로 많았다. 체육, 농축산 등의 분야는 한국 학술지에서 거의 볼 수 없는 분야이지만 필리핀 학위논문에서는 많이 등장하며, 교육이나 신학 등의 분야도 상대적으로 높은 비중을 나타내고 있다. 결국 필리핀에서 유학하는 사람과 한국에서 필리핀을 연구하는 사람이 겹치지 않을 확률이 높음을 보여 주는 또 하나의 예라고 할 수 있다.

2. 지속적 필리핀 연구자의 부족과 국내 연구자들 간의 내적 분리

1990년대 이후 필리핀에서 학위를 취득한 사람들 중에는 체육 분야나 교육 분야의 학위를 받은 숫자가 매우 많다. 하지만 이들 중에 이후 국내 동남아 관련 학술지에 논문을 지속적으로 투고하는 사람은 매우 적다. 전술한 바와 같이 한국 사례를 주로 연구 대상으로 했거나 학위 취득 후에는 필리핀을 더 이상 연구 사례로 이용하지 않기 때문이다. 초창기에 역사학이나 정치학으로 필리핀에서 학위를 취득한 사람들은 현재도 필리핀을 연구 대상으로 하는 학자도 존재한다. 하지만 최근 필리핀을 대상으로 한 논문으로 필리핀, 한국, 미국 등에서 학위를 받은 사람들도 학위 취득 후 필리핀을 계속 연구하는 사람은 역시 많지 않다. 국내에서 필리핀 관련 논문으로 박사학위를 취득한 사람이 2000년대 이

후 25명에 달하지만 그중 대부분은 지역학보다는 전공관련 연구를 진행하거나 뚜렷한 후속 연구 성과가 없는 경우가 많아 필리핀 연구자로 분류하기에 미흡했다.

1990년대에 필리핀 대학에서 학위를 취득했던 학자들을 중심으로 필리핀 학회가 개설되기도 하였다. 초창기 학회 명단에는 일반인이나 기업인들을 포함해서 300명에 이를 정도로 활발했으나 몇 해를 넘지 않아 필리핀학회는 아시아학회라는 이름으로 변경되었다. 『필리핀연구』라는 학회지 역시 『아시아연구』로 변했다. 필리핀학회가 동남아관련학회로 발전하지 않고 아시아 연구로 변경된 점은 특기할 만하다. 필리핀학회가 기존의 동남아학회와 초창기에는 교류가 있었으나 어느 시점부터 단절이 보였고, 필리핀학회는 오히려 아시아학회라는 명분으로 외연을 변경했다고 볼 수 있기 때문이다. 『필리핀연구』나 『아시아연구』에 집중적으로 논문을 게재했던 박광섭이나 권오신은 『동남아시아연구』에 논문을 발표하는 경우가 매우 드물었고, 『동남아시아연구』에 주로 논문을 게재하던 학자들은 『아시아연구』에 발표하는 경우가 적었다. 다만 최근에는 이러한 경향이 다소 흐려지고 있어 『아시아연구』에는 동남아학회 소속의 학자들이 논문을 게재하고 있다. 또한 동남아시아학회 소속의 회원들이 아시아학회에 회원이 되거나 참가하는 경우도 이전에 비하면 많아지고 있다. 이러한 점은 매우 고무적으로 보이나 필리핀과 관련하여 특화된 학회가 명맥이 끊긴 점은 아쉬운 부분이다.

필리핀이나 필리핀어를 전공으로 하는 국내 대학이 없으면서 특정대학과 관련한 칸막이 현상은 필리핀 연구에서 존재하지는 않는다. 다만 필리핀 유학파와 기타 학자 간의 분리가 일정기간 존재했으며, 이러한 분리로 인해 필리핀과 관련된 학회가 더 발전할 동력이 줄어든 것으로 보인다.

IV. 맺음말

최근까지 300명이 넘는 한국인이 박사학위를 취득했을 정도로 필리핀은 한국인이 선호하는 유학국가이지만 지속적으로 필리핀을 연구하는 학자는 손에 꼽을 정도로 그 수가 적다. 시대별로 선호하는 학문 분야는 달랐지만 2000년대 이후로는 유학생의 수가 급증했을 뿐만 아니라, 정치학, 경제학, 교육학, 체육학 등으로 전공도 다변화되었다. 하지만 대부분의 학위논문이 한국을 주제로 택했거나 필리핀에 대한 논문을 작성했더라도 학위 취득 이후에 관련 연구를 더 이상 진행하지 않았기 때문에 한국 내의 필리핀 연구자는 드물다. 마찬가지로 필리핀인 중에 한국에서 유학하는 숫자도 2000년대 이후 급증했으나, 한국을 연구 대상으로 하는 연구자는 매우 적다. 이러한 현상은 양국에 상대국 관련 학과가 거의 전무한 실정과 맞물려 연구의 심화나 연구자의 확대를 저해하고 있다. 지역연구의 대상으로 국가를 선택했다기보다는 학위 자체를 목적으로 했기 때문이라고 볼 수도 있는 대목이다.

한때 필리핀 유학파를 중심으로 '필리핀학회'를 설립할 정도로 잠재적 연구자는 많았으나 이 학회는 오래 지속되지 않고 '아시아학회'로 변경되었다. 활발한 인적 교류에도 불구하고 상대국에 대한 연구가 많지 않다는 점이나 필리핀 연구자들 간의 내적 분리가 심하다는 점은 악조건이지만, 최근 이주, 다문화, 이중 언어 등에 대한 관심이 고조되면서 국내 석·박사 과정 학생들 중에 필리핀 관련한 논문을 작성하는 숫자가 많아지고 있다는 점은 매우 고무적이다. 이제 걸음마 단계이긴 하지만 부산외대의 동남아창의융합학부 내에 필리핀어 트랙이 신설된 점은 필리핀과 특화된 교육을 받는 사람이 배출되기 시작한다는 점에서 긍정적인 신호로 볼 수 있다. 양국 간의 무역확대나 국제개발협력상의 파트너로 부상하는 필리핀이, 위와 같은 다수의 잠재적 연구자 수를 배경으로 활발해질 수 있기를 기대한다.

본 논고는 제한된 검색어를 사용하여 검색 가능한 범위에서 동향을 살핀 것이기 때문에 많은 학자들의 연구 성과가 누락되었을 가능성이 있다는 점에서 분명 한계가 있다. 하지만 본고를 계기로 필리핀 연구 관련한 학자들이 현 상황에 대한 진단을 더 명확히 하고, 앞으로의 연구 발전을 위한 방법을 같이 모색하는 시작이 되기를 바란다.

참고문헌

강삼구. 1991. “마르코스정권하 필리핀의 사회변혁에 관한 연구.” 『지역연구』 1: 87-119.

강정구. 1989. 『좌절된 사회혁명: 미 군정하의 남한·필리핀과 북한연구』. 서울: 열음사.

강태훈. 1991. “민주화의 비교연구: 필리핀의 사례를 중심으로.” 『단국대학교논문집』 25: 287-306.

게레로, 아마도. 정종길 옮김. 1987. 『필리핀 사회와 혁명』. 서울: 공동체.

김민정. 2001. “아름다움과 도덕성: 필리핀 사회에서 여성성과 권력.” 『동남아시아연구』 12(1): 91-118.

______. 2002. “필리핀 친족의 양변성과 집단 만들기.” 『비교문화연구』 8(2): 3-36.

______. 2004a. “필리핀 농촌마을의 주민조직과 여성 리더십.” 『한국문화인류학』 37(2): 79-113.

______. 2004b. “필리핀 가톨릭의 성모 이미지와 어머니 역할: 부활절 의례를 중심으로.” 『비교문화연구』 9(2): 223-264.

김인옥 1961. “비율빈 철강업의 일본과의 관계.” 『경제학논집』 4(1): 588-605.

김정자. 1966. “비율빈 상속법의 비교법적 연구.” 이화여자대학교 석사학위논문.

김정희. 2006. “필리핀 네그로스 지역의 공정무역과 여성.” 『여성학 논집』 23(2): 109-145.

김진선 외. 2011. “필리핀 보홀 지역의 생태관광 실태분석.” 『산림경제연구』 18(1): 25-37.

김환철. 2004. “외국인 성매매여성의 실태조사를 통한 정책적 발전방안에 관한 연구: 경기북부의 필리핀·러시아 여성을 중심으로.” 『사회정책논집』 16(1): 31-56.

매일신문사 편. 일월서각편집부 옮김. 1987. 『아키노 혁명과 신인민군』. 서울: 일월서각.

맥더걸드, 찰스 C. 이광식 옮김. 1987. 『마르코스 광상극: 그는 필리핀의 영웅인가, 독재자인가?』. 서울: 삼우당.

박경태. 2001. “노동력 송출국에서 본 이주 노동자의 사회적 연결망: 필리핀의 가족과 공동체를 중심으로.” 『신학사상』 113: 26-48.

박기덕. 1994. “필리핀의 민-군관계와 아퀴노정부의 경제개혁.” 『국제정치논총』 34(1): 171-200.

박사명. 1991. “국가의 위기와 전화: 인도네시아와 필리핀의 비교.” 『국제정치논집』 31: 225- 255.

박승우. 1998a. “필리핀의 설탕과 코코넛 부문의 기원과 그 생산체제.” 『인문연구』 34:

159-187.
______. 1998b. “필리핀 미작부문 생산관계 구조의 변화와 농촌 계급구조의 재편.” 『사회과학연구』 17(2): 183-205.
박주황 1979. “필립핀 정치발전의 역사적 · 정치문화적 배경에 관한 연구.” 『사회과학연구』 6: 39-50.
박형원. 1962. “비율빈 행정경찰의 산고: 중앙수사국을 중심으로.” 『성균관학』 7: 138-139.
박 희. 2001. “필리핀의 가치체계와 사회조직 원리.” 『사회과학연구』 14: 287-307.
______. 2002. “필리핀의 가족주의와 사회적 자본의 문제.” 『아시아연구』 5(1): 123-158.
벨로, 월던 외. 김홍상 역. 1985. 『세계은행과 독재정권』. 서울: 사계절.
분도출판사 편집부. 1986. 『민중의 힘: 1986년 필리핀 2월혁명 목격자들의 증언록』. 서울: 분도출판사.
서경교. 1994. “군부의 정치퇴진에 관한 비교연구: 태국, 필리핀, 한국의 경우.” 『한국정치학회보』 27(2): 291-313.
성내운. 1950. “비율빈 초등교육의 몇 가지 문제.” 성균관대학교 석사학위논문.
신동욱. 1964. “동남아세아의 정치연구: 주로 필리핀과 인도네시아를 중심으로.” 『건국대학교학술지』 5: 181-222.
아비토, 루벤. 소 륜 옮김. 1986. 『필리핀의 민중과 해방신학』. 서울: 일신사.
아세아문제연구회. 1986. 『필리핀 민주주의』. 서울: 백양출판사.
아키노, 베니그노 외. 이상익 옮김. 1987. 『혁명의 노래: 필리핀 양심수들의 옥중투쟁기』. 서울: 다리.
안청시 · 박기덕. 2000. “필리핀 지방자치의 정치적 의의: 분권화와 참여를 통한 민주주의 공고화의 관점에서.” 『동남아시아연구』 9: 89-125.
양동안. 1975. “필리핀의 대중공수교와 그 국가적 장래.” 『정경연구』 126: 26-35.
양창원. 2016. “필리핀 남부 무슬림 평화협정에 관한 연구: 합의안 이행의 실패 요인 분석.” 서강대학교 석사학위논문.
엄은희. 2008. “환경의 신자유주의화와 제3세계 환경의 변화: 필리핀 라푸라푸 광산 프로젝트의 정치생태학.” 서울대학교 박사학위논문.
______. 2010. “반광산 지역운동과 다중 스케일적 연대: 필리핀 라푸라푸 프로젝트의 정치생태학.” 『공간과 사회』 30: 177-212.
______. 2010. “공정무역 생산자의 조직화와 국제적 관계망: 필리핀 마스코바도 생산자 조직을 사례로.” 『공간과 사회』 33: 142-180.
원종근. 1997. “필리핀 정보통신시장의 현황과 전망.” 『경제경영연구』 16(2): 57-74.
이충원. 1977. “동남아시아에 있어서 구미제국의 식민지교육정책에 관한 비교연구: 필리핀, 말레아 및 인도네시아에 있어서의 언어정책을 중심으로.” 성균관대학교 박사학위논문.

______. 1978. “식민지 통치하에 있어서 동남아제국의 교육정책에 관한 연구: 필리핀, 말레아 및 인도네시아를 중심으로.” 『성곡논총』 9: 277-338.

이태희. 1972. “필리핀 정치문화의 역사적 배경과 현대정치.” 『한국정치학회보』 6: 171-188.

임나경. 1965. “비율빈 친족법의 비교적 고찰.” 이화여자대학교 석사학위논문.

임성한. 1972. “필리핀 정당제도의 성격과 패턴연구.” 『정경연구』 8(통권 86호): 172-189.

정건. 1965. “비율빈 민법개설.” 서울대학교 석사학위논문.

정법모. 2004. “개발사업에의 주민참여와 NGO의 역할: 필리핀 라구나 제방 프로젝트의 사례연구.” 서울대학교 석사학위논문.

정영국. 1993. “필리핀 정당정치와 1992년 대통령 선거.” 『국제정치논총』 32(2): 151-175.

______. 2003. 『필리핀의 정치변동과 정치과정』. 서울: 백산서당.

진보정당 추진위원회 노동위원회. 1993. 『전환기의 필리핀: 노동조합과 진보정치운동』. 서울: 일빛.

최동주. 2004. “인도, 태국, 필리핀의 아동노동 현황과 배경요인.” 『동남아시아연구』 14(1): 201-246.

최백열. 1998. “한국의 동남아시아에 대한 직접투자전략: 말레이시아, 인도네시아, 태국, 필리핀을 중심으로.” 『지방자치연구』 6: 39-68.

최영균. 2013. 『디아스포라의 생활세계와 이주공동체: 재한 필리핀 이주자의 사회사』. 서울: 백산서당.

콘스탄티노, 레나토 외. 김호철 옮김. 1985. 『필리핀 민중운동사』. 서울: 동녘.

페드로사, 카르멘. 소륜 옮김. 1986. 『실록 이멜다 마르코스: 필리핀 전 대통령 부인의 알려지지 않은 과거』. 서울: 일신사.

한영란. 1978. “동남아 내셔널리즘에 관한 연구: 필리핀, 인도네시아, 버마의 민족혁명을 중심으로.” 『녹우회보』 19.

Kim Sung-Chul. 1981. “Correlates of Universalistic Value-Commitment Among Middle-Management Personnel in the Philippines.” Ph.D. Dissertation, University of the Philippines.

Lew Seok Cheon. 1986. “The Contextual Effect of Dependency on Economic Development and Sectoral Inequality: A Cross-National Study.” Ph.D. Dissertation, State University of Illnois.

Park, Sa-Myung. 1988. “The State, Revolution and Development: A Comparative Study of Transformation of the State in Indonesia and the Philippines.” Ph.D. Dissertation, State University of New York.

Park Seung Woo. 1991. “Agrarian Trans-formation and Colonialism in the Context of Capitalist Development: An Historical-Comparative Study of Korea and the Philippines.” Ph.D. Dissertation, State University of Georgia.

제6장

한국의 말레이시아 연구*

김형종

I. 머리말

말레이시아는 언어, 종족, 종교 환경에서 비롯되는 자체 특성과 지리적 위치 등으로 지역연구 주제로서 많은 유인을 가진다. 말레이계, 중국계, 인도계와 기타 소수 종족인 비말레이계 부미뿌뜨라(Bumiputra) 등으로 구성된 다문화 다종족 사회, 이슬람, 이에 따른 사회화 과정은 인류학을 비롯한 인문사회 분야의 주요 연구주제를 포괄적으로 내재하고 있다. 말레이시아는 인도네시아, 싱가포르, 브루나이, 필리핀과 더불어 동남아시아의 해양도서부를 구성한다. 이들은 소위 말레이 월드의 구성원으로 역사, 문화, 언어에서 많은 공통점을 갖는다. 말레이시아는 지리적 특성상 동남아시아의 대륙부와 해양부를 연결하는 가교의 역할도 한다. 말레이시아가 갖는 다양성의 특징 자체가 동남아시아 각 국가들의 특성과 현상의 접경의 결과이자 국경 지역의 상호작용이 벌어지는 접점인 것이다.[1]

그러나 국내 지역연구에서 말레이시아에 대한 수요는 이러한 중요

* 이 장은 『아시아리뷰』 제3권 2호(2013: 107-138)에 게재된 논문을 수정 보완한 것임.

1 인터뷰. 홍석준(목포대). 2013년 11월 2일. 서울.

성을 반영하지 못한 채 여전히 제한적이다. 한국에서의 동남아연구는 학문적 관심과는 별개로 한국과의 정치경제 관계의 비중이 반영되었기 때문이다. 말레이시아는 한국과의 관계에서 동남아 주변국에 비해 그 비중에서 우위를 점하지 못한다.[2] 교역 측면에서 2015년 기준 한국의 총 수출에서 아세안 시장이 차지하는 비중은 약 12.4%이며, 한국의 대 아세안 총 수출 중 말레이시아 시장 비중은 8.7%다. 한국의 총 수출에서 말레이시아가 차지하는 비중이 1.5%, 말레이시아 총 수출에서 한국 시장이 차지하는 비중 또한 3.84%에 그친다. 2015년 기준 말레이시아 방문객 중 한국인 비중은 2%인 반면, 한국 방문객 중 말레이시아 방문객의 비중은 13.7%에 달한다. 2017년 한국 내 외국인 등록자 수를 기준으로 말레이시아 국적보유자는 2,511명이며, 2017년 기준 말레이시아 내 한국인 거주자는 1만 3,000여 명으로 이 중 시민권자는 6명에 불과하다(한-아세안센터 2018). 이에 반해 언어, 종교, 문화적 유사성을 갖는 인도네시아는 정치경제적 비중이 상대적으로 높아 말레이시아 연구는 우선순위에서 제외되거나 심지어 부수적인 의미를 가지곤 했다.

이러한 현상은 연구 클러스터에서 말레이시아 연구가 인도네시아 연구에 편입되거나 병행되었던 경향과도 관련이 있다. 초기 연구자 그룹은 한국외대의 연구자들을 중심으로 형성되었는데, 이는 특히 어문학의 경우 인도네시아어와 말레이어 또는 양 국가의 고전을 국가 단위로 분류하는 것이 무의미할 뿐만 아니라 인도네시아 연구 비중이 높았던 사실과 무관하지 않다. 인도네시아 전공자가 연구 분야를 확대하며 말레이시아 연구를 시작했고, 말레이시아를 주 연구대상으로 하는 연구자는 상대적으로 뒤늦게 출현하기 시작했다. 말레이시아 관련 연구

2 이메일 인터뷰. 이재현(아산정책연구원). 2013년 11월 8일.

는 이런 의미에서 말레이시아를 국내에 소개하는 기능을 포함하고 있으며, 상대적으로 양국 간 시급한 현안이 존재하지 않아 말레이시아 연구의 정책성보다 학문적 연구를 가능하게 하는 역설적인 현상을 낳았다. 1990년대 이후 말레이시아를 주제로 한 연구가 크게 증가했는데, 이는 한국 내 해외여행의 급증에 따른 동남아 지역에 대한 관심의 증가와 더불어 특정 사건과 계기들이 말레이시아 연구의 필요성을 제기했기 때문이다. 대표적 사례들은 1997-1998년 아시아 경제위기, 이슬람 금융에 대한 관심 증가, 한류의 확산, 동아시아 지역주의의 발전 등을 꼽을 수 있다.

이 글은 한국의 말레이시아 연구 동향을 고찰하고, 지역연구로서의 의미와 향후 과제를 살피고자 한다. 이를 위해 말레이시아를 주제로 한 학위논문(석·박사), 국내 학술지 게재 논문, 국내 출판 단행본을 중심으로 한국의 말레이시아 연구 동향을 분석하고자 한다. 국내 학술지 논문 검색 시스템 RISS, 연구재단 웹사이트 등을 통한 관련 연구에 대한 전수 조사와 더불어 해외, 특히 말레이시아 학위 취득에 대해서는 말라야대학 도서관 시스템을 통해 조사했다. 단, 본문에서는 주요 연구 결과물을 선택적으로 소개한다. 아울러 다수의 말레이시아 전문 연구자들의 학위 취득과 연구 동향을 중심으로 말레이시아 연구자의 특성을 도출하고 한국의 말레이시아 연구의 과제를 제기하고자 한다.

II. 말레이시아 연구의 현황

1. 석사학위논문

석사학위논문은 특성상 박사 연구자의 후속 연구의 기반을 제공하는 한편 작성 시점의 주요 현안을 연구주제로 삼는 경향이 있고, 논문 수에 있어서도 학술지 게재 논문과 더불어 다수를 차지한다. 석사학위논문의 이러한 특성은 말레이시아 연구 동향의 장기적 특성을 추적하는 데 의미 있는 기준을 제공한다. 말레이시아를 주제로 국내 대학에 제출된 논문은 총 85편에 달한다. 말레이시아를 주제로 한 국내 최초의 석사학위논문은 안영호가 한국외대에 제출한 말레이어와 인도네시아어의 발전과정에 대한 비교 연구다. 같은 해 이창웅의 석사학위논문(한양대)이 제출된 이후 1980년대까지 국내 대학에서 말레이시아 관련 주제의 석사학위논문 제출은 없었다. 이는 양국 간 관계를 반영한 학문적 수요의 부족 때문으로 풀이된다.

1960년 2월 양국이 외교관계를 수립했으나 1970년대에도 뚜렷한 양자 관계의 진척 또는 비중이 증가하지 않았다. 이 시기 한국은 북한에 대한 견제, 베트남전쟁, 동남아시아의 공산주의 운동 그리고 말레이시아의 보안법 제정 등과 같은 사안에 대해 주로 정치적 관점으로 지역적 차원에서 말레이시아를 바라보았다. 그러나 말레이시아는 1970년 2대 총리 압둘라작(Abdul Razak Hussein)이 중립과 등거리 외교를 강화함에 따라 한국이 의도했던 반공주의에 입각한 연대에 지장을 초래했다. 한국은 1970년대 말레이시아와의 교역에서 무역수지 적자를 기록했으며, 말레이시아 역시 총 수출에서 대(對)한국 수출 비중이 1.5%를 넘지 못하는 등 양국은 경제 관계에서도 중요성을 확보하지 못했다.[3]

주로 정치적 요인에 의해 영향을 받았던 1960-1970년대의 양국 관계에 비해 1980년대는 냉전의 지속에도 불구하고 경제 이슈가 양국 관계의 주요 이슈로 부상했다. 1980년대에 국내 대학에 제출된 말레이

3 해외협력위원회. "대 말레이시아 경제협력방향." 1983.7.18. 대통령기록물. HA001775.

시아를 주제로 한 석사학위논문은 총 5편으로 이 중 3편이 경제 분야의 논문이다. 이 중 2편이 양국 간 경제협력을 주제로 했다. 이들 논문은 한국의 대외경제정책 연구의 성격이 짙은 연구들이다. 국내 말레이시아의 지역연구에서 현지 이슈에 대한 최초의 석사학위논문은 홍석정이 1988년 한국외대에 석사학위논문으로 제출한 "말레이지아 同盟黨 體制에 관한 硏究: 말레이지아의 國民統合을 中心으로"다. 이는 말레이시아 정치, 사회, 문화 제 분야에 걸쳐 핵심 주제인 국민통합에 대한 고찰이라는 점에서 정치학 논문 이상의 의미 있는 주제에 대한 연구다.

1990년대에는 양국 정상회의 개최 등 양국 관계가 발전하고, 특히 경제 관계에 진전을 보였다. 한국기업의 말레이시아 투자가 활발해지고 1995년부터 1999년까지는 한국이 말레이시아와의 교역에서 무역흑자를 기록했다. 이 시기 제출된 석사학위논문들은 양적인 면에서도 증가하고 정치·사회·문화 분야 등 다양한 분야에서의 주제가 다루어졌다. 경제 관련 논문이 5편 제출되었고 정치, 국제관계 관련 논문 역시 5편 제출되었다. 이재현(1996) 등이 말레이시아 연구에서 사회과학 분야의 핵심 주제라 할 수 있는 신경제정책에 따른 종족갈등의 문제를 연구했다. 이는 세계적으로 말레이시아 연구에서의 핵심 주제에 대한 이해의 필요성을 반영한 것으로 풀이된다.

경제 분야 논문 또한 말레이시아 연구 수요 변화를 반영한다. 1997년 한국과 말레이시아는 경제위기에 직면했고 이에 대한 연구 수요를 창출했다. 1997년 경제위기 이전에는 말레이시아 정부의 경제발전에서의 역할에 대한 논문 2편이 작성되었다. 경제위기 이후에는 말레이시아의 자본통제 정책에 관한 연구가 2편 있었다.

2000년대에 들어서면서 석사학위논문은 양적으로 크게 확대되기 시작했다. 2001-2005년 사이 10편, 2006-2010년 사이에 24편이 제출되었다. 양국이 경제위기에서 회복함에 따라 다양한 관점에서의 경제

관련 문제에 대한 연구가 진행되어 2000년대 11편의 논문이 경제, 무역 분야를 다루고 있다. 이와 더불어 이전에 시도되지 않았던 사회·문화적 접근을 한 석사학위논문도 9편으로 큰 비중을 차지했다. 다만 이들 9편의 논문 중 4편이 선교 전략에 관한 것으로 뚜렷한 목적성을 지닌 연구 수요의 반영이라고 볼 수 있다. 어문학에 대한 연구도 1975년 이후 다시 등장했다. 이 중 말레이어에 대한 논문 2편, 말레이시아 내 영어와 한국어 학습에 대한 연구 2편이 각각 석사학위논문으로 제출되었다.

2011년 이후에도 양적 팽창은 계속되고 있다. 2011-2015년 23편의 석사학위논문이 말레이시아를 주제로 작성되었고 2016년 이후 현재까지 9편이 작성되었다. 2011-2015년 기간 중 작성된 논문은 경제, 사회·문화, 이공계의 논문이 각각 12, 6, 5편으로 논문이 큰 폭으로 증가했다. 이 기간에 제출된 석사학위논문 주제는 국내 연구 수요를 반영하여 다양한 분야에 걸쳐 연구되었다. 이슬람 금융 관련 2편, 할랄 산업 2편, 에너지 산업, 팜유 산업, 주석 폐광지역에 대한 조사 등이 각각 1편씩 작성되었는데, 이는 국내 산업계의 이해관계에 따른 연구 수요를 충족시킬 수 있는 주제들이다. 이공계, 특히 경희대 주거환경학과의 논문이 3편이 작성되었다. 이 시기 석사학위논문의 또 다른 특성은 작성자의 말레이시아 현지 경험과 현지조사를 바탕으로 한 논문이 크게 증가했다는 점이다. 경희대 주거환경학과의 이리나(2011) 등은 말라야대학 건축학과와의 교류사업 참여를 계기로 지도교수와 현지 협력대학의 교수가 연계한 프로젝트에 합류함으로써 현지조사를 수행했다. 인류학 분야의 정민영(2012) 등도 말레이시아 현지조사 또는 교환학생 프로그램 참여를 활용해 작성된 논문이다.

2013년 이전까지 총 4명에 불과하던 유학생에 의한 말레이시아 관련 석사학위논문이 2014년 이후 총 6편으로 증가했다. 한국 내 유학생 증가에 따른 현상으로 앞으로도 석사학위논문 동향에 있어 중요한 흐름으로 자리 잡을 가능성이 높다. 최근 석사학위논문의 연구 분야가 국제관계, 어문학, 사회문화, 스포츠과학 등으로 다양해지고 있다.

국내 석사학위로 제출된 말레이시아 논문들은 말레이시아와 한국과의 관계 발전 속에 양적으로 증가 추세를 보였다. 주제별로는 정치 분야에서 말레이시아 핵심 과제인 종족 간 갈등과 신경제정책에 대한 집중이 특징적이다. 경제 분야는 현실적인 수요에 대응하는 성격이 짙었다. 사회문화에 대한 연구가 확대되며 말레이시아에 대한 다양한 접근과 이해가 시도됐다. 단, 이 중 선교와 관련된 논문의 비중이 높았던 점도 주목할 만한 점이다. 최근 석사학위논문 작성자의 특징은 소속 대학교의 교환 프로그램, 학회 등의 현지조사 지원비 등을 활용한 현지조사를 기반으로 한 연구가 눈에 띄게 증가했다는 점이다. 단, 석사학위가 박사학위와의 연계성을 갖고 말레이시아 전문 연구자로 발전하기 위한 기반을 제공했는가에 관해서는 부정적 추이를 보인다. 특히 어문학 관련 말레이시아어에 대한 논문(인도네시아어와의 비교 논문 포함)은 안영호(1975년) 이후 국내 석사학위논문이 단 2편에 그쳤다. 이들 석사학위 취득자가 연구 지속성과 전문성을 확보하며 말레이시아를 주제로 박사학위를 받은 경우는 안영호와 이재현 등으로 극히 제한적이다. 최근 2000년 중반 이후 관련 논문의 양적 증가는 바람직한 현상이다. 그러나 이공계 연구의 높은 비중은 이들 학문의 특성을 고려할 때 말레이시아 연구의 전문성을 확보하기 위한 후속 학위 연구를 보장하기 어려운 상황이다.

국내 말레이시아 전문 연구자 중 다수는 말레이시아에서 석사학위를 취득했다. 1986년 강경석이 자위(Jawi)문자 발전에 대한 석사학위논문을 제출한 데 이어 1989년 고영훈이 문학, 1992년 이재권이 문법 분야에서 각각 석사학위논문을 작성했다. 정치학 분야에서는 1992년 홍석정이 동남아 지역주의에 대한 연구를, 이경찬이 한국과 말레이시아 관계에 대해 각각 논문을 제출했으며, 1996년에는 김금현이 말레이문

〈표 6-1〉 말레이시아를 주제로 작성된 5개 주요 분야의 국내 석사학위논문 추이

	정치 · 국제관계	경영 · 경제무역	어문학 · 역사	사회 · 문화	이공계 · 기타	계
1971-1975	0	1	1	0	0	2
1976-1980	0	0	0	0	0	0
1981-1985	0	2	0	0	0	2
1986-1990	1	1	0	0	1	3
1991-1995	4	1	0	0	0	4
1996-2000	3	4	0	0	0	7
2001-2005	0	7	1	2	0	10
2006-2010	4	4	3	7	6	24
2011-2015	0	12	0	6	5	23
2016	1	1	2	4	1	9
계	13	33	7	19	13	85

화에 관한 논문을 작성했다. 이후 2005년 김형종, 2008년 박종현, 2011년 박영진 등이 지역연구 관련 논문을 제출했다. 2012년 조민성의 논문은 말레이시아 어문학 연구의 재개라는 점에서 의미가 있다.

2. 박사학위논문

국내 말레이시아 연구자의 박사학위 취득은 말레이시아, 호주, 미국 등 해외와 국내에서 이루어졌다. 어문학 분야의 초기 전문 연구자들은 말레이시아(말라야대학, University of Malaya)에서 석·박사학위를 취득했다. 최초의 말레이시아를 주제로 한 박사학위논문은 1986년 강경석이 자위 문자에 관한 연구 "Analisis Gaya Bahasa Melayu dan Sistem Tulisan Jawi BerdasarkanBeberapa Manuskrip 'Sejarah Melayu'['믈라유 역사(스자라 믈라유)'를 중심으로 한 자위 표기체제와 말레이어 형태 분석]"로 말레이

시아 말라야대학에 제출한 논문이다. 고영훈은 "Pemikiran Pramoedya Ananta Toer Dalam Novelnovel Mutakhirnya(현대 소설 속의 Pramoedya Ananta Toer의 사상)"로 말라야대학 말레이학부에 1993년 논문을 제출했다. 문학 분야에서는 1995년 정영림의 박사학위논문 "Novel-novel Awal di Semenanjung Melayu dan Korea(반도 말레이시아와 한국의 초기 소설들)"가 말라야대학에 제출되었다. 언어학(음성학) 분야에서는 1998년 말라야대학에서 제출한 전태현의 "Perbandingan Onomatopea Dalam Bahasa Melayu dan Bahasa Korea(한국어와 말레이어의 성유법 비교)"가 있었다. 1999년 이재권의 말레이어 구문론에 대한 "Kasus dan Pindahan sin Taksis Dalam Bahasa Melayu(말레이어 통사론 전이와 격)"가 제출되어 어문학 분야의 전문 연구자 그룹을 형성한다.

말레이시아를 연구주제로 한 박사학위논문 중 지역학 분야는 어문학 분야보다 시기적으로 늦게 나타나 안영호의 2004년 논문 "Laras Bahasa: Suatu Analisis Tajuk-tajuk Berita Dalam Berita Harian Tahun 1996-1997(브라따하리안 신문 1996-1997년에 나타난 뉴스 주제 분석)", 정순희의 2005년 논문 "Citra Sosial Dalam Cereka Keris Mas(커리스 마스 작품 속에 나타난 사회상)"가 제출되었다. 이어 2008년에는 김금현이 "Konflik Nilai Sosial di Kalangan Pekerja Melayu Dalam Syarikat Multinasional: Satu Kajian kes di Sebuah Syarikat Korea di Senawang(다국적 기업 내 말레이 노동자의 사회가치 충돌: 스나왕에 위치한 한국기업의 사례)"이라는 제목의 논문을 제출, 말레이시아 내 한국기업에서의 문화충돌 현상에 대해 다루었다.

말레이시아를 주제로 말레이시아 이외의 해외 대학에서 박사학위를 취득한 사례에서 주목할 점은 호주에서의 박사학위 취득자 비중이 높다는 점이다. 1993년 오명석이 호주 모나쉬대학에 인류학 박사학위논문으로 제출한 "Other Malay Peasants [microform]: the Making of Rubber Small Holders in Johor, Malaysia"를 시작으로, 이후 말레이시아 정치에 대한 의미 있는 연구가 진행되었다. 황인원이 호주국립대학에 2001년 제출한 논문 "Changing Conflict Configurations and Regime Maintenance in Malaysian Politics: From Consociational Bargaining to Mahthir's Dominance"와 이재현의 2005년 머독대학 박사학위논문인 "UMNO Factionalism and the Politics of Malaysian National Identity"가 그것이다. 그간의 말레이시아 연구 논문이 정치 부문에 대한 수요가 있음에도 불구하고 이에 대해 심도 깊게 다룬 것이 없었다는 점에서 두 논문의 등장은 이후 말레이시아 정치 부문에 대한 연구 지평을 확대했다는 데 의의가 있다. 황인원의 논문은 권력정치(power politics)라는 대안적 분석의 필요성을 제기하는 한편 정치 엘리트들에 대한 방대한 인터뷰를 토대로 작성되어 연구방법론적으로도 의미 있는 작업으로 평가된다.[4] 이재현의 논문은 말레이 민족주의 정당 내의 파벌 투쟁에서 나타난 말레이 민족주의 담론을 시계열적인 비교로 분석했다는 데 의미가 있다. 말레이 엘리트들에 의한 말레이 민족주의의 담론화 및 조작에 대한 고찰을 포함하여 말레이시아 민족주의 연구에 기여했다.[5]

미국에서는 1989년 오하이오대학 사학과에 소병국이 "From Parochial to National Outlook: Malay Society in Transition, 1920-1948"이란 논문을 제출했고, 학위는 역사학, 인류학 분야에서의 박사학위 취득이 있었다. 이 밖에 뉴욕주립대학에 1995년 박사학위논문으로 제

4 황인원의 학위논문은 싱가포르 ISEAS에서 출판되면서 국내 동남아 지역연구자들 중에서 최초로 영어권에서 출판된 학위논문이라는 기록을 갖고 있다. 말레이시아 마하티르의 퇴임 2주 전에 전격 출판되면서 말레이시아에서 한동안 베스트셀러 리스트에 오르는 등 국내가 아닌 연구 대상 지역인 현지에서 연구의 적실성을 인정받았다는 데 큰 의미가 있다고 볼 수 있다. 이 논문은 지금도 말레이시아 정치를 연구하는 학자와 학생들 사이에서 중요한 참고문헌으로 받아들여지고 있다. 이메일 인터뷰. 황인원, 2013년 11월 4일.

5 이메일 인터뷰. 이재현(아산정책연구원). 2013년 11월 8일.

출한 이환성의 "Migration in Malaysia: A Microeconomic Model Based on the Malaysian Family Life Survey"가 있다. 인류학 분야에서는 2010년 버지니아대학에서 박사학위를 취득한 최서연의 논문 "Reclaiming the English Language in Postcolonial Malaysia: Ethnicity, Class, and the Nostalgia for Global Citizenship"이 있다.

2015년 강명숙이 말라야대학에서 "A comparative study of the translation profession in Malaysia and Korea"논문으로 박사학위를 취득했다. 2016년 조민성은 말라야대학에서 "Penterjemahan Unsur Budaya Dalam Antologi Cerpen Bahasa Korea-Bahasa Melayu: Perjalanan Ke Samp'o"(한국어 말레이어 소설 상에 나타난 문화 요소 번역: 삼포 가는 길 중심으로)논문으로 한-말레이시아 번역학 최초의 논문을 제출하여 박사학위를 받았다.

대부분의 말레이시아 관련 석사학위논문이 국내에서 작성되었던 반면 박사학위의 경우 국내 대학에서 취득한 사례는 상대적으로 최근에 나타났으며 총 11편에 달한다. 한국 대학에서 말레이시아를 주제로 작성된 최초의 박사학위논문은 1997년 홍석준이 서울대 인류학과에 제출한 "말레이시아 농촌의 이슬람화와 사회변동: 끌란딴의 말레이 마을에 대한 사례연구"다. 국제관계 관련 논문으로는 김수일이 2000년 한국외국어대학교에 제출한 "말레이시아 外交政策의 基調變化와 對韓政策"이 있다. 원순구가 2001년 한국외대에 제출한 "말레이시아 公共部門의 役割과 財政支出의 經濟成長 效果에 관한 硏究"는 국내 경제학 분야 말레이시아 관련 최초의 박사학위논문으로서 의미를 가진다. 경제학의 학문적 특성에 따라 대부분의 연구논문이 비교 연구 또는 사례로 말레이시아를 다루는 데 반해 원순구의 논문은 말레이시아 지역연구로서의 경제학 논문이라는 특징을 갖는다. 2002년에는 김상이 "동남아 국가의 華人정책과 華人 비즈니스 네트워크의 대응: 싱가포르와 말

〈표 6-2〉 말레이시아를 주제로 작성된 5개 주요 분야의 국내 박사학위논문 추이

	정치 · 국제관계	경상	어문학·역사	사회·문화	이공계·기타
1996-2000	1	0	0	1	0
2001-2005	1	0	1	0	0
2006-2010	1	1	0	0	0
2011-현재	0	3	0	1	1
계	3	4	1	2	1
총계	11				

레이시아 미곡상 비교연구"를 서강대에 제출했고, 2006년에는 이경찬이 한국외대에 박사학위논문 "마하티르 통치기 대미 외교정책과 말레이시아-미국관계"를 제출했다.

한희주가 2010년 경기대에 제출한 "방한 말레이시아 관광시장 추구편익 세분화 연구"와 최활식이 2012년 한국외대에 제출한 "한국의 對말레이시아 경제협력 전략에 관한 연구"가 있다. 최근 논문 중 주목할 점은 다양한 전공분야의 박사학위논문의 출현이다. 2015년 경희대 김민경은 "말레이시아 토속주거의 근대적 변화와 특성에 관한 연구"논문으로 박사학위를 취득했다. 비인문사회 분야 최초의 논문으로 다년의 현지조사를 바탕으로 작성되었다. 2015년 임건빈이 고려대에 제출한 박사학위논문 "스포츠 공적개발원조 활성화를 통한 말레이시아 태권도 발전 방안"도 이전에 다루어지지 않은 분야이다. 경제 분야에서는 김병호가 한국외대에 이슬람 금융 관련 논문을, 표현명이 한국해양대에 말레이시아 한류와 브랜드 관련 논문을 2015년에 제출하여 박사학위를 받았다.

박사학위논문은 어문학 분야는 말레이시아에서, 지역연구 분야는 국내와 미국에서 주로 학위를 취득하는 경향이 있으나 제한된 논문 편수로 인해 연구주제에서의 유의미한 동향을 유추하기 힘들었다.

3. 학술지 논문

학술지 논문은 국내 학술지 논문 검색 시스템 RISS를 이용해 제목에 말레이시아를 포함하는 논문을 검색한 후 기행기, 브리프, 저자가 없는 편집팀의 정보, 외국인의 저술을 제외한 논문을 대상으로 분석했다. 요건을 충족하는 총 274편의 논문을 5년 단위로 시기별로 학술지 게재 추이를 살폈으며 학위논문과 마찬가지로 5개 주요 분야를 중심으로 분류했다.

초기 말레이시아에 대한 신생 독립국으로의 개괄적인 소개(이영선 1964; 노웅희 1966)가 등장한 이래 이범준이 말라야 공산주의 운동을 연구했다(이범준 1966; 1667). 이후 1990년까지는 말레이시아 관련 학술지 논문은 연평균 1편에 미치지 못하는 수준이었다. 연구 논문들도 말레이시아에 대한 개괄 또는 특정 정책에 대한 포괄적 조사의 성격을 띠었다. 말레이시아 전문 연구자들의 논문으로는 어문학 분야의 안영호(1976), 전태현(1986), 정치학 분야에서 양승윤(1988)의 논문이 발표되었다.

말레이시아 관련 본격적인 지역연구 논문이 국내 학술지에 게재된 시점은 1990년대부터다. 1991-1995년 시기에는 이전 5년간(1986-1990년)의 3편에서 23편으로 크게 증가했다. 말레이시아 정치와 국제관계 관련 논문이 다수를 차지했고, 사회문화 관련 연구가 증가한 것이 주목할 점이다. 말레이의 정체성과 이슬람이 사회문화 부문의 주요 주제로 제기되었다. 소병국(1994)의 논문은 말레이시아 연구의 역사학 논문으로 연구 지평을 확대하는 데 기여했다. 단, 어문학의 경우 말레이시아어에 대한 연구가 부재한 상황에서 말레이시아에서의 한국어 또는 영어 교육에 대한 연구가 게재되었다.

1995-2000년 시기는 심화된 양국 관계 속에 말레이시아 연구에 대한 필요성이 증가했고, 경제위기라는 공동의 문제에 직면하여 이들과 관련된 주제의 연구논문이 크게 증가했다. 이전 5년간의 기간에 비

해 총 논문 편수는 23편에서 50편으로 증가했으며, 질적으로도 말레이시아 전문 연구가(홍석준, 오명석, 소병국)의 활동이 본격화된 시기로 말레이시아의 본질적인 사안에 대한 문제제기가 이루어졌다. 분야별로는 경제 관련 논문이 20편으로 말레이시아를 주제로 한 국내 석사학위논문의 추이와 함께한다. 즉, 1990년대 들어 양국 간 투자와 교역의 증가로 인한 경제적 상호의존, 경제발전과 위기에 주목한 연구가 많았다. 특히 외환위기 대응 과정에서의 차이점에 주목하여 말레이시아의 자본통제 정책(박번순 2000; 이성량 2000; 장원창 2000)에 대한 연구가 진행되었으며, 말레이시아 특정 산업에 대한 소개와 협력 방안에 대한 논문들도 게재되었다. 이 시기는 사회문화 부문이 정치, 국제관계 연구보다 많아진 시기이기도 하다. 주로 이슬람 부흥운동(소병국 1997; 1999), 이슬람화에 따른 영향(홍석준 2000), 전통관습(홍석준 1999), 화인 사회(오명석 1999) 등을 다루었다. 역사학 분야에서는 소병국이 입헌군주주의(2002), 술탄제와 헌법(소병국·조성국 2004)에 대한 논문을 발표했다. 아울러 정치 부문에서는 마하티르체제에 대한 연구와 동방 정책에 대한 논문이 발표되었다. 마하티르의 정치과제에 대한 박은홍(2000), 전황수(2000)의 논문이 있었고, 동방 정책의 결정 요인 분석(이경찬 1998a; 1998b)에 대한 논문도 발표되었다.

2000년대 들어 말레이시아 관련 연구는 질적·양적으로 발전했다. 2001-2005년 기간 동안 분야별로는 정치 관련 논문이 18편, 경제 분야 21편, 사회문화 12편, 어문학·역사 2편, 이공계 및 기타 4편 순으로 발표되었다. 경제위기의 영향과 극복 과정에 대한 비교 분석, 경제협력의 다각화 등의 요인과 더불어 전문 연구자들의 연구가 활발하게 진행되었다. 1997년 경제위기는 말레이시아 연구에 주요 관심사로 부상했다. 경제위기에 따른 노동시장 변화(원순구 2005), 경제위기에 대한 정치경제적 접근(김동엽 2005), 인류학적 접근(오명석 2001)도 이루어졌다.

정치 분야의 논문은 1998년 이른바 안와르 사건을 계기로 한 지배 엘리트 간의 분열과 정치 변동에 대한 연구들(황인원 2003a; 2003b)이 진행되었다. 말레이시아 정치 변동에 대한 비교연구 사례(정상화 2001; 김홍구 2003a; 2003b; 이경찬 2004)들도 논문으로 발표되었다. 국제정치 분야에서는 말레이시아 외교 정책 결정 요인 분석(김수일 2001a)에 대한 연구가 있었다.

사회 분야 논문들은 이슬람 부흥 운동(홍석준 2001b), 돼지고기 소비와 종족관계(오명석 2004), 방언과 정체성(홍석준 2001a), 말레이시아의 외국인 노동자 문제(이경찬 2002a; 2002b), 도시 농촌에 대한 필리핀과의 비교 연구(박승우 2003), 노동운동(이재현 2004) 등 다양한 사회 현안을 연구하였다.

이공계 분야에서는 4편의 논문이 게재되었는데, 이 중 3편(조세환 2004; 권용우 2004; 최경렬·강선종 2005)이 신행정수도 뿌뜨라자야 등 대형 건설 프로젝트와 관련된 것이다. 이는 당시 한국의 행정수도 논의로 인해 말레이시아 신행정수도에 대한 관심이 높아진 것이 일부 원인으로 풀이된다.

이슬람 금융에 대한 국내의 관심이 높아짐에 따라 이에 대한 연구 사례로 말레이시아를 선택한 사례도 나타났다(이성량 2001).

2006-2010년 기간에도 말레이시아 관련 연구논문의 증가 추세가 이어졌다. 분야별로 정치·국제관계 13편, 경제 분야 13편, 사회문화 13편, 어문학·역사 11편, 이공계와 기타 13편의 논문이 각각 국내 학술지에 게재되었다. 정치 분야에서는 말레이시아 전문 연구자인 이재현과 황인원의 연구가 두드러졌다. 집권당과 관련된 연구(이재현 2006; 2008)와 다종족 정당 체제 관련 연구(황인원 2009)가 있었으며, 2008년 총선에 대한 분석 연구(이재현·황인원 2008) 논문이 각각 발표되었다. 싱가포르와 말레이시아의 영토 분쟁에 대한 국제사법재판소의 판결에 대한 분

〈표 6-3〉 말레이시아를 주제로 한 국내 학술지 게재 논문 추이

	정치 · 국제관계	경영 · 경제무역	어문학 · 역사	사회 · 문화	이공계 · 기타	계
1961-1965	1	0	0	0	0	1
1966-1970	1	0	0	0	0	1
1971-1975	0	0	0	0	0	0
1976-1980	0	0	1	0	1	2
1981-1985	1	1	0	0	3	5
1986-1990	0	1	1	1	0	3
1991-1995	7	3	5	4	4	23
1996-2000	9	20	1	11	8	49
2001-2005	18	21	2	12	4	57
2006-2010	13	13	11	13	13	63
2011-2015	11	16	2	16	4	49
2016-	3	9	1	5	3	21
계	64	84	24	62	40	274

석(이장희 2009)은 시의성을 반영한 연구물이다. 경제 분야에서의 연구는 한국의 경제적 이해를 반영하는 각 산업 분야(물시장, 관광, 정보화 협력, 녹생 정보화 정책, IT, 이슬람금융, AFTA 체결에 따른 무역 변화)에 대한 연구들이 다수를 차지했다. 아울러 비교연구에 기반한 논문이 증가했다(정영규 2009; 나희량 2010; 변영학 2009; 신영진 2010; 장원창 2008; 정영규 2010). 이들 비교연구를 발표한 연구자들은 각 분과 학문의 영역에서 활동하는 비말레이시아 전문 연구자들이었다. 또한 이 시기는 어문학의 연구가 가장 활발하게 전개된 시기이기도 하다. 말레이시아 언어 정책(송경숙 2006; 전태현 2009), 말레이시아어와 인도네시아어의 비교연구(박한상 2008), 번역학 연구(정영림 2007) 등이 이루어졌으며, 이 밖에 말레이시아에서의 한국어 교육과 말레이시아 영어에 대한 연구들이 발표되었다.

2011-2015년 기간에 정치 분야 11편, 경제 분야 16편, 사회·문화 16편, 이공계 5편, 어문학 및 역사 2편의 논문이 각각 발표되었다. 정치 분야에서는 보궐선거(황인원 2011), 의회정치(황인원 2012), 종족 갈등(김종업·최종석 2011)에 관한 논문이 발표되었으며, 경제 분야의 논문에서 나타난 특징은 이슬람금융 관련 연구가 눈에 띄게 증가했다는 점이 특징적이다(나희량 2011; 김홍배·이재홍 2012; 김홍배·김분태 2012; 원순구 2011, 이선호 2014; 손태우 2015). 사회·문화 분야에서는 종교 문제에 대한 보다 세분화된 연구들이 발표되었는데, 이슬람적 소비와 할랄인증제(오명석 2012), 샤머니즘(홍석준 2011b)에 관한 논문이 그 예다. 사회발전에 대한 논문도 발표되었는데 불평등과 빈곤(이양호 2013), 여성주의(이수인 2013) 등을 다루었다. 또 다른 특징으로는 말레이시아 내 한류, 한인사회, 조기유학 등 말레이시아에 투영된 한국 문제에 대한 연구가 증가했다는 점이다(김지훈 2013; 홍석준·성정현 2011; 박행모 2011; 조금주·장원호 2013). 이공계에서는 주택 및 주거환경에 대한 논문이 지속적으로 발표되었다(주서령·전소영 2012; 오혜경 2011; 우동선 외 2012; 이리나·주서령 2014).

2016년 이후 발표된 21편의 말레이시아 관련 논문 중 9편이 경제학 관련 논문으로 시장수요를 반영하고 있다. 사회·문화 분야의 논문도 5편으로 정치 및 국제관계 분야 논문 3편보다 많다. 『동남아시아연구』 특집 기획의 일부인 황인원·김형종(2016)의 말레이시아 리뷰는 해당 연도의 정치, 경제, 국제관계 및 한국과의 관계를 위기의 지속과 기회의 상실이라는 주제로 고찰했다. 향후 지속적으로 작성될 경우 말레이시아 동향이해에 있어 백서의 기능을 제공할 것으로 기대된다.

학술지 기준으로는 이공계 저널을 제외한 인문·사회 지역연구 분야에서 2편 이상의 논문이 게재된 주요 학술지는 『동남아시아연구』(27편), 『국제지역연구』(21편), 『동남아연구』(16편), 『동아연구』(6편), 『아세아연구』(4편), 『사회과학연구』(2편), 『아시아지역연구』(2편) 등이다. 이

중 주요 동남아시아 지역연구 저널인 『동남아시아연구』와 『동남아연구』를 비교할 때 양 저널 간 연구자 교차 게재가 매우 제한적임을 알 수 있다. 두 학술지에 모두 게재한 연구자는 단 2명이며, 『동남아연구』에만 게재한 연구자는 7명, 『동남아시아연구』에만 게재한 경우는 12명에 달한다. 말레이시아 전문 연구자에 국한할 경우 『동남아연구』는 3명, 『동남아시아연구』는 5명의 연구자가 각각 한 저널에만 게재했다. 학술지 논문 기준으로 핵심 말레이시아 연구자 그룹의 형성이 가시화되었음을 알 수 있지만 어문학 연구자와의 분리 현상이 나타났으며, 이공계 및 비전공자의 말레이시아 관련 연구가 크게 증가하고 있으나 지속적인 말레이시아 연구자로서 정체성 형성은 미지수다.

4. 단행본

말레이시아 연구의 궁극적인 수요의 원천은 대중이다. 대중에게 말레이시아를 알리는 가장 효과적인 방법은 단행본 발간이며, 따라서 단행본 발간이 적극 고려되어야 필요가 있다.[6] 그러나 말레이시아 연구에서 학술지 게재 논문 등과 비교할 때 단행본의 발간 실적은 매우 저조하다. 말레이시아 관련 단행본은 학술서, 보고서, 체험기, 번역서를 포함해 80여 편에 지나지 않는다. 특히 학술서는 번역서를 포함해 11권에 그친다. 국내 저자의 말레이시아 관련 학술 단행본은 『마하티르의 도전: 말레이시아의 정치경제와 아시아적 가치』(이선향 2000), 『한-말레이시아 관계론』(김수일 2001b), 『불교 군주와 술탄: 태국과 말레이시아 왕권의 역사』(소병국·조흥국 2004), 『그들은 왜 기러기가족을 선택했는가: 말레이시아

6 인터뷰, 박종현, 2013년 10월 26일.

조기유학 현장보고』(성정현·홍석준 2013), 『말레이시아』(소병국 외 1998), 『말레이시아』(양승윤 외 2010)가 있다. 번역서로는 『말레이시아史』(다뚝 자이날 아비딘 빈 압둘 와히드 편저 1998)가 있고, 이외에 체험기로서 『오래된 진리: 말레이시아 원주민 세노이족과 함께 한 10년』(로버트 울프 2007)이 있다. 박종현은 말레이시아 현지 체험을 바탕으로 『이슬람 경제의 새로운 메카 말레이시아』(2007)와 『Malaysia: 누구나 친구가 될 수 있는 나라』(2011)를 저술했다.

보고서와 체험기가 단행본 총 86권의 대부분을 차지하며 대부분 2000년대 이후에 출간된 것이다. 1995년 이전 발간 단행본은 10권에 지나지 않는다. 대부분의 말레이시아 관련 단행본은 2000년대 이후 정책 보고서를 위주로 작성 발간되었다. 보고서 발간은 기관별로는 대외경제정책연구원 5건, 한국관광공사 4건, 외교부 3건, 그리고 한국수출입은행, 한국소프트웨어진흥원, 한국국제노동재단, 한국노동연구원 등이 각 2건씩 발간했다. 단행본 발간이 현저하게 부족한 것은 말레이시아에 대한 일반의 인식과 학문적 수요가 여전히 낮은 수준임을 방증한다. 말레이시아 전문 연구자들의 단행본발간에 대한 기여가 매우 제한적인 것도 원인 중의 하나다. 단행본의 대부분이 정책 보고서에 집중됨으로써 정부 정책 수립과 대응에서 당장의 필요에 의한 연구들이 대부분임을 보여 주고 있다. 뿐만 아니라 말레이시아 역사, 문화, 정치 등에 대한 심도 있는 학술서의 발간 또는 외국 학술서의 번역 작업도 미미한 수준이며, 체험기조차도 손에 꼽을 정도로 부족한 실정이다. 이러한 현상은 말레이시아의 연구 수요가 정부와 기업에 의해 제한적으로 성장했음을 보여 주는 것으로 학문적 또는 교양 차원의 말레이시아 연구에 대한 수요가 매우 부족함을 의미한다.

이런 점에서 최근 학술적 성격의 단행본 출판은 의미 있는 일이다. 성균관대 동아시아학술원이 한국학중앙연구원의 지원으로 수행한 '아

〈표 6-4〉 말레이시아 관련 단행본 발간 추이(학술서, 보고서, 체험기, 번역서 포함)

기간	1990 이전	1991-1995	1996-2000	2001-2005	2006-2010	2011-2017.5.	계
건수	5	5	8	23	21	24	86

시아 각국과 한국의 문명교류사' 과제의 결과물로 3편의 단행본이 출판되었다(홍석준·류찐똥 2013; 류승완·김금현·나스루딘 2015; 김형종·하나피 2015). 이들 3편의 단행본은 한국-말레이시아 공동저자의 참여로 양측의 자료 접근성을 높일 뿐만 아니라 균형 있는 시각을 담아낸 연구물들이다. 아울러 서울대 아시아연구소 연구진들이 출판한 『말레이세계로 간 한국 기업들: 삼성, 미원, 삼익, 코린도의 동남아 현지화 전략』(오명석·전제성·강윤희 외 2014)은 현지조사를 통해 한국 기업의 현지화 사례에 대한 심도 있는 연구물로서 중요한 연구 의미를 담는다.

III. 말레이시아 연구의 특성

말레이시아 핵심 연구자 그룹은 말레이시아 관련 박사학위를 받고 말레이시아 관련 논문을 발표하는 이들로 구성된다. 이들은 어문학 분야와 비어문학 분야로 나누어질 수 있다. 초기 말레이시아 연구자의 형성은 초기 어문학 연구자들을 중심으로 이루어졌다. 1964년 한국외대에 마인어학과가 설치되면서 어문학 연구자들의 수요가 발생했으며, 어문학 연구자들 중 다수가 말레이시아에서 유학했다. 이는 두 언어의 유사성으로 인해 말레이시아에서도 인도네시아어 연구가 가능하다는 점과 유학 대상국으로서의 환경이 상대적으로 유리하기 때문으로 풀이된다. 말레이시아에서 연구자 6명이 박사학위를 취득했다. 이는 전체 말레이시아 어문학 전문 연구자에서 절대적 다수를 차지한다. 그럼에도 불구하고 말레이시아어와 인도네시아어는 높은 유사성으로 인해 실제로 두 개의 언어로 구분하기 어려운 것이 현실이다. 실제 이들 말레이시아에서 박사학위를 취득한 어문학 연구자들의 이후 연구논문들은 말레이시아어에 집중하기보다 비교연구 또는 인도네시아어와 인도네시아 문학에 집중한다. 상대적으로 말레이시아 어문학 관련 연구 실적이 미진한 원인이다. 어문학 분야의 연구자 그룹에서 신진 연구자의 충원이 더딘 것도 또 다른 특징이다.

지역연구 분야의 연구자 그룹은 어문학 분야와 비교할 때 출신 학부와 학위취득 국가별 분포가 보다 다양하다. 어문학 분야를 제외한 지역연구 분야의 말레이시아 전문 연구자들의 박사학위 취득 국가는 말레이시아(2명), 한국(4명), 호주(3명), 미국(2명) 등이다. 말레이시아 이외의 국가에서 박사학위를 취득한 경우에도 대부분 말레이시아에서 현지조사를 진행했다는 특징이 있다. 이들은 박사학위 취득 후에도 말레이시아 관련 연구를 심화시키며 실질적인 말레이시아 연구자 중 핵심 그룹을 형성했다. 한국에서 박사학위를 취득한 경우 다수가 이미 교수로 재직하면서 학위를 취득한 경우로 핵심 연구 그룹의 형성에 기여했다. 어문학 분야의 논문이 상대적으로 인도네시아어 연구와 중첩되는 데 반해 이들 연구자들은 말레이시아에 대한 심화된 연구를 주도했다. 학문 분과로는 정치학과 인류학, 역사학으로 지역연구의 주요 학문 분야를 포함한다. 2000년대 증가한 타 지역(이공계 전공) 전공자의 말레이시아에 대한 연구 증가 또한 눈에 띄는 특징이다. 이러한 추세는 학문적 다양성을 확보하고 말레이시아연구의 확산이라는 긍정적 효과를 낳고 있다. 비전공자의 말레이시아 연구는 국내의 실용적인 수요를 반영한 결과로 풀이된다. 말레이시아 또는 양국 관계에서 주요 사건 또는 산업적 수요가 발생했을 때 관련 연구가 증가하는 경향을 보였다. 이러한 경향은 연구의 특성상 석사학위논문과 학술지 게재 논문에서 뚜렷하게 나타난다. 박사학위논문의 경우 각 연구자의 연구지향을 반영한 것으로 그 주제들이 당시 시의성에 상대적으로 덜 민감하다. 석사학위논문과 학술지 게재 논문의 수요를 이끈 주요 요인으로는 1997-1998년 경제위기, 한국기업의 투자 증대, 한류 확산, 이슬람금융 등이 있다. 경제위기의 경우 원인, 대응, 영향에 대한 말레이시아 사례와 비교연구 등이 진행되었다. 아울러 투자, 교역 관계 등 경제 관계에 대한 논문과 더불어 관광, 자원, 금융 등 특정 산업에 대한 연구가 증가했다.

최근 들어서는 말레이시아 체험자의 연구가 증가 추세에 있다. 이들은 말레이시아를 주제로 박사학위를 받거나 전공 지역이 아니지만 여러 형태의 말레이시아 경험을 계기로 말레이시아 관련 연구 업적을 내놓고 있다. 경희대 주거환경학과가 말라야대학 건축학과와 대규모 정기적 교환 학생 프로그램을 운영하는 것을 계기로 현지 건축에 대한 연구를 심화한 사례(주서령)는 주목할 필요가 있다. 교환학생을 경험한 후 진학하거나 동참했던 대학원생들이 말레이시아 건축 관련을 주제로 석사학위논문을 작성하여 관련 분야 연구 기반을 구축하는 데 기여했다. 기존 말레이시아 연구는 인문사회과학적 접근이 주를 이루고, 이공계의 논문은 현지에 대한 이해와 네트워크 기반 없이 단기적 '실험실'로서 접근하는 경향이 있었다. 반면 경희대 연구자 그룹의 형성은 현지 학자들과의 네트워크 형성과 더불어 현지 경험과 사회문화적 이해가 함께 시도된다는 점에서 말레이시아 지역연구에서 새로운 분야를 개척한 것으로 평가된다.

말레이시아에서 한국어를 가르쳤거나 현재 가르치는 연구자들의 현장 경험을 토대로 한 연구도 꾸준히 발표되었다(Rou and Kim 2010; 박준석·성채민 2012; 나영은 2007 외). 이 밖에도 안식년 등을 계기로 말레이시아에 체류하며 자연스럽게 말레이시아 사례를 연구대상으로 삼은 경우도 있다. 최근 말레이시아 비전공 연구자(교수)들이 말레이시아에서 안식년을 갖는 사례가 꾸준히 발생하고 있어 이를 계기로 각자의 전공 영역에서의 말레이시아를 대상으로 한 연구가 늘어날 것으로 예상된다.

말레이시아 비전공자가 말레이시아 현지 경험을 계기로 현지조사를 수행하고 논문을 작성할 수 있었던 배경으로 개별 연구자의 연구 열정 이외에도 말레이시아가 갖는 연구 환경의 장점을 들 수 있는데, 이는 광범위한 영어 사용과 영어 문헌의 보편화로 인해 언어장벽이 상대적으로 낮다는 것이다. 말레이시아 대학생, 대기업과 다국적 기업, 중앙정부 관료 등은 의사소통에 지장이 없을 정도로 영어 구사 능력을 지니고 있다. 이러한 연구 환경은 어문학 분야를 제외한 핵심 연구자 그룹의 형성에도 간접적으로 기여했다. 현지조사에서 높은 영어 활용도와 영어 문헌 가용성은 연구 환경으로서 말레이시아가 갖는 장점이다. 연구 환경과 연구 성과와의 관계는 말레이시아 연구에서의 지역적 편중에서도 나타난다. 영어 사용이 보편화된 반도 말레이시아와는 다르게 지리적 고립성과 다양한 언어 환경 속에 상대적으로 영어 사용이 보편적이지 않은 사바와 사라왁 지역에 대한 연구가 부재하다는 것이다. 국내 학술지에 게재된 논문 중 사바와 사라왁을 주제로 한 논문이 없었다는 사실은 지역적 편중성을 보여 줌과 동시에 연구 환경의 영향이 반영된 결과로 풀이된다. 최근 사바·사라왁이 갖는 인류학적 연구 가치와 정치 변동에서의 역할 등이 증대됨에 따라 향후 관련 연구가 필요하다.

말레이시아 연구물들의 주제를 살펴볼 때 한국과 말레이시아의 일상적 관계에서 오는 양자 관계의 비중을 반영한 일상적 연구 수요라기보다는 말레이시아 또는 한국에서의 특정 사건과 실리적 이해관계와 같은 계기를 통해 연구 수요가 발생했다. 대표적인 사례로는 1997년 외환위기의 사례다. 말레이시아는 당시 태국, 인도네시아, 한국과 함께 경제위기를 겪었던바, 이와 관련된 비교적 관점과 목적으로 외환위기의 원인, 전개, 대응 과정 연구에 대한 수요가 발생했다.

이후 이슬람금융에 대한 국내의 관심은 이에 관련한 말레이시아 사례에 대한 연구를 촉진시키는 계기가 되었다. 1998년 안와르 사건을 통한 정치 변동과 동아시아 지역주의에서의 말레이시아의 적극적 역할과 한국의 참여는 정치·국제관계 분야에서의 말레이시아의 중요성을 부각시키는 데 기여했다. 아세안 내에서의 말레이시아의 적극적인 역할을 고려할 때 한국의 지역주의 차원에서 말레이시아 정치, 외교에 대한 정책적 수요는 지속될 전망이다. 한류의 확산은 말레이시아에 대한 연구에도 영향을 미쳤다. 정부 정책과 민간 부문의 한류 관련 이해관계는 말레이시아 사례에 대한 비교연구에 수요를 발생시켰다. 이러한 요인들은 말레이시아 연구에서 몇몇 연구주제로의 집중을 낳고 있다. 특정 시기에 비슷한 주제의 논문이 발표되고 이후에는 후속적 연구 작업을 찾기 힘든 것이 현실이다. 말레이시아 연구 수요 창출에 있어 연구지원비의 확보는 매우 중요한 변수로 작용한다. 최근 들어 말레이시아 연구 중 연구재단, 각 대학교, 민간재단 등의 연구비 지원을 확보하는 사례가 증가하고 있으며, 이들 연구과제는 학술지 발표로 이어져 학술적으로 기여하는 바가 크다. 지역연구에서 현지조사가 갖는 의미를 고려할 때 연구비의 수혜 여부는 말레이시아 연구의 질적·양적 확대에 매우 중요하다.

연구재단 웹사이트에서 한국 연구 업적 검색 기능을 통해 조사한 결과 말레이시아 관련 연구의 연구비 수혜는 1994년부터 2017년 5월까지 총 59건에 달한다. 특히 2000년대 이후 꾸준하게 연구비를 수혜하고 있다. 그러나 수혜 연구 건수가 유의미하게 양적으로 증가했다거나 감소했다고 하기에는 전체 건수도 적고 뚜렷한 추이를 보이지는 않는다. 다만 분야별로 다양화되고 있다는 점이 눈에 띈다. 사회문화 부문 연구과제가 23건, 정치·국제관계 및 말레이시아 일반이 10건으로 다수를 차지한 가운데 분야별로 경영·경제 분야 7건, 어문학·역사 6건을 각각 기록했다. 이공계 분야의 연구과제도 8건을 기록했다. 다만 2013년 이후 사회·문화 분야 12건의 수혜 연구는 2건의 다년 공동연구에서 지원된 것이다. 지원 기관은 연구재단(학진)이 12건, 외교부 등의 기타 정부 관련 기관이 8건으로 주를 이루었다. 이 외에는 한국동남아학회가 4건, 포스코청암재단이 2건과 각 대학별자체 연구과제에 선정된 것이다. 이들 연구과제 중 말레이시아 전문 연구자(포함)가 수혜한 경우는 17건이다. 나머지는 다양한 학문 분과에서 학문적 또는 정책적 수요에 의해 사례연구 또는 비교연구로서 수혜한 연구과제들이다. 한편, 포스코청암재단은 아시아 지역 전문가 양성 프로그램을 시행하고 있다.[7]

IV. 맺음말: 연구의 확장과 심화의 이중 과제

말레이시아 연구는 "이슬람과 이슬람화, 종족 및 민족문제, 종교와 다종족 사회의 관계, 현대사회에서 다문화 사회 진전과 말레이시아 다종족 사회의 경험 등에 관한 연구는 말레이시아 지역연구를 포함한 동남아 지역연구 그리고 한국사회의 지역연구를 포함한 인문사회과학 연구의 발전에 기여할 수 있는 연구주제 및 대상이 될 수 있으며 학제적 연구로서 지역연구 발전에도 기여할 수 있다."[8] 말레이시아가 갖는 지역연구 대상으로서의 높은 학문적 가치에도 불구하고 상대적으로 미미한

7 석·박사과정생에게 각각 2년과 4년간 장학금을 지원하는 것으로 말레이시아 연구자 양성에 토대를 제공하고 있다. 이 장학사업이 도입된 2006년 이래로 현재까지 6명이 선정되어 유학을 마쳤거나 유학 중에 있다.

8 인터뷰. 홍석준(목포대). 2013년 11월 2일. 서울.

양국 간 정치·경제적 비중은 초기 말레이시아에 대한 연구 활성화에 제약적 요인으로 작용했다. 학문적으로는 어문학 분야에 중점을 둔 대학 학과 설립에 따른 학문적 수요가 초기 말레이시아 연구 기반을 닦는 데 기여했다. 그러나 인도네시아어와의 유사성으로 말레이시아 연구와 인도네시아 연구의 구분 자체가 무의미하며 실제 인도네시아어를 중심으로 한 연구 발표가 진행되었다. 본격적인 말레이시아 연구는 비어문학 분야의 전문 연구자가 등장하면서 진행되었다. 말레이시아에 대한 국가적·사회적 수요가 부족한 상황에서 말레이시아 연구는 핵심적이고 상징적인 주제에 대한 연구를 통해 학문적 연구 토대를 마련함과 동시에 한국에 낯선 말레이시아에 대한 소개라는 이중의 역할을 수행했다. 말레이시아 연구는 점증하는 정치경제적 이해관계를 반영하는 다양한 수요에 의해 양적·질적으로 발전했다. 경제 관계의 발전, 경제위기, 이슬람금융, 다양한 산업 진출에 따른 사전 조사 필요성, 한류의 확대, 민간 부문의 교류 확대, 정치 변동 등은 직·간접적으로 말레이시아 연구에 대한 수요를 창출하는 데 기여했다.

말레이시아 원로학자이자 정치인인 사이드 후신 알리는 "외국의 사회과학자들이 단기간의 체류를 통한 연구를 확실한 연구 결과물로 주장한다"고 지적한 바 있다(Ali 2008: 10). 이는 말레이시아뿐만 아니라 지역연구자로서 갖는 연구 대상 지역에 대한 현지조사의 필요성과 한계를 동시에 의미한다. 이를 극복하는 차선적 대안 또한 현지 경험과 현지조사를 강화하는 방안일 것이다. 말레이시아 연구자는 소수의 핵심 연구자 그룹과 비전공자 그룹으로 나눌 수 있으며, 핵심 연구자 그룹의 특징은 말레이시아에서 수학하거나 한국 또는 호주, 미국 등에서 학위를 취득한 경우에도 심도 있는 현지조사를 수행했다는 점이다. 이는 방법론적 발전에도 기여를 했다. 최근 비전공자 그룹에서도 말레이시아에서의 체험 또는 현지 프로그램 참여와 네트워크 형성 등을 기반으로 한 연구를 진행하고 있다. 말레이시아가 갖는 영어 통용과 대학 인프라 등은 말레이시아 연구의 저변확대에 지속적으로 긍정적인 작용을 할 것으로 기대된다.

말레이시아의 지역 연구 가치를 발전시키기 위해서는 말레이시아 연구자 간의 보다 유기적인 연계를 강화할 필요가 있다. 기존 핵심 연구자들 간 분리 현상을 극복하고자 하는 노력을 기울이는 동시에 최근 이공계 등을 포함한 연구 분야의 확대 속에 광의의 말레이시아 연구자들 간의 네트워크 형성이 필요하다.

아울러 말레이시아 전문 연구자의 양성 또한 필요하다. 초기 말레이시아 유학을 통한 전문 연구자로의 성장이라는 패턴이 중단되다시피 했는데, 이 같은 한계를 극복하기 위해 포스코청암재단의 지원 사업과 같은 체계적 지원 등이 확대될 필요가 있다. 최근 지원사업이 석사과정 위주의 수혜자 수를 늘리는 데 주력하는 경향이 있는데, 이는 석사과정의 특성상 전문 연구자로서의 성장을 담보할 수 없다는 한계가 있다. 석·박사과정을 연계할 수 있는 장기적 차원의 지원 프로그램을 통해 연구자 풀 확대와 심화를 동시에 추구해야 할 것이다. 끝으로 한국 내 말레이시아 연구의 수요는 궁극적으로 대중의 말레이시아 인식에서부터 비롯됨을 상기할 때 대중서 발간에 노력을 기울여야 할 것이다.

참고문헌

권용우. 2004. "The New Capital Cities of Pakistan and Malaysia." 『한국지리교육학회』 38(1): 25-39.

김동엽. 2005. "말레이시아의 정치경제: 경제위기와 마하티르를 넘어 신자유주의 국가로." 『동아연구』 48: 100-138.

김수일. 2001a. "말레이시아 외교정책결정 요인 분석." 『국제지역연구』 5(2): 101-123.

______. 2001b. 『한 · 말레이시아관계론』. 부산: 부산외국어대학교출판부.

김종업 · 최종석. 2011. "말레이시아 종족간의 갈등 원인과 현황 연구: 신경제정책(The New Economic Policy, NEP)와의 연관성을 중심으로." 『사회과학논집』 42(1): 39-63.

김지훈. 2013. "욕망, 어머니됨, 어머니노릇하기로 풀어낸 말레이시아의 기러기 가족." 『동남아시아연구』 23(2): 323-328.

김형종·하나피. 2015. 『한국과 말레이시아의 문명 교류 : 양자주의와 지역주의 시각에서 본 정치 경제 교류』. 서울: 폴리테이아.

김홍구. 2003a. "필리핀과 말레이시아의 정치변동 비교연구." 『외대논집』 27: 163-182.

______. 2003b. "동남아의 정치체제와 정치변동: 말레이시아와 태국 비교." 『아시아지역연구』 6: 92-118.

김홍배 · 강상훈. 2012. "Volatility Transmission between the Sharia Stock and Sukuk GII Markets in Malaysia." 『한국금융공학회 학술발표회』. pp. 1-17.

김홍배 · 김분태. 2012. "말레이시아 주식시장과 수쿠크 간 변동성 이전." 『한국이슬람학회논총』 22(2): 129-149.

김홍배 · 이재홍. 2012. "말레이시아 금융시장개방의 득과 실." 『유통정보학회지』 15(5): 23-39.

나영은. 2007. "말레이시아에서의 한국어 교육 현황과 말라야 대학교(UM)의 한국어와 한국문화의 통합교육 방안." 『언어와 문화』 3(3): 127-143.

나희량. 2010. "글로벌 경제위기 이후 동남아 경제의 대응과 변화: 태국, 말레이시아, 인도네시아 3국을 중심으로." 『동남아시아연구』 20(1): 143-180.

______. 2011. "말레이시아 이슬람금융: 소비자 선호체계의 변화를 중심으로." 『아시아리뷰』 1(2): 135-172.

노융희. 1966. “외국의 지방 행정시찰에서 본대로 느낀 대로: 지방대의제적 자치행정.” 『지방행정』 15: 43-51.

다뚝 자이날 아비딘 빈 압둘 와히드 편, 소병국 편역. 1998. 『말레이시아史』. 서울: 오름.

류승완 · 김금현 · 나수르딘. 2015. 『한국-말레이시아 교육 · 문화 교류』. 서울: 폴리테이아.

박번순. 2000. “말레이시아의 자본통제: 내실 없는 일탈.” 『동남아시아연구』 10(1): 95-129.

박준석 · 성채민. 2012. “한국어 교육을 위한 한국어 조사와 말레이시아어 전치사의 의미와 기능의 대조 연구.” 『한국어교육』 23(2): 143-170.

박승우. 2003. “말레이시아와 필리핀에서의 국가와 농업/농촌 부문간의 관계: 동아시아 발전모델과 시장주의 모델간 비교분석의 일환으로.” 『한국농촌사회학회』 13(1): 263-306.

______. 2006. “국가, 계급, 민족-그 역동적 상호작용: 말레이시아와 필리핀의 비교연구.” 『동아연구』 50: 184-233.

박은홍. 2000. “마하티르 노선과 말레이시아의 도전.” 『역사비평』 52: 129-144.

박한상. 2008. “말레이시아어와 인도네시아어 모음의 길이.” 『언어학』 52: 103-116.

박행모. 2011. “말레이시아 KL지역 국제학교 재학 중인 한국 학생들의 학교생활 인식 분석.” 『실과교육연구』 17(3): 205-222.

변영학. 2009. “동남아시아 금융레짐의 정치경제: 싱가포르, 말레이시아, 태국의 중앙은행 비교연구.” 『한국동북아논총』 53: 151-180.

성정현 · 홍석준. 2013. 『그들은 왜 기러기가족을 선택했는가: 말레이시아 조기유학 현장보고』. 서울: 한울.

소병국. 1994. “탈식민시대 동남아의 사회 문화적 변동: 말레이지아 정치, 경제, 사회변동의 지성사적 연구(1948~1993).” 『민족과 문화』 2: 5-45.

______. 1997. “말레이시아 이슬람부흥운동의 발전과 침체(1970~1997): 주요 닥와(Dakwah) 집단을 중심으로.” 『동남아연구』 6: 138-169.

______. 1999. “현대 말레이시아의 이슬람 부흥운동: 말레이인의 사회 · 문화 생활에 미친 영향.” 『국제지역연구』 3(1): 83-101.

______. 2002. “현대 말레이시아 입헌군주의 정치, 사회적 영향력에 관한 역사적 연구.” 『동남아시아연구』 12(2): 169-206.

소병국 외. 1998. 『말레이시아: 비전 2020을 지향하는 동방정책의 나라』. 서울: 한국외국어대학교출판부.

소병국·조흥국. 2004. 『불교 군주와 술탄: 태국과 말레이시아 왕권의 역사』. 서울: 전통과 현대.

손태우. 2015. “말레이시아의 이슬람 금융지배구조에 관한 연구.” 『법학연구』 56(3):

115-140.
송경숙. 2006. "말레이시아의 언어 정책 및 영어 특징." 『영어학』 6(4): 937-959.
신영진. 2010. "미래사회의 녹색정보화정책에 관한 비교연구: 우리나라와 말레이시아의 사례비교 및 협력방안을 중심으로." 『국가정책연구』 24권 4호, 27-55.
안병준. 1986. "The Politics of Cooptation and Compromise in Malaysia." 『아세아연구』 29(1): 1-29.
안영호. 1975. "말레이시아어와 인도네시아어 비교연구: 발전과정에 있어서 외세의 영향으로 인한 차이점 고찰." 한국외국어대학교 석사학위논문.
______. 1976. "말레이시아語와 인도네시아語의 統一綴字法에 關한 考察." 『한국외국어대학교 논문집』 9(1): 223-246.
양승윤. 1988. "말레이지아의 異質的인 民族文化에 대한 考察." 『이문논집』 7(1): 91-105.
양승윤 외. 2010. 『말레이시아』. 서울: 한국외국어대학교출판부.
오명석. 1999. "말레이시아의 화인사회(1945~1969): 독립과 마화의 정체성." 『동남아지역연구』 7(1): 245-269.
______. 2001. "이슬람 경제의 시각에서 본 말레이시아 경제위기의 원인과 대안적 해결방안." 『국제지역연구』 10(4): 57-79.
______. 2004. "말레이시아에서의 돼지고기 소비와 종족관계." 『동남아시아연구』 14(2): 1-38.
______. 2012. "이슬람적 소비의 현대적 변용과 말레이시아의 할랄 인증제: 음식, 이슬람법, 과학, 시장의 관계." 『한국문화인류학』 45(3): 3-63.
오명석 · 전제성 · 강윤희 외. 2014. 『말레이세계로 간 한국 기업들』. 서울: 눌민.
오혜경. 2011. "말레이시아 호텔 로비에 나타난 공간구성요소의 디자인 특성." 『한국실내디자인학회논문집』 20(5): 188-196.
우동선 외. 2012. "말레이시아 페낭 섬 조지 타운에서 주거 유형의 다양성." 『한국건축역사학회 학술발표대회논문집』 2012(9): 188-196.
울프, 로버트 저. 김정한 옮김. 2007. 『오래된 진리: 말레이시아 원주민 세노이족과 함께한 10년』. 서울: 홍익출판사.
원순구. 2005. "경제위기 전후 말레이시아 노동시장의 변화에 대한 고찰." 『동남아연구』 15(1): 141-170.
______. 2011. "동남아시아 이슬람금융의 발전구도와 제도에 관한 연구: 말레이시아와 인도네시아를 중심으로." 『동남아연구』 21(2): 267-306.
이경찬. 1998a. "말레이시아 동방정책(Look East Policy)의 결정요인 분석." 『아시아지역연구』 1: 150-183.
______. 1998b. "말레이시아 동방정책(Look East Policy)의 결정요인 분석." 『동남아시

아연구』 6(1): 75-104.

______. 2001. "말레이시아 이슬람부흥운동의 정치적 함의." 『동남아시아연구』 11(1): 53-85.

______. 2002a. "말레이시아 외국인 노동자 문제의 특성과 파급영향." 『동남아시아연구』 12(2): 133-167.

______. 2002b. "국제노동력 이동과 말레이시아의 외국인 노동자 문제." 『한국태국학회 학술대회 발표논문집』. pp. 81-104.

______. 2004. "A Comparative Study of Political Transition in Indonesia and Malaysia." 『21세기 정치학회보』 14(2): 279-299.

이리나. 2011. "말레이시아 신도시 주거단지 계획지침 및 계획특성에 관한 연구: 사임다비 프로젝트를 중심으로." 경희대학교 석사학위논문.

이리나·주서령. 2014. "말레이시아 신도지 주거단지 계획에 영향을 미치는 법률적 요소." 『한국주거학회논문집』 25(4): 1-9.

이범준. 1966. "馬來에서의 英國의 共塵反亂鎭壓." 『한국문화연구소논집』 7: 363-443.

______. 1967. "第二次 世界大戰 前後의 馬來共産主義運動." 『해외문제』 3(1): 49-61.

이선향. 2000. 『마하티르의 도전: 말레이시아의 정치경제와 아시아적 가치』. 서울: 학문과 사상사.

이선호. 2014. "말레이시아 이슬람 경제의 대두: 금융과 소비 영역을 중심으로." 『동남아시아연구』 24(1): 89-132.

이성량. 2000. "말레이시아의 자본통제." 『국제지역연구』 4(2): 95-115.

______. 2001. "말레이시아의 이슬람 은행제도." 『동남아시아연구』 11(1): 269-285.

이수인. 2013. "말레이시아 무슬림 여성들의 여성주의 운동 참여와 정체성 형성." 『한국여성학』 29(1): 37-83.

이양호. 2013. "말레이시아에서의 불평등과 빈곤." 『동남아시아연구』 23(1): 127-167.

이영선. 1964. "동남아 신생국 말레이시아." 『새가정』 11(3): 93-95.

이장희. 2009. "패드라 브랑카(싱가포르)/플라우 바투 푸티로(말레이시아) 도서 영유권 분쟁에 대한 국제법적 평석." 『고려법학』 52: 363-390.

이재현. 1996. "말레이시아의 국가와 종족갈등의 해결: 신경제정책의 결과를 중심으로." 연세대학교 석사학위논문.

______. 2004. "말레이시아 노동운동의 현황; 노조, 제도, 종족의 제약 그리고 이주노동." 『노동사회』 95: 82-93.

______. 2006. "1990년대 말레이시아 사회의 변화와 1998년 UMNO 파벌투쟁." 『동남아시아연구』 16(2): 115-144.

______. 2008. "말레이시아의 집권당의 지배적 정당 성격과 그 유지 요인." 『한국정당학회보』 7(1): 1610-193.

이재현·황인원. 2008. "2008년 말레이시아 총선 분석과 정치적 함의." 『신아세아』 15(4): 64-92.

이창웅. 1975. "한국의 대 Malaysia 경제협력 및 수출확대에 관한 연구." 한양대학교 석사학위논문.

장원창. 2000. "자본통제가 금융변수에 미치는 영향: 태국, 말레이시아 사례 연구." 『금융조사보고서』 99(4): 1-60.

______. 2008. "국제경제: 아시아 신흥금융시장의 자본통제 효과분석: 태국과 말레이시아 사례연구." 『한국국제경제학회학술대회논문집』. pp. 403-419.

전태현. 1986. "말레이시아語와 인도네시아語." 『동방』 5(1): 38-52.

______. 2009. "말레이시아의 언어 정책." 『외국어교육연구논집』 23(1): 151-172.

전황수. 2000. "말레이시아 마하티르 총리의 정치갈등 극복의 리더십연구." 『국제지역연구』 9(4): 61-81.

정민영. 2012. "이슬람과 일부다처제: 말레이시아의 '글로벌 이콴(Global Ikhwan)'을 중심으로." 서울대학교 석사학위논문.

정상화. 2001. "동남아시아 선거의 정치경제: 말레이시아, 태국, 필리핀 및 인도네시아." 『세계지역연구논집』 17: 143-163.

정영규. 2009. "A Comparative Study on Tourism Industries between Malaysia and Korea." 『문화산업연구』 9(2): 139-164.

______. 2010. "이슬람국가의 금융산업에 관한 연구: UAE와 말레이시아를 중심으로." 『한국이슬람학회논총』 20(3): 185-217.

정영림. 2007. "말레이시아와 인도네시아의 「홍부 · 놀부 이야기」 연구: 구조와 의미를 중심으로." 『세계문학비교연구』 18: 119-136.

조금주 · 장원호. 2013. "말레이시아 청소년과 성인들의 한류 의식 비교." 『한국콘텐츠학회논문지』 13(9): 92-101.

조세환. 2004. "이슬람 전통조경요소의 현대적 계승 고찰: 말레이시아 신수도 푸트라자야 사례 연구." 『한국전통조경학회지』 22(4): 1-8.

주서령 · 전소영. 2012. "말레이시아 공공부문 공동주택 계획의 특성 및 시대별 추이에 관한 연구." 『동남아시아연구』 22(1): 207-245.

최경렬 · 강선종. 2005. "말레이시아 Petronas Tower 프로젝트." 『한국건축시공학회지』 5(1): 41-45.

홍석정. 1988. "말레이지아 同盟黨 體制에 관한 硏究: 말레이지아의 國民統合을 中心으로." 한국외국어대학교 석사학위논문.

홍석준. 1993. "현대 말레이시아의 말레이 민족정체성의 문화적 의미." 『국제지역연구』 2(4): 101-122.

______. 1999. "동남아시아의 사회와 종교: 현대 말레이시아의 전통관습(adat)과 이슬

람: 이슬람화에 따른 말레이 상속관행 및 혼인과 이혼관습의 변화를 중심으로." 『국제지역연구』 3(1): 135-153.
______. 2000. "현대 말레이시아 농촌의 이슬람화와 사회변동." 『국제지역연구』 4(1): 127-174.
______. 2001a. "말레이시아의 인권과 민주주의, 그리고 이슬람." 『민주주의와 인권』 1(2): 205-246.
______. 2001b. "현대 말레이시아 이슬람부흥운동의 문화적 의미." 『동남아시아연구』 11(1): 1-27.
______. 2011a. "현대 말레이시아에서의 방언 사용과 문화적 정체성: 클란탄 말레이 방언(Kelantanese Malay dialect)의 사례." 『사회언어학』 9(2): 209-235.
______. 2011b. "말레이시아 샤머니즘 연구의 동향." 『한국무속학』 22: 65-87.
홍석준·류찐똥. 2013. 『한국·말레이시아 문화 교류 : 교육 교류를 중심으로』. 서울: 이매진.
홍석준·성정현. 2011. "말레이시아 조기유학생 어머니들의 자녀교육 및 "어머니 노릇"에 대한 인식과 의미." 『동남아시아연구』 2(1): 1-48.
한-아세안센터. 2018. 『2018 한-아세안 통계집』.
황인원. 2003a. "말레이시아에서의 정치위기와 체제변동의 동학." 『동남아시아연구』 13(2): 187-222.
______. 2003b. "동아시아 민주주의의 현재와 미래: 마하티르 시대 그리고 그 이후: 마하티르의 정치적 유산과 말레이시아 민주화 전망." 『기억과 전망』 5: 114-134.
______. 2009. "말레이시아 다종족 정당정치의 정치발전적 함의." 『동아연구』 57: 315-352.
______. 2011. "말레이시아 선거정치와 정치변동: 2008년 총선 이후 보궐선거정국을 중심으로." 『사회과학연구』 35(1): 329-364.
______. 2012. "말레이시아의 정치변동과 의회정치의 발전: 지속과 변화." 『동남아시아연구』 22(2): 201-238.
황인원·김형종. 2016. "말레이시아: 2016: 위기의 지속과 기회의 상실." 『동남아시아연구』 27(1): 131-161.
해외협력위원회. 1983. "대 말레이시아 경제협력방향." 대통령기록물. HA001775.

Ali, Syed Hussin. 2008. *The Malays: Their Problems and Future*. Kuala Lumpur: The Other Press.
Rou, Seung Yoan and Keum Hyun Kim. 2010. "Role and Importance of Korean Cultural Education in Korean Language Education: A Case Study of Malaysian Universities." 『한국언어문화학』 7(1): 117-144.

제7장

한국의 미얀마 연구*

오윤아

Ⅰ. 머리말

1962년 군부쿠데타 이후 2011년까지 군부권위주의 정권이 집권했던 미얀마는 1988년까지는 사실상의 쇄국정책과 1988년 이후는 민주화 운동 탄압을 이유로 한 서방의 경제제재로 국제사회에서 오랫동안 고립되었던 나라였다. 그러나 2011년 군부의 후견 아래 집권한 신정부는 예상을 뛰어넘는 광범위하고 적극적인 개혁정책을 추진했다. 정치적 자유화로 대다수의 정치범이 석방되었고, 언론의 자유가 급격히 확대되었으며, 야당 민족민주동맹(National League for Democracy)이 합법화되었고, 야당 지도자 아웅산 수지(Aung San Suu Kyi)가 오랜 가택연금에서 석방되었다. 2012년 4월 보궐선거에서 아웅산 수지와 NLD가 승리하여 국회에 등원하면서 미얀마 정치적 자유화는 국제적으로 인정을 받게 되었고, 이에 따라 미얀마의 대외관계가 급격히 정상화되었다. 2015

* 이 장은 『아시아리뷰』 제3권 2호(2013)에 게재된 논문을 수정 보완한 것이다. 서울대학교 아시아연구소 주최로 열린 2013년 관련 세미나(2013.11.22.)와 2017년 세미나(2017.7.13.)에서 좋은 코멘트를 주신 서강대학교 이상국 교수님과 유용한 정보와 참고문헌을 소개해 주신 서울대학교 안청시 교수님, 그리고 여러 선생님들께 감사드린다.

년 총선에서 마침내 아웅산 수지와 NLD가 압승을 거두고 2016년 4월 정권이 교체되면서 미얀마의 정치상황은 근본적으로 변화하였다. 미얀마의 정치개혁에 따라 서방의 경제제재가 완화되면서 미얀마에 대한 교역 관계와 해외투자 역시 새로운 전기를 맞았다. 특히 개혁1기인 떼인세인(Thein Sein) 정부는 출범 이후 환율제 정비와 외국인투자법 개정 등을 단행하며 외국인 투자를 적극적으로 유치하면서, 경제개발에 대한 강한 의지를 보였다.

한국 기업들과 정부가 미얀마의 성장잠재력에 주목하면서, 한국에서도 미얀마에 대한 관심은 급속히 늘어났다. 미얀마는 한반도의 3.5배에 이르는 국토에 천연가스와 광물자원이 풍부하게 매장되어 있고, 5,300만의 인구가 있어 미얀마는 경제개발 초기에는 저임 노동력을 이용한 생산기지로, 이후에는 매력적인 소비시장으로 발전할 수 있다. 또한 중국과 인도 사이에 위치하여 이들 거대한 신흥시장을 연결하는 지리적 이점 또한 있다. 또한 중국과 인도, 브라질, 러시아 등 거대 신흥국가들의 성장세가 둔화되면서 개발도상국 중 차기 유망주에 대한 관심이 높은데, 미얀마는 동남아시아에서 인도네시아, 베트남, 필리핀과 함께 신흥국 중 성장잠재성이 높은 후발주자로 주목받고 있다.

이러한 미얀마의 급속한 '부상'은 한국의 미얀마 연구에게 커다란 기회이자 도전이다. 그동안 한국에게 미얀마는 동남아시아 중에서도 매우 낮은 인지도를 지닌 나라였고, 연구 역시 인도네시아나 베트남, 태국과 같은 동남아 주요 연구 대상국에 비해 극히 저조했다. 그러나 미얀마에 대한 사회적 관심이 크게 높아지면서 국내적으로 미얀마에 대한 관심과 수요가 전에 없이 확대되었다. 따라서 이 시점에서 그동안 한국에서 이루어진 미얀마 연구의 추이와 특성을 점검하는 것이 필요하다. 이 글에서는 미얀마 연구의 특수성과 최근의 전환기적 특성을 고려하여 이를 위해 미얀마를 주제로 이루어진 학위논문과 국내 학술논문, 그리고 단행본을 분석했다. 그 결과를 통해 한국의 미얀마 연구의 동향에 대해 살펴보고 향후 나아갈 방향을 살펴보고자 한다.

II. 연구방법

1. 연구의 범위 및 방법

이 연구에서는 한국의 미얀마 연구를 먼저 학위논문과 국내 학술지 게재 논문으로 분류하여 살펴보고, 이를 위해 한국교육학술정보원 한국연구정보서비스 웹사이트(http://www.riss.kr)에서 '미얀마'와 '버마'로 주제어를 입력하여 국내 석·박사학위논문과 국내 학술지 논문, 단행본을 2017년 4월을 기한으로 설정하여 검색했다.[1] 한국연구정보서비스 검색 결과에서 중복 게재된 논문을 걸러내고 필자의 판단하에 미얀마와 직접적으로 관련이 되었다고 판단되는 연구만을 이용했다. 미얀마에 대한 학술 단행본은 매우 드물고, 이 글에서는 그중 몇 권에 대해 간략히 언급하기로 한다. 특히 정책 브리핑이나 시장조사의 성격이 강한 연구들과 미얀마의 역사, 사회문화 환경의 고려가 없는 기술적 보고서, 또한 기독교와 불교 등 특정 종교의 교리해석 및 선교가 목적인 연구는 제외했다. 동남아시아에 대한 연구는 그 특성상 특정 주제를 놓고 동남아시아 복수국가를 비교 및 대조하여 기술하는 연구가 많은데, 이 경우 개별 국가에 대한 이해와 분석의 차별성을 평가하기 어렵다. 비록 이러한 유형의 연구가 개별 국가에 대한 정보를 전달해 주기는 하나 독립적이고

1 다만 그 중요성을 감안해 박사학위논문에 한하여 2017년 8월에 출간된 연구를 포함하였다.

심화된 논의가 없다면 개별 국가에 대한 연구로 취급하기 어렵다. 따라서 미얀마가 동남아시아 국가 중 하나로 다루어지는 경우 미얀마에 대한 독립적이고 심화된 논의가 없는 연구로 보고 제외했다. 유사한 이유로 제3국의 미얀마 관련 외교정책(중국과 인도의 대 미얀마 외교 전략)에 대한 연구도 다루지 않았다. 또한 한국 내 이주노동자 관련 연구에서 미얀마 이주노동자들이 다른 국가 출신 이주노동자들과 함께 연구대상인 경우가 있었으나 그 연구주제가 미얀마의 국제이주나 문화의 특이성이 아니라 이주노동자의 정체성과 적응, 한국의 외국인력정책과 다문화정책 등과 같이 미얀마가 단순한 사례인 경우로 판단되어 이 연구의 분석 대상에서 제외했다. 여기서 물론 분명히 밝혀야 할 것은 이러한 판단은 필자가 각 학위논문과 학술지 논문의 제목을 보고 내린 것으로 내용을 개별적으로 검토하여 내린 결론이 아니라는 점이다. 따라서 이 글의 분석 대상은 그 규모가 실제보다 과소평가되었을 가능성이 없지 않다.

별도의 문제로 국내에 기반을 둔 연구자의 해외 취득 학위의 문제가 있다. 학위논문의 경우 한국연구정보서비스는 주로 국내 학위에 대한 정보를 제공하므로, 해외 학위 취득자에 대한 정보는 대부분 누락된다. 해외 학위논문에 대해서는 필자가 아는 범위 내에서 논의에 포함시켰다. 또한 국내 학위인 경우에도 저자가 외국인인 경우 논의에서 제외했는데, 이는 미얀마에 대한 국내 학위논문의 저자가 모두 미얀마 유학생들이고, 이들은 학위 취득 자체가 목적인 경우가 많고 학위 취득 이후 대다수 본국으로 귀국한다. 만약 이들이 학위 취득 이후 한국에 남아 한국학계와 교류하면서 의미 있는 미얀마 연구를 한다면 당연히 한국의 미얀마 연구공동체에 포함해야 하겠으나 현실은 그렇지 못하다. 그러나 여기서 특기할 만한 사실은 2011년부터 2017년 4월까지 국내에서 석사학위논문을 제출한 미얀마인이 91명으로 상당한 규모라는 사실이다. 이는 미얀마의 개방과 함께 한국정부의 장학프로그램 등을 통해 국내로 유학한 미얀마 학생이 상당히 늘어난 상황을 반영한다고 하겠다.

2. '미얀마'와 '버마'의 국명 문제

이 연구에서는 국명 '버마'와 '미얀마'를 '미얀마'로 통일한다. 사실 2011년 신정부 출범 이후 영문명 'Myanmar'가 서방세계에서 서서히 인정을 받으면서, 용어 선정을 둘러싼 논쟁은 급격히 줄어들고 있다. 1988년 발생한 민주주의 시위를 무력으로 진압한 미얀마 군부는 1989년 영문 국명을 'Union of Burma'에서 'Union of Myanmar'로 변경했다. 당시 군부가 제시했던 변경 이유는 버마가 주요 종족인 버마족을 지칭하므로 소수민족을 포괄하는 초월적인 이름인 '미얀마'가 더 적절하다는 것이었다. 그러나 야당과 서방세계는 이를 인정하지 않고 영문명인 '버마'를 고집했다. 아세안과 중국이 미얀마를 이용하면서 이후 국제사회에서 버마와 미얀마는 그 용어 선택만으로도 미얀마 군부정권에 대한 태도를 나타내는 정치화된 용어가 되었다. 이는 국내에도 마찬가지로 이후 국내에서도 '버마'와 '미얀마'가 공존하게 되는데, 1990년대 이후 '버마'는 특히 시민사회에서 신군부에 대한 비판적인 입장을 표출하는 수단이 되기도 했다. 본문에서의 분석과 별도로 DBPia에서 1991년 이후의 기간을 대상으로 '버마'를 이용하여 검색했을 경우 국내 저술이 62종이 검색되나 대부분 학술논문이 아닌 기사나 시론이다. 이는 '버마'를 이용한 저술들은 대부분 진보적 매체나 사회비평에서 군사정부에 대한 비평기사를 썼음을 반영한다. 또한 이러한 정치적 논쟁과 별도로 '미얀마'는 신조어이기 때문에 1989년 이전에 '미얀마'는 국내에서 사용되지 않았으며, 따라서 1989년 이전에 작성된 국내 연구는 모두 '버마'를 사용했음도 지적할 필요가 있다.

III. 한국의 미얀마 연구 역사

현재 미얀마에 대한 한국 사회의 관심이 높아졌지만 미얀마에 대한 한국의 학술 연구는 과거 매우 저조했다. 이는 미얀마의 국제적 고립으로 한국과 미얀마의 경제협력이 미미했으며, 한국과 미얀마는 특별한 역사적 접점이 없었기 때문으로 볼 수 있다. 오랫동안 한국과 미얀마의 경제협력 수준은 한국에게 동남아에서 주요 경제협력 파트너인 인도네시아와 베트남에 비하면 매우 미미하였다. 미얀마가 개방을 본격화한 2012년 기준으로 인도네시아와 한국의 무역은 300억 달러, 베트남과는 220억 달러인 데 비해 미얀마는 17억 달러에 불과하였다. 인도네시아는 동남아시아 최대의 경제대국이자 자원부국이며, 도서부 동남아시아를 대표하는 문화적 중요성을 갖고 있기 때문에 자연스럽게 한국에게 큰 관심의 대상이다. 베트남의 경우 그 경제적 중요성에 더하여 베트남전쟁과 같이 한국 사회가 큰 관심을 가질 만한 역사적 요인을 갖고 있다. 결국 긴밀한 양국 간 경제관계나 특별한 역사적 관계가 없는 상태에서 정부의 전략적 지원 없이 한국에서 미얀마에 대한 관심과 사회적 연구 수요를 기대하기 어려웠다고 생각된다.

물론 미얀마 연구의 부진은 단순히 한국만의 현상은 아니며 정도의 차이는 있지만 전 세계적인 현상이었다. 1962년 군부정권 설립 이후 미얀마 연구는 미얀마 국내에서나 국제적으로도 정체되었다. 독재정권 치하에서 학문 자유의 억압, 고등교육의 쇠퇴, 그리고 버마식 사회주의 정책으로 인한 국제교류의 제한 등으로 미얀마 전반에 대한 학술적 연구가 미얀마 국내외적으로 어려웠기 때문이다. 1962년 군부집권 이전에 미얀마 연구는 매우 국제화되어 있었다. 20세기 초반과 독립 직후까지 미얀마(버마) 연구는 버마 학자들과 버마에 근거를 둔 서양학자들에 의해 활발히 전개되었다. 대표적으로 영국 식민정부의 관리이자 동남아시아 역사가인 퍼니발(J. S. Furnivall)을 들 수 있다. 퍼니발은 영국 식민 정부에 근무하면서 버마학회(Burma Research Society)를 조직하고 『버마학 저널(*Journal of Burma Research Society*)』을 발간했다. 그러나 1960년 미얀마 군부는 대부분의 서방학자들을 추방했고, 이어진 군부독재와 경제적 쇠퇴로 한때 동남아시아 최고 수준을 자랑했던 양곤대학 등 미얀마의 대학들은 서서히 몰락했다. 미얀마의 고립으로 미얀마 연구에 대한 사회적 수요가 감소하고 외국인 연구자의 미얀마 현지조사가 어려워지면서, 국제적으로 미얀마 연구 역시 쇠퇴했다. 또한 1988년 민주주의 항쟁 이후 미얀마에 대한 국제적 논의가 대단히 정치화되면서, 특히 미얀마 정치에 대한 학술적 연구의 입지가 크게 좁아지기도 했다.

한국에서 미얀마에 대한 학술적 관심은 몇몇 역사적 사건을 계기로 증가했다. 1983년 미얀마 수도 양곤에서 발생한 아웅산묘소 폭탄테러 사건은 이후 한국에서 미얀마 연구가 제도화된 결정적 계기를 제공했다. 당시 한국에서 미얀마(당시 버마)는 거의 알려지지 않은 나라였고, 전문 연구자 역시 사실상 존재하지 않았다. 테러 사건 이후 한국 정부는 미얀마 전문가 양성을 위해 국비 장학생을 양성했고, 그 대표적인 결과로 현 부산외대 박장식 교수가 일본 오사카외대에서 미얀마언어학으로 석사, 인도 바나라스힌두대학에서 역시 미얀마언어학으로 박사학위를 받게 되었다. 박장식 교수를 중심으로 1992년 부산외대에 미얀마어학과가 설치되면서 한국에서 비로소 미얀마언어와 미얀마 지역연구를 위한 최소한의 제도적 기반이 마련되었다. 또한 2009년부터 부산외대 동남아지역원이 한국연구재단이 지원하고 있는 인문한국(Humanities Korea, 이하 HK) 사업을 수행하고 있는데, 동남아의 문화와 예술에 집중하면서 미얀마에 대한 연구가 활발하다.

1988년 미얀마의 민주화 항쟁은 한국 학계와 지식인 사회가 미얀마에 대해 관심을 갖게 된 중요한 계기였다. 사실 제3세계 일원으로서 미얀마와 한국의 근대사는 유사한 점이 많았다. 두 나라 모두 식민지배와 제2차 세계대전 이후 해방, 1960년대 초 군부쿠데타 그리고 1980년대 말 반독재 민주화 투쟁을 겪었다. 특히 한국이 1986년 이후 민주화되면서 미얀마의 실패한 민주화와 그 연장선상에서 미얀마 독재정권에 대한 관심이 높아졌다. 이를 반영하여 1991년 경남대 극동문제연구소에서 한석태 외 11인이 『미얀마의 정치와 경제: 버마식 사회주의』라는 제목으로 미얀마의 정치, 경제, 외교 관계에 대한 분석 내용을 담은 단행본을 출간했다. 미얀마의 군부독재와 반독재 운동, 인권탄압 문제는 이후 한국의 미얀마 연구에서 주요 연구주제가 되었고, 또한 시민사회에서도 국제연대 차원에서 미얀마에 관심을 갖게 되는 계기가 되었다. 2011년 신정부 출범 이전까지 정부, 기업 부문의 미얀마-한국 교류는 저조했으나, 시민사회에서 미얀마에 대한 관심은 상대적으로 높은 편이었고, 시론이나 대중을 상대로 한 일반 언론 기고를 통해 그 관심은 꾸준히 표출되었다. 이는 2000년대 미얀마 군부정권의 제한적 경제개방 조치로 1990년대보다 미얀마에 대한 접근이 다소 개선되었던 상황을 반영하기도 한다.

IV. 연구 경향

1. 미얀마를 주제로 한 국내 석 · 박사학위논문

현재 국내에서 미얀마와 동남아시아 연구로 활동하고 있는 연구자를 대상으로 할 때, 미얀마를 주제로 작성된 박사학위논문은 총 9편이라고 할 수 있다(〈표 7-1〉 참고). 이 중 7편은 국내에서 진행되었으며, 1편은 인도, 1편은 싱가포르에서 그 학위가 수여되었다. 분야별로는 정치학 논

〈표 7-1〉 국내 주요 미얀마 연구자의 박사학위논문의 분야와 제반 정보

분야	학위 수여기관	국가	연도
언어학	바나라스힌두대학교	인도	1992
정치학	서울대학교	한국	1996
정치학	한국외국어대학교	한국	1998
인류학	싱가포르국립대학교	싱가포르	2007
정치학	한국외국어대학교	한국	2009
지역학(정치학, 인류학)	부산대학교	한국	2011
인류학	전북대학교	한국	2017
인류학	전북대학교	한국	2017
교육학	서울대학교	한국	2017

문이 3편, 인류학 논문이 3편, 언어학 논문 1편과 정치학과 인류학으로 모두 분류될 수 있는 논문 1편으로 모두 1990년대 이후에 제출되었다.

최초의 국내 미얀마 박사학위논문은 1996년 서울대에 제출된 "제3세계 민주화의 정치적 동학 비교 연구: 한국, 니카라과, 미얀마의 경험을 중심으로"(양길현)이다. 이 논문은 1980년대 탈권위주의 체제 전환에 성공한 한국, 니카라과와 국민적 저항을 통해 민주화가 시도되었으나 체제 전환에 실패한 미얀마의 경우를 비교하여, 민주화의 정치적 동향을 권위주의 정권 내부의 정당성 위기와 외부의 체제 전환 압력, 그리고 정치 엘리트의 이해관계와 선택이라는 틀을 통해 분석했다. 이어 국내 두 번째 미얀마 박사학위논문으로 1998년 김성원이 한국외대에 "정치사적 관점에서 본 미얀마의 불교와 정치"를 제출했다.

이후 2009년까지 9년 동안 국내에서는 미얀마를 주제로 한 박사학위논문이 제출되지 않았다. 2009년 장준영이 "미얀마 신군부와 정치변동: 군부의 정치권력과 민주화 전망"을 한국외대에 제출했다. 이 논문은 그동안 그 정치적 중요성에도 불구하고 접근성의 한계로 연구가 되

지 않았던 미얀마 군부의 내부 역학 관계와 그 변화를 주요 인사 인터뷰 등을 포함하여 광범위한 현지조사를 통해 본격적으로 연구했다는 점에서 큰 의미가 있다. 이 연구는 미얀마 군부정권 유지의 원인을 군부 내적 요인과 군부 외적 요인으로 나누어 분석했고, 군부 외적 요인으로는 미얀마의 사회세력과 국제 환경 역시 고려했다. 장준영은 이후 한국에서 현지어 구사와 현지 네트워크의 활용을 기반으로 미얀마에 대한 사회과학적 연구에서 활발한 활동을 하고 있다. 김인아가 2011년 부산대 국제대학원에 제출한 "미얀마 꺼잉(Kayin)족 정체성의 형성과 변화"를 들 수 있다. 이 논문은 미얀마의 대표적 소수민족 중 하나이자 가장 정치화된 정체성을 기반으로 독립 이후 최근까지 분리주의 운동을 폈던 꺼잉족의 정체성 문제를 역사적 분석뿐만 아니라 현대적 시점에서 지역별로 분화하여 연구했다는 특성이 있다. 이 논문은 지역학으로 공식적으로 분류되어 있지만 종족 정체성에 대한 연구라는 점에서 정치학 내지 인류학으로 분류가 가능하다.

2011년 미얀마 정치자유화와 개방 이후 주제의 다양성과 연구접근성에서 새로운 단계로 진입한 것으로 보인다. 오랜 공백 기간을 거쳐 2017년에 박사학위논문 3편이 한꺼번에 출간되었다. 먼저 전북대 김희숙의 박사학위논문 "미얀마 새마을운동 ODA 사업 현장의 정치과정: '아흘루'와 '아흐마'의 정치"가 있다. 이 연구는 한국이 미얀마에 시행한 개발사업을 주제로, 지역공동체에 개발사업이 벌어지면서 발생하는 주민사회의 발생한 갈등의 성격과 의미를 인류학적으로 분석하였다. 또한 같은 대학 인류학과의 한유석이 "환대 받지 못 하는 이주민들: 태국의 타자 통치와 미얀마 출신 카친족의 혼종적 정체성"을 인류학 박사학위논문으로 제출하였다. 2017년 서울대 홍문숙은 "Contextualizing Dropout Experiences of Youth Migrants in Transitional Myanmar(전환기 미얀마 이주청소년 노동자의 공교육 중도탈락 경험에 관한 질적연구)"이라는 박사학위논문을 제출하였다. 본 연구는 교육인류학적 접근을 통해 양곤이로 이주한 청소년들의 교육단절과 사회경험을 고찰하였다.

해외학위 취득자에 대해 별도로 살펴보면, 1990년대 지역연구에 대한 관심이 높아진 시기에 학부와 대학원에 진학하고 해외 대학에서 미얀마에 대해 박사학위를 취득하는 경우가 있었다. 이 경우 싱가포르가 한국의 연구자들을 미얀마와 이어 주는 매우 흥미로운 역할을 했다. 이상국의 "Integrating Others: A Study of a Border Social System in the Thailand-Burma Borderland"(2007)가 그 대표적인 예로, 이상국은 싱가포르 국립대에서 수학하면서 인류학적 관점에서 태국-미얀마 국경지역의 난민사회를 연구했다. 태국 서부 매솟(Mae Sot) 지역에 대규모로 거주하고 있는 미얀마 난민들은 불확실한 법적 지위에도 불구하고, 난민에 대한 전통적 시각과 달리 이들이 적극적으로 지역사회 구성에 참여하고 있음을 인류학적 현지조사를 통해 보여 주고 있다.

종합해 보면, 국내 미얀마 연구자들에 의한 박사학위논문은 미얀마의 군부독재와 민주화, 불교, 소수민족 문제, 언어, 지역공동체와 개발 등 미얀마 지역연구의 주요 주제들을 상당수 포괄하고 있음을 보여주고 있다. 그러나 극히 제한적인 연구 편수는 국내 미얀마 연구가 아직도 시작 단계이며, 향후 연구의 세분화와 심화가 한국 미얀마 연구의 과제임을 시사한다. 미얀마의 자유화와 개방이 2011년 시작되면서 국내에서 미얀마에 대한 관심이 고조되고 있어 이후 국내에서 미얀마를 주제로 하는 박사학위논문이 많이 생산되는 것을 기대해 볼 수 있다.

미얀마(당시 버마)에 대한 국내 첫 석사학위논문은 고려대 정치학과에서 1964년 제출된 "동남아세아 정치집단의 역할: 버마, 인도네시아, 월남을 중심으로"(박희주)다. 이후 1996년 최초의 박사학위논문(양길현)이 등장할 때까지 32년 동안 유세희(1966), 조상호(1967), 이윤재(1968), 김성용(1986), 이병승(1990), 신동력(1996) 등 6편의 석사학위논문이 제

〈표 7-2〉 미얀마 관련 국내 석 · 박사학위논문 분야

분야	편수	비율(%)
정치 · 국제관계	25	51
경영 · 경제	3	6
어문학	4	8
역사	2	4
사회 · 문화	15	31
이공계 · 기타	0	0
합계	49	100

출되었다. 이 석사학위논문들은 모두 미얀마의 정치 및 외교, 사회주의 경제체제 문제를 다루었다. 특이한 것은 1960년대에 4편의 석사학위논문이 제출되었고 1970년대에는 미얀마 관련 학위논문이 전혀 제출되지 않았다는 점이다. 이것은 아마도 1960년대 초 한국과 미얀마의 군부쿠데타 이후 군부의 정치 참여와 미얀마의 비동맹외교 등이 국내 연구자들의 관심을 끌었기 때문으로 생각된다. 이후 1970년대에는 한국-미얀마 관계에 큰 사건이 없었고, 미얀마 역시 군부통치가 큰 위기 없이 지속되어 별다른 계기가 없었던 것으로 생각할 수 있다.

이 연구에서 선정한 기준에 따르면 1996년부터 2017년까지 국내 대학에 제출된 미얀마 관련 석·박사학위논문은 총 49편이고 이 중 6편이 박사학위논문, 43편이 석사학위논문이다. 분야별로 살펴보면 정치·국제관계가 25편으로 51%를 차지하고, 사회문화가 15편이 그 뒤를 따르고 있으며, 어문학이 4편, 경영·경제가 3편, 역사 논문이 2편이다. 이공계 전공 논문이 없는 것은 이 글에서 정한 '미얀마 지역 연구'의 기준에 따르면 대부분의 이공계 논문은 미얀마 연구로 보기 힘들기 때문이다.

국내 학위논문과 별개로 주요 해외 석사학위논문을 살펴보면 부산외대 미얀마어과에 근거를 두거나 두었던 미얀마 연구자들이 1980

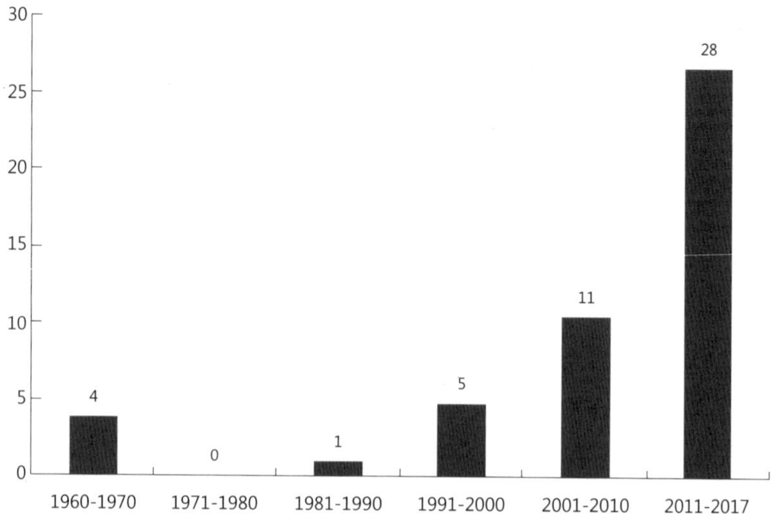

〈그림 7-1〉 미얀마 관련 국내 석 · 박사학위논문 제출자 추이

년대 말 일본에서 미얀마 어문학으로 제출한 논문들이 있다. 1989년 박장식이 일본 오사카외대에서 "(The)Voicing Alternation in Burmese Obstruents"라는 언어학 학위논문을 제출했으며, 역시 현재 부산외대 미얀마어과의 최재현이 "ビルマ'キツサニ'文學と作家'ティパニマウニワ'に關する研究(미얀마 킷쌍(Khitsan) 문학과 떼입빵 마웅와(Theippan Maun Wa)에 관한 연구)"라는 제목으로 미얀마 문학 분야에 일본 오사카외대에 석사학위논문을 제출했다.

박사학위논문을 포함하여 국내 석·박사학위논문의 시기적 추이를 살펴보면, 1970년 이전에 4편, 1970년대에 1편, 1980년대에 1편으로 매우 저조하다가 1990년대에 5편으로 소폭 증가하고 2000년대에 11편으로 두 배 이상 크게 증가함을 알 수 있다(〈그림 7-1〉 참조). 특히 2006년 이후 미얀마 관련 학위논문이 2001-2010년 시기 전체 논문 11편 중 9편으로 미얀마를 주제로 한 학위 연구가 이 시기 본격적으로 시작되었음을 시사한다. 또한 2011년 이후부터 현재까지 미얀마를 주제로 한 학위논문은 28편이 발표되었다. 이는 미얀마의 정치자유화와 개방 관련 주제에 대한 관심이 높아지고 미얀마에 대한 접근성이 크게 개선된 상황이 반영된 것으로 보인다.

김형준·전제성(2013: 81)은 1990년대 지역연구에 대한 정부 지원에 힘입어 지역연구가 유행하면서 이후 2000년대 초반 인도네시아 관련 석·박사학위논문이 급증했음을 지적하고 있다. 미얀마의 경우 역시 1990년대에 관련 학위논문의 제출이 소폭 늘었다는 점에서 지역연구의 부상에 어느 정도 영향을 받았다고 생각된다. 2011년 이후 학위논문이 급증한 것은 역시 미얀마에 신정부 출범이 전후로 미얀마의 변화에 대한 기대와 관심이 급증하면서 논문 작성이 늘어난 것으로 보인다. 이 시기 국내의 미얀마 연구의 확대는 미얀마 정세 변화의 영향으로 볼 수 있다.

2. 미얀마를 주제로 한 국내 학술지 논문

미얀마에 대한 국내 학술지 논문은 앞서 밝혔듯이 한국교육학술정보서비스에서 '미얀마'와 '버마'를 표제어로 검색한 후 중복 게재 논문, 뉴스 브리핑 등을 제외하고 주제와 연구 범위를 고려하여 총 212건의 논문을 분석의 대상으로 삼았다. 이 조사에 따르면 1968년 한국외대 국제사정연구소에서 발간한 『해외문제』 4호에 이호재가 "버마군부의 성장과 정치"를 게재한 것이 국내 미얀마 관련 최초의 학술지 논문이다. 이는 1962년 미얀마 군부쿠데타가 발생한 이후 6년 만의 연구였고, 이후 한국의 미얀마 연구에서 미얀마 군부정치와 민주화 문제가 차지하는 비중이 크다는 점에서 시사하는 바가 있다. 두 번째 논문은 12년 후인 1980년 단국대학교에서 발간한 『동양학』 10호에 "식민지시대의 버마와 월남에서 전개된 반식민주의운동의 비교연구"라는 유인선의 논

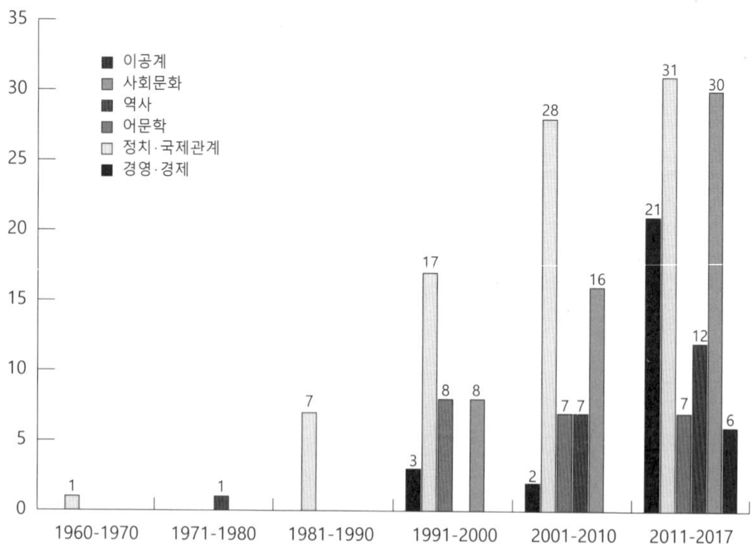

〈그림 7-2〉 미얀마를 주제로 한 분야별 학술지 논문의 시기별 추이

문이다. 세 번째 논문은 1983년 발생한 아웅산묘지 폭탄테러 사건을 반영하여 김찬규가 『사법행정』에 게재한 "버마테러사건에 대한 국제법적 조명"이다.

미얀마에 대한 학술지 논문은 1960년부터 1990년까지 9편에 불과하다가 1990년대 들어 36편으로 그 수가 급증했다(〈그림 7-2〉 참고). 1990년대 미얀마 연구의 확대는 앞서 논의한 바와 같이 1988년 민주화 항쟁과 아웅산 수지의 등장, 그리고 한국 사회의 민주화 진전으로 인한 군부독재와 민주화에 대한 관심 등이 그 주요 원인이었다. 이후 2001년부터 2010년까지 총 60편이 발표되었고, 2011년부터 2017년까지는 107건으로 늘어났다. 특히 개혁개방이 시작된 2011년부터 2013년까지는 불과 3년이 못 되는 기간에 40편이 발표되어 미얀마를 주제로 하는 학술지 게재 논문 발표가 크게 늘어났음을 보여 준다.

논문 분야별로는 1960년 이후 분석 대상 시기에서 정치외교 분야 논문이 84편으로 전체의 40%를 차지하고 있다. 이는 미얀마의 군부독재와 민주화, 중국과의 관계 등에 국내 연구자들의 관심이 많았고, 또한 언어 구사와 현지조사가 쉽지 않은 상황에서 인문학보다는 2차 자료를 활용한 정치·외교 분야 연구가 더 용이했던 점도 작용했던 것으로 판단된다. 두 번째로 많은 학술논문은 사회 분야(54편, 25%)이고, 그 뒤를 이어 언어학(22편, 10%), 역사학(20편, 9%), 이공계(6편, 3%)의 순서다.

연구 분야에서 주목할 만한 추이는 1990년대까지 정치·외교 분야가 압도적인 우세를 보이다가 종교, 문화, 인류학 등 사회문화 분야 연구가 빠르게 늘고 있다는 점이다. 특히 2011년부터 20173년의 기간에는 정치·국제관계와 사회문화 논문이 각각 31편, 31편으로 사회문화 분야 연구의 양적 확대가 관찰된다. 향후 미얀마 연구 저변이 확대되고 학문 인프라가 강화된다면 사회문화 연구가 더욱 많아질 것이라고 예상된다.

미얀마 연구논문이 게재된 학술지를 살펴보면, 『동남아시아연구』(21편), 『동남아연구』(21편), 『아시아지역연구』(11편), 『수완나부미』(11편) 등이 대표적이다. 이 중 『아시아지역연구』는 부산외대 아시아지역연구소에서 발간하던 것이 2009년 동연구소가 동남아지역원으로 확대되면서 『수완나부미』로 계승되었다. 이는 부산외대가 미얀마어학과의 인력 및 자원을 기반으로 미얀마 연구에 큰 기여를 하고 있음을 보여 준다. 또한 1998년부터 2006년 사이 『한국태국학회논총』에 6편의 미얀마 관련 논문이 실렸다. 이는 단독 미얀마 저널이 없는 상태에서 미얀마 연구자들이 인근학계인 태국학계의 학술지를 창구로 활용했음을 보여 준다.

개별 연구자들을 보면 가장 많은 출판물을 낸 연구자는 장준영(23편), 최재현(19편), 김성원(15편), 박장식(15편)으로 모두 부산외대 미얀마어학과에 재직하고 있거나 재직했고, 또는 학부과정을 수학한 연구자들이다. 이들의 연구를 모두 합하면 72편으로 전체 212편의 34%를 차지한다. 이들 뒤를 묘우(Myo Oo, 7편), 양길현(7편), 김인아(6편), 이상국(6편)이 잇고 있는데, 김인아와 묘우는 부산외대 동남아지역원 HK 교수다. 언어와 지역 이해에 대한 접근성을 기반으로 부산외대 미얀마어학과가 국내 미얀마 연구에 주도적인 역할을 하고 있음을 보여 준다. 그러나 이는 다른 한편으로는 미얀마 연구가 소수 연구자에게 집중되어 있고, 그 저변이 좁은 현실을 보여 주고 있기도 하다. 따라서 다양한 연구자들에 의한 미얀마 연구가 수행되는 것을 향후 과제로 꼽을 수 있다.

3. 미얀마 관련 단행본

정부와 정부출연연구소와 유관기관에서 발행한 각종 정책보고서와 조사보고서, 그리고 여행안내책자나 어학교재, 체험기는 상당수 발행되었으나 미얀마 관련 학술 분야 단행본은 그 수가 매우 적으며 아직 대부분 개설서로 이루어져 있다(〈표 7-3〉 참고). 독립된 연구 저작으로 평가할 수 있는 것은 1991년 경남대 극동문제연구소에서 발행한 『미얀마의 정치와 경제: 버마식 사회주의』와 2012년에 발행된 장준영의 『미얀마의 외교정책의 변화와 주요국과의 관계』 그리고 2013년에 발행된 장준영의 『미얀마의 정치경제와 개혁개방: 성과와 과제』다.

『미얀마의 정치와 경제: 버마식 사회주의』는 버마식 사회주의의 이해, 버마의 정치구조와 과정, 버마의 경제와 사회, 버마의 대외관계의 총 4부 12장으로 이루어져 있으며, 총 12인의 연구진이 각각의 장을 맡아 기술하고 있다. 버마 사회주의의 역사, 버마 공산주의 운동, 버마의 토지개혁과 농업 문제, 버마와 한국, 버마와 미·일·중의 관계 등 폭넓은 주제들을 다루고 있다.

2012년 발행된 장준영의 『미얀마의 외교정책의 변화와 주요국과의 관계』는 비록 정책연구원에서 출판되기는 했으나 정책연구가 아닌 기초연구다. 1948년 미얀마 독립 이후 민간정부, 군부정권, 신군부, 신

〈표 7-3〉 미얀마 관련 주요 학술 단행본

제목	저자	출판사	연도
미얀마의 정치와 경제: 버마식 사회주의	한석태 외	경남대학교 극동문제연구소	1991
미얀마학 입문	김성원	부산대학교출판부	1998
미얀마 왕조사(2001, 2010)	김성원	부산외국어대학교출판부	2001
미얀마(1999, 2005)	양승윤 외	한국외국어대학교출판부	2005
미얀마의 종교와 사회	김성원	부산외국어대학교출판부	2005
버마/미얀마: 모두가 알아야 할 사실들 (번역서)	장준영	높이깊이	2011
미얀마의 이해 (2002, 2006, 2011, 2014, 2017)	김성원	부산외국어대학교출판부	2011
미얀마 외교정책의 변화와 주요국과의 관계	장준영	대외경제정책연구원	2012
미얀마의 정치경제와 개혁개방: 성과와 과제	장준영	지식과교양	2013
하프와 공작새: 미얀마 현대정치 70년사	장준영	눌민	2017

정부 시기별로 외교정책과 대외 관계를 비동맹 중립외교의 틀로 분석했다. 2013년 발행된 장준영의 『미얀마의 정치경제와 개혁개방: 성과와 과제』는 2011년 신정부 출범 이후 개혁 과정과 과제를 크게 정치 분야와 경제 분야로 나누어 살펴본 연구물이다.

이외에도 장준영이 2011년 번역하여 출판한 『버마/미얀마: 모두가 알아야 할 사실들』은 데이비드 슈타인버그(David I. Steinberg)가 저술한 *Burma/Myanmar: What Everyone Needs to Know*(2009)의 번역서로 미얀마에 대한 해외저술 번역의 드문 예다. 원저는 미얀마 연구의 고전이라기보다는 신정부 출범 이후 미얀마의 현대정치사와 정치, 국제관계 이슈를 소개한 책으로 그 번역본은 국내에서 미얀마에 대한 관심이 급증하는 시기에 미얀마에 대한 시의적절한 정보를 제공해 주었다. 2013년 이후 2017년 4월까지 발간된 학술단행본으로 분류할 수 있는 저작은 2017년 3월에 발간된 장준영의 『하프와 공작새: 미얀마 현대정치 70년사』를 들 수 있는데 독립 이후 70년간의 미얀마 정치의 특수성을 군부, 이데올로기, 종교라는 키워드를 통해 분석하였다.

단행본 분석에서도 드러났듯이 미얀마의 역사와 문화에 대한 개설서 이외에 특정 주제에 대한 연구에 바탕을 둔 단행본은 매우 드물고, 또한 그 연구주제도 미얀마의 근대정치 또는 최근 개혁에 집중되고 있다. 국내 미얀마 연구의 역사가 짧고 자원이 한정된 상태에서 이러한 연구들은 연구의 지평을 넓히는 데 매우 중요한 기여를 했지만 대부분 미얀마의 주요 이슈에 대한 소개를 크게 벗어나지 못하고 있는 것이 현실이다.

V. 맺음말

2011년 미얀마 개혁개방 이후 한국의 미얀마 연구는 사회적 관심과 연구 수요 증가, 연구저변 확대라는 새로운 환경을 맞이하였다. 이 글에서는 한국의 미얀마 연구의 그간 동향을 간략하게나마 살펴보고 그 특징을 정리해 보았다.

한국의 미얀마 연구는 같은 동남아시아인 인도네시아나 베트남, 태국에 비해 매우 짧은 역사를 가지고 있으며, 상대적으로 낮은 사회적 관심 속에 극히 작은 규모의 핵심 연구자 집단이 제한된 자원을 이용해 수행해 왔다. 미얀마를 주제로 한 학위논문과 학술지 게재 논문, 단행본을 통해 미얀마 연구의 동향을 살펴보면, 한국의 미얀마 연구는 1990년대에 비로소 시작되었다고 할 수 있고, 2000년대 말 미얀마의 정치개혁을 전후하여 연구 성과가 크게 증가한 것을 알 수 있다. 그러나 크게 증가했다고 해도 그 양적 측면에서 한국의 미얀마 연구는 인도네시아 연구나 베트남 연구에 비해서는 대단히 저조하다. 또한 연구 분야에서도 정치·국제관계와 같은 사회과학 분야 연구가 아직 대다수이고, 인문학 분야인 언어학, 역사학, 문화 분야는 상대적으로 저조하다. 또 연구자 분포에서도 소수의 연구자들에게 연구 부담이 집중되어 있는데, 이는 미얀마 어문학을 중점으로 하는 학부가 국내에 단 하나 존재하고, 그동안 미얀마 연구의 수요 부족으로 학문 후속세대 형성이 상대적으로 저조했기 때문이다.

상대적으로 그 출발이 늦어지면서, 한국의 미얀마 연구는 양적인 성장과 내적 성장을 동시에 추진해야 하는 어려운 과제를 안고 있다. 인도네시아나 베트남 연구의 경우 그동안 상당한 양적 성장을 이루고 이제 질적 향상을 꾀하는 반면, 미얀마 연구는 최근 미얀마 연구에 대한 사회적 연구 수요가 급증하였고 이를 무시할 수 없기 때문이다. 미얀마에 대한 한국 정부와 기업의 관심이 급증하면서 정부출연연구소의 정책보고서나 미얀마의 산업, 비즈니스 관련 응용 연구들도 증가하고 있으나 기존 미얀마 연구자의 풀이 극히 좁기 때문에 국내 연구에는 미얀마 비전공자의 참여도 늘어나고 있다. 내적 성장 없이 연구의 외연이 급격히 확대되는 것을 경계해야 하지만, 국내 미얀마 연구 환경을 고려할 때 당분간 이러한 현상이 지속될 가능성이 높다. 중장기적으로는 학부 과정에서부터 미얀마 지역학을 접하거나 전공하는 후속세대 육성을 위한 제도적 기반이 확대되어야 하겠지만 단기적으로는 기존의 핵심 연구자들과 주제에 따라 미얀마를 연구하는 사례 연구자들과의 협력이 중요할 것으로 보인다. 또한 본문에서 직접적으로 다루지는 않았지만 국내에서 제출되는 미얀마 관련 박사학위논문의 상당수가 한국에 유학하는 미얀마인 연구자들에 의해 작성된다는 점에서 이들과의 교류를 어떻게 효과적으로 활용할 수 있는지에 대한 고민이 필요하다.

참고문헌

김성용. 1986. "버마 정치체제와 사회주의 발전전략 연구." 고려대학교 석사학위논문.

김성원. 1998. "정치사적 관점에서 본 미얀마의 불교와 정치." 한국외국어대학교 박사학위논문.

김인아. 2011. "미얀마 꺼잉(Kayin)족 정체성의 형성과 변화." 부산대학교 박사학위논문.

김찬규. 1983. "버마테러사건에 대한 국제법적 조명." 『사법행정』 24(11): 4-8.

김형준 · 전제성. 2013. "외적 팽창의 지속, 내적 분리의 심화." 『아시아리뷰』 2(1): 73-108.

김형종. 2014. "한국의 말레이시아 연구 동향." 『아시아리뷰』 3(2): 107-138.

김희숙. 2017. "미얀마 새마을운동 ODA 사업 현장의 정치과정: '아흘루'와 '아흐마'의 정치." 전북대학교 박사학위논문.

박희주. 1964. "동남아세아 정치집단의 역할: 버마, 인도네시아, 월남을 중심으로." 고려대학교 석사학위논문.

신동형. 1996. "미얀마의 민주화 이행과정에 대한 분석: 1988년 민주화 운동의 과정과 성격을 중심으로." 중앙대학교 석사학위논문.

양길현. 1996. "제3세계 민주화의 정치적 동학 비교 연구: 한국, 니카라과, 미얀마의 경험을 중심으로." 서울대학교 박사학위논문.

______. 2012. 『버마 그리고 미얀마: 네윈과 아웅산 수지』. 서울: 오름.

유세희. 1966. "아세아 후진국에 있어서 민주사회주의 운동의 제문제점: 특히 버마의 경우." 서울대학교 석사학위논문.

유인선. 1980. "식민지시대의 버마와 월남에서 전개된 반식민주의운동의 비교연구." 『동양학』 10(8): 185-205.

이병승. 1990. "인도와 버마의 국가자본주의 비교연구." 한국외국어대학교 석사학위논문.

이윤재. 1968. "버마의 중립외교: 1948~1951." 고려대학교 석사학위논문.

이한우. 2013. "한국의 베트남 연구." 『아시아리뷰』 2(1): 109-158.

이호재. 1968. "버마군부의 성장과 정치." 『해외문제』 4(1): 91-117.

장준영. 2009. "미얀마 신군부와 정치변동: 군부의 정치권력과 민주화 전망." 한국외국어대학교 박사학위논문.
______. 2012. 『미얀마의 외교정책의 변화와 주요국과의 관계』. 서울: 대외경제정책연구원.
______. 2013. 『미얀마의 정치경제와 개혁개방: 성과와 과제』. 서울: 지식과 교양.
______. 2017. 『하프와 공작새: 미얀마 현대정치 70년사』. 서울: 눌민.
조상호. 1967. "공산권의 대외원조정책에 관한 연구: 특히 동남아지역에 대한 원조실태를 중심으로." 서울대학교 석사학위논문.
최재현. 1988. "ビルマの 'キツサニ' 文學と作家 'ティパニマウニワ'に關する硏究(미얀마 킷쌍(Khitsan) 문학과 떼입빵 마웅와(Theippan Maun Wa)에 관한 연구)." 오사카외국어대학교 석사학위논문.
한석태 외. 1991. 『미얀마의 정치와 경제: 버마식 사회주의』. 서울: 경남대학교 극동문제연구소.
한유석. 2017. "환대 받지 못 하는 이주민들: 태국의 타자 통치와 미얀마 출신 카친족의 혼종적 정체성." 전북대학교 박사학위논문.

Hong, Moon Suk. 2017. "Contextualizing Dropout Experiences of Youth Migrants in Transitional Myanmar." Ph.D. Dissertation, Graduate School of Education, Seoul National University.
Lee, Sang Kook. 2007. "Integrating Others: A Study of a Border Social System in the Thailand-Burma Borderland." Ph.D. Dissertation, Department of Sociology, National University of Singapore.
Park, Jang Sik. 1989. "(The)Voicing Alternation in Burmese Obstruents." M.A. Thesis, Osaka University of Foreign Studies.
______. 1992. "The Perception of Contrasts between Voiced and Voiceless Nasals in Burmese." Ph.D. Dissertation, Banaras Hindu University.
Steinberg, David I. 2009. *Burma/Myanmar: What Everyone Needs to Know*. Oxford University Press.[장준영 역. 2011. 『버마/미얀마: 모두가 알아야 할 사실들』. 높이 높이]

제8장

한국의 캄보디아 및 라오스 연구*

정미경

I. 머리말

1990년대에 들어 한국은 사회주의 국가들과 외교 관계를 맺고 새로운 세기를 준비했다. 1995년 10월25일 한국은 라오스와 재수교를 통해 외교관계를 맺었고, 2년 후인 1997년 10월 30일에는 캄보디아와 수교를 했다. 특히 지리적으로 대륙부 동남아의 중심부에 위치한 캄보디아와 라오스는 정치적·경제적·지리적으로 관심의 대상으로 떠오르면서 국제 사회에서 새롭게 주목을 받게 되는데, 그 원인을 세 가지로 다음과 같이 정리할 수 있다.

첫째, 캄보디아와 라오스는 열대성 기후이면서 비옥한 토양을 가지고 있어서 천연자원(특히 농업 생산물)이 풍부한 국가이다. 둘째, 지리적으로 대륙부의 중앙에 위치하여 캄보디아는 동서로 태국과 베트남을 잇고, 라오스는 남북으로 중국과 태국을 잇는 연결통로가 되고 있다. 셋째, 한국의 경우 2000년대 중반에 들어서면서 캄보디아와 라오스에 대한 원조, 기업 투자, 외교 관계 증진, 민간 교류의 확대 등 두 국가에 대

* 이 장은 필자의 『아시아리뷰』 4권 1호(2014년) 게재논문 "한국 학계의 캄보디아·라오스 연구: 현황과 쟁점"을 수정 보완한 글이다.

한 관심이 고조되었다. 예를 들어, 2012년 현재 한국과 캄보디아의 무역 규모는 수출 5억 9,300만 달러, 수입 1억 2,600만 달러이며, 한국의 대캄보디아 직접 투자 규모는 2012년 약 9,000만 달러에 달한다. 라오스와의 무역 규모는 연간 1억 달러이고, 한국의 대라오스 직접투자 규모는 연간 2,000만 달러다(한국수출입은행 2014).

우리 학계에서 캄보디아와 라오스에 대한 지역연구의 중요성이 확대되기 시작한 것은 1990년대 들어서면서이며, 단일국가로서 지역연구가 시작된 것은 2000년 초반부터로 추정할 수 있다. 그 이유는 첫째, 사회주의 국가로서 국내 연구자들의 접근이 불가했으며, 덕분에 캄보디아와 라오스 연구는 베트남 혹은 태국 연구자들에 의해 태국-라오스, 베트남-캄보디아, 그리고 베트남-라오스-캄보디아 등으로 국가를 묶어서 연구하는 경향이 높았다. 둘째, 일반적으로 지역연구의 정의는 한 국가에 대해 언어, 지리, 문화, 역사, 경제 그리고 정치 등을 심도 있게 연구하는 것을 의미하며 지역에 대한 일반 지식을 습득하고, 이를 사회과학의 이론적 틀을 통해 지역의 다양한 현황과 현상을 설명할 수 있어야 한다(Rockefeller Foundation 2014). 지역 연구자는 현지 언어를 구사할 수 있어야 하며, 현지 국가에 대한 역사, 사회문화, 정치, 경제에 대한 해박한 지식을 갖추고 사회과학적 이론을 적용할 수 있는 지식을 갖추어야 한다(Macdonald 2004; Ludden 1998). 그런데 두 국가를 연구하기 위한 기본적 언어(크메르어, 라오어) 교육이 대학에서 2014년 이후에 공식적으로 시작되었다. 그러므로 기존의 많은 연구들은 개인의 관심과 역량에 따라 현지조사를 진행하여 지역연구를 수행하거나 아니면 2차 혹은 3차 자료에 의존도가 높은 연구를 진행해야 했다. 캄보디아와 라오스 지역연구에 대한 국내적 한계뿐만 아니라 해당국가도 아직 사회주의 체제를 유지하고 있어서 연구자의 데이터 접근 및 수집에 제한을 두고 있다는 점도 걸림돌로 작용하였다. 그럼에도 불구하고 두 국가에 관심을 갖고 있는 연구자들은 꾸준히 연구활동을 진행하고 있음을 주목할 필요가 있다.

본 연구는 두 국가의 개혁개방 및 연구 접근이 가능했던 1990년대부터 시작하여 2016년 말까지 국내 연구자들의 연구를 중심으로 분석을 시도했으며, 학위논문은 국회도서관 등록 기준, 학술지는 한국연구재단 등재 및 등재후보지 기준으로 조사를 했으며, 그 외에 보고서 및 단행본은 한국학술정보원 및 국회도서관에 등록된 서적을 근거로 분석했다.

II. 캄보디아 연구 동향

캄보디아의 일반적 현황을 살펴보면 다음과 같다. 인구는 1,560만 명(2016년 기준)이고 이 중 수도인 프놈펜 거주자가 152만 명이다. 인구는 꾸준히 증가하고 있으며, 이 중에서 크메르인이 90%를 차지하고, 베트남인이 5%, 그리고 중국인, 참족 및 소수 종족 등이 약 5%를 차지하고 있다. 역사적으로 캄보디아는 1953년 프랑스로부터 독립한 뒤 1970년까지 캄보디아 왕국이 수립된다. 하지만 폴 포트(Pol Pot), 키우 삼판(Khieu Samphan), 이엥 사리(Ieng Sary) 등이 '크메르 루즈(Khmer Rouge)'[1]라는 공산 세력을 형성하여 1975년 4월 17일 수도 프놈펜을 점령하고, 농본주의 정책을 채택하면서, 구정권 관계자, 도시 부유층, 지식인, 유학생, 공산당 세력 내의 친베트남 성향의 국민들을 대량 학살하고, 강제 농촌 이주(하방) 정책을 실시한다(Grant 1998; Tully 2005). 1979년 1월 베

1 크메르 루즈(Khmer Rouge)는 프랑스어로 '붉은 크메르인'이라는 뜻이고, '크메르인의 피를 새롭게 하자'라는 의미다.

베트남군이 프놈펜을 침공하면서 친베트남 및 소련식 사회주의가 채택되고, 중국과는 외교적 단교를 선언하게 되며, 이후 베트남군이 1989년까지 캄보디아에 주둔하게 된다. 베트남 및 소련식 사회주의를 표방하던 캄보디아는 소련의 붕괴, 베트남 원조의 중단 등으로 경제적 위기에 직면하고, 내란 종식을 위한 국제사회의 개입과 원조 요청이 이루어지면서 1992년 3월 유엔캄보디아잠정통치기구(UNTAC)가 평화유지 활동을 시작한다.[2] 1993년 4월부터 6월까지 총선을 실시하여 입헌군주제를 채택하면서 시아누크 국왕이 캄보디아로 귀환하고, 정치 및 사회 치안이 불안한 상태에서 폴 포트의 생존 등으로 내부적인 혼란이 지속되었다가 1997년 쿠데타 이후 안정을 되찾았다.[3] 캄보디아의 역사적 굴곡은 주변 국가들의 사회·문화 및 정치적 영향력하에 있게 했으며[4] 이는 곧 국내연구자들이 태국 혹은 베트남과 함께 비교연구 대상으로 캄보디아를 선정하는 경우가 높게 나타났다. 머리말에서도 언급하였듯이 국내적으로 지난 30년 동안 적성국가로서 연구자들의 자유로운 접근이 불가능했다. 특히 지리적으로, 정치·경제적으로 특별한 관계가 형성되지 않아 지역연구 대상으로서 부각되지 못했다. 이는 김형종의 말레이시아 연구 동향에서도 "동남아연구는 학문적 관심과는 별개로 한국과의 정치·경제 관계의 비중이 반영된다"고 밝힌 바 있다(김형종 2013: 108). 국내연구동향의 특징을 살펴보면, 1993년 이후 캄보디아가 국제사회에

2 1990년 6월에는 캄보디아평화도쿄회의가, 1992년 3월에는 캄보디아평화파리국제회의가 개최되었다.

3 1997년 7월에 훈센 총리가 쿠데타를 일으키기 전까지 내부적으로 2인 수상, 2개 정부 체제로서 훈센과 라나리드 왕자(시아누크 장자) 간에 분쟁이 계속되었다. 훈센은 쿠데타를 일으켜 라나리드 왕자가 주도하는 왕정파 정부를 제압하고 1인 수상 및 정부 체제를 회복한다.

4 캄보디아와 베트남 간의 전쟁사를 보면, 캄보디아는 지속적으로 베트남의 패권에서 벗어나려는 노력을 했다.

알려지고, 정치외교 및 경제협력관계가 형성되면서 지역연구대상 국가로 부상했다. 실제로 1990년대부터 2000년대 초반의 연구는 학술적 논문 혹은 학위논문보다는 단행본으로 여행서, 생활용어, 그리고 개발협력 관련 정부 보고서가 다수를 차지하고 있음이 1990년대 이후 2016년까지의 자료를 분야별로 분석한 결과 밝혀졌다.

1. 학위논문

학위논문은 한국교육학술정보원이 제공하는 학술연구정보서비스 및 국회도서관에 등록된 논문을 기준으로 '캄보디아' 혹은 'Cambodia'를 주제어로 검색한 결과물을 시기별과 분야별로 정리했다. 시기별로는 1991년 이후 10년 단위로 논문 제출 현황을 분석했고, 분야별로는 5개 분과인 정치 및 국제관계(개발 포함), 경상계열, 어문학 및 역사, 사회 및 문화 그리고 이공계열 및 기타로 구분했다.

국내에서 수여된 석사학위논문은 두 가지 특징을 가지고 있다. 첫째는 2000년대 중반에 양국 간의 정치 및 외교적 교류 확대와 경제적 교역이 증가하면서 이에 관련된 논문도 양적으로도 증가했다. 둘째는 국내의 캄보디아 유학생 수가 증가하면서 이들이 제출한 논문의 수도 지역연구의 가치를 높이는 데 역할을 했다. 다만, 국내 캄보디아 유학생들의 석사학위논문은 지역과 시대적 상황을 반영하고 있는 지역 정보로서는 활용이 가능하지만 대부분 정부가 제공하고 있는 데이터에 기반하고 있다는 점은 참고해야 한다. 국내 학위논문 제출 양상을 석사학위논문과 박사학위논문으로 나누어 살펴보면 다음과 같다.

우선, 석사학위논문 제출 현황은 1991년부터 2000년까지 총 4편이 제출되었으며, 이 중 정치 및 국제관계 분야가 3편이고 사회 및 문화가 1편이었다.

〈표 8-1〉 캄보디아 관련 석사학위논문 분야(1991-2016년)

	경제·경영	정치·외교	사회·문화·교육	어문·역사	기술·공학·임·농·축산·보건	기타	총편
1991-2000		3	1				4
2001-2010	16	11	1	3	36		67
2011-2013	17	14	6	8	24	2	71
2014	12	8	6	1	10	1	38
2015	9	6	10	6	9	3	43
2016	7	6	9	1	7	4	34
전체							257

2001년부터 2010년까지 제출된 논문은 총 67편으로 정치 및 국제관계(개발) 11편, 경상계열이 16편, 어문학 및 역사가 3편, 사회 및 문화가 1편 그리고 이공계열(보건분야 포함)과 기타가 36편으로 다양하게 나타났다. 그리고 2011년부터 2013년까지 3년간 제출된 논문은 총 71편으로 정치 및 국제관계(개발)가 14편, 경상계열이 17편, 어문학 및 역사 8편, 사회 및 문화 6편, 이공계(보건계열 포함) 및 기타 26편이다. 2014년 38편, 2015년 43편, 그리고 2016년 34편이다. 전체 석사학위논문 제출 비율은 국내 학생이 약 40.5%이고, 유학생들의 논문이 약 59.5%를 차지하고 있다.

국내 캄보디아 연구자의 박사학위는 주로 국내 대학에서 취득했다. 박사학위논문은 개인의 관심과 연구에 초점을 두고 있어서, 시대적 상황에 따른 주제나 현안과는 거리가 있는 논문을 제출하게 된다(김형종 2013)고 하였으나, 캄보디아 연구의 경우 해당 국가의 상황을 다루는 논문이 주류를 이루고 있다. 국내의 최초 박사학위논문은 〈표 8-2〉에서 보듯이 조영희가 2006년 인하대에 제출한 정치학 논문 "정당다원주의 이후 캄보디아의 정당정치와 선거"로 현지의 선거 관련 국제기구와 정

〈표 8-2〉 캄보디아 관련 국내 박사학위 수여 현황

저자	연도	논문명	학위수여기관
Chhay Kongkea	2006	Agricultural Development Strategy in Cambodia	전남대학교
조영희	2006	정당다원주의 이후 캄보디아의 정당정치와 선거: 안정성 · 경쟁성 · 대표성 · 통치성에 대한 분석	인하대학교
Chamroeun Sok	2007	(A)Comparative Analysis of Government Innovations in Asian Countries: Applicability to the Cambodian Government	안동대학교
이종삼	2007	한국과 캄보디아의 경제협력 방향에 관한 연구	건국대학교
천순주	2010	캄보디아산 상황버섯으로부터 마우스 흑색종세포의 티로시나아제 억제 및 마이크로캡슐 화장품개발	대구한의대학교
Sopheak Cheang	2011	Essays on Information Communication Technology for Development(ICT4D): Case Study on Performance and Adoption of Telecenter in Cambodia	서울대학교
Ky Sereyvath	2012	Economic Analysis of the Cassava Farming in Cambodia	창원대학교
Nguyen Van Trung	2013	(A)Land Cover Variation Model Accommodating Flood Dynamics in the Tonle Sap, Cambodia, Derived from ALOS PALSAR and Optical Data	연세대학교
Kongkea Phan	2013	Arsenic Geochemistry and Health: Risk Assessment, Bio-marker and Epidemiology in the Mekong River Basin of Cambodia	광주과학기술원
황인천	2013	캄보디아의 양치 및 석송 식물상	전북대학교
조성현	2014	Flora of seed plants in Cambodia	한림대학교
김동명	2015	(An)empirical analysis of export competitiveness factors of Korea export to Cambodia	세종대학교
께오썸엘	2015	Protective effects of Cambodian medicinal plants on tert-Butyl hydroperoxide-induced Hepatotoxicity via Nrf2-mediated Heme Oxygenase-1	원광대학교
서정성	2016	Development effectiveness of official development assistance(ODA) healthcare: 캄보디아 광주진료소를 중심으로	광주대학교
정소영	2016	(The)effectiveness of education ODA in Cambodia	중앙대학교

부 부처의 자료를 수집했고, 선거 분야의 담당자를 인터뷰하여 이를 논문에 반영한 정치학 분야의 실증연구라는 특징을 가지고 있다. 그 외 이종삼이 2007년에 건국대학교에 제출한 "한국과 캄보디아의 경제협력 방향에 관한 연구"가 있으며, UN 트레이드(UN Trade) 데이터를 활용해 분석했다. 3년 후인 2010년에는 천순주가 대구한의대 화장품약리학과에 제출한 논문 "캄보디아산 상황버섯으로부터 마우스 흑색종세포의 티로시나아제 억제 및 마이크로캡슐 화장품개발"이 있다. 2013년에 제출된 황인천의 박사학위논문은 식물학 분야의 연구로 "캄보디아의 양치 및 석송 식물상"을 주제로 연구했다. 그러므로 현재까지 제출된 국내 박사학위논문은 정치 분야 1편, 경상계열 1편과 이공계열 2편이고, 현재까지 캄보디아 관련 어문학, 역사 그리고 사회 및 문화에 대한 국내 박사학위논문은 제출된 바 없다. 경제 1편(김동명 2015), 교육 1편(정소영 2016) 그리고 국내 유학생이 쓴 박사학위논문은 11편 중에 5편이 국제개발과 관련된 것이고(Chhay 2006; Chamroe 2007; Sang 2010; Sopheak 2010; Ky 2012), 3편은 보건 관련 논문(Kongkea 2013; 께오썸엘 2015; 서정성 2016)이며, 1편은 베트남 유학생 응엔반뜨렁(Nguyen Van Trung 2013)이 연세대학교 지구시스템과학과에 제출한 것이다.

2. 학술지 논문

학술지 논문은 한국교육학술정보원이 제공하는 학술연구정보서비스(RISS: KERIS, KSI, KISS, DBpia)에 등록된 학술지 중에서 '캄보디아'를 주제어로 검색한 후에 등재 및 등재 후보지를 기준했다. 시기별로 1991년부터 2013까지 약 20여 년 간 총 60편의 학술논문이 발표되었다. 이 중에서 정치 및 국제관계가 18편이고, 국제개발 6편, 경제 및 경영 8편, 인문 및 역사 7편, 사회 및 문화 9편, 이공계열 8편, 그리고 기타가 4편이다(여기서 기타에는 기독교 선교 논문도 포함된다).

1991년부터 1995년까지 지역연구 주제의 범주에 포함되는 연구로서 국제관계와 관련된 논문(김성수 1991; 이병도 1991; 차두현, 1992; 남창희, 1994)이 있는데, 이는 당시 캄보디아의 상황인 개혁개방, 내전 종식, 평화협정 등의 과도기 상황을 그 토대로 하고 있다. 1997년을 기점으로 연 평균 2-3편의 논문이 발표되었는데, 이 중에 대표적인 학자는 대륙부 동남아 역사인류학자인 조흥국이다. 그는 1997년 "17세기 태국, 캄보디아, 베트남의 정치적 관계"(조흥국 1997), "캄보디아 화인사회의 형성과 발전"(1999) 등의 연구를 했으며, 현지의 역사적 사료를 상세히 검토한 연구 결과물을 제공해 주었다. 또한 전순신의 "프레아 뷔히어 사원에 관한 사건"(1999)연구는 태국과 캄보디아 간의 국경 분쟁으로 주목할 만한 연구다. 이은구는 "캄보디아에서의 힌두교"(2000)와 같은 종교, 사회 문화 그리고 종교적 갈등에 대한 연구를 발표했다.

2000년대에는 정치 및 국제관계에 대한 논문이 다수 발표되었는데, 조영희의 "캄보디아의 선거제도와 정당체계의 상호관계"(2009b)와 "캄보디아 NGO의 발전 경로에 관한 연구"(2009a), 박성관의 "캄보디아의 정치적 파벌과 민주화과정"(2003), 이동윤의 "캄보디아의 선거와 정당정치: 타율적 민주화의 한계"(2005), 정연식의 "캄보디아의 선거과정: 정치적 기능과 의미"(2006), "캄보디아의 2008년 총선: 선거권위주의의 공고화"(2009), "캄보디아의 선거 공정성과 민주주의의 퇴행"(2016) 등이 대표적인 정치학적인 관점의 논문들이다. 사회, 문화, 종교에 대한 연구는 여전히 매우 소수 연구자에 의하여 논문이 발표되고 있는데, 김은영의 "프랑스의 '문명화소명'과 탈식민화된 캄보디아의 정체성 아이러니"(2011), 임익성이 2012년 발표한 "캄보디아 씨엠립의 유적과 주민생활에 대한 연구"과 정미경의 "캄보디아 화교사회의 사회 및 경제 네트워크"(2012b), 그리고 정연식의 "캄보디아불교와 친족"에 관련한 영문논문(2011) 등이 있다.

경제 및 경영 분야는 경제 협력과 경제 개발에 관련된 연구로서 박준근 외가 발표한 "가격중심의 캄보디아 쌀공급 분석 연구: 1980-2004"(2006), 성장환·장인석의 "지역개발 여건을 감안한 캄보디아 SEZ 개선 방안"(2010), 김봉철·이준표의 "캄보디아 기업법상 회사 지배 구조의 특징"(2011) 등이 있다. 그 외에 나희량의 "경제위기와 달러화현상 3국 비교연구"(2011), 김걸·정진도의 "캄보디아의 지역격차분석을 통한 균형 개발 방안 연구"(2011)가 있다. 국제 개발 분야에서는 이규성 외의 "캄보디아 옥수수 생산 및 유통 현황 연구"(2011), 이전우 외의 "A Study of the Role of ODA in Cambodia"(2011), 정미경의 "공적개발원조(ODA)의 지원형태와 참여유형: 베트남, 캄보디아, 라오스 중심 연구"(2012a), 그리고 박세나·고길곤의 "해외 새마을운동의 정책 이전에 따른 정책 변형 분석: 라오스와 캄보디아의 사례를 중심으로"(2013)가 있다. 그 외 이공계열의 논문 중에 실증연구를 바탕으로 하고 있는 김정훈의 "캄보디아 내륙수로의 교통안전 시설에 대한 편익 추정"(2009), 박준현 외의 "National Science, Relationship of Growth, Yield and Root Characters of Hybrid Corn Varieties in Cambodia"(2013) 등이 있다. 학술지 논문 기준으로 캄보디아 연구는 초기 단계로 볼 수 있으며, 지역연구의 핵심 연구자[5] 그룹이 형성되지 않은 상태여서, 전공자 및 비전공자의 구분이 없이 다양한 분야에서 접근하고 있는 실정이다. 2015년에는 정치·외교 분야의 경우에는 3편의 논문이 '2013년 캄보디아 총

5 여기서 핵심 연구자라고 함은 지역의 언어, 역사, 문화 등에 지식을 갖추고, 사회과학적 이론에 해박한 지식을 갖춘 지역 전문가를 의미한다. 지역 연구자에 대한 개념 정의는 루덴과 맥도날 등의 연구에서 밝히고 있다(Macdonal 2004; Ludden 1998).

〈표 8-3〉 캄보디아 관련 등재/등재후보지 발표 논문(2014-2016년)

	경제 · 경영	정치 · 외교	사회 · 역사	교육	보건	임·농 · 축산	기술 · 건축 · 공학	신학	기타	총편수
2014	5	2	3	0	0	4	6	2	1	23
2015	4	6	5	3	2	9	5	2	2	38
2016	2	3	2	6	3	9	3	2	1	31

선'에 관련된 분석이고(낀 퓨, 정연식, 임선빈, 황인원), 나머지 3편은 공적개발원조와 관련된 논문이다. 임업·농업·축산업 등에 대한 연구논문들도 교육개발협력, 농업개발협력과 관련된 것으로 공적개발원조에 참여했던 연구자들이 캄보디아에서 활동했던 경험을 기반으로 조사된 지역자료를 기반으로 연구논문을 제출했다(이용광, 심재승, 이윤호 외). 2016년 교육분야의 경우에도 공적 개발협력과 크게 벗어나지 않는데, 2015-2016년에 발표된 논문들은 한국교육과정평가원이 참여했던 캄보디아의 교육개발 사업과 관련되어 있다. 사회 및 역사 분야에서도 2014년 '남부캄보디아와 명 이주민'(최병욱)이 있다. 2015년에 발표된 논문이 가장 많은데, "동남아시아 불교의 내셔널리즘(민족주의) 역사와 전개"(홍석준), "직업선택에 있어서 종교의 사회경제학적 영향: 캄보디아 프놈펜 지역 사례 연구"(정미경), "캄보디아 사회복지"(최아영), "캄보디아의 한국 개발NGO에 대한 탐색적 연구: 씨엠립 아동양육시설(보육기관)을 중심으로"(오단이·김성호)가 있다. 2016년에는 "태국·캄보디아 국경분쟁: 힌두교 사원 귀속권은 어디로"(조상현)가 있다. 정치와 사회, 신학을 제외한 논문들은 다수가 공적개발협력과 관련되어 연구된 것으로 분석된다.

〈표 8-4〉 캄보디아 관련 단행본 현황(2014-2016년)

연도	단행본 내용	총수
2014	보고서(16); 여행서(4); 소설(1); 경제(1); 지역연구(2); 건축(1); 언어(1)	26
2015	보고서(13); 여행서(4); 교육(1); 경제(1); 문화(1)	20
2016	보고서(8); 여행서(7); 정치(1); 경제(1); 법률(1); 기타(1)	19

3. 단행본

학위논문이나 학술지에 비하면 캄보디아 연구에 대한 단행본의 발간 실적은 매우 저조하다. 1991년부터 2013년까지 기행문, 여행, 언어, 역사서 등 전체 45편 정도가 출판되었다. 이 중에서 언어와 여행안내서가 19편을 차지하고 있고, 사회문화 관련한 서적은 2편이고 역사서는 8편이지만 대부분 주변 3국을 모두 포함하고, 단독 역사서는 1편이 있다.

2014년부터 2016년 말까지는 총 65편이 출판되었는데, 2016년 전문 분야의 서적은 전체 19권 중에 4권에 불과하고 보고서와 여행서가 차지하는 비율이 매우 높다. 2015년 역시 크게 다르지 않다. 보고서와 여행서가 총 20권 중에 17권이고, 2014년도에서도 총 26권 중에 보고서와 여행서가 20권을 차지하고 있다.

III. 라오스 연구 동향

라오스는 인구가 670만 명(2016년 기준)이고 이 중 수도인 비엔티안에 거주자가 70만 명 이상으로 추정된다. 열대성 기후이며, 지리적으로 중국, 미얀마, 태국, 캄보디아, 그리고 베트남에 둘러싸인 고립 국가이면서 대륙부 동남아의 중앙에 위치하고 있다. 공식적으로 68개 소수 종족이 사는 것으로 추정되나,[6] 행정 관리를 위해 3개 그룹으로 나누었는데, ① 라오룸(Lao Loum: lowland 거주자: 60%), 12개 소수 종족이며, ② 라오퉁(Lao Theung: midland 거주자: 30%), 해발 700미터 이상에서 거주하는 36개 소수 종족이고, ③ 라오쑹(Lao Soung: highland 거주자: 10%), 해발 1,000미터 이상에서 거주하는 20개 소수 종족이다. 종교는 상좌부 불교도가 전 국민의 67%이고, 토착신앙 및 기타 종교가 33%를 차지하고 있다.

라오스의 역사를 간략하게 살펴보면, 란쌍 왕국(1353-1893)에서 '라오스(Laos)'라는 국명이 기원된다. 란쌍 왕국의 건립을 앙코르 제국이 도운 것으로 역사는 기록하고 있으며, 당시 수도는 루앙프라방에 두었다. 란쌍 왕국의 전성기는 1790년대로, 태국 시암 왕국과의 정복전에 패하면서 왕조가 해체되고, 1827-1828년 태국의 라오스 침공과 약탈로 역사사료들은 대부분 사라진 것으로 보고 있다(조흥국 2013: 242). 태국과 프랑스 정부 간의 협약에 의해 1893년 프랑스 보호령에 있다가 1954년 독립한다. 독립 이후 혼란기를 거치면서 베트남전의 영향으로 1975년 사회주의 노선을 채택하고, 라오민주공화국(Lao PDR)을 수립한다. 한국은 1974년 6월 22일 수교를 맺었으나, 1975년 7월 25일에 단교를 했고, 1995년 10월 25일에 재수교를 했다. 라오스와 북한은 1974년 6월 24일 수교 이후 사회주의 국가로서 동맹 관계를 현재까지 유지하고 있다. 국내 라오스 연구도 정치 및 외교적 변화에 따라 20여 년 간 적성국가로 지명되어 연구자들의 지역 방문이 제한되었으며(우리 정부의 승인하에 필요시 입국 가능), 사회주의 체제를 현재까지 유지하고 있어서 연구자들의 정상적인 지역연구를 위해서는 라오스정부의 승인을 받아야 한다.

라오스 지역연구는 최근 10년간 우리나라와 라오스 간에 경제 및

6 2010년 유네스코의 조사에 의하면 라오스 전국에 소수 종족으로 구별되는 수가 83개로 보고되고 있다.

외교적 교류가 활성화되면서 연구자들의 관심도 점차 높아지고 있는 상태이다.

1. 학위논문

학위논문은 한국교육학술정보원이 제공하는 학술연구정보서비스 및 국회도서관에 등록된 논문을 기준으로 '라오스' 혹은 'Laos', 'Lao PDR'을 주제어로 검색한 결과물을 시기별, 분야별로 정리했다. 시기별로는 1991년 이후 10년 단위로 논문 제출 현황을 분석했고, 분야별로는 5개 분과인 정치 및 국제 관계(개발 포함), 경상계열, 어문학 및 역사, 사회 및 문화 그리고 이공계열 및 기타로 구분했다.

우선, 국내 석사학위논문 중에서 라오스 연구를 살펴보면, 캄보디아와 같이 국내 학생과 국내 유학생으로 구분하여 분석할 수 있다.

전체 석사학위논문 현황을 살펴보면, 2005년에 1편, 2006년부터 2010년까지 15편의 논문이 제출되었으며, 2011년부터 2013년까지 28편이 제출되었다. 이 중 정치 및 국제 관계(개발)는 7편, 경상계열은 10편, 어문학 및 역사는 7편, 사회 및 문화 2편 그리고 이공계열 및 기타가 20편이다. 라오스도 캄보디아와 유사한 형태로 양적인 증가 추세를 보이는데, 이는 2005년 이후부터 국내에 들어온 라오스 유학생들에 의한 증가다. 국내 학생들이 라오스를 연구 대상으로 한 경우는 2011년 이후에 증가하고 있다. 2014년 17편, 2015년 17편, 그리고 2016년에 11편 등 2005년부터 2016년까지 총 84편의 석사학위논문이 발표되었다.

국내 학생들의 석사학위논문 중에는 1968년 최영옥이 제출한 "아세아 지역 5개국 초등교육과정 현황"(1968)에서 라오스를 하나의 비교연구로 다루었고, 그 이후 2006년 손수학의 "라오스산 사파이어에 대한 광물연구"가 발표되었다. 이춘자의 "라오스 수집 고추의 역병에 대

〈표 8-5〉 라오스 관련 석사학위논문 분야별 현황(2014-2016년)

	경제 · 경영	정치 · 외교	사회 · 역사	교육	보건	어문학	임·농·축산	신학	기타	총편수
2014	4	1	4	3	2		1	1	1	17
2015	3	1	1	1	7	1	2	1		17
2016	1		3		4	1	2			11

한 저항성"(2007)과 손기준의 "라오스 수집고추의 세균성점무늬병 저항성"(2007) 등이 제출되었으며, 2009년 이후부터는 국제 개발과 관련된 논문이 다수 제출되었다(조현아 2009; 류상희 2011; 안세진 2013; 박세나·고길곤 2013; Choi 2013). 이공계열과 기독교 선교 등의 논문도 총 8편이 있었다. 사회 문화에 관련된 논문은 김수은의 "라오스인 한국어 학습자의 공손표현 수행양상연구; 비교문화 화용론의 관점"(2013)으로 주로 한국어 학습자를 대상으로 조사한 논문이다. 국내 유학생이 제출한 석사학위논문으로 총 28편이 있다. 2005년까지는 경제무역 투자 관련 1편(분턴 2005)과 "라오스의 좌표변환"에 관련한 지리학 논문 1편이 있다(Phanthourath 2005).

국내의 라오스 연구자의 박사학위 취득은 주로 국내에서 이루어진다. 〈표 8-6〉 라오스 관련 국내 박사학위 수여 현황을 보면 국내 연구자의 라오스 관련 첫 박사학위논문은 정미경이 2007년 고려대에 제출한 "상좌부불교와 경제발전: 라오스 사례연구"다. 정미경의 논문은 종교문화와 경제와의 관계라는 사회경제적 관점에서 2000-2006년의 6년간 현지조사 및 주민 심층면접을 통해 얻은 데이터를 분석했다는 특징을 가지고 있다. 2012년 미드웨스트(Midwest)대학 신학부에 제출한 이종현의 논문은 "루앙프라방 지역의 지역 NGO를 통한 선교"에 관련한 연구이고, 현지 방문 및 조사를 병행한 실증 연구다. 2015년에 발표된 논문 4편 중에 임지현, 박우령, 나은주가 발표한 3편의 논문은 모두 치아

〈표 8-6〉 라오스 관련 국내 박사학위 수여 현황

저자	연도	논문명	학위수여기관
Akhom Praseuth	2005	An Empirical Study on Perceived Service Quality of the Transportation Industry un Lao PDR	한국해양 대학교
정미경	2007	Theravada Buddhism and Economic Development in Mainland Southeast Asia: A Case Study of Laos	고려대학교
이종현	2012	A Study on Effective Evangelization of the Luangpabang Laos Area through the Local NGO	Midwest University
Chanhsamone Phongoudome	2012	Natural Regeneration and Seedling Performance after Enrichment Planting for the Restoration of Degraded Tropical Mixed Deciduous Forest in Lao PDR	서울대학교
임지현	2015	2 Years Comparison of the Primary School oral Health Program for Sealant and 1.23 APE Gel application, in Vietiane, Lao P.D.R.	단국대학교
박우령	2015	Clinical Study on Fluoride Iontophoresis Method for Lao Children	단국대학교
나은주	2015	(The) Effect of 2 Years Pit & Fissure Sealant Program on Laos Children	단국대학교
Oupakone Alounsavath	2015	Factors Affecting the Increase of Forest Cover in the Northern Region of the Lao's People Democratic Republic	충남대학교
김양희	2016	한국 공적개발원조 모자보건 사업의 수원국 여성 행위자 연구: 라오스 터울조절과 낙태를 중심으로	이화여자 대학교

보건과 관련된 논문이고, 2016년 김양희는 모자보건 관련한 논문을 발표했다. 국내 유학생의 박사학위논문으로는 Akhom의 교통산업(2005), Chanhsamone(2012)와 Oupakone(2015)는 임학 관련 논문을 제출했다.

2. 학술지 논문

학술지 논문은 한국교육학술정보원이 제공하는 학술연구정보서비스

(RISS: KERIS, KSI, KISS, DBpia)에 등록된 학술지 중에서 '라오스'를 주제어로 검색한 후에 등재 및 등재 후보지를 기준했다. 시기별로 1991년 이후 5년 단위로 게재 추이를 분석했다.

라오스 연구는 최근 몇 년 동안에 관심이 높아지는 추세이지만, 주로 태국 및 베트남 전공학자들에 의한 연구가 다수이고, 라오스 현지에 직접 조사를 통한 연구는 소수이다. 학술지 논문은 1991년부터 2016년 말까지 총 115편으로 1991-1995년 3편, 1996-2000년 6편, 2001-2005년 3편, 2006-2010년 11편, 2011-2013년 14편, 2014년 22편, 2015년 27편, 그리고 2016년 28편으로 증가했다. 2014년부터 라오스에 대한 공적개발원조가 증가하고 각 사업에 참여하는 인원도 다양해지면서 개발협력을 위한 지역조사를 활용해 학술논문을 발표하므로 연구성과도 급격히 증가했다. 1991년부터 2013년까지 약 20년간 총 37편인데, 2014년부터 2016년까지 발표된 논문은 총 77편으로 3년간 발표한 논문이 20년간 발표한 논문의 2배에 달한다. 그만큼 라오스에 대한 관심이 높아졌다고 분석할 수 있다. 1991년부터 2013년 말까지의 논문을 주제별로 살펴보면, 정치 및 국제 관계가 5편, 국제 개발이 8편, 경제 및 경영이 4편, 인문 및 역사가 3편, 사회문화가 6편, 이공계열이 9편, 기타가 2편으로 분포되어 있다. 정치 및 국제 관계 분야에서 주로 체제 전환과 개혁개방에 관한 논문이 주를 이루고 있다(김성주 1996; 2003; 정

〈표 8-7〉 라오스 관련 학술지 논문 분야별 현황(2014-2016년)

	경제 · 경영	정치 · 외교	사회 · 역사	교육	보건	어문학	임 · 농 · 축산	기술 · 건축 · 공학	신학	기타	총편수
2014	5	2	5	1	1	1	7	0	0	0	22
2015	9	3	4	1	3		5	1		1	27
2016	5	3	8	2	5		2	2	1		28

남모 2007). 역사와 사회 문화에서는 조흥국의 "라오스의 소수민족정책과 소수민족 차별"(2010), "18세기말-19세기초 상호관계에 대한 라오스와 태국의 역사 인식 차이"(2013)가 있다. 라오스 화교사회 연구는 정미경의 "라오스 화교사회의 재건과 중국과의 관계"(2013b)가 있고, 외국인 학자로 국내 등재지에 글을 낸 에도 안드리세(Edo Andriesse)의 "라오스의 변경자본주의 대(對) 캄보디아의 세습 과두제"(2013)가 있다. 국제 개발 분야에 대한 연구 역시 2009년 이후에 집중적으로 발표되고 있는데, 한국의 입장에서 ODA 정책과 전략에 대한 연구를 제외하고 라오스 중심의 공적개발원조 관련한 연구를 살펴보면, "한국의 교육ODA 사업으로서 '라오스 중등학교 교과서 보급 사업'의 특성에 관한 연구"(조현아 2009), "라오스교사 대상 ICT활용 교육연수에서 콘텐츠 스캐폴드 적용 사례 연구"(류진선 외 2010), 그리고 "Insufficient Partnership, Ineffective Foreign Aid, and Public Education in Laos"(정미경 2013a)는 모두 현장 조사를 중심한 연구들이다. 경제 및 경영 분야에서는 "라오스 기업법"(김동훈·이준표 2011)과 경제 위기와 달러화에 대한 3국 사례 연구(나희량 2011)가 있다. 언어 분야에서는 정환승이 발표한 "태국어와 라오스어의 유사성에 관한 연구"(2009)가 있다. 이공계열에서는 다양한 분야의 논문들이 발표되고 있는데, 지리정보(조명희 1994; 조명희 · 조화룡 1995), 식물학(장현유 외 2007; 이춘자 외 2008; 이호선 외 2013) 그리고 산림학(차준희·윤여창 2007) 등의 논문이 있다.

2014년부터 2016년의 주제별로는 살펴보면, 경제·경영은 '인적네트워크 융합과 중소기업'(김덕만 2015) 외에 주변국가와 함께 시장 상황 서술한 것으로 시장정보를 제공하고 있다. 사회·역사 분야에서 대표적인 학술 논문은 '라오스의 거석문화'(가종수 2015), "동남아 로컬 간 한류의 매개와 재생산: 태국-라오스 문화지형을 중심으로"(김수은 2015), "동남아시아 대륙부의 선사시대 문화: 라오스 참파삭을 중심으로"(가종수

2016), "라오스 화인 사회의 형성과 변화"(조흥국 2016b), "경제성장과 종교와의 관계: 캄보디아와 라오스를 중심으로"(정미경 2014), "근대 동남아시아의 종족성과 종교적 정체성: 라오스 몽족의 종족성과 종교적 정체성"(김성건 2014), "타오 수라나리(Theo Suranari)와 1820년대 라오스-태국 전쟁의 역사적 논쟁"(조흥국 2016b)이 있다. 정치·외교 분야의 대표적인 학술 논문으로는 "위치권력 이론에 따른 후발개도국의 네트워크 정치 참여 외교 전략: 라오스의 연계국 전략을 중심으로"(김현정·문보경 2015), 그리고 "캄보디아, 라오스, 미얀마의 새로운 지역성장 동력으로서 전망과 한계"(설규상 2016)가 있다.

3. 단행본

라오스 관련한 단행본의 발간 현황은 학위논문 및 학술지 논문과 유사하다. 2014-2016년에 발간된 단행본 중에서 여행서와 기행문이 25편으로 전체 49%를 차지하고, 역사 및 사회 문화 관련 도서는 라오스 단독을 연구한 책보다는 캄보디아를 포함하거나 캄보디아와 베트남을 포함한 도서들이다. 역사서도 라오스의 오랜 역사를 심도 있게 연구 분석해서 장기적으로 학문적 연구에 기반이 될 만한 단행본은 아직 출간되지 않았다. 서적 출판도 2001년 이후에 양적인 증가 추세를 보이기는 하지만 연평균 1.4권이 발간되는 정도로 라오스에 대한 연구가 미흡한

〈표 8-8〉 라오스 관련 단행본 출판 현황

연도	내용	총수
2014	보고서(15); 여행서(4)	19
2015	보고서(6); 여행서(10)	16
2016	보고서(4); 여행서(11); 생물(1)	16

상태다. 2014년 이후에 발간된 단행본은 여행서, 국제개발 및 정부 용역사업보고서의 단행본 형식 발간으로 구분된다. 전문학술서는 1권으로 『해외유용생물: 캄보디아와 라오스』(국립생물자원 2016)에서 두 국가의 생물자원을 소개하고 있다.

IV. 맺음말

역사적으로 냉전의 시대 그리고 20세기 말까지 한국과 캄보디아, 한국과 라오스 간의 관계는 지리적 단절뿐만 아니라 이념적 단절도 포함한다. 21세기에 국가와 국가, 지역과 지역 간의 교류와 관계망이 확대되면서, 두 국가도 우리 학계에서 지역연구 대상으로 부각되고 그 가치성이 중시되고 있다. 물론 냉전기에 두 국가에 관심이 있었던 학자의 경우에는 간접적인 접근 방법을 통해서 연구를 했으나 소수에 불과했다. 최근에 정부 간 그리고 민간의 교류가 확대되고는 있으나, 여전히 우리나라 학계에서 라오스에 대한 학문적 연구는 초보적 단계에 머물고 있다. 국내대학에서 단과 학문으로 두 국가를 연구하는 대학이 부재하고, 지역연구의 기초가 되는 언어 교육 및 훈련도 체계적인 틀을 아직 마련하고 있지 않다. 지역연구에 대한 필요성이 강조됨에도 불구하고 정부의 필요에 의한 부분적 연구에만 그치고 있어서 아직 지역연구의 전문성을 확보했다고 할 수 없다. 이는 2014년 두 국가에 대한 우리나라의 공적개발원조가 증가하면서 나타난 연구 분야의 편중성에서도 잘 드러나고 있다. 비록 정부의 공적 원조 및 투자에 학계가 관심을 보이고 참여하는 것은 고무적이나, 특정분야에 한정되어 있고, 장기적으로 지역 정보의 확보에 필요한 연구의 투자는 부재한 실정이라는 점도 주목해야 한다.

국내 학계의 캄보디아와 라오스에 대한 연구 현황을 종합적으로 정리해 보면, 다음과 같다. 첫째, 사회과학 분야은 경제·경영 분야가 많으며, 2014년 이후에는 공적개발원조와 직접적인 관계가 있는 농업 및 보건 분야의 연구가 증가했다.

둘째, 학위논문의 경우는 2014년 이전에 유학생의 국내 학위 취득율이 높았던 반면에 2014년 이후에는 내국인 학생과 유학생의 학위 취득 비율이 동일한 수준으로 내국인 학생의 지역적 관심이 다소 높아졌다. 다만 일부 논문은 학술적 가치가 있는 인과관계 증명이나 비교연구를 통해서 사실/현상을 증명하는 데 노력을 하고 있으나, 일부 논문은 학술적 논문인지 아니면 정부보고서인지 그 경계가 분명할 수 없다는 점이 한계로 나타나고 있다.

셋째, 사회 문화, 역사, 언어, 종교, 인류학 등 지역연구의 중심축이 되는 연구는 제한적으로 이루어고 있다. 사회문화적 연구의 부재는 특정 분야의 정부 공여 사업 및 연구에도 영향을 미치고 있다는 점에서 사회문화 분야의 연구에 대한 지속적인 투자가 필요하다.

넷째, 지역 연구에 필수조건으로 언어의 습득이다. 두 나라의 언어를 체계적으로 교육하는 기관이 부재한 상태이며, 지역연구의 초보적인 전제 조건을 만족시키지 못하는 실정이다.

본 연구를 통해서 향후에 이 두 국가를 지역연구의 대상으로 삼고, 연구 환경 조성에 필요한 투자가 요구된다. 특히 사회 문화 및 언어 교육을 체계화하고, 이에 필요한 인적 자원 확보는 장기적으로 국가의 대외 경쟁력을 향상시키는 기반이 된다.

참고문헌

가종수. 2015. "라오스의 거석문화." 『한국의 고고학』 29.

______. 2016. "동남아시아 대륙부의 선사시대 문화: 라오스 참파삭을 중심으로." 『한국의 고고학』 32.

국립생물자원관. 2016. 『2016년 해외 생명다양성 보전 연구』, 2장 캄보디아(p29-54), 3장 라오스(p55-110), [연구용역보고서] Ebook: https://www.nibr.go.kr/cmn/wvtex/nibr/eBook/eBookList.do

김걸·정진도. 2011. "캄보디아의 지역격차분석을 통한 균형 개발 방안 연구." 『한국도시지리학회지』 14(2): 65-76.

김대인. 2010. "개발과 인권의 조화 관점에서 본 토지법제: 캄보디아의 토지법제를 중심으로." 『법학논집』 15(2): 103-121.

김덕만. 2015. "인적네트워크 융합을 통한 중소기업의 해외무역 활성화방안(인도차이나반도의 라오스를 중심으로)." 『한국융합학회논문지』 6(2): 31-36.

김동훈·이준표. 2011. "라오스 기업법." 『외법논집』 35(1): 23-45.

김병기·정만철. 2012. "라오스 농촌지역의 빈곤퇴치와 농촌개발전략." 『한국국제농업개발학회지』 24(3): 282-292.

김봉철·이준표. 2011. "캄보디아 기업법상 회사 지배 구조의 특징." 『동남아연구』 21(2): 107-136.

김석수. 1991. "캄보디아의 평화협정 체결과 국제관계." 『동남아연구』 1: 159-179.

김성건. 2014. "근대 동남아시아의 종족성과 종교적 정체성: 라오스 몽족사회 개신교 전파의 사례." 『아시아연구』 17(2): 1-29.

김성주. 1996. "라오스의 정치·경제체제와 개방정책." 『국제정치논총』 36(1): 207-227.

______. 2003. "인도차이나반도 사회주의 국가의 체제전환과 개혁 · 개발 정책." 『한국정치외교논총』 25(1): 301-334.

김수은. 2015. "동남아 로컬 간 한류의 매개와 재생산: 태국-라오스 문화지형을 중심으로." 『동남아연구』 25(2): 113-141.

김순자. 2012. "캄보디아의 건축양식과 역사 연구." 『한국사진지리학회지』 22(3): 63-75.

김영일·임송수. 2011. "캄보디아에 대한 미곡종합처리장(RPC)건립지원의 투자효과 분석." 『한국국제농업개발학회지』 23(4): 369-375.

김은영. 2011. "프랑스의 '문명화소명'과 탈식민화된 캄보디아의 정체성 아이러니." 『한국프랑스학논집』 73: 249-271.

김정훈. 2009. "캄보디아 내륙수로의 교통안전 시설에 대한 편익 추정." 『한국항만경제학회지』 25(2): 73-94.

김주현. 2016. "월남전 휴(종)전의 정치경제적 심상." 『한국문학논총』 72: 41-73.

김현정·문보경. 2015. "위치권력 이론에 따른 후발개도국의 네트워크 정치 참여 외교전략: 라오스의 연계국 전략을 중심으로." 『국제정치연구』 18(2): 1-20.

김형종. 2013. "한국의 말레시아 연구 동향." 『아시아리뷰』 3(2): 107-138.

김홍구. 1998. "라오스의 승가(sangha)와 국가 권력." 『동남아시아연구』 6(1): 49-74.

______. 2001. "상좌부불교의 정치적 영향력: 태국과 라오스 비교연구." 『21세기정치학회보』 11(2): 293-315.

나희량. 2011. "양대 경제위기와 달러화 현상: 캄보디아·라오스·베트남 사례연구." 『동남아시아연구』 21(2): 125-153.

남창희. 1994. "일본의 駐캄보디아 PKO연구." 『국제정치논총』 33(2): 205-223.

류상희. 2011. "메콩 수자원 개발을 위한 메콩 유역권 국가들의 노력과 지역협력의 필요성." 부산대학교 석사학위논문.

류진선·최완식 · 이영민. 2010. "라오스 교사 대상 ICT활용 교육연수에서 콘텐츠 스캐폴드 적용 사례 연구." 『한국기술교육학회지』 10(1): 261-289.

박규용·박광동. 2008. "라오스민법에 대한 일고찰." 『법학연구』 32: 171-194.

박성관. 1997. "캄보디아의 통일과 개혁. 개방." 『한국과 국제정치』 13(2): 119-146.

______. 2003. "캄보디아의 정치적 파벌과 민주화 과정." 『동남아시아연구』 13(2): 323-346.

박세나·고길곤. 2013. "해외 새마을운동의 정책 이전에 따른 정책 변형 분석: 라오스와 캄보디아의 사례를 중심으로." 『행정논총』 51(4): 127-166.

박준근·박평식·Chhay Kongkea. 2006. "가격중심의 캄보디아 쌀공급 분석 연구: 1980-2004." 『한국국제농업개발학회지』 18(2): 77-86.

박준현·방진기·손범영·이윤호. 2013. "Natural Science; Relationship of Growth, Yield and Root Characters of Hybrid Corn Varieties in Cambodia." 『한국국제농업개발학회지』 25(2): 200-206.

방홍석·권형근·최성민·이준우·공영호. 2012. "라오스의 외국인 투자법제 및 조림사업 허가절차에 관한 고찰." 『농업과학연구』 39(1): 17-21.

배상환. 2011. "동남아시아 불교의 전통윤리와 그 근대적 적응: 캄보디아 불교를 중심으로." 『대각사상』 15: 375-401.

분턴 깨오윌라이웡. 2005. "Trade and Investment Opportunities in Lao PDR = 라오스

의 무역과 투자현황." 부산외국어대학교 석사학위논문.
설규상. 2016. "캄보디아, 라오스, 미얀마: 새로운 지역성장 동력으로서 전망과 한계." 『비교민주주의 연구』 12(1): 33-65.
성장환·장인석. 2010. "지역개발 여건을 감안한 캄보디아 SEZ 개선 방안." 『아시아연구』 13(1): 177-203.
소진광. 2007. "아시아 개발도상국에서의 새마을운동 시범 사업 성과 평가: 라오스와 캄보디아 중심." 『한국국제농업개발학회지』 19(4): 179-201.
심재승. 2015. "캄보디아 농업 현황 및 주요 재배작물의 특성." 『해외농업저널』 7.
안세진. 2013. "(The)Role of Government in Water Resources Management: The Case of the Nam Theun 2 Hydropower Project in Laos." 한국외국어대학교 석사학위논문.
에도 안드리세(Edo Andriesse). 2013. "라오스의 변경자본주의 대(對) 캄보디아의 세습과두제." 『한국경제지리학회지』 16(3): 408-422.
오단이·김성호. 2015. "캄보디아의 한국 개발NGO에 대한 탐색적 연구: 씨엠립 아동양육시설(보육기관)을 중심으로." 『한국지역사회복지학』 53.
이규성·박지원·김은지·손범영·김욱한. 2011. "캄보디아 옥수수 생산 및 유통 현황 연구." 『한국국제농업개발학회지』 23(5): 513-519.
이동윤. 2004. "태국-캄보디아 관계의 역사적 변화와 역동성." 『한국태국학회논총』 11: 99-143.
______. 2005. "캄보디아의 선거와 정당정치: 타율적 민주화의 한계." 『국제지역연구』 9(1): 46-71.
이문희·최경진·이정일·정남진·양원하·김제규. 2001. "라오스의 벼생산 현황과 문제점." 『한국국제농업개발학회지』 13(4): 241-248.
이병도. 1991. "태국(泰國)정부(政府)의 대(對) 「캄보디아」문제(問題)에 관한 정책(政策)." 『동남아연구』 1: 143-157.
이요한. 2009. "한국의 대(對)라오스 공적개발 원조(ODA) 효율화 전략에 관한 연구." 『동남아시아연구』 19(1): 185-213.
______. 2011. "한국 중소기업의 캄보디아 진출동기와 경험." 『동남아연구』 20(1): 125-160.
이용광. 2015. "캄보디아 꿀벌산업 진출방안." 『해외농업저널』 7.
이윤범. 2012. "캄보디아 훈센의 외교 전략과 전망." 『동남아연구』 21(3): 99-134.
이윤호·우단비·방진기·하운구·박병용. 2015. "캄보디아 육성 주요 벼 품종의 종실 및 이화학적 특성." 『한국국제농업개발학회지』 27(2): 158-161.
이은구. 2000. "인도문화의 해외 전파: 캄보디아에서의 힌두교." 『남아시아연구』 5: 231-258.
이전우·Sereyvath Ky. 2011. "A Study of the Role of ODA in Cambodia." 『산업경제연구』

24(5): 2803-2829.

이준현. 2011. "일본의 캄보디아 민법제정 지원과 제정된 민법의 내용." 『法曹』 60(5): 161-213.

이춘자·이재무·이승미·김병수. 2008. "라오스 수집 고추의 역병에 대한 저항성." 『한국원예학회』 26: 121-121.

이한우. 1998. "아시아대륙 5개국의 쏭끄란 전통 설날 풍속." 『한국태국논총』 7: 209-221.

이호선·강만정·조규택·마경호·Khamsavath Keovichit·Xayasinh Sommay·이석영·김연규. 2013. "라오스의 식물유전자원 보존 및 관리 현황." 『한국국제농업개발학회지』 25(2): 83-99.

임익성. 2012. "캄보디아 씨엠립의 유적과 주민생활에 대한 연구." 『한국사진지리학회지』 22(3): 53-62.

임선빈·황인원. 2015. "2013년 캄보디아 총선과 선거권위주의체제의 지속과 변화." 『社會科學硏究』 33.

장현유·쌩소우리봉 비엥캄·비라판 파노우라트·백운호·양규남·이용하·장종근. 2007. "라오스 느타리버섯 균사배양 배지의 적정 배합 비율." 『한국버섯학회지』 5(2): 59-64.

전순신. 1999. "캄보디아 대 타일랜드: 프레아 뷔히어 사원에 관한 사건." 『동아법학』 25: 147-182.

정남모. 2007. "프랑스령 인도차이나의 형성에서 아시아 프랑스어권 국가들의 독립과 자구책 모색까지: 베트남, 캄보디아, 라오스를 중심으로." 『프랑스학연구』 39: 387-430.

정미경. 2012a. "공적개발원조(ODA)의 지원형태와 참여유형: 베트남, 캄보디아, 라오스 중심 연구." 『비교경제연구』 19(1): 1-49.

______. 2012b. "캄보디아 화교사회에 사회 및 경제 네트워크." 『아시아연구』 15(1): 175-206.

Jeong Mi Kyeng. 2013a. "Insufficient Partnership, Ineffective Foreign Aid, and Public Education in Laos." *KEDI Journal of Educational Policy* 10(1): 175-195.

______. 2013b. "라오스 화교사회의 재건과 중국과의 관계." 『아시아연구』 16(2): 59-84.

______. 2014. "경제성장과 종교와의 관계: 캄보디아와 라오스 중심으로." 『아시아연구』 17(3): 85-106.

______. 2015. "직업선택에 있어서 종교의 사회경제학적 영향: 캄보디아 프놈펜 지역사례연구." 『아시아연구』 18(2): 93-118.

______. 2016. "아시아 국가에서 지역개발사업의 성패에 대한 연구." 『한국지역개발학

회지』 28(4): 1-25.
정연식. 2006. "캄보디아의 선거과정: 정치적 기능과 의미." 『동남아시아연구』 16(1): 93-118.
______. 2009. "캄보디아의 2008년 총선: 선거권 위주의 공고화." 『동아연구』 56: 139-170.
______. 2015. "2013년 캄보디아 총선: 선거권위주의에 대한 도전." 『동남아시아연구』 25(1): 85-119.
______. 2016. "캄보디아의 선거 공정성과 민주주의의 퇴행." 『21세기 정치학회보』 26(3): 179-195.
정환승. 2009. "태국어와 라오스어의 유사성에 관한 연구." 『남아시아연구』 14(2): 153-176.
조명희. 1994. "이성영상과 지리정보 시스템을 이용한 라오스 루앙프라방지역의 화전지역 분석." 『대한원격심사학회지』 10(1): 43-53.
조명희·조화룡. 1995. "라오스 남칸(NamKhane)유역분지의 이동식 화전농업과 환경문제." 『한국지역지리학회지』 1(1): 93-101.
조상현. 2016. "태국·캄보디아 국경분쟁 힌두교 사원 귀속권 어디로?" 『통일한국』 395: 46-47.
조영희. 2007. "민주화 이후 캄보디아의 의회정치와 정당 정치." 『동남아시아연구』 17(1): 115-146.
______. 2009a. "캄보디아NGO의 발전경로에 관한 연구." 『민주주의와 인권』 6(3): 137-169.
______. 2009b. "캄보디아의 선거제도와 정당체계의 상호관계." 『한국정치학회보』 43(1): 255-282.
______. 2011. "크메르 루즈 재판을 중심으로 본 캄보디아 과거청산의 정치 동학." 『국제정치연구』 14(1): 201-221.
조현아. 2009. "한국의 교육ODA 사업으로서 '라오스 중등학교 교과서 보급사업'의 특성에 관한 연구." 『비교교육연구』 19(2): 239-268.
조흥국. 1997. "17세기 태국. 캄보디아. 베트남의 정치적 관계." 『동남아시아연구』 5(1): 51-66.
______. 1999. "캄보디아 화인사회의 형성과 발전." 『국제지역연구』 3권 1호, 103-134.
______. 2010. "라오스의 소수민족 정책과 소수민족 차별." 『민족연구』 43호, 140-159.
______. 2013. "18세기말-19세기초 상호관계에 대한 라오스와 태국의 역사 인식 차이." 『동남아연구』 22권 3호, 237-267.
______. 2016a. "라오스 화인사회의 형성과 변화." 『로컬리티 인문학』 6: 175-203.
______. 2016b. "타오 수라나리(Thao Suranari)와 1820년대 라오스-태국 전쟁에 대한

역사논쟁.”『역사와 세계』 49: 1-31.

차두현. 1992. “캄보디아 평화유지(平和維持)활동(活動)에 대한 한국(韓國)의 군사 외교적(軍事外交的) 대응(對應) 방향(方向).”『국방정책연구』 19: 202-222.

차준희 · 윤여창. 2007. “SWOT분석을 통한 라오스 조림 투자 타당성 분석.”『한국국제농업개발학회지』 19(4): 227-232.

채원호. 2011. “NGO를 통한 국제협력 증진 방안 연구: 캄보디아 사례를 중심으로.”『한국사회와행정연구』 22(1): 209-234.

채현정. 2009. “캄보디아 앙코르유적지의 한국인 관광업 이주자.”『동남아시아연구』 19(1) 149-184.

최병욱. 2010. “베트남의 캄보디아 병합(1835-1847): 여왕메이(Mei)의 처리 문제를 중심으로.”『동남아시아연구』 20(2): 1-29.

최은경. 2011. “한국어 교육을 위한 한국어와 크메르어의 대조 분석 연구: 유형적 특징을 중심으로.”『한국어교육』 22(1): 257-278.

캄보디아 경제투자국. 2016. 캄보디아 경제현황.(접속시간 2017년 6월 15일. http://www.cambodiainvestment.gov.kh/country-overview/economic-situation.html)

Kin Phea. 2015. “2013년 캄보디아 국회 선거: 캄보디아 정치적 풍경의 대변혁.”『동아연구』 34(2): 147-214.

한국수출입은행. 2014.『세계국가편람』 라오스, 캄보디아편.

홍석준. 2015. “동남아시아 불교의 내셔널리즘(민족주의) 역사와 전개.”『불교평론』 17(3).

Chai, Jong-Yil and Bouasy HONGWANTHONG. 1998. “A Small-scale Survey of Intestinal Helminthic Infections among the Residents Near Pakse, Laos.” *Korean Journal of Parasitology* 36(1): 55-58.

Choi, Hee Young. 2013. “Korean ODA Policy Changes toward the LDCs: In Line with the OECD-DAC Recommendations and a Special Reference to Laos.” Master's Thesis, Hankuk University of Foreign Studies.

Grant, Curtis. 1998. *Cambodia Reborn?* Washington D.C.: Brookings Institution Press.

Jeong Yeonsik. 2011. “The Idea of Kingship in Buddhist Cambodia.” *Kyoto Review of Southeast Asia* 11.

Macdonald, C. J. H. 2004. “What is the Use of Area Studies?” *IIAS Newsletter* #35.

MPI, Lao PDR. 2016. “8th Five-year National Socio-Economic Development Plan (2016-2020).” *VIIIth National Assembly Inaugural Session*, 20-23 April 2016, Vientiane.

Lao PDR. 1986. *The Fourth Congress of the Lao People's Revolutionary Part*. Moscow:

Progress Publishers.
Ludden, David. 1998. *Area Studies in the Age of Globalization*. University of Pennsylvania. Jan. 25.
Phanthourath Chanthirath. 2006. "(A)Study on Geoid Determination and Coordinate Transformation for LAO PDR." Master's Thesis, Sungkyunkwan University.
Rockefeller Foundation. 2014. "Area Studies."
Tully, John. 2005. A *Short History of Cambodia from Empire to Survival*. Crows Nest: Allen & Unwin.
Vongpraseuth Thanousorn · 이수기 · 최창규. 2014. "(The)Transformation of the Urban Form in Vientiane, Laos: From the Perspective of Politics and Policies." 『대한국토 · 도시계획학회지』 49(4).

제9장

한국의 아세안 연구*

김형종

I. 머리말

1967년 동남아시아 5개국(태국, 인도네시아, 말레이시아, 싱가포르, 필리핀) 간 느슨한 협의체로 출발한 동남아시아국가연합(Association of Southeast Asian Nations, ASEAN, 이하 아세안)은 지난 50년간 지역의 안정과 평화를 견인했으며 공동체로의 도약을 모색하고 있다. 동남아 10개국으로 확대된 아세안은 지역 정체성의 형성과 발전에 기여했다(Acharya 2000: 12). 1999년 캄보디아의 가입을 계기로 동남아시아 지역적 경계와 아세안의 제도적 경계가 일치되었다. 2015년 말 아세안공동체 출범은 역내 통합을 촉진하는 한편 정치·경제적 대외 협상력을 증진시킬 것으로 기대되고 있다. 아세안공동체가 정치·안보, 경제, 사회문화의 세 축으로 구성됨에 따라 정치, 안보, 경제, 사회, 문화 등 제 영역에서 협력과 통합을 추진하고 있다.

아세안공동체의 출범은 아세안 발전에 있어 획기적 전환을 의미한다. 첫째, 기존 지역협력의 한계를 극복하고 규칙에 기반한 높은 수준의

* 이 장은 필자가 『아시아리뷰』 7권 1호(2017년)에 기고한 같은 제목의 논문을 수정 보완한 것이다.

통합의 추구를 의미한다. 둘째, 아세안공동체는 아세안의 주요원칙과 이른바 아세안방식의 기존 원칙과 운영기제의 연속성과 변화라는 이중적 과제를 수행한다. 셋째, 정치, 안보, 경제, 사회, 문화 등 제 분야에 걸친 실질적인 협력프로그램의 확대를 통해 아세안의 영향력과 일반의 인식이 크게 증가할 것으로 기대된다. 넷째, 민중 중심적(people-oriented) 지향에 따라 정부, 기업, 시민단체 등 다양한 행위자의 참여를 확대시킬 것으로 기대된다. 아세안공동체 건설은 동아시아협력과도 밀접한 연관성을 갖는다. 동남아시아 내 공동체로서의 지역주의 심화는 동아시아 차원의 지역주의 확대라는 이중운동(double movements)으로 아세안과 한국의 협력이 강화되고 있다.

아세안공동체 창설을 계기로 지역성에 대한 새로운 인식의 필요성이 제기된다. 아세안의 정체성을 강조하는 등 지역적 의미가 실생활에서도 강화되고 있다. 그간 다수의 아세안 연구가 국제관계와 지역주의의 사례에 국한되었던 반면 최근 아세안의 제도적 발전에 따라 다양한 연구 수요가 증가하고 있다. 이에 따라 아세안 관련 역내 교육 및 연구도 활발해지고 있다. 최근 싱가포르, 말레이시아, 태국, 인도네시아 등에서 아세안 연구소들이 새롭게 설립되고 있다. 관련 연구의 증가와 더불어 아세안 연구자 양성을 위한 동남아시아 내 각 대학에서 아세안관련 대학원 프로그램도 개설하고 있다. 태국(타마삿대학), 말레이시아(말라야대학), 그리고 5개국 개방형대학(Universitas Terbuka(인도네시아), Open University of Malaysia(말레이시아), Sukhothai Thammathirat Open University(태국), The Hanoi Open University(베트남), UP Open University(필리핀))가 공동으로 개발한 석사프로그램을 운영하고 있다.

한국 내 아세안에 대한 일반의 인식과 관심은 한-아세안 관계 발전에 따라 점진적으로 증가하고 있다. 구글과 네이버 등의 인터넷 검색 사이트에서 아세안 검색 추이는 한-아세안 행사 및 아세안 현안 등의 특정 시기에 관심이 증가함을 보여 준다. '아세안' 검색어를 사용한 '네이버' 검색보다 국내에서 '구글'을 통한 검색이 다양한 시기에 걸쳐 높은 검색빈도를 기록했다. 네이버 검색의 경우 2015년 12월 아세안공동체 출범 시기에 검색횟수가 압도적으로 많았다.[1] 반면 국내에서 구글을 통한 아세안 검색은 주요 사안의 시기에 고르게 관심이 분산되었다. 구글 검색에서 'ASEAN' 검색 건수는 '아세안' 검색어에 비해 훨씬 많았다. '아세안' 검색어가 아세안공동체 출범을 전후한 2015년에 집중된 반면 'ASEAN' 검색은 더불어 한-아세안 정상회담, 한-아세안 FTA 등의 시기에 고르게 높은 검색 건수를 기록했다. 주요 시기별 사안으로는 2005년 4월 한-아세안 FTA 협상 개최, 2005년 12월에 1차 EAS 정상회의, 한-아세안 FTA 타결, 2009년 5월 한-아세안 서비스협정 발효, 2009년 6월 한-아세안 투자협정 서명 등을 들 수 있다.

이러한 일반의 관심은 이후 살펴볼 아세안 관련 연구 결과물 건수의 추이와도 관련이 있다. 국회도서관 사이트에서 '아세안'의 관련 연구를 조회하면 한-아세안 FTA의 체결 이후에 경제학 분야에서 관련 연구가 증가하는 경향을 보였다. 아울러 아세안과 연관된 50개의 검색어 중 'ARF'와 '안보협력'을 제외하고 경제 및 FTA와 관련된 것들이다.[2] 아세안의 제도적 발전과 한-아세안 현안에 관련된 연구가 증가했음을 알 수 있다.

이 글은 국내의 아세안과 관련된 연구물들의 추이와 특징을 고찰하여 아세안 연구의 현황과 과제를 검토하고자 한다. 국내 대학에 제출된 석·박사학위논문, 국내 등재 학술지 논문, 단행본, 기타 연구물에 대해 주요 시기별 및 연구 분야별 추이를 분석할 것이다. 한국교육학술정

1 http://ca.datalab.naver.com/ca/step1.naver.

2 http://dl.nanet.go.kr/SearchList.do.

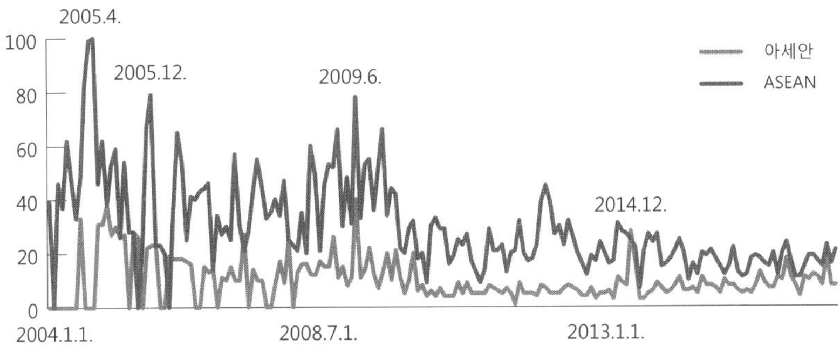

〈그림 9-1〉 '구글 트랜드' 국내 이용자의 아세안 및 ASEAN 검색어 추이(2004-현재)[3]

보원의 학술연구정보서비스(RISS)를 통해 '아세안'과 'ASEAN'으로 검색된 주요 연구물 중 단순 동남아지역을 지칭하는 경우 등을 제외한 연구물들을 분석 대상으로 삼았다.[4] 예를 들어 제목과 주제어에 아세안 또는 ASEAN을 포함하고 있으나 실제 연구 대상과 내용은 개별 국가 시장진출, 투자확대 등 동남아시아 국가별 사안의 비교 또는 단순 합인 경우는 아세안 관련 연구 목록에서 제외하였다. 동남아시아 국가군의 연구에 대해 '아세안' 용어를 사용하는 이유는 경제적 측면의 규모를 강조하는 효과가 있고 정치적으로는 집합적 단일체(collective entity)로 상정하여 전략적 가치를 강조할 수 있기 때문으로 풀이된다. 이들 연구는 아세안을 이해하는 데 간접적으로 활용 가능성이 높지만 아세안을 분석단위로 삼지 않았기에 분석대상에서 제외하였다.

3 https://trends.google.co.kr/trends/explore?date=all&geo=KR&q=%EC%95%84%EC%84%B8%EC%95%88,asean.

4 아세안 회원국이 동남아시아 10개국으로 확대되면서 '아세안'과 '동남아시아' 두 단어가 혼용되고 있다. 이러한 현상은 비단 한국에서뿐만 아니라 동남아에서도 발견된다. 최근 동남아시아 현지 신문에서 동남아시아에 관련된 지면 이름을 'ASEAN'으로 칭하는 등 일상에서도 두 단어을 혼동하여 사용하고 있다. 학술 연구에서도 동남아시아 국가들을 아세안 국가들로 지칭하는 사례를 어렵지 않게 발견할 수 있다.

아세안 관련 연구물들의 시기별 연구 추이를 살피기 위해 5년 단위로 지역기구 및 제도, 경제협력, 정치·안보, 사회·문화, 동아시아, 한-아세안 등 6개 분야로 구분하였다. 지역기구와 제도에 중점을 둔 연구는 국제관계학 접근에 기반하고 있으며 전통적인 아세안 연구 접근법에 해당한다. 탈냉전기에 본격화된 경제협력은 경제통합의 관점에서 아세안에 대한 경제학적 접근과 연구를 촉진시켰다. 정치·안보 분야는 영토분쟁, 정치 갈등 및 비전통적 안보 이슈와 관련 아세안의 역할과 영향을 다루는 연구를 포함한다. 사회·문화 분야는 정체성, 문화, 환경, 빈곤 등의 문제를 지역적 차원에서 아세안의 역할과 거버넌스를 모색하는 연구가 해당된다. 동아시아 항목은 동아시아 지역주의 내 아세안의 역할과 더불어 중국과 일본 등 동아시아 국가들과 아세안의 관계에 대한 연구를 포함한다. 마지막으로 한-아세안 연구는 한국과 아세안의 제도적 협력에 관한 연구들이다

II. 아세안 연구 동향

아세안 관련 연구는 냉전, 경제위기, 민주화 등의 대내외적 환경의 변화와 이에 대한 대응에 따라 부침을 기록했다. 초기 아세안 연구들은 냉전체제에서 국제관계학 중심의 접근을 통해 지역협력과 지역기구의 사례로 분석되거나 강대국 중심의 정치안보적 사안과 연계되었다. 아세안이 설립 목표로 경제와 사회분야의 협력 촉진을 공식적으로 강조했으나 이는 냉전시기 정치적 민감성을 회피하기 위한 전략이었다. 냉전시기 국내 아세안 관련 연구는 정치안보적 이유와 국제정치적 관심에서 비롯되었다. 탈냉전기에는 한국과 아세안의 경제관계가 심화되면서, 1997-1998년 경제위기 이후 지역협력을 강화하였고 2015년 말 아세

안경제공동체의 출범에 따른 경제통합 노력이 이루어짐에 따라 아세안 관련 연구 중 경제학적 분석의 비중이 매우 높아지게 되었다. 다음에서는 각 연구물의 형태별, 시기별, 분야별 특징을 고찰하고자 한다.

1. 아세안의 발전과 관련 석사학위논문 동향

국내 대학에 제출된 아세안 관련 석사학위논문은 155편에 달한다. 학술적 가치에 대한 고려뿐만 아니라 작성 당시 현안에 상대적으로 민감한 석사학위논문의 특성상 관련 석사학위논문 추이를 통해 아세안의 현안과 국내 학술적 접근 추이와 상관관계를 가늠할 수 있다. 아세안 관련 최초 석사학위논문의 제출은 1967년 아세안 설립 후 5년이 지난 1972년이다(김대식 1972). 1978년 양승윤의 석사학위논문 등 1980년까지 아세안 관련 논문 편수가 3편에 그쳤는데 이는 해당기간이 아세안 설립 이후 초기 발전 단계로 실제 아세안의 활동 또한 매우 제한적이었기 때문으로 풀이된다. 관련 연구들은 아세안이라는 지역협력체에 대한 제도적 이해를 목적으로 이의 설립 배경과 발전 과정의 문제를 다루었다. 아세안의 본격적인 제도화는 1976년 제1차 아세안정상회의를 계기로 이루어졌다. 아세안회원국들은 베트남의 통일을 직접적인 안보위협 요인으로 인식하고 협력을 적극적으로 모색하기 시작하였다. 아세안 사무국 설치에 합의했으며, '우호협력조약(Treaty of Amity and Cooperation, TAC)'이 체결된 것도 1976년이었다. 아울러 경제 및 사회분야 협력 프로그램도 다수 도입되었다.

국내 아세안 관련 연구는 1980년 초반부터 증가하기 시작했다. 1981-1985년 기간 중 작성된 석사학위논문은 총 8편이다. 당시 경제교류가 증가하고 한국이 아세안과 외교관계 심화를 원했던 시기이다. 전두환 정권은 취약한 국내 정치적 정통성을 만회하고 북한과의 외교 경쟁에서 우위를 확보하기 위한 수단으로 외교를 활용했다. 그 일환으로 아세안과의 대화상대국 관계 개설을 추진했다. 아세안 대화상대국 제도란 아세안이 주요 강대국과의 관계심화와 경제실익을 위해 설립한 공식적 대화 채널로 그 대상은 일본, 호주, 뉴질랜드, 캐나다, EU와 미국 등 주요 국가들을 포함했다. 1981년 대화관계 수립을 위한 과정의 일부로 대통령의 아세안 5개국 순방이 이루어졌다. 당시 공식적으로 '아세안국가 5개국 공식방문'으로 명명하여 국내에서는 아세안에 대한 인식이 확대되는 계기가 되었다(김형종 2016: 54). 1980-1985년 시기의 아세안 관련연구도 증가했다. 아세안 자체에 대한 소개와 분석의 의미를 담는 제도적 접근과 관련된 7편, 경제통합에 주목한 1편의 논문이 각각 작성되었다. 이 시기에 경제협력, 시장진출 방안 등에 관한 논문들도 12편 작성되었다. 그러나 이들 연구들은 아세안 개별 회원국 수준의 분석에 그쳐 아세안을 하나의 경제적 단위로 파악하지 않아서 아세안 관련 연구로 집계하지 않았다.

1980년대 중후반 시기에 한국과 아세안의 경제교류가 지속적으로 확대되었고 1989년에 한국이 아세안의 '부문적 대화상대국(Sectoral Dialogue Partner)'이 되었다. 이 시기의 아세안 관련 석사학위논문은 총 14편이다. 이 중 지역협력과 제도적 발전에 대한 연구는 7편에 달했다. 그중 아세안과 EC 간 비교연구(이금찬 1987)도 진행되었으며 지역통합의 역사와 지역기구의 특성에 대한 고찰이 주를 이루었다. 동기간 역내 경제협력 관련 연구는 5편으로 주로 경제'통합'이 아닌 '협력'이라는 당시의 현실을 반영했다. 한편 아세안 연구로 분류할 수 없으나 한국 기업의 아세안 교역 및 투자 현황과 전략에 관한 석사학위논문들이 다수 작성되었다. 대외적 사안과 연계한 아세안 연구가 등장하였는데 캄퓨치아 분쟁의 아세안에 대한 영향(이순학 1987)과 중국의 대 아세안정책(윤종진 1987) 등이 이에 해당된다.

1990년대 초반(1991-1995년)에는 냉전해체에 따른 역내외 환경변화에 대응하기 위해 아세안 내에 변화가 있었다. 해당 기간 총 10편의 석사학위논문이 작성되었다. 가장 큰 변화는 역내 냉전적 질서의 해체가 아세안 회원국 확대에 기여했다는 것이다. 1995년 마침내 베트남이 아세안에 가입했다. 또 다른 변화로 지역협력의 축이 안보중심에서 경제협력으로 이동하기 시작한 것을 들 수 있다. 1992년 싱가포르에서 개최된 제4차 아세안정상회의에서 아세안자유무역협정(ASEAN Free Trade Agreement, AFTA)을 체결함으로써 본격적인 경제협력이 추진되었다. 한편 이 시기는 지역주의 확대가 모색되었던 시점이다. 아세안 회원국들이 냉전해체에 따른 힘(power)의 공백과 아세안 내 단결력 약화를 우려하여 1994년 아세안안보포럼(ASEAN Regional Forum, ARF)의 결성을 주도했다. 이 시기 제출된 석사학위논문들도 이러한 대내외적 변화 과정을 반영했다. AFTA에 관련 연구, 경제협력의 가속화 및 경제통합 등 아세안 경제협력에 관한 연구는 5편에 달했다. 지역협력체와 안보관련 연구는 각각 2건으로 정체된 반면, 한국 기업의 대아세안 진출방안 등과 같은 아세안 회원국 시장에 대한 연구는 10여 편으로 증가했다. 그러나 이들 시장 관련 연구는 아세안 경제협력과 제도보다는 개별 회원국에 대한 연구의 성격이 짙어 아세안 관련 연구 집계에는 제외했다.

1990년대 중후반(1996-2000년)에 아세안 회원국은 마침내 10개국으로 확대되었다.[5] 1995년 베트남의 가입에 이어 1997년 라오스와 미얀마, 그리고 1999년 캄보디아가 가입함으로써 아세안과 동남아시아의 구성원이 일치되었다. 해당 시기 제출된 24편의 석사학위논문 중 아세안 회원국 확대와 관련된 연구는 3편에 달했다. 아울러 아세안의 제

5 동티모르(Timor-Leste)는 2011년에 아세안 가입 신청을 한 후 아세안회원국의 최종 결정을 기다리고 있다.

도관련 연구는 이전의 '현황' 중심에서 '개선', '한계' 등과 같은 비판적 접근이 등장했다. AFTA연구 3건과 아세안과 한국을 포함한 대외 경제 협력에 관한 논문이 증가했다. 안보와 관련 ARF에 주목하는 4편의 논문과 한반도 안보에 미치는 ARF의 영향력에 대한 1편의 논문이 제출되었다. 주목할 점은 ARF와 AFTA 전개와 더불어 한-아세안 관계연구에 있어 종선의 개별 회원국이 중심이 아닌 '아세안'과의 관계에 주목한 5편의 논문이 제출되었다.

2000년대 초반(2001-2005년)은 아세안 외연 확대 이후 역내 지역 협력의 심화와 동아시아로의 지역주의가 심화된 시기였다. 2003년 인도네시아 발리 정상회담에서 아세안공동체 건설에 합의하고 이를 정치안보, 경제, 사회문화 3축을 중심으로 추진하기로 결정했다. 경제 분야에서는 '협력'을 넘어 '통합'의 비전이 제시되었다. 1997-1998년 경제위기 이후 동아시아 차원의 지역협력들이 제도화되었다. 치앙마이이니셔티브(CMI)와 아세안+3(APT)의 제도화, 2005년 동아시아정상회의(East Asia Summit) 출범은 이른바 아세안의 중심성(centrality)에 기반했다. 한편, 중국을 비롯해 한국, 일본, 호주, 인도 등과 아세안 간 안보 및 경제협력이 강화되었다. 이들 비아세안국가들은 아세안과 TAC를 체결하는 한편 FTA협상을 본격적으로 진행했다. 해당시기의 제출된 총 17편의 논문 중 다수의 석사학위논문들은 이러한 지역협력의 제도적 변화에 주목했다. 특히 동아시아 지역주의 확대에 따른 아세안의 역할에 관련된 연구는 7편에 달했다. 정치안보 분야에서도 대외 관계에 주목하는 연구들도 등장했다. 구체적 현안이 연구되어 논문으로 발표되기까지 시간적 격차로 인해 오히려 논문 편수는 상대적 감소했으나 이후 관련 논문 편수의 증가를 낳았다.

2006-2010년 시기에 아세안은 공동체 출범을 위한 제도적 기반을 마련하는 등 협력을 강화했다. 2008년 아세안 헌장(ASEAN Charter)이 발

〈표 9-1〉 아세안을 주제로 작성된 5개 주요 분야의 국내 석사학위논문 추이

	국제기구 · 협력	경제	정치 · 안보	사회·문화	동아시아	한-아세안 기타	계
1980년 이전	3	0	0	0	0	0	3
1981-1985	7	1	0	0	0	0	8
1986-1990	7	5	1	0	1	0	14
1991-1995	2	5	3	0	0	0	10
1996-2000	7	6	6	0	0	5	24
2001-2005	1	0	6	0	7	3	17
2006-2010	1	1	2	0	2	13	19
2011-2015	2	7	15	3	4	18	49
2016-현재	0	4	2	1	0	4	11
계	30	29	35	4	14	43	155

효되어 기존 협정에 기반한 포괄적 제도적 기반을 제공했다. 한편 아세안공동체 추진에 대한 구체적 의지의 표현으로 공동체 세 축에 대한 청사진(blueprint)을 채택하였다. 한국은 아세안과 상품, 서비스, 투자 부분에서의 자유화 합의를 바탕으로 FTA를 체결하고 발효시켰다. 이 시기의 아세안 관련 연구의 특징은 한-아세안 FTA 및 중국-아세안 FTA에 따른 영향 등에 관련된 연구가 크게 증가한 점이다. 동 기간에 제출된 19편의 석사학위논문 중 12편이 이들 사안에 주목하였다. 그러나 아세안 자체의 이슈와 제도적 발전에 대한 연구는 상대적으로 적었다.

2011-2015년 기간은 2015년 말 아세안공동체 공식출범을 위한 아세안의 역내협력의 심화에 집중되었다. 아울러 남중국해 분쟁 등에서 중국과 미국 간 경쟁이 증가하면서 아세안 내부의 결속력과 아세안 중심성을 유지하는 것이 과제로 대두되었다. 이 시기 아세안 관련 석사학위논문은 총 49편으로 수적으로 크게 증가했다. 아세안 제도에 관한 연구는 2편에 그쳤지만 '아세안 방식', 아세안 규범 등 아세안 내부의 이

슈에 관한 연구라는 점에서 주목할 만하다. 정치·안보 관련 연구는 15건이다. 특이한 점은 그중 11편이 동남아 유학생에 의해 영어로 작성된 논문들이다. 현지의 관점과 현지 자료 접근에 유리한 유학생의 석사학위논문은 한국 내 아세안 연구에서 있어서 양적 증가와 더불어 관점의 다변화에 기여할 것으로 기대된다. 가장 많은 편수를 기록한 분야는 한-아세안 관계에 대한 연구이다. 이 중 11편의 논문이 한-아세안 FTA에 관련된 연구다. 아세안을 중심으로 동아시아 지역주의를 고찰한 논문들도 4편에 달했다. 2016년 이후 석사학위논문은 11편으로 관련 연구가 꾸준히 지속되고 있다. 다만 경제분야 협력과 한-아세안 FTA 등 특정 주제에 편중되고 있다.

2. 박사학위논문과 핵심 연구자 그룹의 형성

국내 대학에 제출된 아세안 관련 박사학위논문은 8편에 그치고 있다. 1990년대 이전 시기의 아세안 관련 박사학위논문은 2편이다. 최초의 아세안 관련 박사학위논문은 국제관계학분야에서 신기능주의를 중심으로 아세안을 분석한 전웅(1977)의 논문이다. 변창구는 "아세안의 지역안보협력 연구"(변창구 1987b)를 경북대 박사학위논문으로 제출했다. 이는 초기 아세안의 설립과 발전과정의 설명에 있어 국제관계적 접근이 주류를 이루었던 국제적 아세안 연구 동향과 유사하다. 김석수(1997)는 일본의 대아세안 정책에 대해 연구했다. 역내 주요 행위자로서의 아세안의 변화 가능성과 주요 국가들과의 관계에 관한 연구이다. 변창구와 김석수는 아세안 관련 논문으로 박사학위를 취득한 이후에도 관련 연구를 꾸준히 진행하며 핵심 아세안 연구자 그룹을 형성했다.

1999년에 제출된 서기준의 논문은 경제협력을 중심으로 아세안의 발전과정을 연구했다(서기준 1999). 이원우의 한-아세안 FTA의 경제

〈표 9-2〉 국내대학 아세안 관련 박사학위논문 추이

기간	박사학위(건)	연구분야
1980년 이전	1	국제기구협력
1985-1985	0	
1986-1990	1	정치·안보
1991-1995	0	
1996-2000	2	일본-아세안/경제
2001-2005	1	한-아세안 FTA
2006-2010	1	정치·안보
2011-현재	2	비교 지역주의/아세안 메커니즘

*외국대학 박사학위논문 제외.

적 효과에 관한 연구는 2008년에 제출되었다(이원우 2008). 이후 2건의 논문은 남중국해분쟁 연구(최기출 2010)와 MERCOSUR(Dias 2013)-아세안 비교연구이다. 석사학위논문과 달리 박사학위논문들의 경우 특정 시기 또는 분야에 대한 경향성을 파악하기 힘들다.

2017년 경희대에 박사학위논문("아세안[ASEAN] 회원국 확대 연구: 신규회원국의 가입결정과 가입협상과정 비교분석")을 제출한 이진영의 연구는 주목할 필요가 있다. 매우 오랜만에 아세안 내부 메커니즘에 주목한 연구로서 아세안 확대과정을 기존회원국들의 신규회원국(베트남, 라오스, 미얀마, 캄보디아) 가입결정과정, 그리고 비회원국들이 아세안에 가입하기 위한 의사결정이 어떻게 바뀌는지 시기별, 그룹별로 비교분석하였다. 아세안 회원국 확대과정을 주도한 국가들의 입장 변화를 추적하였다. 향후 아세안 핵심연구자로서의 역할이 기대된다.

국내 연구자가 아세안 회원국 내에서 관련 연구로 박사학위를 취득한 사례는 10건에 달한다. 은인영은 1979년 일본 게이오기주쿠대학에서 "아세안에 관한 수량적 분석(ASEANに關する數量的分析-1967~1976)"

으로 박사학위를 받았다. 경제학 분야에서 박인원은 1993년 미국 Uniersity of Pennsylvania에 아세안경제 통합에 관련된 논문(Static, Dynamic, and Trade-Linked Computable General Equilibrium Model Estimations of Regional Economic Integration – The ASEAN)으로 박사학위를 취득했다. 박광섭은 1995년 필리핀의 University of Santo Tomas에 박사학위논문(The Response of ASEAN and Its Member Countries to the Challenge of Global and Regional Changes Created by the Post-Cold War Era)을 제출했다. 박선희는 2006년 프랑스 Univ. de Paris VIII에서 아시아유럽회의(ASEM)에서의 아세안 역할(Asia-Europe political relations and the rise of inter-regionalism: The role of ASEAN in ASEM)로 박사학위를 받았다. 2011년 김형종은 말레이시아 말라야대학에서 아세안 규범의 진화(The Evolution of ASEAN Norms: Development, Adaptation and Transformation)를 주제로 박사학위논문을 제출했다. 배기현은 2014년 캐나다 University of Toronto에서 아세안의 '매력과 자율성의 이중 적자(Attraction-Autonomy Deficits)'문제를 분석한 논문(Managing International 'Relations': ASEAN's Dilemma of Attraction-Autonomy Deficits and Ideational Changes after the Cold War)으로 박사학위를 취득하였다.

이 외에도 남아프리카공화국, 중국, 러시아, 독일에서 유학하며 유학국가와 아세안의 관계 또는 비교 연구 사례를 연구한 아세안 관련 논문들이 작성되었다. 황규득이 2006년 남아프리카공화국의 University of Pretoria에서 아세안과 아프리카 지역연구비교 연구("The Mechanisms of Politico-Security Regionalism in Southeast Asia and Southern Africa: A Comparative Case Study of ASEAN and SADC")로 박사학위를 취득했다. 윤영덕은 2005년에 베이징대학에서 "탈냉전기 변화하는 국제환경 속의 중국과 아세안"을 박사학위논문으로 제출했다. 서미애는 러시아의 Moscow State Institute of International Relations에서 2004년 "소련/러시아의 대외정치 속에 동남아시아 국가 연합(ASEAN) 1967-2002년"이라는 제목의 논문으로 박사학위를 받았다. 신두철은 독일 Univ. Heidelberg에서 "지역통합: 아세안과 유럽연합의 비교"라는 논문으로 2000년에 박사학위를 취득했다. 비교연구 사례로 아세안을 다룬 연구자들은 아세안을 해당 유학국가의 사안에 연구 초점을 맞추었기에 지속적인 아세안연구로는 이어지지 않았다.

시대별 현안과 국내의 수요에 민감했던 석사학위논문에 비해 학문적 기여성과 전문성을 확보해야 하는 박사학위논문 수는 절대적으로 부족한 상황이다. 석박사학위논문 모두 아세안 관련 연구를 진행한 경우는 매우 드물다. 이러한 현실은 핵심연구자 그룹의 형성에 있어 제약요인으로 작용했다. 구체적 아세안 연구자 그룹의 특성은 학술지 분석을 통해 알아보고자 한다.

3. 학술지 논문 동향

한국연구재단 등재학술지에 발표된 아세안 관련 논문들은 국내 아세안 연구 동향을 가늠하는 핵심적 연구물들이다. 아세안 관련 연구 논문을 주요 시기별 주제별로 구분하여 살피고 연구자 그룹의 연구 현황, 연구그룹 또는 학술지의 분절화 등의 특징을 파악하고자 한다. 등재학술지에 게재된 논문 중 저자명이 누락된 보고서, 뉴스레터 등을 제외하고 외국인이 저자인 논문은 제외하였다. 학위논문과 마찬가지로 아세안 개별 회원국에 연구 또는 이의 단순한 합 또는 비교연구도 분석대상에서 제외했다. 총 301편에 달하는 아세안 관련 국내 학술지 게재 논문은 다양한 학문분야에서의 아세안 연구의 추이를 보여 준다.

1980년 이전 국내 학술지에 발표된 아세안 관련 연구는 총 5편이다. 이들 연구들은 주로 한국의 외교 및 경제관계 측면에서 아세안을 다루었다. 북한과의 외교경쟁과 한-아세안 회원국들 간 교역이 증가하던 시기의 정책적 고려를 반영된 것으로 풀이된다. 1981-1985년 시기에 발표된 16편의 논문 중 다수는 냉전시기 아세안 내부 갈등과 대외 관계에 초점을 맞춘 연구들이었다. 주목할 점은 고려대 아세아연구소에서 발행하는 학술지 『아세아연구』 28권 1호에 아세안 특집에 가깝게 6편의 아세안 대외 관련(역내 갈등, 인도차이나, 중국, 일본, 미국, 소련과의 관계) 영어 논문이 실렸다는 것이다. 아세안 자체의 내부 메커니즘과 협력에 대한 연구는 아니었지만 아세안이 갖는 국제정치상의 전략적 중요성을 반영한 것이라고 볼 수 있다. 동기간에 발표된 다른 연구들도 주로 아세안과 한국 및 주요 국가들 간 안보관계에 주목했다. 해당 기간 동안 한국은 아세안 회원국 순방 등 아세안 대화상대국 지위를 얻기 위해 외교적 노력을 기울였다. 1980년대 후반(1986-1990)에 아세안 관련 연구는 6편으로 오히려 감소했다. 다만 연구 분야는 경제협력, 정치·안보, 사회·문화에 걸쳐 고르게 분포했다.

1990년대 접어들어 아세안 관련 연구는 탈냉전과 경제협력이라는 현상에 주목한다. 1991-1995년 기간에는 총 17편의 논문이 발표되었다. AFTA진행에 따라 관련 연구가 등장했으며(이효영 1994), 탈냉전이라는 안보환경의 변화에 대응하는 아세안의 역할과 이의 한국에 대한 영향 등에 관련된 연구가 이어졌다(한승주 1992; 배긍찬 1993). 이러한 연구 경향은 향후 동아시아 지역주의의 발전과 더불어 아세안의 역할에 주목하는 연구들로 이어진다.

1996-2000년 시기는 아세안 관련 연구가 크게 증가하여 45편이 발표됐다. 다수의 연구들이 아세안의 회원국 확대에 따른 영향에 주목했다. 경제 분야에서 AFTA출범 이후 역내외 경제협력의 현황을 진단하는 연구가 다수 발표되었다. 그중 주목할 점은 변창구가 10편의 논문을 발표하며 아세안의 역동성과 제도적 변화에 대한 연구를 주도했으며

주요 연구로는 아세안 회원국 확대와 제도적 발전과 전망(1996; 1998a; 2002a), 경제위기에 대한 대응(1998b), 비핵지대화(1987a), 남중국해 분쟁(1998a), 환경변화(2000b) 등이 있다. 1997-1998년 경제위기와 남중국해 등의 동아시아 및 한국과의 관계 심화와 관련된 연구들이 총 13편으로 증가했다.

2000년대 초반(2001-2005)시기 아세안 연구는 55편에 달하는 연구논문 발표와 더불어 사회문화분야를 제외한 고른 영역에서의 연구 경향을 보였다. 앞서 제기했던 동아시아 차원의 연관성 속에 아세안의 역할과 한계를 파악하려는 연구가 두드러지게 증가했다. 아세안+3과 EAS 등의 제도화와 주요 국가와의 역학관계 및 경제협력 등에 주목했다. 아세안에 대한 이론적 접근도 시도되었다. 구조주의 이론(김한식 2002), 국제레짐(변창구 2002a), 유럽연합과의 비교(신두철 2001)에 중점을 둔 연구들이 발표되었다. 안보관련 연구에서는 ARF연구와 더불어 테러리즘(변창구 2003; 2004b) 등의 비전통적 안보 이슈에 대해서도 주목하기 시작했다. 대외관계에서는 아세안과 중국의 관계에 대해 박사명(2005) 등의 연구들이 진행되었으며 중국의 부상과 지역적 차원의 아세안의 대응이 중요한 연구 주제로 자리 잡았다.

2005-2010년 시기의 아세안 관련 연구는 65편으로 양적 팽창이 지속되었다. 해당 시기에 아세안 헌장의 채택과 아세안공동체 청사진 채택 등 아세안 발전에 있어 중요한 전환점이 있었다. 그러나 의외로 이에 주목한 연구는 없었으며 대신 한국의 관점에서 관심을 가질 수 있는 동아시아 지역주의 발전과 한-아세안 FTA관련 연구가 다수를 차지했다. 다만 아세안의 역할에 대해 한국의 전략 분석을 넘어 다양한 시각에서 접근이 시도되었다. 마하티르 리더십의 역할(이재현 2007a; 2007b), 참여적 지역주의(전제성 2007), 아세안 지역주의에 대한 역사적 해석(신윤환 2009) 등을 통해 동아시아 지역주의를 분석한 연구들은 그간 동아시

아 지역주의의 제도적 발전에 주목하던 연구 범위를 확장시켰다. 한편 아세안의 인권과 지역협력(이동윤 2010), 이주노동(최호림 2010), 한-아세안 문화협력(김민정 2006) 등 새로운 이슈에 대한 연구의 등장으로 아세안 연구의 다양한 학문적 접근이 시도되었다.

2011-2015년 기간은 아세안 관련 76편의 논문이 발표되며 가장 왕성한 연구가 진행되었다. 구성주의(변창구 2011), 현실주의와 제도주의(이재현 2012) 등 국제관계 주요 이론적 접근의 적실성에 대한 연구가 진행되었다. 아세안공동체 출범을 앞두고 관련 연구들도 활발해졌다. 아세안경제공동체에 대한 전망과 영향을 중심으로 발표된 논문들(박번순 2013; 이충열 2014; 나희량 2015)과 정치안보공동체(김형종 2014), 사회문화공동체(김형종 2015)가 진행되었다. 이 시기 전체 논문편수 증가에 비해 아세안공동체 자체에 대한 연구의 수는 매우 제한적이었다. 동아시아 지역주의가 공동체를 향한 동력이 크게 약화됨에 따라 다수의 연구는 중국 등 강대국과의 관계에 대한 연구에 집중되었다. 한편, 한국을 비롯한 주요 국가와의 아세안이 체결한 FTA에 대한 연구가 주를 이루었다. 특히 FTA와 관련된 연구는 총 17편에 달한다. 연계성(배기현 2015) 등의 새로운 주제에 대한 연구가 진행되었다. 2016년 이후에도 꾸준히 아세안 관련 연구 논문들이 발표되고 있다. 아세안공동체에 출범에 따른 후속연구들(변창구 2016; 이원근 2016 등)이 진행되었다. 구체적이고 다양한 사례연구들도 증가하는 추세이다. 예를 들어 경제통합과 저가항공네트워크(안상욱 2016), 경제통합과 캄보디아 농산물수출(공재형 2016), 연무문제(김진아·이재우 2016) 등에 대한 연구가 진행되었다.

학술지 게재 논문에 나타난 아세안 연구동향의 특징은 지역연구 학술지에 편중되었다는 것이다. 가장 많은 관련 연구가 실린 저널은 한국동남아학회가 발간하는 『동남아시아연구』로 총 28편의 관련 연구가 게재되었다. 『대한정치학보』에 15편, 한국외대 동남아연구소가 발간하

〈표 9-3〉 아세안을 주제로 작성된 국내학술지 게재 논문 추이

	국제기구 협력	경제	정치·안보	사회·문화	동아시아	한 · 아세안 기타	계
1980 이전	0	1	0	0	0	4	5
1981-1985	2	1	4	0	6	2	15
1986-1990	0	1	2	1	0	2	6
1991-1995	4	2	2	0	4	5	17
1996-2000	11	12	8	1	7	6	45
2001-2005	9	10	14	0	18	4	55
2006-2010	5	11	11	3	25	10	65
2011-2015	5	17	11	5	22	16	76
2016-현재	1	4	2	2	5	3	17
계	37	59	54	12	87	52	301

는 『동남아연구』에 14편, 국제정치학회의 『국제정치논총』에 13편, 고려대 아세아연구소의 『아세아연구』에 9편 등이다. 총 6편 이상의 관련 논문이 발표된 저널은 10개의 저널이다. 『국제정치논총』을 제외하고 관련 연구가 주로 발표된 학술지는 지역연구 학술지들이다. 대표적 동남아지역연구 학술지인 『동남아시아연구』, 『동아연구』, 『동남아연구』 등에 아세안 관련 연구가 상대적으로 많이 게재되어 아세안 연구가 지역연구의 일환으로 수행됨을 보여 준다. 다음으로 『국제정치논총』과 『대한정치학회보』 등의 비중이 높은 것은 아세안이 갖는 국제기구와 지역협력으로서의 사례로 주목하는 연구가 많기 때문으로 풀이된다. 한편 『대한정치학회보』의 경우 변창구의 논문 기여가 매우 높게 나타났다. 한-아세안 FTA의 발효를 통해 『관세학회지』, 『무역학회보』 등의 통상 관련 학술지에 다수의 논문이 발표되고 있다. 한편 동아시아 차원에서 아세안의 역할에 주목한 『아세아연구』, 『한국동북아논총』에도 아세안 관련 논문의 게재가 증가하고 있다.

〈표 9-4〉 6편 이상의 아세안 관련 논문이 발표된 주요 학술지 현황

저널명	아세안 관련 논문 게재 편수
동남아시아연구	28
대한정치학회	15
동남아연구	14
국제정치논총	13
아세안연구	9
한국동북아논총	7
관세학회지	7
동아연구	7
한국무역학회보	6
국제지역연구	6

4. 단행본

아세안 관련 단행본의 출간은 67편으로 기타 형태의 연구물에 미치지 못한다. 학술적 성격의 단행본 출판은 전웅(1979), 안청시 외(1981), 변창구(1987a; 1999; 2002b), 박광섭·이요한(2008), 이요한(2005), 박사명 외(2008), 강영문(2012), 양승윤(1996) 등에 국한된다. 이 밖에 다수의 경우는 동남아시아 관련 책의 일부 장(chapter)으로 출판되었다.

아세안 관련 단행본의 발간은 대외경제정책연구원, 국립외교원(외교안보연구원), 한-아세안센터 등의 공공기관의 역할에 크게 의존하고 있다. 정치안보 관련 주제에 대해 국립외교원(전 외교안보연구원)은 2012년 이후 아세안정상회의 및 관련 동아시아 정상회의 보고서를 발간하고 있으며 정기적으로 현안에 대한 연구물을 발간하고 있다. 배긍찬과 이재현(현 아산정책연구원)을 중심으로 그간 14편의 연구물을 발간했다. 대외경제정책연구원은 13편의 아세안 연구보고서를 발간했다. 아세안

경제공동체, 한-아세안 FTA 등의 연구과제에 집중하고 있다. 최근에는 주아세안대표부와 공동으로 'KIEP 아세안브리핑'을 발간하고 있다. 한-아세안센터는 5권의 아세안 관련(개별 국가 사례 모음과 통계자료집 등은 제외)책자를 발간하여 아세안의 국내 소개와 인식 증진에 주력했다. 시민강좌, 북 콘서트 등 대중성이 높은 행사와 출판물 발간을 연계하는 것이 특징적이다. 한-아세안 센터는 자체적으로 연구 수행 기능을 갖추지 않아 관련 학자들의 참여를 통해 진행하고 있다.

한-아세안 관계를 입체적으로 조명한 단행본으로 한국동남아연구소와 한국동남아학회(2015)가 공동 출판한 *ASEAN-Korea Relations: Twenty Five Years of Partnership and Friendship*(Lee et al. 2015)은 주목할 만하다. 한-아세안 대화관계수립 25주년을 기해 아세안공동체 평가, 한-아세안 관계, 그리고 한국과 아세안회원국들 간 양자관계를 종합적으로 고찰하였고 관계에 대한 전망을 담았다. 동남아 현지학자들을 비롯해 국내 동남아연구자들 25명이 참여한 2014년 부산에서 국제학술회의 결과물을 출판한 것이다. 한-아세안 관계의 학술적 회고와 백서의 역할을 담도록 기획되었으며 영어로 출판한 이후 한글 요약본도 함께 출판되었다. 영어 단행본은 한국동남아연구소가 2016년 라오스, 말레이시아, 인도네시아, 베트남 등에서 개최한 코리아 포럼 등의 국제행사에서 현지 학자, 관료 등에게 배포했다. 이 학술회의와 결과물의 출판은 한-아세안협력기금의 지원을 받아 이루어졌으며 아세안 관련 정부부처의 협력과 지원이 동남아시아 연구자로 하여금 자신의 연구 분야에서 아세안과의 연계성을 고려하는 계기가 되었다. 한-아세안협력기금의 지원으로 출판된 또 다른 사례로 한국동남아학회와 아세안대학네트워크(AUN)가 공동으로 발간한 *ASEAN Community and Managing Traditional and Non-traditional Security*(Kim&Lee 2016)를 들 수 있다. 2013년 말레이시아 피낭과 2015년 태국 치앙마이에서 각각 개최된 한-아세안 학술대회에서 발표된 연구물 중 아세안 공동체와 전통 및 비전통적 안보 관련 논문들을 선택하여 출판한 것으로 한국과 아세안 학자들이 공동으로 작업에 참여하였다. 국내 연구자들의 아세안 관련 연구논문이 국제학술지에 게재되는 사례도 점차 증가할 것으로 전망된다.[6] 서울대 아시아연구소 동남아지식정보센터 신흥지역연구단이 발간한 『2015 아세안 공동체 건설 현황과 전망: 정치안보, 경제, 사회문화 공동체별 접근』(강민정 외 2014)도 주목할 성과이다. 6명의 동남아시아 연구자들이 아세안 공동체 출범에 즈음에 아세안 공동체 건설의 의의를 조명하고 각 분야별 주요 현황을 점검하고 주요 이슈들을 분석했다.

III. 아세안 연구의 특성

아세안 연구는 아세안 역내 통합의 심화와 동아시아로의 협력 확대라는 이중적 현상이 창출한 다양한 연구 수요에 부응하는 과정을 통해 발전해 왔다. 2015년 말 아세안공동체의 출범은 정치, 안보, 경제, 사회, 문화 등 제 분야에 걸친 아세안의 협력과 통합을 목표로 '과정'으로서 아세안 연구의 영역이 극적으로 확대되는 결과를 낳았다. 아세안의 발전이 가져온 연구 과제는 크게 세 가지 측면에서 제기된다. 첫째, 아세안 연구가 동남아시아 연구의 하위분야로서 국제제도로서 아세안 연구의 심화가 필요하다. 둘째, 지역전문가들의 연구 성과와 주제들이 지역적 차원의 의미를 도출하는 작업이 중요하다. 기존 지역 연구에서 지역

6 국내 연구자가 해외 학술지에 게재한 아세안 관련 연구물에 대해서는 전수조사를 하지 못했다. 이에 해당하는 연구는 Ki-Hyun Bae(2015; 2017), Kim Hyung Jong(2011) 등이 있다.

적 맥락으로 확대하며 아세안에 대한 시사점을 찾고 이를 보완하려는 접근이다. 셋째, 아세안을 광의의 지역적 또는 세계적 차원에서 이해하려는 접근이다. 아세안 연계성과 중심성 등으로 제시되는 아세안의 역할을 이해하기 위해 기존 학문분과 차원에서의 지역 간 또는 다차원적 지역성에 주목하는 접근이다. 이들 접근법과 관련하여 아세안 연구자 그룹은 다음과 같이 세 가지 그룹으로 나누어질 수 있다.

첫 번째 그룹은 위의 접근법 중 전자에 해당하는 경우로 아세안의 제도, 규범, 대내외 국제관계, 안보, 지역주의 이론 등에 주목하여 아세안 연구를 확대하는 연구자 그룹이다. 이 경우 주로 국제관계학 접근을 취하고 있다. 국내 아세안연구자 그룹의 연구는 이러한 접근과 연구 경향을 갖는다. 전문 연구자 그룹의 다수는 아세안을 주제로 박사학위논문을 작성했던 연구자들로 구성된다.[7] 배긍찬, 이재현, 최경희 등도 아세안 연구자 그룹을 주도하고 있다. 이들 연구자들은 아세안공동체 확대에 따라 다양한 관련 이슈들에 주목함으로써 아세안 연구의 영역을 확대해 왔다. 경제통합의 정치적 요인, 테러리즘, 환경, 역내 갈등 등 이른바 비전통적 안보 분야에서 아세안의 역할과 지역협력의 의미를 조명했다. 무엇보다 1997-1998년 경제위기 이후 본격적으로 전개된 동아시아 지역협력에 있어 아세안이 주도적이고 핵심 역할을 담당함에 따라 아세안의 동아시아적 함의를 조명하는 데 기여했다.

두 번째 연구그룹은 개별국가의 지역연구에서 비롯되어 아세안적 함의를 도출하고자 하는 접근을 갖는 연구자들이며 아세안 연구 성과 중 다수가 이들 연구자들에 의해 수행되었다. 학문적 배경은 국제관계학이 아닌 비교정치, 정치경제, 인류학 등의 다양한 접근을 가지며 지역

7 아세안 관련 연구로 박사학위를 취득 후 꾸준한 관련 연구를 진행하는 주요 연구자들은 변창구, 김석수, 박광섭, 김형종, 배기현 등이다.

적 차원의 협력과 거버넌스에 대한 시사점을 제공해 왔다.

세 번째 연구자그룹은 통계적 자료를 바탕으로 지역연구의 의미보다 분과학문에서의 비교연구를 위한 아세안의 사례에 집중하는 연구자들이다. 이러한 연구 경향과 수요는 주로 한국과의 무역 및 투자관계, 아세안 시장분석, 경제통합, 아세안 FTA효과 등에 대한 연구를 진행하는 경제학자그룹에서 발견된다. 특히, 한-아세안 FTA를 비롯해 역외국가와 체결한 FTA협정에 대한 효과 분석이 급증했다. 주목할 점은 권율, 이충열, 곽성일 등은 아세안경제공동체와 개발협력 등의 주제에 집중하며 지역적 이해를 바탕으로 아세안 관련 연구를 수행하는 경향을 보였다. 이상의 연구자 그룹 형성은 아세안 연구의 확대와 발전을 의미하는 동시에 분절화를 의미한다. 아세안의 역동적 활동과 광범위한 협력 분야는 아세안 연구에 있어서의 학문적 분업과 학제적 접근을 요구하고 있다.

단행본의 사례에서 드러나듯 정부 및 공공기관의 역할이 중요하다. 국립외교원, 대외경제정책연구원, 주아세안대표부, 한-아세안센터 등은 각기 다른 형태로 아세안 연구에 기여하고 있다. 대외경제정책연구원과 국립외교원의 정책 연구와 주아세안대표부와 한-아세안센터의 대중적 간행물들은 아세안 연구의 수요를 창출하고 이를 충족시키는데 있어 중요한 역할을 담당하고 있다. 외부 연구자의 공동연구 참여와 연구지원 등의 활동은 대외경제정책연구원에 한정된다. 한편, 주아세안대표부 현 관계자 또는 이전 관계자들이 아세안 연구도 주목할 만하다. 서정인 대사(2012)와 박민정 협력관(Howe & Park 2017)이 현직 외교관계자로서는 논문을 작성하였고 아세안 핵심 연구자 그룹의 연구자들 중 2명은 아세안대표부에서 근무 경험을 갖고 있다.

아세안 관련 연구의 연구비지원에도 영향을 미친다. 연구재단의 아세안 관련 연구비 수령은 개인연구 3건에 불과하다.[8] 최근 연구재단의 정책연구비중이 증가하는 추세 속에 아세안공동체의 출범과 같은 중대한 변화에도 불구하고 아세안 연구 필요성에 대한 이해가 부족함을 드러낸다.

IV. 맺음말: '아세안학'의 모색?

아세안공동체 출범은 아세안의 발전과 동남아시아 역동성을 상징하지만 다양한 도전에 직면하고 있다. 지역공동체 비전은 아직은 일반 시민에게 낯선 엘리트주의의 한계를 가지고 있다. 공동체 지향의 지역적 비전은 개별 국가 이익과 상충될 가능성도 있다. 다양한 지역적 위협요인에 대응하기 위해 동아시아 차원의 협력확대도 필요하다. 정치·안보, 경제, 사회·문화 등 다양한 분야에서의 협력을 강화하고 있다.

국제정치학과 경제학의 통합이론 사례로 연구되었던 아세안이 발전함에 따라 관련 연구도 양적으로 팽창했으며 연구 분야도 다양해졌다. 정치안보영역에서는 인권과 민주주의, 테러리즘, 재난대응 등 정치발전과 비전통적 안보 이슈들이 등장하고 있다. 경제 분야에서는 금융, 서비스, 지적재산권 등 시장통합에 대한 논의들이 전개되고 있다. 사회문화영역은 아세안 연구가 상대적으로 부진하지만 최근 빈곤, 발전격차, 환경, 교육, 정체성 등의 이슈들이 공동체적 가치 공유를 위한 중요한 사안들도 대두되고 있다.

8 최원목, "한국과 아세안의 자유무역통합에 관한 통상법적 분석"(2005, 대학연구인력구제교류지원사업); 선옥경, "중국과 아세안 자유무역협정의 농산품 위생검역에 관한 연구"(2011, 학문후속세대지원 박사후 국내연수사업); 김형종, "동남아시아 민주화와 아세안규범"(2016, 신진연구자지원사업).

아세안경제공동체 이행과정에 대한 최근의 연구들이 주요 기관에 의해 수행되고 있지만 아세안의 정보공개 미흡으로 인해 연구의 한계 또한 분명하다. 즉, 정부 간 협상과 보고에 있어 구체적 내용에 접근하는 데 한계가 있다. 이들 연구가 경제학적 접근을 택하고 있으며 아세안의 특성과 변화 가능성에 대해서는 주목하지 못하고 있다. 그러나 아세안공동체의 성공은 정치·안보 및 사회·문화 공동체 축을 포함하여 세 축이 유기적으로 결합하여 작동할 때 가능함을 상기할 필요가 있다. 아세안의 역사, 문화, 제도, 지역적 그리고 국제적 맥락의 논의를 바탕으로 세 공동체에 대한 균형 잡힌 시각으로 그 의미를 총체적으로 분석할 필요가 있다. 아세안 연구에 있어 국제관계학, 정치학, 경제학, 인류학, 역사학, 사회학 등의 학제적 연구가 필요한 이유이다. 그 과정에서 개별 국가 연구 결과를 적극적으로 수용하고 나아가 공동연구가 필요하다.

아세안 연구에 집중하는 전문 연구자의 수는 여전히 제한적인 상황에서 연구 네트워크의 확대가 필요하다. 전문 연구자 간 학문세대 격차로 인해 공동 연구 활동도 제한적이다. 최근의 사례(김형종·배기현 2017)를 제외하고 아세안 관련 공동 프로젝트를 찾기 어려운 상황이다. 아울러 현재 활동 중인 아세안 연구자들 다수의 박사학위논문이 아세안 관련 연구였다는 점에서 알 수 있듯이 후속세대 양성을 위해 아세안을 주제로 더 많은 학위논문 작성이 필요하다. 아세안 연구가 지역연구와 분리된 채 각 분과학문의 이론을 시험하는 사례로만 다루어진다면 아세안공동체의 다양성과 복잡성에 대한 심도 있는 연구를 수행하기 어렵다. 국제관계학, 경제학과 같은 이론 지향적 연구와 더불어 아세안에 대한 연구들이 융합되어야 지역연구 차원의 아세안 연구가 가능할 것이다.

동아시아 지역주의의 확산은 관련 연구뿐만 아니라 한국의 이해관계를 중심으로 아세안을 이해하는 데 직접적인 동기부여를 제공하고 있다. 한편 한국이 직접 당사자인 동아시아 차원의 협력과 지역주의에 대해 국제관계학, 정치학, 경제학 등의 연구가 증가하고 있다. 이 과정에서 아세안의 역할에 주목하는 사례도 늘고 있다. 즉, 직접적으로 아세안을 연구대상으로 하지 않지만 중요 역내행위자로 동아시아지역주의를 선도해 온 아세안의 역할에 주목하고 있다. 그러나 지난 수년간 미국과 중국의 경쟁 및 갈등의 심화과정에서 일본과 비롯해 남중국해 분쟁과 관련된 일부 아세안 회원국들도 중국과의 갈등을 겪고 있어 동아시아 지역주의가 침체를 겪고 있다. 동아시아 지역주의의 정체는 관련 연구와 연구수요를 감소시킬 것으로 우려된다.

아세안의 전략적 중요성이 증가함에 따라 정책 연구의 필요성도 증가하고 있다.[9] 2009년과 2014년 두 차례에 걸쳐 한국에서 한-아세안 특별정상회담이 개최되었고 외교관계는 더욱 심화될 것으로 전망된다. 이 시점에서 아세안에 대한 이해와 연구는 아세안 관련 외교정책 수립에 필수적인 작업이다. 한반도 문제를 포함한 동북아 국제관계 문제 해결에 있어 지역협력과 공동체적 방안을 강구하기 위해 아세안공동체 연구는 외교적 지평을 동북아에 제한하지 않고 동아시아 차원으로 확대 적용하는 데 중요한 정책적 시사점을 제공할 것이다. 국가 정책적 차원의 연구와 이해가 필요한 시점이다. 그간 한국정부의 대 아세안 정책은 대북 견제를 위한 외교적 지지획득, 그리고 무역과 투자를 중심으로 한 경제적 이익의 확대 방안에 집중되었다. 동아시아 공동체적 가치 그리고 한반도 위기 해결에 있어서의 동반자로서 아세안을 재인식할 필요가 있다. 신윤환은 한국과 아세안의 상보성을 정치안보협력까지 확대하는 아세안과의 연대를 실행하기 위해 한국의 대 아세안 인식의 전

9 배기현 이메일 인터뷰. 2017년 6월 4일.

환과 한국의 아세안 가입과 같은 획기적인 계기가 필요하다고 주장한다(신윤환 2017). 한국동남아연구소 박사명 이사장은 2012년 자카르타에서 열린 포럼에서 아세안의 전략적 중요성을 고려할 때 5강 외교로 격상할 것을 주장했다. 최경희(2014)는 한반도 문제와 관련 아세안에 주목할 것을 주장했다.

아세안의 정치경제적 중요성이 증가함에 따라 장기적 관점에서 '아세안학'의 가능성을 모색할 필요가 있다. 세력 균형을 위한 행위자나 경제이익을 위한 파트너십 연구를 넘어 동남아의 시각을 통해 아세안의 지역적 맥락을 파악하고 아세안을 구성하는 국가들의 정치, 경제, 사회, 문화적 요인을 종합적으로 고려할 필요가 있다. 개별 국가의 단순합을 넘어서 회원국들 간 유기적 상호작용에 주목해서 '아세안'을 분석단위로 상정한 연구가 증가되어야 할 것이다. 아울러 학제적 접근의 심화와 지역연구와의 연계 강화를 통해 지역으로서의 동남아시아, 개별 국가의 이해, 동아시아 등 다양한 차원의 접근도 시도되어야 할 것이다. 최근 인도네시아, 태국, 말레이시아 등에서 아세안학 센터 설립이 증가하는 현상은 이러한 정책적 수요를 반영한 결과로 이해될 수 있다. 국내 아세안학을 모색하기 위해 학계의 연구 강화와 정책적 제도적 지원의 확대가 필요하다.

참고문헌

강민정 외. 2014. 『2015 아세안 공동체 건설 현황과 전망: 정치안보, 경제, 사회문화 공동체별 접근』. 서울: 서울대학교 아시아연구소 동남아지식정보센터 신흥지역연구단.

강영문. 2012. 『아세안 FTA』. 광주: 전남대학교출판부.

공재형. 2016. "아세안 경제통합에 따른 캄보디아 농산업 부문의 대응." 『한국관세학회지』 17(2): 169-186.

김규식. 2013. "태국의 아세안 교육." 『동남아연구』 23: 105-126.

김대식. 1972. 『ASEAN과 東南亞 中立化에 관한 硏究』. 서울: 연세대학교출판부.

김민정. 2006. "아세안(ASEAN)과 한국의 문화협력 활성화 모색을 위한 소고." 『동아연구』 51: 71-104.

김석수. 1997. "日本의 對ASEAN 政策 過程 變化에 關한 硏究." 한국외국어대학교 박사학위논문.

김진아 · 이재우. 2016. "환경협력의 거래비용적 접근법: 동남아시아 연무 오염 사례 연구." 『경제연구』 34: 79-107.

김한식. 2002. "ASEAN의 응집력: 구조주의 이론을 중심으로." 『국방연구』 45: 103-37.

김형종. 2014. "아세안정치안보공동체(APSC)의 쟁점과 전망." 『국제정치연구』 17: 133-153.

______. 2015. "아세안사회문화공동체(ASCC): 쟁점, 도전과 전망." 『동남아시아연구』 25: 1-35.

______. 2016. "한-아세안 대화관계와 아세안 규범: 1980년대 초반 외교문서 분석을 중심으로." 『동남아시아연구』 26: 39-76.

김형종·배기현. 2017. "아세안 2016: 아세안 방식의 변화 또는 연속성." 『동남아시아연구』 27: 155-184.

나희량. 2015. "아세안경제공동체 출범에 따른 아세안 역내무역 분석 및 시사점: EU, NAFTA, MERCOSUR와의 비교를 중심으로." 『동남아시아연구』 25: 31-84.

문상원·이하늘. 2013. "아세안 내 개발격차감소와 역량개발 관점으로 본 KOICA의 CLMV 지역 지원전략." 『국제개발협력』. pp. 121-152.

박광섭·이요한. 2008. 『아세안과 동남아 국가연구』. 대전: 대경.

박번순. 2013. "아세안 경제협력의 진화와 평가." 『동남아시아연구』 23: 1-33.

박사명. 2005. "전장에서 시장으로: 중국-동남아 관계의 지속과 변화." 『동남아시아연구』 15: 1-40.

박사명 외. 2008. 『위기에서 협력으로』. 서울: 이매진.

배긍찬. 1993. "ASEAN의 아·태지역 다자안보구상과 전망." 『동남아시아연구』 2: 243-258.

배기현. 2015. "아세안 연계성의 정치." 『국가전략』 21: 171-192.

변창구. 1987a. 『ASEAN安保論』. 서울: 형설출판사.

______. 1987b. "ASEAN의 地域安保協力 硏究." 경북대학교 박사학위논문.

______. 1996. "국제레짐으로서 ASEAN의 특성." 『국제정치논총』 42: 115-32.

______. 1998a. "남중국해 분쟁과 아세안의 다자주의적 접근." 『국제정치논총』 37: 137-67.

______. 1998b. "동남아 경제 위기와 아세안의 대응." 『영남국제정치학회보』 1: 37-59.

______. 1999. 『아세안과 동남아국제정치』. 서울: 대왕사.

______. 2000. "동남아 환경안보와 아세안의 협력." 『대한정치학회보』 8: 57-77.

______. 2002a. "국제레짐으로서 ASEAN의 운영체제." 『국제정치논총』 42: 9-32.

______. 2002b. 『아세안 운영체제론』. 서울: 대왕사.

______. 2003. "아·태지역 안보와 ARF." 『대한정치학회보』 11: 239-259.

______. 2004a. "동남아시아 지역통합에 있어서 중국의 영향: 중국위협론의 실체와 아세안의 대응을 중심으로." 『국제지역연구』 8: 105-125.

______. 2004b. "미국의 동남아시아 대테러정책." 『대한정치학회보』 11: 53-73.

______. 2011. "구성주의 이론에서 본 ASEAN의 정체성과 지역통합." 『대한정치학회보』 18: 25-43.

______. 2016. "ASEAN의 지역통합 강화와 AC 결성: 영향과 함의." 『대한정치학회보』 24: 147-162.

변창구·김경일. 1998. "21세기의 도전과 아세안의 미래." 『법정연구』 5: 67-92.

변창구·이정태. 1998. "아세안의 확대와 동남아공동체의 비전." 『법정연구』 5: 93-119.

서기준. 1999. "ASEAN의 發展過程에 관한 연구." 전북대학교 박사학위논문.

서정인. 2012. "한국의 대ASEAN 연구." 『동남아시아연구』 22: 279-308.

신두철. 2001. 아세안과 유럽연합의 역사적·제도적 발전비교. 『한독사회과학논총』 11: 23-50.

신윤환. 2009. "동남아의 지역주의와 '동아시아 공동체': 그 역사에 대한 재해석." 『동아연구』 56: 107-137.

______. 2017. "한-아세안 협력의 미래: 경제협력을 넘어 포괄적연대로." 제주평화포럼 아세안저널리스트라운드테이블 기조연설문, 2017년 5월 31일.

안상욱. 2016. "경제통합과 저가항공 네트워크 발전: EU와 ASEAN사례를 중심으로."

『유럽연구』 34: 287-308.
안청시 외. 1981. 『동남아와 ASEAN』. 서울: 서울대학교출판부.
양승윤. 1978. "ASEAN의 발전양상과 문제점." 한국외국어대학교 석사학위논문.
______. 1996. 『동남아와 ASEAN』. 서울: 한국외국어대학교출판부.
윤종진. 1987. "중공의 대ASEAN외교정책연구." 부산대학교 석사학위논문.
이금찬. 1987. "유럽공동체(EC)와 동남아국가연합(ASEAN)에 관한 비교연구." 단국대학교 석사학위논문.
이동윤. 2010. "동남아의 인권정책과 지역협력." 『21세기 정치학회보』 20: 227-48.
이순학. 1987. "Kampuchea분쟁이 Asean에 미치는 영향에 관한 연구." 국방대학원 박사학위논문.
이요한. 2005. 『동아시아의 허브: ASEAN』. 서울: 두남.
______. 2017. "아세안경제공동체(ASEAN Economic Community)와 개발격차 해소: GMS를 중심으로." 『동남아연구』 26: 75-100.
이원근. 2016. "AEC 출범의 의미와 시사점 및 과제에 대한 연구." 『대한정치학회보』 24: 151-171.
이원우. 2008. "아세안지역안보포럼(ARF)의 제도적 한계와 구조적 제약에 관한 연구." 경남대학교 박사학위논문.
이재현. 2007a. "마하티르와 김대중의 동아시아지역협력 구상 비교 연구." 『동남아시아연구』 17: 33-64.
______. 2007b. "마하티르의 동아시아 지역주의 담론 분석." 『국제정치논총』 47: 121-144.
______. 2012. "전환기 아세안의 생존전략: 현실주의와 제도주의의 중층적 적용과 그 한계." 『동아연구』 62: 49-82.
이진영. 2017. "아세안(ASEAN) 회원국 확대 연구: 신규회원국의 가입결정과 가입협상 과정 비교분석." 경희대학교 박사학위논문.
이충열. 2014. "아세안 경제공동체 탄생에 대한 기대와 현실." 『동남아시아연구』 24: 253-303.
이효영. 1994. "AFTA의 결성배경에 관한 연구." 『經營經濟』 27: 97-109.
전 웅. 1977. 『지역통합이론과 ASEAN』. 서울: 연세대학교.
______. 1979. 『지역통합이론과 아세안 신기능주의의 경험적 검증』. 서울: 진명출판사.
전제성. 2007. "동남아의 참여적 지역주의와 동아시아공동체." 『동남아시아연구』 17: 101-30.
최경희. 2014. "아세안 정치안보공동체 건설과 평화체제 구축의 현황과 시사점." 서울대 신흥지역연구사업단 정책보고서 『2015 아세안 공동체 건설현황과 전망: 정치안보, 경제, 사회문화 공동체별 접근』. 13-44.

최기출. 2010. "南砂群島 紛爭." 한양대학교 박사학위논문.
최호림. 2010. "동남아시아의 이주노동자 지역 거버넌스." 『동남아시아연구』 20: 135-178.
한승주. 1992. "아세안과 동아시아의 지역안보." 『동남아시아연구』 1: 5-18.

Acharya, Amitav. 2000. *The Quest for Identity: International Relations of Southeast Asia.* Oxford: Oxford University Press.
Bae, Ki-Hyun. 2014. "Managing International 'Relations': ASEAN's Dilemma of Attraction-Autonomy Deficits and Ideational Changes after the Cold War." Ph.D. Thesis, University of Toronto.
______. 2015. "Neither Left-out Nor Pushed-over: Anxious ASEAN and Its 4C Practices." *Pacific Review* 28: 703-729.
______. 2017. "ASEAN as a Community of Managerial Practices." *Global Governance* 23(2): 245-263.
Howe, Brendan and Park, Min Joung. 2017. "The Evolution of the "ASEAN Way": Embracing Human Security Perspectives." *Asia-Pacific Social Science Review* 16(3): 1-15.
Kim, Hyung Jong. 2011. "The Evolution of ASEAN Norms: Development, Adatation, and Transformation." Ph.D. Thesis, University of Malaya.
Kim, Hyung Jong and Lee, Poh Ping. 2011. "The Changing Role of Dialogue in the International Relations of Southeast Asia." *Asian Survey* 51. September-October, 953-970.
Kim, Hyung Jong and Lee, Jaehyon, eds. 2016. *ASEAN Community and Managing Traditional and Non-traditional Security Korea*. Busan: Sejong Press.
Lee, Choong Lyol, Hong, Seok-Joon, and Youn, Dae-yeong, eds. 2015. *ASEAN-Korea Relations: Twenty-Five Years of Partnership and Friendship*. Seoul: Nulmin Books.
Park, Kwang Sub. 1995. "The Response of ASEAN and Its Member Countries to the Challenge of Global and Regional Changes Created by the Post-Cold War Era." Ph. D. Diss., University of Santo Tomas.

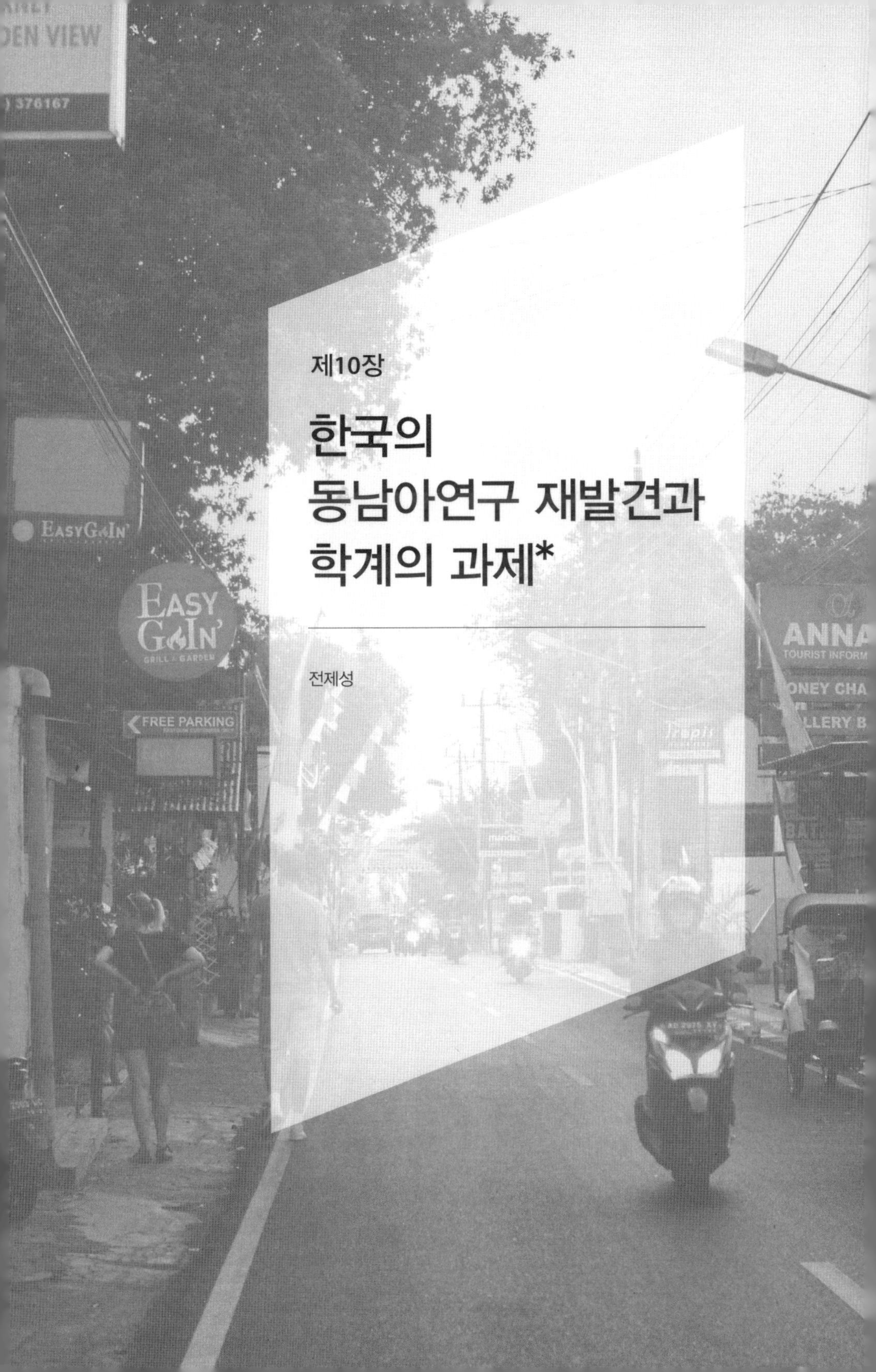

제10장

한국의 동남아연구 재발견과 학계의 과제*

전제성

I. 머리말

이 책의 필진들은 동남아시아 8개 주요국과 동남아국가연합(ASEAN) 관련 국내 연구 동향을 분석하였다. 우리는 '연구 역사'를 선구자 추적의 방식으로 다시 정리했으며, '연구 성과'를 포괄적으로 수집하고 경향을 분석하였고, '연구자 규모'를 개방적으로 가늠하였다. 이번 장에서 한국의 동남아연구에 관한 우리의 연구 결과를 종합적으로 정리하며 우리가 새로이 발견한 것을 명시하고자 한다.

우리의 연구는 동남아 11개국 중에서 상대적으로 작은 나라들인 싱가포르, 브루나이, 동티모르에 관한 연구 동향을 포함하지 못한 한계를 지닌다. 그래서 필자는 몇 가지 핵심적인 데이터에 한하여 추가로 조

* 이 장은 『동남아시아연구』 28권 4호에 게재된 논문 "한국의 동남아연구 성장과 포괄성 문제"라는 논문을 수정한 것이다. 이 글의 요지는 2017년 12월에 부산외대 동남아지역원 초청강연회에서 처음으로, 이어서 2018년 여름에 한국국제정치학회 하계학술회의와 한국동남아학회 학술대회에서도 발표된 바 있다. 발표를 듣고 건설적인 제안을 해 주신 여러 선생님들께 감사드린다. 싱가포르, 브루나이, 동티모르 관련 연구의 수량을 파악하는 데 도움을 준 전북대 대학원 정치학과의 김현경 양, 관심과 애정을 갖고 초고에 관하여 구체적인 조언을 해 주신 서강대 동아연구소의 이한우 교수께 감사한다. 이러한 도움에도 불구하고 오류가 발견된다면 그것은 필자 탓이다.

사함으로써 우리가 빠뜨린 3개국 연구 동향을 다른 연구들과 함께 가늠해볼 자료를 제공하기로 하였다.

이번 장에서는 지금까지 포괄적으로 분석한 연구 동향이 동남아 학계에 어떤 과제를 제기하고 있는지도 성찰하고자 한다. 그것은 학계의 '포괄성(inclusiveness)' 증대라는 과제로 귀결된다.[1] 양적으로 끊임없이 성장하고 학문적으로 방대하게 펼쳐지고 국적도 초월하는 한국의 동남아연구 추이에 비하면, 우리 동남아학계는 협소하고 정체되어 있는 것처럼 여겨지기 때문이다.

II. 연구의 역사: '미지의 시대' 발굴하기

한국의 동남아연구는 언제 시작되었을까? 아마도 1980년대부터 가시화되었고 1990년대부터 가속되었다고 보는 게 일반적 인식일 것이다(전제성 2006: 110; 박승우 2009; Park and King 2013). 그런데 '황무지'처럼 여겨졌던 시기에 많은 선구자들이 등장했었다는 사실을 이번에 새로 인지하게 되었다. 1940년대 후반부터 1970년대 초반에 걸쳐 한국에서 동남아에 관한 학위논문, 학술지 논문, 학술 저서의 첫 작품들이 출현하였다. 브루나이와 동티모르 연구가 예외적으로 1990년대에 이르러서야 최초의 연구업적이 발간되고 나머지 나라들과 아세안에 관해서는 1950-1960년대에 첫 번째 연구 성과가 등장하였다. 발굴하듯이 조사하여 〈표 10-1〉에 제시된 선구적 연구자들 중에는 필자 세대가 알지 못

1 "inclusiveness"는 저명한 민주주의 연구자 로버트 달에게서 빌려 왔다(Dahl 1971: 4). 그는 참여의 정도를 가리키는 포괄성을 현대 민주주의 체제의 역사에서 가장 뒤늦게 발전한 제도로 지목하였다(Dahl 1998: Chapter 8).

〈표 10-1〉 한국의 동남아연구 선구: 첫 학위논문, 학술논문, 단행본

	학위논문		학술출판		언어 교육
	석사	박사	논문	단행본	
베트남	1964 (박희주, 정치학)	1969 (최삼섭, 의학)	1959 (조효원)	1966 (최상수)	1967 (한국외대)
태국	1967 (임종욱, 경제학)	1976 (고홍명, 경제학)	1974 (송인서)	1986 (김영애)	1966 (한국외대)
아세안	1972 (김대식, 정치학)	1977 (전웅, 정치학)	1970 (김한식)	1979(전웅), 1981(안청시)	-
인도네시아	1964 (박희주, 정치학)	1983 (김영국, 경제학)	1962 (이극찬)	1967(아담스) 1983 (극동문제연구소)	1964 (한국외대)
필리핀	1950 (성내운, 교육학)	1981 (김성철, 지역학)* 1992 (정영국, 정치학)	1962 (박형원)	1983 (임성한)	2014 (부산외대)
말레이시아	1975 (안영호, 언어학)	1965 (이범준, 정치학)* 1997 (홍석준, 인류학)	1966 (이범준)	1968 (이범준)	1964 (한국외대)
싱가포르	1978 (박형근, 경영학)	1986 (유상렬, 의학)	1965 (선우창원)	1986 (윤창국)	-
캄보디아	1991 (서정문, 정치학)	1992 (조재현, 정치학)	1967 (이호재)	1991 (이범준)	2014 (부산외대)
미얀마	1964 (박희주, 정치학)	1992 (박장식, 언어학)* 1996 (양길현, 정치학)	1968 (이호재)	1991 (극동문제연구소)	1992 (부산외대)
동티모르	2000 (김제니, 정치학)	2006 (정도생, 정치학)	1995 (양승윤)	2010 (양승윤)	-
라오스	2006 (손수학, 이학)	1985 (임봉길, 인류학)* 2007 (정미경, 개발학)	1969 (최영옥)	1991 (이범준)	2014 (부산외대)
브루나이	1993 (최신일, 정치학)	2018 (이종열, 공학)	1994 (양승윤)	2010 (양승윤)	1964 (한국외대)
동남아	1958 (이정묵, 경제학)	1977 (이충원, 교육학)	1947 (쎄대스)	1966 (피필드)	-

출처: 이한우, 김형준, 김홍구, 이미지, 정법모, 정미경, 오윤아, 김형종과 필자의 조사 결과 종합.

* 해외 취득 학위.

하는 이들이 대다수였다.

대한민국의 동남아 관련 학위논문 기록은 1950년까지 거슬러 올라간다. 엄청난 전쟁이 임박한 1950년 6월 5일에 성내운이 원고지에 작성한 논문을 성균관대에 제출한다. 동남아 관련 한국 최초의 석사학위논문이라 추정되는 그의 글은 한국전쟁의 화를 피하여 오늘까지 전해지고 있다. 그는 당시 논문에서 우리 초등교육이 당면한 문제를 잘 이해하기 위해 필리핀 초등교육을 들춰 봐야 하며 이런 작업이 "우리나라 초등 교육의 개척에 조금이라도 도움이 된다면" 더없는 영광일 것이라 썼다(성내운 1950: 3-4).[2]

국내 대학원에서 동남아연구 박사학위논문의 제출은 1969년에 처음으로 이루어진다. 월남참전 한국군의 말라리아 발병에 관하여 역학조사를 수행한 최삼섭의 논문이 전남대에 제출되었던 것이다.[3] 이어서 살충제에 대한 월남 벼룩의 저항력을 연구한 논문(황충현 1971)이 연세대에 제출되었고, 태국 경제(고홍명 1976), 아세안 형성(전웅 1977), 동남아 식민교육정책(이충원 1977)에 관한 박사논문도 제출된다. 그런데 만약 한국인이 외국에서 박사를 수여받은 것까지 포함하여 추적하자면

2 성내운(1926-1989)은 교육학자이자 민권운동가로 널리 알려진 저명인사이다. 연세대 교육학과 교수로서 문과대학장까지 지냈으나 박정희 치하에서 해직되고 투옥되는 고초를 겪은 바 있다(한국민족문화백과대사전). 그의 논문은 국회도서관 자료검색에서 1957년 논문으로 기록되어 있고, 한국교육학술정보원 자료검색에서는 1950년 8월로 기록되어 있다. 기록의 상충을 해결하기 위해 원문을 보관하는 대학 도서관에 문의하였고, 1950년 6월 4일에 제출된 논문이라는 친절한 답변을 받았다. 머리말에는 4일로 적혀 있고 맺는말에는 5일로 적혀 있다. 직접 확인하여 곧바로 답하고 육필논문 전자사본까지 보내 주신 성균관대 중앙학술정보관 김남숙 인문학술정보팀장께 감사드린다.

3 최삼섭(1930-2000) 논문의 존재를 알려 준 창원대 국제관계학과의 서지원 교수, 그 논문을 전남대 도서관에서 직접 촬영하여 전송해 준 목포대 아시아문화연구소의 최승연 박사께 감사드린다.

동남아연구 박사학위논문의 역사가 적어도 1960년대 중반까지 거슬러 올라간다. 일반에게 '한국 여성 정치학 박사 1호'로 알려진 이범준이 아메리칸대학에 영국의 말라야공산당 진압 관련 논문을 제출하여 박사학위를 수여받는 때가 1965년이기 때문이다(Lee 1965). 다른 추가 발견이 없다면, 이화여대와 성신여대에 재직했던 이범준 교수가 '대한민국 동남아연구 박사 1호'라 불리게 될 것이다.[4]

비슷한 시기에 동남아 관련 최초 학술서도 발간된다. 1966년에 최상수의 『한국과 월남과의 관계』라는 학술 저서가 발간되었고 같은 해에 러셀 피필드(Russell H. Fifield)의 『미국의 동남아정책』이라는 학술서의 번역본이 발간되었다. 학술지 논문 게재는 더 시기가 앞섰다. 학술논문으로 확인 가능한 최초의 경우는 중앙대 법대 발간 『법정논총』 5권에 게재된 동남아 화교 관련 논문(강병규 1957)이다. 그런데 정치평론까지 포함한다면, 동남아조약기구(SEATO)에 관한 글이 더 앞선다(구철회 1954). 만약 학술지 게재 번역문까지 감안하자면, 프랑스의 저명한 동남아역사학자 죠르즈 쎄대스(George Cœdès)의 글이 번역되어 『진단학보』 15호에 게재된 1947년으로 더 거슬러 올라갈 수 있다(쎄대스[김영건 역] 1947).[5]

4 이화여대 교수였던 이범준(1933-2011)은 유신시대에 의원으로 활동했으나 함께 정치학 박사를 수여받았던 남편 박정수가 의정활동을 시작하자 다시 학계로 돌아왔다. 성신여대에서 교수로 재직할 때 남편은 외교통상부 장관으로 임명되었고 본인은 한국국제정치학회장으로 선출되었다. 암으로 요절한 딸의 이름을 따서 박성연장학회를 운영하기도 했다(한국역대인물종합정보시스템).

5 쎄대스의 글을 번역한 김영건이라는 학자가 1930-1940년대에 인도차이나 관련 일본어 저술들을 남겼다는 윤대영(2009)의 발견은 '한인의 동남아연구' 역사의 시원을 1930년대로 끌어올린다(최병욱 2015). 그렇지만 〈표 10-1〉에서는 해방 이후시기와 국내 출판의 경우로 제한하였다.

〈표 10-1〉에는 특기할 만한 선구자들이 있다. 박희주는 1964년에 버마, 인도네시아, 월남 정치집단의 기능을 연구한 정치학 석사학위논문을 고려대에 제출하여 동남아 3개국 관련 석사학위논문의 첫 필자가 되었다. 이호재는 한국외대 발간 학술지에 1967년과 1968년에 캄보디아 외교와 버마 군부에 관한 논문을 연이어 게재함으로써 이 두 나라에 관한 학술지 논문 첫 필자가 되었는데, 그는 한국외대와 고려대 정치외교학과에 교수로 재직했던 분이다.[6] 동남아학계에 잘 알려진 분들이지만 의외의 선구 대열에 포함된 분들도 있다. 베트남 연구자로 알려진 조재현 교수는 1992년에 박사학위논문으로 베트남의 캄푸치아 침공에 관해 저술함으로써 캄보디아 관련 박사논문의 선구자가 되었다. 인도네시아 전문가 양승윤 교수는 브루나이와 동티모르 관련 학술논문(1994; 1995)과 저서(2010) 부문에서 상당히 뒤늦은 최초 필자로 추적된다. 최다기록보유자는 앞서 소개했던 이범준 교수로서 5건에 걸쳐 선구로 등장한다. 그녀는 말레이시아 관련 최초의 박사학위논문, 학술지 논문 및 학술서(이범준 1968)의 필자이며, 캄보디아 및 라오스 관련 첫 번째 학술서 『동남아공산권연구』(이범준 1991)의 저자이다.

우리의 선구자 추적은 완벽한 것이 아니라 잠정적인 것이다. 한국교육학술정보원과 국회도서관의 데이터에서 포괄 못하는 자료가 존재할 수도 있다. 분석의 시간적 범위를 해방 이전으로 거슬러 올라간다면 더 이른 선구자들이 존재할 수도 있다. 물론 이렇게 시간의 폭을 넓힌다면 한국의 동남아연구가 아니라 한인의 동남아연구라 해야 할 것이지만, 우리가 아직 파악하지 못한 선구자들이 더 존재할 가능성이 있다는 점을 인정할 수밖에 없겠다. 만약 평론까지 분석 대상을 넓힌다면,

6 이호재 교수의 경력 정보를 확인해 준 고려대 정치외교학과 신재혁 교수에게 감사한다.

1940년대 후반부터 1950년대 초반에 걸쳐 『신천지』와 『사상계』처럼 당대 지성을 대표하는 잡지에 동남아 동향을 담은 평론을 게재한 이들도 선구자 반열에 포함될 수 있을 것이다(김예림 2012). 시인들의 작품 속에 동남아가 가깝게 공감하는 참조사례로 등장하던 시점도 해방 직후였다(윤영천 2008). 그러므로 〈표 10-1〉은 후속연구에 의하여 장차 수정될 운명에 놓인 그야말로 잠정적인 발견이라 해야 마땅할 것이다.

그럼에도 불구하고 이러한 발견이 동남아학계에 던지는 메시지가 있다. 그것은 '본산'의 정서는 의미가 없다는 것이다. 한국에서 동남아 연구의 출범과 초기 전개는 탈중심적이었다. 한국외대는 1960년대 중반부터 말레이인도네시아어, 태국어, 베트남어 교육을 시작하였다. 그런데 이런 선구적 역정은 언어교육 측면에 그친다. 동남아 관련 첫 번째 석·박사학위논문을 쓴 27명 중에 한국외대 학부 출신 학자는 3명뿐이고 박사학위를 한국외대에서 수여받은 이는 없었다. 따라서 한국외대는 동남아 언어교육의 본산이지 연구의 선구는 아니다. 다른 한편에서 동남아연구로 미국에서 박사학위를 마치고 1980년대 말부터 귀국하기 시작한 정치학자들은 1990년대 초에 동남아학계의 조직화에 앞장섰다(신윤환 1991). 그들은 실로 학계 형성의 기수였다. 그러나 그들보다 훨씬 앞서 동남아연구로 박사학위를 마친 이들이 이미 국내에 존재하고 있었다.

이러한 발견은 기관이나 조직의 역사와 개별 학자들의 역사를 구분해 볼 필요를 제기한다. 1950-1960년대의 시기가 한국의 동남아연구에서 '미지의 시대'가 아니라 '황무지'였다고 단정했다면 그런 오류는 학계라는 조직의 시각으로 과거를 재단했기 때문에 발생했다고 볼 수 있다. 학계와 학문의 관계에 관한 성찰은 학계의 역사와 연구의 역사를 분리시켜 보는 태도로부터 시작될 것이다. 한국에서 동남아 연구 초창기는 '탈중심의 개인사'로 살펴봐야 제대로 파악할 수가 있을 것이다. 그런 연구의 역사는 '본산의 정서'를 무색하게 만든다. 본산이 없다는 것은 누가 '유산 승계의 적자'인지를 따지는 무익한 시도로부터 우리를 해방시켜 줄 것이다.[7]

이러한 발견적 추적은 연구와 시대의 관계에 관해서도 새로운 관심을 요청한다. 동남아연구의 개별적 시도들이 1950-1960년대에 빈번하게 발생했다면, 그 선구자들의 동남아에 대한 관심 형성에 미친 시대 상황에 새로 주목할 필요가 있다. 경제성장, 해외투자, 독재와 민주화 등 1970-1980년대식 변인보다 더 이른 시기에 작동하던 오래된, 그래서 어쩌면 낡아 보이는 사건들을 변인으로 끄집어내고 재평가해야 한다. 그것은 아시아태평양전쟁, 국민국가 형성, 식민유산 극복, 인도차이나전쟁, 반둥회의, 비동맹운동, 아세안의 형성 등이다. 이러한 역사적 사건들로 인하여 해방과 분단, 열전과 냉전의 시기를 거치는 한국의 지식인들에게 동시대 동남아에서 전개되던 정치변동과 국제관계가 깊이 관심을 가질 만한 가치가 있는 참조사례로 일찍이 다가왔던 것으로 추정해 볼 수 있다.[8]

III. 연구의 축적: 다원적 성장

한국에서 동남아 관련 학술연구는 꾸준하게 이루어지고 있어서 축적량

7 민족주의가 '과거 유산'이 아니라 '미래 기획'과 관련이 깊다고 본 베네딕트 앤더슨(Benedict Anderson 1999)의 시각에서 착안하였다.

8 동남아 전문가는 아니지만 김예림은 1945-1955년 사이에 한국의 지성이 아시아를 열렬히 호출하였으며 당시 동남아의 상황 변화가 아주 중요한 참조 사례로서 열거되었다는 주장을 일련의 논문들을 통하여 전개한 바 있다(김예림 2007; 2012).

이 계속 증가하고 있다. 학위논문, 학술지 논문 및 학술 단행본 집계 결과를 〈표 10-2〉에 제시하였다. 학위논문은 베트남 연구 논문이 압도적으로 많았고, 이어서 인도네시아, 태국 관련 논문 순으로 많았다. 학술지 논문 수도 베트남 연구가 절대 우위를 차지하였다. 2010년 이후 베트남 연구는 학술지 논문이 연간 100편을 넘는 시대에 접어들면서 매우 강력한 위세를 보이고 있다. 베트남 연구가 한국의 동남아연구에서 선두를 차지한다는 사실은 국제적으로 독특한 현상일 것이다.[9]

학술지 게재논문에서 싱가포르 관련 논문이 두 번째로 많았을 뿐만 아니라 베트남 관련 학술논문의 규모에 육박한다는 사실은 당황스러울 정도로 놀라웠다. 싱가포르를 전문적으로 연구하는 국내 학자가 극소수에 불과하기 때문에 싱가포르 관련 학술지 논문의 대규모 축적은 전혀 예상하지 못했던 바였다. 이러한 현상은 인프라, 무역, 주택, 행정, 정치리더십 등 다양한 분야에서 싱가포르가 한국인 학자들에게 주목을 받는 매력적인 사례라는 점을 알려 주고 있다. 베트남, 싱가포르에 이어서 학술지 논문은 태국, 인도네시아, 필리핀, 아세안, 말레이시아 관련 논문 순으로 많았다. 전문연구자가 극소수인 캄보디아, 미얀마와 라오스 관련 학술지 논문도 적지 않게 발간되었으며, 특히 라오스 연구 논문의 수가 최근 급속히 증가하는 추세이다.

한국에서 동남아연구 성과가 날로 증가하지만, 동남아 각국과 관련 국가들에서도 동남아연구 성과가 늘고 있을 것이다. 따라서 한국의 동남아 연구가 국제 비교적 차원에서 상대적으로도 상당한 성장을 달

9 국제 동남아학계에서 최대 집단은 인도네시아 연구 집단일 것으로 짐작된다. 일본에서는 인도네시아 연구와 태국 연구가 동남아연구의 양대 축을 이룬다는 이야기를 들은 바 있다. 일본의 동남아 역사연구 분야 저서나 학술논문에서도 인도네시아 연구가 양적으로 최선두 자리를 점하고 있다(유인선 2010).

〈표 10-2〉 동남아 관련 국내 학위논문, 학술논문 및 단행본[10]

학위논문*	석사	박사	계	학술 출판	학술지 논문	학술 단행본**
베트남	1,127	120***	1,247	베트남	1,459	-
인도네시아	410	52	462	싱가포르	1,405	22
태국	318	52	370	태국	704	25
캄보디아	257	15	272	인도네시아	672	41
싱가포르	251	14	266	필리핀	409	30
필리핀	217	38	255	아세안	301	67
아세안	155	8	163	말레이시아	274	11
미얀마	134	27	161	캄보디아	253	23
말레이시아	85	11	96	미얀마	212	10
라오스	84	9	93	라오스	115	7
동티모르	38	2	40	브루나이	8	1
브루나이	7	1	8	동티모르	7	2

출처: 이한우, 김형준, 김홍구, 이미지, 정법모, 정미경, 오윤아, 김형종과 필자의 조사 결과 종합.

* 학위논문은 현지인 유학생 논문 포함.

** 학술단행본은 학술적 저역서에 한하며 어학교재, 사전, 전기, 문학, 정책보고서 제외.

*** 베트남 연구 박사 수는 한국교육학술정보(RISS)에서 검색된 외국대학 학위 취득 한국인 포함.

성했다고 자신할 수는 없다. SCOPUS 데이터베이스에서 ASEAN 관련 학술논문 목록을 추려내 정량적으로 비교분석한 결과, 최근 10년간 한국의 아세안 연구가 생산성 차원에서 11위를 차지한 것으로 드러났다. 순위는 말레이시아, 태국, 호주, 싱가포르, 인도네시아, 미국, 영국, 일

10 이 표는 시간적 범위가 사례마다 다른 한계를 지닌다. 베트남 관련 학위논문과 학술지 게재 논문은 1991년부터 2015년까지를 대상으로 삼았다. 나머지의 경우는 시작 시점이 해방 이후부터다. 그런데 그 끝은 2016년부터 2018년 8월까지 펼쳐진다. 라오스 연구는 2016년까지, 인도네시아, 필리핀, 미얀마, 말레이시아와 아세안 연구는 2017년까지, 캄보디아, 싱가포르, 브루나이, 동티모르 연구는 2018년 8월 말까지 파악한 결과이다.

본, 필리핀, 중국, 한국 순이었다. 그런데 최근 5년으로 잘라 보면 연구 생산성이 오히려 12위로 떨어졌다고 한다(김선희 2018: 137-38).

양적 성장에 이어서 두 번째로 확연한 면모는 연구 주제의 다원화 현상이다. 정치, 외교, 경제, 통상, 역사, 어문학 분야에 머물지 않고, 사회, 문화, 이학, 공학, 신학, 교육학 분야로 넓혀졌다. 특히 사회·문화 분야 연구가 크게 약진하였다. 베트남 관련 학술연구의 수는 사회, 경상, 역사 분야 순으로 나타났는데, 이주 연구가 사회 분야의 우위를 이끌었던 것으로 파악되었다(이한우, 이 책의 3장). 2010년대 이후 필리핀 관련 학술지 논문의 수에서도 사회와 문화 분야가 선두를 차지하여 정치와 경제 분야를 앞지르는 것으로 나타났다(정법모, 이 책의 5장). 말레이시아 연구에서도 사회·문화 연구가 양적 우위를 보여 주었다(김형종, 이 책의 6장).

인도네시아 연구에서 이공학 분야의 약진은 새로운 발견이었다. 사회·문화 분야에 이어 이공학 분야의 연구가 다수를 차지하였고 경제 통상 분야나 정치 외교 분야 연구보다도 많았다(김형준·전제성, 이 책의 2장). 인도네시아가 자연자원이 풍부하고 한국과 다양한 교류협력이 전개되기 때문일 것으로 추정된다. 태국 연구에서 교육 분야 논문이 다수인 현상도 새로웠다. 태국에서 한국어가 제2외국어로 인정되었기에 태국인 대상 한국어 교육 관련 연구가 많이 이루어졌다는 것이다(김홍구·이미지, 이 책의 4장). 연구 분야의 다원화 추세 속에서 정치·외교 분야 연구의 비중은 상대적으로 줄어들고 있다. 정치연구의 우위는 캄보디아와 미얀마 연구 영역에서만 나타난다. 이 나라들에서 통치세력의 영향력이 커서 정치적 변수가 중요하고 현지조사의 자유는 제한되어 있어서 사회 문화 연구의 추진이 쉽지 않기 때문인 것 같다.

학위논문에 대한 동남아 출신 한국유학생들의 기여도가 크다는 사실도 새로 알게 되었다. 〈표 10-2〉에서 동남아 관련 학위논문이 기대 이상으로 많은 이유는 현지인 유학생들의 논문이 포함되었기 때문이다. 유학생 논문은 학위논문 수에서 국가별 순위를 바꾸기도 한다. 이를테면 캄보디아 관련 학위논문이 싱가포르나 아세안 관련 학위논문보다 많은 이유는 동남아 출신 유학생 논문 덕분이다. 최근에 동남아 출신 유학생들의 학위논문이 더욱 급속히 증가하고 있다. 2011년부터 2017년까지 미얀마 관련 국내 학위논문에서 미얀마 학생의 논문이 한국 학생 논문의 3배 이상이었다. 2000년대 중반에 베트남 관련 국내 학위논문의 절반 정도를 차지했던 베트남 학생 학위논문이 2010년부터 내국인 논문의 2배 이상에 달하고 있다(이한우, 이 책의 3장). 이보다는 덜하지만, 캄보디아 학생 논문이 2000년대 캄보디아 관련 국내 학위논문의 60%를 차지하였고(정미경, 이 책의 8장), 태국 학생 논문이 2010년대 전반기 태국 관련 국내 학위논문의 54%(김홍구·이미지, 이 책의 4장), 인도네시아 학생들의 논문이 최근 3년간(2015-2017년) 인도네시아 관련 국내 학위논문의 53%를 차지하였다. 이러한 현상은 한국의 동남아연구에서 "초국가적 성격"을 강화함으로써 미국을 비롯한 선발국들에서 그랬듯이 "지역연구의 활력적 요소"로 작용할 가능성이 있다(프리윗 1998: 255-56).

그런데 연구 성과의 다원적 증가와 동남아 출신 유학생들의 기여에도 불구하고, 여전히 연구가 희소한 지역이 존재한다. 동티모르 관련 국내 학위논문은 2000년 석사학위논문으로 시작하여 2018년까지 40편에 불과했다. 대다수 연구는 파병이나 UN 활동 관련 연구였다. 박사학위논문은 비교연구 두 편뿐이었고 단일 사례연구는 아직 제출된 적이 없었다.[11] 브루나이에 관한 국내 학위논문은 총 8편에 불과했으며 박사

11 이 장의 탈고 직전에 한국인이 동티모르 단일사례연구로 박사학위논문을 작성했다는 반가운 소식을 들었다. 서울대 아시아연구소에 방문연구원으로 와 있는 유민지 박사 본인에게 이메일로 문의하여 다음과 같은 논문 정보를 얻

학위논문은 2018년에 제출된 생태공학 비교연구 논문이 처음이고, 내국인에 의해 작성된 인문사회계 논문은 1993년에 제출된 최초의 석사학위논문이 지금까지 유일하다. 그러므로 한국에서 브루나이와 동티모르에 관한 본격적인 지역연구는 아직 출범하지 못한 상태라 할 수 있다.

연구 축적의 또 다른 차원의 격차를 〈표 10-2〉가 보여 준다. 학위논문과 학술지 논문의 축적 규모에 비해 학술 저서의 축적 규모는 보잘 것 없다는 것이다. 최근의 변화까지 포함하면서도 학술적인 문제의식을 담고 있는 저서가 희소하고, 학생들과 함께 읽을 만한 교재마저 부족한 현실이다. 몇 안 되는 번역서들 가운데 동남아 지역연구를 대표하는 고전적 명저들이 포함되지 못한 실정도 문제다. 단행본 저술과 번역을 저평가하거나 제외시키는 교수 채용 및 승진 제도, 대학 평가 방식의 문제를 탓할 수 있지만, 우리 동남아 연구자들도 그동안 계몽적 역할을 등한시했다는 비판을 면하기는 어려울 것이다.

IV. 연구자 규모: 학계의 포괄성 문제

동남아 국가나 아세안 관련 박사학위논문을 작성한 한국인 학자의 수는 점증한 것으로 나타났다. 전문연구자들이 끊임없이 새로 출현하고, 덕분에 학계가 지속적으로 충원될 수 있었다. 한국에서 고등교육의 발전과 동남아-한국 관계의 발전이 지속되었기에 동남아 전문연구자 수의 증가는 놀라운 사실이 아니다. 새로운 발견은 그들의 수가 예상보다 많았다는 것이다.

었다. Minji Yoo, "Hybrid State Formation in Timor-Leste," Ph.D. Thesis, The University of Manchester, 2017.

동남아 사례를 연구한 한국인 박사가 1965년 이래 40여 년에 걸쳐 335명이나 출현하였다. 2015년까지 등장한 베트남 연구 박사만 105명에 달했다. 이런 규모는 2000년의 일본베트남연구자회 회원 수, 그리고 유럽 전체의 베트남 연구자 수와 같다고 한다(이한우, 이 책의 3장). 국가별 전문연구자 규모는 베트남에 이어서 인도네시아, 필리핀, 태국, 말레이시아 연구 순으로 나타났으며, 〈표 10-3〉에 그 현황이 제시되어 있다.

〈표 10-3〉 한국인 동남아 연구자 규모와 동남아 학계의 포괄성

	전문연구자(A)*	한국동남아학회원(B)**	학계의 포괄성(B/A, %)
베트남	105	24	23
인도네시아	68	25	37
필리핀	42	8	19
태국	29	18	62
말레이시아	27	10	37
아세안	18	4	22
미얀마	15	8	53
싱가포르	12	2	17
캄보디아	8	2	25
라오스	7	2	29
동티모르	3	0	0
브루나이	1	0	0
계	335	103	31

* 관련 박사학위논문을 국내외에서 작성한 내국인 수. 이한우, 김형준, 김홍구, 이미지, 김형종, 정법모와 필자의 조사 종합.[12]

** 한국동남아학회 2017년 재적회원 333인 대상 김형종 총무이사의 전문가 분류결과.

12 전문연구자 추산은 박사논문 기준이므로 다른 기준을 적용하면 더 줄거나 늘 수 있다. 베트남 연구자는 베트남 관련 박사논문 작성 이후 관련 연구를

최근 추이에서 국가별 연구자의 증가 정도는 각기 달랐다. 인도네시아 연구로 국내외에서 박사 논문을 제출한 한국인은 최근 10년간(2008-2017) 28명이었다(국내박사는 15명). 연평균 2.8명의 신진박사가 출현한 것인데, 이는 이전 10년의 연평균 1.2명보다 더 늘어난 것이다. 국내외에서 태국 연구로 박사 학위를 수여받은 한국인은 최근 10년(2006-2015)간 평균 1.2명이었고, 이 역시 이전 10년간(1996-2005) 평균 1명보다 증가한 수치이다(김홍구·이미지, 이 책의 4장). 베트남 관련 연구로 박사 논문을 제출한 이들도 최근 10년간(2006-2015) 연간 4.5명 출현했고 이 역시 이전 10년(3.4명)에 비해 늘어난 것이었다.

신진연구자의 증가에도 불구하고 여전히 소외된 연구지역이 존재한다. 캄보디아, 라오스, 동티모르, 브루나이에 관한 전문연구자가 각기 10명 이하였다. 특히 동티모르 연구자는 3명, 브루나이 연구자는 1명에 불과한데, 이들 모두 한국동남아학회에 회원으로 아직 가입하지 않았다. 그러므로 동남아학계 차원에서 동티모르와 브루나이 연구는 부재한 상태에 있다고 할 수 있다. 언뜻 이해하기 어려운 저성장 지대도 존재한다. 말레이시아 연구 국내박사는 대한민국 정부수립 이래 11명에 불과하고, 아세안 연구 국내박사는 8명뿐이라니 그저 놀라울 따름이다(김형종, 이 책의 6장 및 9장). 그래서 베트남과 인도네시아 연구자를 합치면 동남아 전문연구자의 절반이 되는 불균형 현상이 노정되고 있다.

여기서 우리가 집계한 전문연구자의 수를 한국동남아학회 김형종 총무이사가 333명의 회원을 대상으로 분류하여 제공한 학회 내 전문가 정보와 대조시키면, 흥미로운 결손을 발견할 수 있다. 바로 학계의 낮은

지속하는 이들만 따로 골라내면 40명으로 줄어들고, 인도네시아연구자는 동남아전문 학술지에 인도네시아 관련 논문을 게재한 학자들까지 포함시키면 84명으로 늘어난다.

포괄성 문제이다. 연구대상 국가별로 차이는 있지만, 총계로 볼 때 동남아 국가나 아세안 관련 박사논문을 작성한 335명 중에서 103명만이 한국동남아학회의 회원이다. 즉 동남아 학계의 전문가 포괄성은 31%에 불과하다. 동남아 전문연구자 셋 중에 둘은 우리가 모르거나 함께하지 않는 이들인 것이다.

학계의 낮은 전문가 포괄성 문제는 왜 발생하였을까? 그 주된 원인은 동남아연구의 분야별 분절 상황에서 찾을 수 있을 것이다. 태국과 인도네시아 연구동향 분석(김홍구·이미지, 이 책의 4장; 김형준·전제성, 이 책의 2장)은 어문학과 나머지 인문사회과학 사이의 분절 현상, 한국외대 출신 학자와 그 밖의 대학 출신 연구자들 사이의 분절 현상을 지적하였다. 인문사회과학 내부의 분절 문제보다 더 심각한 분절은 인문사회계 연구자와 이공계 연구자 사이의 분절이다(김형준·전제성, 이 책의 2장). 한국동남아학회는 김형종 총무이사의 분류에 따르면 2017년 재적회원 333인 가운데 이학 및 공학 연구자 3인, 의학 연구자가 1인뿐이었다. 인문사회계 동남아 연구자 대다수는 이공계 동남아 연구자들을 대면한 적도 없을 것이다. 지역연구의 중요한 덕목인 학제성이 극히 제한적으로만 실현되고 있는 것이다.[13]

동남아학계 내부적으로는 학문후속(혁신)세대 육성에 그다지 성공적이지 못했다는 문제를 지적해야 할 것이다. 즉 인문사회계 후속연구자들이 대거 등장하였다면, 학문적 분절 현상이 크게 두드러져 보이지 않을 수 있다. 인문사회계 동남아 전문 신진연구자의 등장 추이를 한국

13 동남아연구에서 인문사회계와 이공계 학자들의 연구협력은 불가능한 것이 아니고 상당히 유익할 수 있다는 점을 교토대학 동남아연구소(CSEAS)가 그 형성의 역사(Hayami 2006: 67)는 물론이고 최근 대규모 공동연구 사업 추진을 통하여 증명하고 있다(전제성 2011).

동남아학회와 한국동남아연구소 회원 수를 지표삼아 추정할 수 있다. 2000년대 후반에 한국동남아학회의 국가별 전문가는 73명으로 집계되었는데(박승우 2009: 235 표11), 9년이 지난 뒤에 99명으로 늘었으니 연평균 2.9명 증가했던 것이다. 사단법인 한국동남아연구소의 회원은 2005년에 40명이었는데 2018년에 63명으로 늘었다. 13년간 연평균 회원증가가 1.8명이었다.

우리 학계의 저성장은 갈수록 동남아연구 필요성이 강조되는 정세에 부합하지 못할 뿐만 아니라 그동안 우리 학계가 투여해 온 막대한 노력에 비해서도 기대 이하의 추세이다. 동남아학계는 학문후속세대 육성을 목표로 1999년부터 18년간 연인원 94명의 석·박사과정생 학위논문 현지조사비를 지원하였고 2007년부터 10년간 연인원 103명의 대학원생들을 단기 연수로 현지에 파견하였다(전제성, 이 책의 1장). 투자에 비해 산출이 보잘것없었던 것이다.[14] 이런 결과는 또한 우리 학계가 재생산만이 아니라 포괄성 증대에 당장의 노력을 투여할 필요가 있다는 점을 적시한다. 더디게 출현하는 미래의 학자들만 바라보지 말고 도처에 산재된 현재의 학자들에게 관심을 갖고 함께할 방도를 모색해야 한다는 것이다.

14 학문후속세대 재생산을 위한 동남아학계의 전략적 프로그램들은 대학 밖에서 자극과 동기를 부여한다는 점에서 기본적으로 '외재적'이었다. 그런데 동남아 교육과정을 개설한 학부가 전국에 4개 대학뿐이고 인문사회계 주요 대학원에서 가르치는 동남아 전문 교원이 희소하다는 구조적 악조건이 개선되지 않는다면 인문사회계 동남아연구자 '저출산' 현상은 지속될 수밖에 없을 것이다(국내 대학의 동남아 교육과정 최근 현황은 하채균 2018).

V. 맺음말: 학계의 당면과제로서 포괄성 증대

한국에서 동남아연구가 다원적으로 전개되었으며 연구 성과의 축적도 상당하다. 그런데 동남아학계는 이러한 추세를 반영하지 못하는 낮은 포괄성의 상태에 머물고 있다. 그러므로 학계의 포괄성 증대는 새로운 도약을 위한 유력한 계기가 될 수 있다. 동남아학계의 포괄성을 증대할 주체는 한국동남아학회일 수밖에 없다. 1991년에 창설된 한국동남아학회는 머지않아 30주년을 맞이한다. 자기중심성을 충분히 형성한 우리 학회가 다각적 접점을 제공한다면 다양한 학문분야의 학자들이 참여할 수 있는 여지도 커질 것이다. 그러려면 학회가 유지와 관리 중심의 운영 기조를 진취적으로 탈피해야 한다.

인문사회계의 내적 분절을 극복하고 이공계까지 포괄하는 접점을 형성하는 유력한 방법 중에 하나는 학회 속에 주제별 연구회와 국가별(하위지역별) 연구회를 결성하고 자율적이고 개방적으로 운영되도록 보장해 주는 것이다. 요즘 유행하는 용어로 요약하자면 분권과 자율이다. 주제별 연구회의 예로서 개발협력, 재난대응, 보건생명, 생태환경(해양, 산림, 하천), 예술미디어연구회가 먼저 상상된다. 학제적 연구가 특별히 더 필요한 주제영역이기 때문이다. 즉 인문사회계를 넘어 이공계까지 포괄할 수 있는 주제영역이다.

국가별 연구회는 인도네시아·동티모르연구회, 베트남·캄보디아연구회, 태국·라오스연구회, 말레이시아·싱가포르·브루나이연구회 식으로 구상된다. 이렇게 인접하고 문화 역사적으로 얽힌 나라들을 묶어서 연구자들을 조직한다면, 본연의 관심 국가 연구는 물론이고 전문연구자가 극소수인 국가 연구까지 함께 촉진하는 기능을 기대해 볼 수 있다. 국가별 연구회는 한국베트남학회나 한국태국학회 같은 국가별 연구학회와 협력관계를 구축하는 역할을 수행할 수도 있을 것이다. 이렇게 작은 연구회들은 같은 국가나 문제에 관심을 가진 다양한 분야의 학자들이 어울리는 커다란 접점으로 기능할 수 있다. 즉 작지만 큰 역할을 할 수 있다는 것이다. 연구회들은 국가 및 주제의 관심을 공유하기에 우리에게 부족한 학술 단행본 출판 기획의 산실로 기능할 수도 있을 것이고, 그렇다면 학계의 포괄성뿐만 아니라 계몽성까지 강화하는 일석이조의 효과를 유발할 수 있다.

우리 학계의 낮은 포괄성 문제는 학문 간 분절뿐만 아니라 국적 간의 분절 문제와도 관련된다. 동남아 관련 국내 학위논문의 절반 이상을 동남아 출신 유학생들이 작성하는 시대에 접어들었기에 현지인 대학원생을 학회에 참여시키고 장기적인 관계를 맺는 방안에 대한 고민을 더 이상 늦춰서는 안 될 것이다. 국가별 또는 주제별 연구회가 관심을 공유하는 국가나 주제에 관하여 학위논문을 제출하는 현지인 대학원생을 초대하는 통로로서 기능할 수 있다. 국가별 연구회가 한국의 동남아 공관들을 통하여 국가별 유학생회를 접촉해 볼 수도 있겠고 주요 대학의 국제교류부처에 협조공문을 보낼 수도 있겠다. 그래서 만나게 되는 동남아 출신 유학생들에게 학술회의 발표와 학회지 투고를 권하고 한·아세안협력기금의 현지조사, 학술회의 및 공동연구 지원 관련 정보를 제공하는 방식으로, 그들과 공유하고 장기적으로 함께하는 관계를 형성하면 좋겠다. 그들은 우리에게 적어도 두 가지 이득으로 안겨 줄 것이다. 그들은 우리가 국익에 편향될 가능성을 줄이고 취약한 국가 및 주제에 관한 연구를 보강하는 데 도움을 줄 것이다.[15]

15 동남아 출신 국내 대학교원들도 각종 위원회에 초대될 수 있다면 현지인과 함께하는 학계 형성에 더 큰 탄력이 가해질 것이다. 이를 위해서는 먼저 소재 파악부터 이루어져야 할 텐데, 한·아세안센터의 하채균 선생이 현황을 파악하고 재한아세안교수회 결성을 지원하려는 유익한 구상을 밝힌 바 있다.

대학은 학계의 포괄성 강화를 위한 거점이 될 수 있다. 여러 대학에 동남아 관련 교육과정과 연구소들이 설치되어야 하고, 그러한 거점들의 자원이 모아질 수 있다면 한국동남아학회의 학술대회는 지금처럼 조촐하지는 않을 것이다. 학계의 포괄성을 높이는 과제에 있어서도 대학의 교육 및 연구 거점들이 기여할 바가 있다. 같은 대학의 교원들과 유학생들은 소속이 같기에 학문분과와 국적을 초월하여 자연스레 접할 수 있다. 따라서 대학에 속한 학회원들도 동남아연구의 분절을 극복하는 개별적 접점으로 기능할 수 있다. 이런 의미에서 필자는 각 대학의 동남아연구자들에게 자기 대학에서 공부하는 동남아 출신 유학생들을 찾아보고, 자기 대학에서 동남아 관련 프로젝트나 봉사활동을 수행하는 교원들을 찾아서 만나보자고 제안하고 싶다.[16]

포괄성 증대가 핵심을 약화시킬까 걱정할 필요는 없다. 1990년대 초반 한국에서 소수에 불과했던 동남아학계는 외연의 확장이 자칫 내포를 흐릴까 걱정했던 것 같다. 그러나 오늘날의 동남아학계는 중심이 분명한 집단으로 발전했다. 문제는 핵심의 여력이다. 사람을 모으는 일도 사람이 해야 한다는 것이다. '무엇을 할 것인가'보다 '누가 할 것인가', 그것이 문제이니 취지에 찬동하는 소수의 사람들로부터 천천히 실험적으로 추진해 보자고 말할 수밖에 없겠다.

16 2012년에 교토대 동남아연구소가 조사한 결과 동남아 관련 연구프로젝트를 수행 중인 교토대 교원을 194명으로 집계하였다. 연구소 측도 예상보다 많은 놀라운 결과라고 보고하였다. 교토대 수준까지는 안 되었지만, 전북대에서도 동남아에 깊은 관심을 피력하는 교원이 필자가 아는 이들만 10명이나 되었다.

참고문헌

강병규. 1957. "동남아세아화교에 대한 고찰." 『법정논총』 5: 48-69.

고홍명. 1976. "태국의 경제사회 개발계획과 개발재정에 관한 연구." 한양대학교 (경제학) 박사학위논문.

구철회. 1954. "동남아조약기구 SEATO의 성립과 한 중 일의 장래." 『지방행정』 3(5).

김선희. 2018. "ASEAN 관련 글로벌 연구 동향 분석." 『아시아리뷰』 8(1).

김영애. 1986. 『태국사』. 서울: 한국외국대학교출판부.

김예림. 2007. "냉전기 아시아 상상과 반공 정체성의 위상학: 해방-한국전쟁후(1945-1955) 아시아 심상지리를 중심으로." 『상허학보』 20.

______. 2012. "1950년대 남한의 아시아 내셔널리즘: 동남아시아를 정위하기." 『아세아연구』 55(1).

김제니. 2000. "The Role of International Institutions and Humanitarian Interventionism: The Comparative Case Studies on Kosovo and East Timor." 이화여자대학교 국제대학원 석사학위논문.

박승우. 2009. "한국의 동남아시아 지역연구: 사회과학 분야 제2세대 동남아 지역연구자에 대한 심층 분석." 『동남아시아연구』 19(1).

박형근. 1978. "아시아 달러시장에서의 자금조달과 운용에 관한 연구: 싱가폴금융시장을 중심으로." 고려대학교 경영대학원 석사학위논문.

박희주. 1964. "동남아세아 정치집단의 역할: 버마, 인도네시아, 월남을 중심으로." 고려대학교 (정치학) 석사학위논문.

서정문. 1991. "캄푸치아분쟁의 성격에 관한 연구." 국방대학원 석사학위논문.

선우창원. 1965. "Tuberculosis Control in Singapore(싱가폴에 있어서의 결핵관리)." 『최신의학』 8(10).

성내운. 1950. "비율빈 초등교육의 몇가지 문제." 성균관대학교 석사학위논문.

손수학. 2006. "라오스산 사파이어에 대한 보석광물학적 연구." 경북대학교 (지질학) 석사학위논문.

신윤환. 1991. "동남아정치연구회." 『대우재단소식』 38: 45-47.

쎄대스, 죠르즈(김영건 역). 1947. "제7-13세기의 남해제국." 『진단학보』 15.

아담스, 신디. 1967. 『수카르노』. 동아PR연구소.

양승윤. 1994. “술탄왕국 브루나이의 정치발전 전망.” 『동남아연구』 3.
______. 1995. “인도네시아 동티모르 합병에 따른 문명충돌 연구.” 『동남아연구』 4.
______. 2010. 『동티모르·브루나이』. 서울: 한국외국어대학교출판부.
유상렬. 1986. “Singapore 시민 및 집쥐의 신증 후 출혈열 병원체에 대한 혈청역학적 조사.” 고려대학교 박사학위논문.
유인선. 2010. “일본에서의 동남아시아사 연구동향, 1990-2007.” 『동양사학연구』 110.
윤대영. 2009. “김영건의 베트남연구 동인과 성격: 1930-40년대, 그의 전변무상한 인생 역정과 관련하여.” 『동남아시아연구』 19(3).
윤영천. 2008. “동남아시아와 한국 현대시.” 『동남아시아연구』 18(1).
윤창국. 1986. 『싱가폴의 발전론』. 서울: 문성당.
이범준. 1968. 『말라야공산게릴라전 연구: 영국정부의 진압책을 중심으로』. 서울: 고려대학교 아세아문제연구소.
______. 1991. 『동남아공산권연구: 베트남, 캄푸치아, 라오스』. 서울: 박영사.
이정묵. 1958. “후진국경제개발을 위한 자본형성문제: 특히 동남아제국을 중심으로.” 동국대학교 석사학위논문.
이종열. 2018. “산림탄소모델(FBDC 모델) 개발을 통한 한국, 터키, 브루나이 '산림탄소 저장량 및 변화량 추정.” 고려대학교 (환경생태공학과) 박사학위논문.
이충원. 1977. “동남아시아에 있어서 구미제국의 식민지교육정책에 관한 비교연구.” 성균관대학교 박사학위논문.
이호재. 1967. “약소국 캄보디아의 외교정책과 그 문제점.” 『해외문제』 3(1).
______. 1968. “버마 군부의 성장과 정치.” 『해외문제』 4(1).
임봉길. 2005. 『아편을 재배하는 사람들: 동남아 산간지역과 중국 남부 Hmong(Miao)족에 관한 인류학적 조사』. 서울: 서울대학교출판부. v-viii, 3-6.
임성한. 1983. 『필리핀정치론』. 법문사.
전 웅. 1977. “지역통합이론과 ASEAN: 신기능주의의 경험적 검증.” 연세대학교 (정치학) 박사학위논문.
전제성. 2006. “한국의 동남아 연구 동향과 과제: ‘제3세대’ 연구자 선언을 기대하며.” 『동아연구』 50.
______. 2011. “참관기: 제2차 한국동남아학회-교토대동남아연구소 공동 국제학술회의.” 『동남아시아연구』 21(3).
정도생. 2006. “한국의 해외파병정책 결정과정에 관한 연구: 소말리아, 앙골라, 동티모르 PKO 사례를 중심으로.” 단국대학교 박사학위논문.
정미경. 2007. “Theravada Buddhism and Economic Development in Mainland Southeast Asia: A Case Study of Laos.” 고려대학교 국제대학원 박사학위논문.
조재현. 1992. “제3차 인지전쟁 연구: 공산체제내 베트남과 캄푸치아간 전쟁(1978.12.-

1979. 1.)의 원인분석." 경희대학교 (정치학) 박사학위논문.

최병욱. 2015. "한월관계사에서 동남아시아사로: 동남아시아사 연구 동향 50년." 『동양사학연구』 133.

최삼섭. 1969. "월남에 있어서 한국군에 발생한 마라리아에 대한 역학적 조사연구." 『전남의대잡지』 6(2): 195-206.

최신일. 1992. "브루나이의 대외관계에 관한 연구: 약소국의 외교논리와 관련하여." 국방대학원 석사학위논문.

최영옥. 1969. "아세아 지역내 신생 5개국의 초등 교육 과정 현황에 대한 소고: 라오스, 인도, 인도네시아, 필리핀, 한국을 중심으로." 『교육연구』 33.

프리윗, 캐네스. 1998. "1980년대의 지역연구." 김경일 편저. 『지역연구의 역사와 이론』. 문화과학사.

피필드, R. H.(국제문제연구소 역). 1966. 『미국의 동남아정책』. 삼익출판사.

하채균. 2018. "한-아세안 협력의 '약한 고리': 한국의 동남아시아 교육." 한아세안센터 아세안토크 2018-07.

황충현. 1971. "월남의 flea index와 살충제에 대한 벼룩의 저항력에 관한 조사 연구." 연세대학교 박사학위논문.

Anderson, Benedict 1999. "Indonesian Nationalism Today and in the Future." *Indonesia* 67.

Dahl, Robert A. 1971. *Polyarchy: Participation and Opposition*. New Haven and London: Yale University Press. Chapter 1.

______. 1998. *On Democracy*. New Haven and London: Yale University Press. Chapter 8.

Hayami, Yoko. 2006. "Towards Multi-Laterality in Southeast Asian Studies: Perspectives from Japan." Cynthia Chou and Vincent Houben. eds. *Southeast Asian Studies: Debates and New Directions*. Singapore: Institute of Southeast Asian Studies. 65-85.

Jeon Je Seong. 2011. "Historical Dynamics of Southeast Asian Studies in Korea." *Kyoto Review of Southeast Asian Studies* 11.

Lee Bum-Joon. 1965. "The British Experience of Counterinsurgency in Malaya: The Emergency, 1948-1960." Ph.D. Dissertation, The American University.

Park Seung Woo and Victor T. King. eds. 2013. *The Historical Construction of Southeast Asian Studies: Korea and Beyond*. Singapore: Institute of Southeast Asian Studies.

Southeast Asian Studies in Korea: The History, Trends and Analysis

This edited volume presents an overview of the history and trends of Southeast Asian studies in Korea. It is the first book of its kind to examine in a comprehensive manner the accumulation of Korea's scholarship on major Southeast Asian countries (Vietnam, Indonesia, Thailand, the Philippines, Malaysia, Myanmar, Cambodia, and Laos) and ASEAN. Contributing area specialists analyze the developments in the field and identify challenges for the future. This book will serve as a useful reference for students and scholars of Korea's Southeast Asian studies, and even area studies in general.

찾아보기

발간사

다가오는 미래가 아시아의 시대가 될 것이라는 인식은 이제 우리에게 그리 새롭지는 않습니다. 그렇다면 우리에게 주어진 과제는 한국인과 한국사회는 어떤 존재로서 아시아의 시대를 살아가고자 하는가 하는 질문을 통해 우리와 남의 모습을 상상하고, 우리와 남의 관계에 대한 그림을 그리고, 그것들을 실천하는 일일 것입니다.

그러나 아시아의 시대가 온다고 해서 아시아 사람들이 저절로 잘 살게 되는 것도, 아시아가 저절로 평화롭고 정이 넘치는 공동체가 되는 것도 아닐 것입니다. 그러므로 우리는 아시아 지역을 살아가는 사람들이 어떤 공동체를 만들어가고 싶은가, 아시아 공동체가 잘 되면 인류에게 무슨 도움이 되는 것인가 하는 질문을 해야 하지 않을까 싶습니다. 오히려 아시아의 시대가 왔다고 생각하기 시작한 지난 20여 년 간 아시아 내부의 갈등과 적대, 민족주의와 인종차별 등은 더 심해지고 있다는 착각이 듭니다. 그것을 착각이라고 생각하는 까닭은 외양으로 보면 그렇게 보이지만, 실제 내부에서 일어나는 현상을 찬찬히 살펴보면, 아시아 내부의 상호이해와 교류가 느리지만 거대한 규모로 일어나고 있다고 믿기 때문입니다. 지표면에서 보면 날씨 변화도 심하고 지진도 자주 일어나지만, 땅속 깊은 곳에서 아시아의 시대를 만들어가는 지하수의 물줄기가 형성되고 있는 것 아닌가 싶습니다.

20세기 유럽과 미국이 축적한 자연과학과 인문·사회과학 등 근대의 학문적 지식은 인류 문명의 새로운 길을 열었고, 인류의 행복과 안정에 커다란 기여를 했습니다. 물론 제국주의 지배와 전쟁, 차별과 빈곤을 동시에 가져다주기도 했습니다. 아시아의 세기는 서양의 근대를 넘어서서 새로운 '근대 이후'를 만들어나가는 일이어야 합니다.

지식의 생산과 공유, 인재 양성을 책임지고 있는 대학이라는 공간에서 아시아에 대한 어떤 지식을 생산하고, 아시아에 대해 무엇을 어떻게 가르칠 것인가 하는 문제의식이야말로 서울대학교 아시아연구소에 주어진 책무일 것입니다. 서울대학교 아시아연구소는 2009년 9월 출범한 이래 지역과 주제의 결합에 기초한 아시아 연구의 세계적 허브 구축을 목표로 아시아 연구 기반 구축과 우수 연구활동 지원 등의 다양한 학술 활동을 진행해왔습니다. 특별히 아시아에 대한 지식 생산의 기반을 다지는 작업으로서, 우수한 기초 연구 활성화를 위해 노력해왔습니다.

서울대학교 아시아연구소총서는 바로 이러한 학문적 노력의 결실입니다. 앞으로도 서울대학교 아시아연구소는 국내외 연구자들의 우수한 연구를 지원하여 그 결과물을 지속적으로 발간해나갈 것입니다. 이러한 아시아연구소총서가 아시아의 시대를 열어가는 데 필요한 기반을 만드는 중요한 지적 자산이 되기를 기대합니다. 이를 바탕으로 아시아 시대를 만들어가는 지하수를 실증적으로 드러내고, 아시아 내부의 상호 이해와 교류를 넓혀갈 수 있길 바랍니다.

서울대학교 아시아연구소

저자 소개

안청시
서울대학교 명예교수(정치학 박사),
서울대학교 아시아연구소 출판위원장.
아시아리뷰 창간 편집위원장, 서울대학교 사회과학연구소장 및 한국정치연구소장,
한국동남아학회장, 한국국제정치학회장 역임.

전제성
전북대학교 정치외교학과 교수(정치학 박사).
한국동남아학회 부회장, 편집위원장, 한국동남아연구소 감사 역임.

김형준
강원대학교 문화인류학과 교수(인류학 박사).
한국동남아학회 편집위원장, 연구위원장, 한국동남아연구소 국제부장 역임.

이한우
서강대학교 동아연구소 교수(정치학 박사).
서강대학교 대학원 동남아시아학 협동과정 주임교수 역임.

김홍구
부산외국어대학교 동남아창의융합학부 교수(정치학 박사).
한국동남아학회장, 한국태국학회장, 한국동남아연구소장 역임.

이미지
부산외국어대학교 동남아지역원 HK연구교수(지역연구 박사).
한국동남아연구소 특별연구원, 한국태국학회 섭외이사 역임.

정법모

부경대학교 국제지역학부 국제개발협력학전공 교수(인류학 박사).
한국동남아학회 국제이사, 한국동남아연구소 연구부장 역임.

김형종

연세대학교 국제관계학과 교수(정치학 박사).
한국동남아학회 총무이사, 한국동남아연구소 교육위원장 역임.

오윤아

서울대학교 국제대학원 교수(정치학 박사).
한국동남아학회 편집위원장, 연구이사 역임.

정미경

지역사회경제연구소 부소장(국제통상 및 개발학 박사).
한국아시아학회 국제협력이사 역임.